LE CHEMIN
DES ÉCOLIERS

PROMENADE

DE PARIS A MARLY-LE-ROI
EN SUIVANT LES BORDS DU RHIN

PAR X.-B. SAINTINE

QUATRIÈME ÉDITION

PARIS
LIBRAIRIE HACHETTE ET Cⁱᵉ
79, BOULEVARD SAINT-GERMAIN, 79

1881

LE CHEMIN
DES ÉCOLIERS

OUVRAGES DU MÊME AUTEUR

QUI SE TROUVENT A LA MÊME LIBRAIRIE

La Seconde vie, rêves, rêveries, visions et cauchemars. 1 vol. in-8,
  broché. 3 »
Seul ! 1 vol. in-16, broché. 3 50
Picciola. 1 vol. in-16, 47ᵉ édit., broché. 3 50

ÉDITIONS ILLUSTRÉES

La Nature et ses trois règnes, ou la Mère Gigogne et ses trois
  filles ; causeries et contes d'un bon papa sur l'histoire
  naturelle et les objets les plus usuels ; 3ᵉ édit. 1 vol. in-8, avec
  171 vignettes par Foulquier et Faguet, broché. 5 fr.
La Mythologie du Rhin et les contes de la Mère-Grand ; 2ᵉ édit.
  1 vol. in-8, avec 100 vignettes par Gustave Doré, broché. 5 fr.
Le Chemin des Écoliers ; 4ᵉ édition. 1 vol. in-8, avec 450 vignettes par Gustave Doré, broché. 10 fr.

LE CHEMIN
DES ÉCOLIERS

PROMENADE

DE PARIS A MARLY-LE-ROI
EN SUIVANT LES BORDS DU RHIN

PAR X.-B. SAINTINE

QUATRIÈME ÉDITION

PARIS
LIBRAIRIE HACHETTE ET Cie
79, BOULEVARD SAINT-GERMAIN, 79

1881
Tous droits réservés

LE CHEMIN DES ÉCOLIERS.

PRÉAMBULE.

.... Je pris ma plume, et, après l'avoir tenue quelque temps suspendue, j'écrivis à Antoine Minorel la lettre suivante, dont, je dois l'avouer, j'avais d'abord esquissé le brouillon en vers.

15 avril 18...

« Ce vieux spectre pâle et frissonnant, le père des brumes et des neiges, a fui devant ce joli enfant nommé Avril. Ami, vois-tu Avril le poursuivre, armé de sa petite houssine, qui va verdir et fleurir entre ses mains? Parfumant l'air de son haleine, il a déjà mis en éveil quelques arbres de nos boulevards, et dans les jardins, les abricotiers, les pêchers s'étalent le long des murs, pétales déployés, pour être passés en revue par lui.

« Les tulipes se mettent sous les armes ; les violettes, les cynoglosses bleues, les primevères et les nivéoles, corps d'avant-garde, sont en marche depuis le beau temps ; Avril appelle à lui les hirondelles et elles arrivent de confiance; il souffle sur les bourgeons paresseux pour les faire gonfler, désemprisonne les papillons de leur chrysalide, dénoue le gosier des fauvettes et des rossignols et met le couvert pour les abeilles.

« Le gentil mois d'avril achève de tout embellir, de tout transformer dans le ciel comme sur la terre. Hier, il s'occupait de nettoyer la face du soleil, qui, aujourd'hui, a mis son habit des dimanches et ses rayons d'été ; il éteint le feu des cheminées, ouvre toutes les fenêtres de Paris, et, dans nos promenades, fait monter une séve rose au visage des femmes.

« Cher Antoine, nous avons assez foulé l'asphalte et le macadam ; je t'invite aux fêtes que le printemps donne en ce moment à Marly-le-Roi. Ma maisonnette sera toute joyeuse de s'ouvrir devant toi ; puisse-t-elle te retenir jusqu'à l'automne ! Demain matin j'irai te prendre. »

Ma missive achevée, revêtue de son enveloppe, illustrée de mon cachet d'ancien poëte démissionnaire re présentant une lyre brisée, je sonnai Jean. Au lieu de mon vieux Jean, ce fut Minorel lui-même qui entra.

Minorel avait la figure pâle, le teint marbré et son air grognon des grands jours. Il ne me salua pas autrement qu'en secouant, avec un geste de colère, son chapeau cerclé à sa base d'une légère ligne blanche.

« Voyons, prête-moi un parapluie, » me dit-il brusquement.

Je regardai du côté de la fenêtre ; il neigeait.

Le moment ne me sembla pas favorable pour remettre l'épître à son destinataire ; j'essayais de la faire disparaître ; apercevant son nom sur l'adresse :

« Tiens ! tu m'écrivais ? Je t'épargne les frais du timbre. »

Il prit la lettre, la décacheta, la parcourut en haussant les épaules et en détournant la tête de temps en temps pour regarder tomber la neige qui tourbillonnait sous le vent. Après quoi il alla s'accroupir devant la cheminée, où quelques charbons brûlaient encore. Et j'entendis une voix grave monter jusqu'à moi :

« Prends-y garde, Augustin ; les enfants trop tôt raisonnables cessent de grandir, dit-on ; par une loi analogue, il se peut que les hommes restés trop tard poëtes ne deviennent jamais raisonnables.

— J'ai renoncé à la poésie, lui dis-je, et ce ne sont pas là des vers.

— C'est pis que des vers ! C'est de la prose soufflée, cannelée, gaufrée. Tu retombes dans tes anciennes lubies, dans le faux, dans l'idylle! N'est-ce pas une honte, à ton âge?

— Quoi! mon âge! Je ne me sens pas déjà si vieux. Si mes cheveux grisonnent, c'est que la pensée...

— Si tes cheveux grisonnent, c'est que tu as quarante-huit ans, jeune fou!

— Quarante-cinq! répliquai-je vivement.

— Va pour quarante-cinq! Mais voilà trois ans que tu me le dis; j'applique la règle du calcul différentiel et je crois mon compte exact. Et quel moment choisis-tu, malheureux, pour enfourcher tes arcs-en-ciel? pour adresser tes hymnes au printemps? pour m'inviter à venir partager tes plaisirs champêtres? Ne sais-tu donc pas qu'avril est le plus traître de tous les mois? Si l'hiver, *ce spectre pâle et frissonnant*, ainsi que tu le dénommes dans un de tes hémistiches, est le père des neiges et des brumes, avril est le père des bronchites et des rhumatismes. Dans ta simplicité de cœur, doublement crédule et facile à l'illusion, comme poëte et comme bourgeois de Paris, tu as consulté ton almanach; il t'a annoncé le printemps pour le 20 mars; tu te crois déjà en été; tu as rêvé de rossignols et de soleil des dimanches, et aujourd'hui, 15 avril, tu es capable de te mettre en route pour Marly en pantalon de nankin. Miséricorde! Ignores-tu, imprudent, que ton Marly est une véritable Helvétie de banlieue? que c'est sur tes Alpes marlésiennes que Louis XIV attrapa le refroidissement dont il est mort? Ah! tu as raison, tu es jeune, toujours jeune; tu n'as pas quarante-huit ans, tu en as seize, seize pour la troisième fois. Tu ne comprendras jamais rien à la vie positive. »

Minorel aime à gronder; c'est peut-être par là qu'il m'a plu : sa gronderie est parfois si douce, si caressante! Mais ce jour-là, il était en plein dans sa méchante humeur.

Quand il eut lui-même ranimé mon feu, qu'il s'y fut réchauffé tant bien que mal, se levant tout à coup :

« Prête-moi un parapluie? me répéta-t-il impérativement.

— Es-tu si pressé de partir? As-tu déjà fini de m'injurier, chimiste, mathématicien, réaliste?

— Écoute, mon Augustin, » me dit-il, les cordes de sa grosse voix tout à coup détendues et en venant s'asseoir près de moi.

La réaction commençait ; je sais par cœur mon Minorel et ne m'en étonnai pas. Il poursuivit :

« Si je sonne ainsi l'alarme devant tes travers, c'est que je t'aime. Quoique tu sois mon aîné de dix ans.... au moins !... mon affection pour toi (chose bizarre !) ressemble à de l'amour paternel. Comme si j'étais ton père, j'aurais voulu te voir bien posé dans le monde ; j'y renonce, mais avec regret. Augustin, Augustin, qu'as-tu fait de tes trois adolescences ? Tu as de l'esprit, suffisamment ; de l'imagination, trop ; des connaissances, des aptitudes. Tu pouvais te faire un nom dans les sciences ou dans les arts sérieux ; même dans l'administration.

— Dans l'administration, moi ?

— Toi ! Pour devenir receveur général des finances, ne possédais-tu pas la vertu essentielle : le cautionnement ? N'y pensons plus ! Tout chez toi avorte par manque de souffle et de persévérance, par ce je ne sais quoi d'inerte et de passif, de casanier, que tu tiens de ta nature parisienne. Tu as cultivé le dessin, la peinture, et n'as jamais exposé que dans les albums de ces dames ; les questions de géographie, la lecture des voyages te passionnent, et tu n'as jamais été jusqu'à Fontainebleau ; tu prétends adorer la botanique, et, depuis quinze ans que je te connais, tu n'as guère herborisé que sur ta fenêtre ou dans ton jardin ; tu te crois littérateur pour l'être essayé dans le conte bleu, et poëte pour avoir rimé des ballades. Je te le répète, c'est ta prétendue poésie, en vers ou en prose, qui t'a perdu. Cela m'irrite, me chagrine ! Non que je ne rende justice à tes excellentes qualités ! Inoffensif et confiant jusqu'à la crédulité, tu as un cœur d'or, tu es dévoué à tes amis..., et à bien d'autres encore, je le sais ; maître d'une jolie fortune, tu en as fait usage plutôt pour augmenter le nombre de tes obligés que celui de tes gens. C'est bien, c'est très-bien ! mais tu n'es pas moins condamné à rester à perpétuité un simple amateur, un bourgeois, un bonhomme, ne possédant réellement à fond que la science du bien-être et la règle du whist en dix points. J'ai dit. »

Tout compte fait, dans les gronderies de mon sermonneur, l'éloge était pour le moins aussi exagéré que le blâme. Je n'avais pas lieu d'être mécontent. Néanmoins :

« Bon Dieu ! m'écriai-je en gardant mon sérieux, pourquoi donc es-tu si méchant aujourd'hui ?

— Pourquoi ? me répondit-il ; tu oses me demander pourquoi ?... »

Puis le sourire lui vint aux lèvres :

« Parce que je suis frileux, parce que j'étrennais mon chapeau neuf, défloré maintenant par tes giboulées d'avril ; parce que je suis un mathématicien, un chimiste, incapable d'apprécier tes bucoliques ; parce que tu n'as pas le sens commun, parce que tu as comploté contre moi et contre mon chapeau en voulant m'entraîner à Marly par ce temps épouvantable !... Tu ne refuseras pas du moins de me prêter un pa.... »

Il n'acheva pas.

Une grande lumière resplendit soudainement dans ma chambre ; un soleil ardent nous éblouit. J'ouvris la fenêtre ; l'air était tiède, le ciel bleu ; le thermomètre marquait dix-huit degrés centigrades, et déjà les trottoirs ne conservaient plus la moindre trace de la neige ou de l'humidité.

« Adieu ! me cria Minorel en faisant un rapide mouvement de retraite.

— Antoine, mais tu oublies....

— Quoi ?

— Ce parapluie. »

Et je lui présentai le plus long, le plus lourd, le plus imperméable de mes parapluies. Il rit. Nous pactisâmes. Je consentis à retarder d'une quinzaine encore mon départ pour Marly-le-Roi ; de son côté, il s'engagea, sous serment, à venir le 1er mai m'y gronder à son aise, longuement, et jusqu'à ce que je crie grâce.

Les jours suivants, le temps donna raison à Minorel ; il y eut des alternatives de pluie, de grêle et de soleil. Enfin, le soleil resta maître de la place. Le long des quais et des boulevards, dans les squares publics, la verdure achevait d'envahir les arbres; les fleurs grimpaient aux murs, aux fenêtres, aux balcons. jusque sur le plomb des mansardes; tout Paris était dehors avec des fleurs à la main ou à la boutonnière; les lilas, les narcisses doubles, les jacinthes, se promenaient par charretées à travers les rues, et leurs parfums poussaient à l'émigration.

Cette espèce de frénésie campagnarde, qui vers la fin d'avril s'empare de tous les citadins et de moi plus que des autres, me torturait; je n'y tenais plus! comme une âme en peine, j'errais, silencieux et taciturne, au milieu de cette population en fête, qui semblait aspirer l'air du printemps par tous les pores. Mais m'installer à Marly avant Minorel, le pouvais-je? C'eût été la violation de notre traité, presque un *casus belli*. Par bonheur, nous touchions aux derniers jours du mois.

Le 29, une idée lumineuse me traversa le cerveau et s'y photographia. J'allais entreprendre une promenade hors Paris, en me dirigeant vers Marly-le-Roi, non par la ligne droite, que je déteste, non par le chemin de fer de Saint-Germain, que je hais non moins cordialement, mais par le chemin des écoliers, en traçant une courbe à ma fantaisie, pédestrement, en flâneur, en touriste. Je serais à Marly le 1er mai, à l'heure du dîner, en même temps qu'Antoine, avant lui peut-être. Qu'aurait-il à dire?

Quand j'annonçai à mon vieux Jean et à Madeleine, ma cuisinière, que le lendemain ils partiraient avec mes bagages pour Marly, où je les rejoindrais bientôt, tous deux ouvrirent des yeux démesurés.

« Monsieur va rester seul à Paris? me dit Madeleine.

— Non, j'ai un petit voyage de trente-six heures qui m'appelle ailleurs.

— Monsieur va voyager seul? me dit Jean, prenant tout à coup l'alarme. Pourquoi n'accompagnerais-je pas Monsieur?

— A quoi bon? Suis-je un enfant?

— Non certes!... au contraire. Mais, quoique Monsieur ait bon pied, bon œil, qu'il ne soit pas encore ce qu'on appelle âgé, quand on a la cinquantaine, est-il bien prudent de courir les routes comme un jeune homme. »

C'est Madeleine qui me fit cette dernière observation.

Je n'avoue que quarante-cinq ans; Antoine Minorel, et à tort, m'en suppose quarante-huit; Madeleine, sans hésitation, m'en affligeait cinquante. De nous trois, qui était dans le vrai? Mais que sert d'approfondir de semblables questions? Les Orientaux se piquent généralement d'ignorer la date de leur naissance. La sagesse nous vient de l'Orient.

Après avoir médité mon itinéraire, j'avais, pour raisons à moi connues, décidé de sortir de Paris par le faubourg du Temple et l'ex-barrière de Belleville. Le 30 avril, de grand matin, coiffé de ma casquette de campagnard, mon album de dessins en poche, portant d'une main le bâton du voyageur, de l'autre la boîte de ferblanc du botaniste, je me disposai à sortir de mon petit hôtel de la rue Vendôme, et ce fut dans cet équipage que je reçus, comme bordée d'adieux, les nouvelles lamentations de Madeleine et de Jean.

« Est-ce que Monsieur osera traverser le boulevard ainsi fagoté? disait Madeleine.

— Un bourgeois en casquette! ça ne se doit pas, disait Jean; on prendra Monsieur pour un ouvrier; mieux encore, pour un laitier avec sa boîte au lait. Je ne le souffrirai pas; je la porterais plutôt moi-même, quoique j'aie mes douleurs! »

Tandis qu'il tiraillait ma boîte d'un côté, Madeleine, de l'autre, s'emparait de mon bâton :

« Ce n'est pas une canne qu'il faut à Monsieur, c'est un parapluie. Dans cette saison, est-ce que le soir ressemble au matin?

— Non-seulement Monsieur devrait prendre son parapluie, mais son paletot ciré!

— Et une voiture! ajoutait Madeleine; du moins Monsieur ne ferait pas scandale dans la rue. »

Après tout, ces bonnes gens pouvaient avoir raison. J'échangeai mon bâton contre un parapluie (le même que j'avais présenté à Minorel), et je pris mon paletot de caoutchouc.

« Qui soignera Monsieur pendant ces deux jours-là? reprit alors mon vieux Jean d'un air accablé.

— Quelle cuisine vont-ils faire à Monsieur le long de la route? » dit Madeleine avec un gros soupir.

Pour mettre fin à ces doléances, je pris le pas gymnastique. Un instant après, je tournai la tête. Madeleine et Jean stationnaient encore sur le seuil de la maison, me suivant du regard, et je crus voir des larmes dans leurs yeux.

N'était-ce pas là une douleur bien légitime? trente-six heures au plus de séparation! J'aurais dû en rire. Cependant, je me sentis ému de leur émotion.

PREMIÈRE PARTIE.

I

Belleville. — Une maison qui a changé de propriétaire. — Chassé du Paradis terrestre. — L'huile de sureau. — Le Trou-Vassou. — La maison disparue. — Un ancien ami.

Autrefois, Belleville, joyeux village de quelques mille âmes, perché sur sa hauteur, en regardant autour de lui, voyait d'un côté Paris se dérouler comme un immense panorama; de l'autre, les Prés-Saint-Gervais et les bois de Romainville l'encadraient dans la verdure. J'ai passé à Belleville mon enfance et une partie de ma jeunesse, et c'est à l'intention d'y récolter de précieux souvenirs que je l'avais inscrit en tête de mon itinéraire. Je me rappelais ses beaux jardins, ses élégantes maisons de campagne, ses rues bordées de lilas, sa petite église modeste, placée presque en face de l'*Ile d'Amour*, guinguette célèbre, où le soir, au bruit des orchestres de danse, les arbres s'illuminaient de verres de couleur.

Aujourd'hui le village, à la tête de ses soixante-cinq mille habitants, vient de faire son entrée dans la grande enceinte parisienne; les populations ouvrières des faubourgs, qui, aux jours de fête, comme une marée montante, l'envahissaient naguère, s'y sont fixées; les lilas ont fait place à des murs, les maisons de campagne à des usines; l'*Ile d'Amour* est une mairie, et la petite église une cathédrale.

Non sans peine je parvins à retrouver la maison construite par mon père, et que j'avais possédée après lui, tant de nombreuses voisines étaient venues s'entasser autour d'elle. Combien l'aspect en était changé! La grande grille, surmontée du chiffre de l'ancien propriétaire, avait disparu. Une horrible et maigre bâtisse, presque neuve, déjà décrépite, s'élevait insolemment aux dépens de la cour, masquant tout ce que j'étais venu chercher.

Je pris mon parti. Au risque d'être indiscret, je sonnai à la petite porte, maintenant l'unique entrée extérieure de l'habitation. Les aboiements d'un chien répondant seuls à mon appel, je tournai le bouton, j'entrai.

Rien ne bougeait dans la maison; le chien, après m'avoir salué d'un nouveau jappement, ayant regagné sa niche, je pus, tristement, à mon aise, prendre note des changements subis par elle depuis tantôt vingt-cinq ans que je ne l'avais revue.

Noircie et lézardée, elle me fit l'effet d'un catafalque. Ce catafalque, il recouvrait la première moitié de ma vie et les dernières années de mon père. Sur sa toiture, où la tuile avait remplacé l'ardoise, s'élevait encore la girouette que j'y avais fait planter. Les persiennes, reconnaissables pour moi à un reste de couleur verte, à moitié désarticulées, en signe de deuil, s'inclinaient de haut en bas contre le mur; à la double fenêtre de la chambre qu'avait occupée mon père, et où, plus tard, j'avais installé ma bibliothèque, pendaient de vieux linges et des bas rapiécés.... Cette maison, grande, spacieuse, aérée, mon père en avait disposé les appartements pour ma mère, et ma mère était morte avant que les portes s'en fussent ouvertes devant elle.

Comme je m'abandonnais à ces tristes impressions, le cri d'un oiseau funèbre sembla déchirer l'air et me fit tressaillir. C'était la girouette qui tournait sous le vent.

Le cœur serré, je détournai mon regard et le reportai sur le jardin. Ce beau jardin, le paradis de mon enfance, qu'en restait-il? Qu'étaient devenues ses larges pelouses et ses allées couvertes? Divisé, morcelé par des spéculateurs, la portion minime se reliant encore à la maison ne représentait guère qu'un chantier. J'y voyais plus d'arbres couchés sur terre, ébranchés, que d'arbres debout. Quand e temps ne peut détruire assez vite, les hommes lui viennent en aide. Au milieu de cet abatis, de ce désordre, mon œil plongeait en vain; rien n'y parlait à ma mémoire, rien n'y réveillait pour moi les temps passés. Cependant, ces deux marronniers qui s'élèvent en pyramide, leur force, leur hauteur, le disent assez clairement, ils sont de vieille date implantés dans le terrain.... Je m'orientai, et de leur âge, de la position qu'il occupaient, je pus conclure avec certitude que c'étaient bien ceux-là qu'un jour, en revenant de l'école, j'avais déposés en terre, simples marrons. Je les avais vus sortir de terre, croître d'année en année, et pour la première fois fleurir sous mes yeux, simples arbrisseaux! Qu'ils étaient grands! qu'ils étaient beaux aujourd'hui! Ne sont-ils donc plus à moi, mes élèves, mes enfants? Ah! devrait-on jamais vendre la maison de son père! Pourquoi me suis-je laissé effrayer par l'invasion des faubourgs?...

Parés de leurs innombrables fleurs en girandoles, murmurant au vent du matin, mes chers marronniers semblaient m'appeler à eux. Je me dirigeai vivement vers le jardin.

A peine avais-je fait quelques pas, le chien, resté muet tant que j'étais demeuré immobile, s'élança de sa niche, en aboyant de nouveau et avec fureur contre moi. C'était une espèce de dogue, à la mine retroussée et hargneuse. Je ne m'intimidai pas d'abord. Le voyant solidement attaché à sa cabane par une chaîne de fer, et l'espace restant libre entre nous, je continuai d'avancer. Mais sous l'élan qu'il prit alors, sa cabane, construite trop légèrement (j'ai tout lieu de le supposer), se déplaça; il la traînait après lui, il me barrait le passage. J'essayai de le calmer du geste; par un second élan, il arriva jusqu'à moi et faillit me mordre. Je reculai prudemment; il me suivit, toujours traînant sa cabane, écumant de rage, prêt à me dévorer. Tout à fait intimidé, je me hâtai de regagner la porte de sortie, et la refermai sur moi au plus vite.

C'est ainsi que je fus chassé de mon ancien paradis terrestre. Et par qui?

Moi, à qui mes amis accordent un heureux caractère, plus enclin à la bonne humeur qu'à l'humeur noire, je me sentais profondément attristé. Pour un voyage d'agrément, c'était mal débuter. J'espérai me distraire à la vue des fraîches vallées de Saint-Gervais et du joli bois de Romainville. Pour y atteindre, il me fallut, une demi-heure durant, longer une double file de murs et de maisons. A Saint-Gervais, des murs et des maisons encore; à Romainville, rien que des maisons et des murs. Dans ce dernier village, ce qui me surprit presque autant que la destruction complète de son bois, ce fut d'y rencontrer une boutique d'horloger. Autrefois, on y eût trouvé à peine trois montres disséminées entre tous les habitants. Chez notre horloger de Romainville, il est vrai, s'étalaient le long de la vitrine plus de paires de sabots et de pots de moutarde que de chronomètres.

Devant l'église, je vis un vieux sureau, noueux et rabougri, le seul arbre du pays auquel la hache n'eût osé toucher. Voici l'histoire merveilleuse qui s'y rattache et dont j'avais été bercé dans mon enfance. C'est encore un souvenir que j'évoque.

Il y a un siècle à peu près, le saint homme alors en possession de la cure de Romainville s'était complétement dépouillé de tout en faveur de ses pauvres. L'épicier du village, homme avide et défiant, refusa de lui livrer à crédit la provision d'huile destinée à l'entretien de la lampe du sanctuaire. Bientôt, privée de son alimentation indispensable, la lampe, charbonnant, crépitant, agonisant, jeta ses dernières clartés au milieu d'un nuage de fumée noire.

Pour le bon curé, son extinction était un sacrilége dont il se croyait responsable envers Dieu. Perdant la tête, il quitta l'autel en poussant des cris d'angoisse. Arrivé dans son jardin, les deux genoux en terre, il se frappa la poitrine en répétant des *meâ culpâ*. Dieu prit pitié de lui.

Le jardin du presbytère, décoré seulement de plantes médicinales, en l'honneur des pauvres, ne recevait d'ombre que d'un tilleul et d'un sureau. Tout éploré, le malheureux tenait ses yeux fixés sur ce dernier arbre, quand il vit l'écorce du tronc s'entr'ouvrir et donner passage à un jet de séve abondante, bien différente de la séve ordinaire. C'était de l'huile. Le ciel venait de faire un miracle en sa faveur.

Le bruit ne tarda pas à s'en répandre dans le village, où jusqu'alors on n'avait jamais entendu parler d'huile de sureau. La sensation y fut grande. L'épicier récalcitrant vint trouver le curé et lui proposa un coup de commerce qui devait les enrichir tous deux. Le bonhomme lui tourna le dos. Sous prétexte d'horticulture et d'expériences à faire, les marguilliers lui demandèrent à mains jointes une bouture de la plante, lui offrant en échange des oies grasses et des pâtés de lièvres ; il fit la sourde oreille ; l'huile était sainte, destinée seulement à de saints usages.

Chaque jour il visitait son précieux sureau, en pressait l'écorce, et l'huile coulait à flots, comme d'un palmier le vin de palme. Toutefois, même durant le long temps du carême, il se serait bien gardé d'en distraire le superflu pour assaisonner ses maigres repas.

Moins scrupuleuse que lui, sa servante en usa en secret, d'abord pour la salade, puis pour la confection de ses ragoûts. La séve providentielle commença à décroître. Un jour, l'imprévoyante fille en graissa les souliers de son maître. Dès ce moment, le miracle cessa. Il ne s'est point renouvelé depuis.

Quoique toujours stérile, le vieil arbre est encore en honneur dans le pays, où circule volontiers ce dicton : « Rare et précieux comme l'huile de sureau. »

J'aime les légendes (ce que Minorel appelle mes *Contes bleus*) ; je suis honteux vraiment de n'en point avoir trouvé une plus digne d'être recueillie ; mais les environs de Paris, peuplés de philosophes en blouses, sont pays peu légendaires, et celle-ci, toute minime qu'elle soit, pourrait bien rester unique durant la course que j'entreprends.

Enfin, j'avais franchi cette rue immense de quatre ou cinq kilomètres de longueur, qui, de la Courtille, s'étend à l'extrémité de Romainville ; je voyais devant moi s'ouvrir une vaste plaine silencieuse, presque déserte, sans murs ni maisons ; je respirais.

Le célèbre voyageur Le Vaillant, en abordant pour la première fois les solitudes de la Cafrerie, dit s'être senti tout à coup pénétré d'une joie inconnue : nulle route tracée ne s'offrait à son regard ; l'ombre d'une ville ne pesait plus sur lui ; l'air réconfortatif de la liberté pénétrait en plein dans ses poumons ; il ne dépendait plus que de lui-même, il en était fier, il en était heureux. J'éprouvai alors quelque chose de semblable. Les derniers liens qui me tiraient encore vers Paris semblaient s'être rompus ; mon ardeur de voyage, un instant attiédie, se réveilla. Je songeais à prolonger le cercle de ma promenade jusqu'à Villemonble, Montfermeil, le Raincy, même jusqu'à la forêt de Bondy, ces lieux si chers à ma mémoire de botaniste. C'était trop présumer de mes forces peut-être ; mais n'avais-je pas deux jours devant moi ? En deux jours aujourd'hui on va de Paris à Florence ; j'aurais du malheur si, dans le même espace de temps, je ne pouvais aller de Paris à Marly-le-Roi.

Cependant, je me sentais déjà fatigué, moins par la marche que par la chaleur. Quoiqu'il fût à peine huit heures et demie du matin, le soleil, dans cette plaine découverte, devenait incommode. Mon parapluie nuisait à la liberté de mes mouvements ; ma vieille boîte de fer-blanc elle-même pesait plus à mes épaules qu'autrefois. Comme son maître, avait-elle pris du poids en prenant de l'âge ?

Sur un tertre sablonneux, je vis une jolie arabette en pleine fleur ; je la cueillis, et, comptant l'analyser à ma prochaine station, j'ouvris ma boîte.... j'eus alors le secret de sa lourdeur. Elle contenait trois petits pains de gruau, un poulet rôti, un morceau de veau froid. Madeleine, qui ne s'inquiétait guère de mes conquêtes florales, n'avait vu dans ma boîte de fer-blanc qu'un garde-manger portatif. Excellente fille ! elle n'avait pas voulu que je pusse me passer de sa cuisine ! Ah ! j'ai de bons serviteurs !...

D'ordinaire, je ne déjeune pas avant midi ; à mon grand étonnement, l'appétit m'était venu. La vue du poulet y fut pour quelque chose ; la marche et le grand air pour le reste. Mais pouvais-je manger sans boire ? D'ailleurs, ami du confortable, je ne comprends un repas qu'à la condition d'un siége et d'un abri.

Un souvenir plus que décennal s'éveilla dans mon esprit. Au bout du sentier suivi par moi, j'entrevoyais les collines du Trou-Vassou. J'allais trouver là un asile hospitalier, de bonnes gens qui riraient à ma venue et déjeuneraient avec moi !... Mais dix ans écoulés !

Cette réflexion refroidit mon cerveau. Ralentissant le pas, je cherchai le long de la route une maisonnette où bien des fois j'avais été reçu naguère comme un ami. Je ne la retrouvai plus et m'en inquiétai.

Qu'étaient devenus ses habitants ? Thérèse doit avoir de vingt à vingt-deux ans aujourd'hui. Elle est mariée, sans doute ; sans doute aussi son mari l'aura emmenée au loin ; son père et sa mère l'ont suivie.... Mais la maison, l'ont-ils donc emportée avec eux ? Je ne pouvais m'expliquer sa disparition complète.

Je dus chercher un autre abri.

Dix minutes plus loin, sous l'ombre du fort de Noisy-le-Sec, m'apparut un pignon rouge, une enseigne de cabaret. En qualité de touriste, je n'avais pas le droit de me montrer difficile sur le gîte. Quelques soldats du 40e de ligne buvaient et riaient dans un coin ; je m'attablai non loin d'eux, et tirai mes victuailles de ma boîte de fer-blanc, qu'ils prirent sans doute pour un bidon de nouvelle espèce. Sans attendre mes ordres, le garçon m'apporta une bouteille de cette rinçure de cuve, décorée du nom de vin de pays. Résigné à tout, et le poulet me semblant un bien noble personnage pour être exhibé en pareil endroit, j'allais entamer mon morceau de veau, quand mes yeux se rencontrèrent avec deux prunelles grises, surmontées de sourcils épais ; au-dessus des sourcils se développait une abondante chevelure blanche, qui, grâce à des favoris et à un cordon de barbe de même couleur, encadrait une figure, alors contractée sous une impression de profond étonnement.

Cette figure, c'était celle du cabaretier.

« Comment, c'est vous, père Ferrière ? lui dis-je, après une inspection rapide de sa personne.

— Ah ! je ne m'étais pas trompé ! » s'écria-t-il en frappant dans ses mains ; et tout aussitôt faisant lestement disparaître ma bouteille de rinçure, il la remplaça par une autre, à cachet rouge, vin d'officier, mit un second verre sur la table et s'assit en face de moi.

Je demandai au garçon deux assiettes et deux couverts, et tirai le poulet de sa boîte. Les soldats du 40e ouvraient de grands yeux affamés.

« En quelle qualité êtes-vous ici ? dis-je à Ferrière.

— C'est moi le chef de l'établissement, » me répondit-il.

Et son front rayonna d'orgueil.

« Voilà donc pourquoi je n'ai plus retrouvé la maisonnette à sa place ?

— La maisonnette a descendu dans les fossés du fort, ainsi que le petit lopin de terre ; c'est une affaire entre le gouvernement et moi.

— Et l'affaire a été bonne ?

— Pas mauvaise, pas mauvaise, dit-il en clignant de l'œil, puisque je ne dois rien sur l'établissement, que la cave est pleine et que je vends en gros et en détail. »

L'orgueil qui tout à l'heure ne rayonnait que sur son front resplendit alors sur toute sa personne.

« Donc, père Ferrière, aujourd'hui vous voilà riche ?

— Je ne dépends plus de mon cheval, du moins, et cela grâce à vous et au gouvernement.

— Comment, grâce à moi ?

— Et bien, et les deux poules ! »

Ces derniers mots demandent une explication.

II

Misères et splendeurs d'un bohémien français. — L'enfant. — Une dame charitable. — Petits métiers. — Un cheval au lieu d'une soupe. — Choléra de 1832. — Les deux mendiants. — Un ménage sur la grande route. — Fin de la vie nomade. — Une maison pour dix francs. — La jolie bouquetière.

Avez-vous jamais élevé des poules ?... C'est une attrayante occupation. Il fut un temps où, dans ma basse-cour de Bellevillle, j'avais quarante poules de premier choix : brahma-pootra, cochinchinoises, andalouses ;

poules de Crèvecœur, de Bréda, de la Flèche ; poules cauchoises et poules russes, toutes bien cravatées, huppées, colleretées ; des perfections du genre.

Je ressentais pour elles une grande affection qu'aucune idée gastronomique ne venait dégrader; elles le savaient bien, croyez-le. Il m'arrivait parfois d'en céder, d'en échanger, et même d'en vendre ; mais me nourrir de mes élèves, grand Dieu ! était-ce possible ? Il m'aurait semblé entendre un de mes sujets bien-aimés pépier sous ma dent, ou caqueter dans mon estomac. Horreur !

Toutefois, je faisais là un singulier commerce, il en faut convenir. Il m'arrivait de vendre un poulet, mal coiffé il est vrai, un franc, et d'acheter un œuf trois francs.... Oui, trois francs pièce, trente-six francs la douzaine. A ce prix, une omelette eût été un plat de luxe.

J'étais donc marchand de poules, lorsqu'un matin, Jean, mon vieux Jean, m'annonça qu'un individu, conduisant une charrette, demandait à me parler.

A ma porte, je trouvai un homme à la figure intelligente sans être rusée, chose rare parmi les pauvres diables de son espèce ; quoique jeune encore, il grisonnait; sa blouse, rapiécée sur toutes les coutures, mais propre et sans déchirure aucune, témoignait que si la misère l'avait éprouvé, il n'en était point au découragement.

« Monsieur, me dit-il, vous aimez les poules ; j'en ai une couple à vous vendre ; de bien jolies bêtes tout de même. »

Il alla à sa charrette, ouvrit une espèce de grande cage en lattis, qui en occupait la partie postérieure ; puis j'entendis de gros soupirs sortir de dessous la bâche qui recouvrait le pauvre véhicule. Je m'approchai; j'aperçus à l'avant de la charrette une jeune femme assez belle, mais d'une grande pâleur. Elle tenait les deux poules sur ses genoux, et les caressait, les baisait, comme pour leur faire ses adieux. L'une était une poule nankin de Crèvecœur, d'une forme élégante et svelte ; l'autre, une belle cauchoise ardoisée, à la robe irréprochable, mais dont la huppe laissait échapper quelques petites plumes blanches. Sans cette macule, c'eût été une merveille.

« Combien en voulez-vous? lui demandai-je.

— Faites le prix vous-même, me répondit-il, puisque vous êtes connaisseur. »

Après les avoir examinées, non-seulement au plumage, aux pattes et au bec, mais à la langue et sous l'aile, les reconnaissant jeunes, saines et de race, peut-être aussi tenant compte de l'apparence misérable du vendeur : « Elles valent trente francs pièce, » lui dis-je.

Mon homme fit un soubresaut; un éclair de joie jaillit de ses yeux, où une larme apparut, et j'entendis un sanglot étouffé sortir de la voiture.

« Pourquoi les vendre si vous y tenez tant? Cette somme vous est-elle indispensable? je puis vous en faire l'avance.

— Ah! vous êtes un vrai chrétien, vous! me répondit le brave Ferrière, en s'essuyant l'œil du bout de sa manche; la femme y tient, c'est vrai; dame! c'est elle qui les a élevées et presque couvées, monsieur. Les œufs qu'elles nous pondaient faisaient notre régal dans les jours difficiles; mais, nuit et jour, nous n'avons d'autre logement que notre berlingot; la femme s'apprête à me donner un poupon, et, avant longtemps, il aurait toujours fallu que la *jaune* et la *grise* cèdent leur place au berceau de l'enfant. Nous ne pouvons pas tenir tant de monde là dedans. »

Je dus me rendre à cette raison.

Mais pourquoi ne compléterais-je pas ici l'histoire de mon ami Ferrière? Elle vaut bien une légende.

Né avec le siècle, dans une famille honorable du département de Seine-et Marne, Ferrière perdit sa mère de bonne heure. Il avait dix ans à peine lorsque son père, ruiné par des spéculations malheureuses, après avoir fait argent de tout, alla chercher fortune à l'étranger. Son fils n'entendit plus parler de lui.

Une dame charitable prit en pitié l'enfant abandonné; mais elle le nourrissait mal et le battait parfois. Le jugeant indocile et ingrat, elle le fit entrer, en qualité de petit clerc, chez un avoué de Fontenay-Trésigny. Celui-ci, ne lui trouvant pas assez d'orthographe pour l'occuper dans son étude, lui faisait faire ses courses, balayer sa maison et cirer ses bottes.

L'enfant ne manquait ni de bon sens ni de fierté ; il échappa à ses bienfaiteurs, résolu d'embrasser un état qui pût le faire vivre honorablement. Par malheur, tout état demande un apprentissage, et cet apprentissage, il faut le payer. Il dut donc se résigner à ces petits métiers qui s'apprennent du jour au lendemain. Si je devais le suivre à travers toutes ses pérégrinations et ses métamorphoses, je le montrerais tour à tour passeur de bac par intérim ; piéton de la poste, comparse et machiniste dans un théâtre de quatrième ordre ; casseur de pierres, et se dégoûtant vite de cet ingrat labeur de grande route, plus tard, bedeau, maître d'école, batteur de grosse caisse dans une fête de village, et abandonnant tout à coup son instrument pour se mêler aux danseurs, car il a vingt ans, et comme un autre il aime le plaisir.

Après avoir ainsi sauté de branche en branche, semblable au pauvre oiseau qui ne peut prendre son vol, découragé de ses vaines tentatives de vie sédentaire, n'espérant plus rien que du hasard, il alla droit devant lui, couchant dans les étables, dans les greniers, le plus souvent à la belle étoile ; tantôt charitablement hébergé dans une honnête ferme, où il trouvait un emploi de quelques jours ; tantôt rudement repoussé comme vaurien et vagabond. Vagabond, il l'était. Il ne savait plus se fixer ; il lui fallait la vie errante, le grand air, et son indépendance complète. Il riait à sa misère, pourvu qu'elle changeât de place.

Un jour que le hasard, sa Providence, semblait l'avoir oublié, longeant, l'estomac vide, les murs d'un château, il y vit une affiche placardée. On réclamait des bras inoccupés pour un travail de terrassement. Tout travailleur, avant de se mettre à l'œuvre, avait droit à une soupe. Ce dernier article le tenta.

A la grille dudit château un domestique, en riant aux éclats, lui apprit que l'affiche était apposée là depuis six mois ; on n'avait plus besoin de personne. Toutefois il lui dit de l'attendre, et, un instant après, au lieu d'une soupe il lui donna un cheval. Oui, un cheval, en chair et en os ; en os surtout.

C'était un pauvre animal, encore jeune, mais quasi étique, véhémentement soupçonné de quelque maladie contagieuse. Ayant reçu l'ordre de le mener à l'abattoir, le domestique, qui, ce jour-là sans doute, avait autre chose à faire, chargea Ferrière de la commission, lui en abandonnant les bénéfices.

Ferrière ne fit point abattre son cheval ; il le soigna, il le guérit. Par quel moyen. Je l'ignore.

On apprend bien des choses en courant les routes, pour peu qu'on ait d'intelligence et de mémoire. Tel bohémien, à force de toucher à tous les pays, à tous les métiers, de frayer avec des gens de toutes sortes, devient, à la longue, une encyclopédie vivante ; encyclopédie superficielle, d'accord. Selon moi, les vagabonds de cette espèce se rapprochent assez des philosophes anciens, coureurs de routes aussi, et qui allaient de çà de là recueillir la science éparpillée alors dans le monde.

Aristote, presque seul, fut un philosophe sédentaire ; mais il avait pour aide-naturaliste, pour commis voyageur, son élève, Alexandre de Macédoine. Ferrière, lui, voyait tout, apprenait tout par lui-même, comme Démocrite et Platon. Il était observateur, et dans nos entretiens au Trou-Vassou, je m'étonnai parfois de l'étendue de ses connaissances et de la finesse de ses aperçus. Il possédait les généralités, les points de relation. De notre temps, par malheur, à force de s'accroître, les sciences sont devenues complexes, rayonnantes, obèses. Pour chacune d'elles, l'existence d'un homme suffit à peine. Il n'y a donc plus de généralisateurs, par conséquent de grandes idées relatives, que parmi ceux-là qu'on nomme les ignorants et les désœuvrés : les poëtes et les bohémiens.

Mais j'aborde les considérations, et je veux être bref.

Donc Ferrière a un cheval, et il en tire parti. Il est messager ; il exécute des transports de paille, de foin, de paquets, d'un village à un autre. Le fardeau est-il trop lourd au pauvre bidet, l'homme en prend sa part, et tous deux font la route en s'entr'aidant. Grâce à son cheval, à défaut du métier qui lui manque, il a un labeur quotidien et régulier ; il a mieux encore, une affection. Il aime son cheval, et son cheval l'aime.

Tous deux étaient en voie de prospérité ; vint une époque désastreuse, le choléra de 1832. Dans la contrée que fréquentait le plus volontiers Ferrière, le fléau sévissait avec violence, et chacun barricadait sa porte, espérant l'empêcher d'entrer. Le pauvre messager surtout devint l'objet de la défiance générale ; il semblait qu'il n'eût plus que la contagion à transporter d'un village à l'autre. On le fuyait, et en le fuyant on le condamnait à une misère sans issue. S'il avait été seul, il aurait pu se résigner peut-être, et reprendre sa vie d'autrefois en attendant des temps meilleurs ; mais il fallait pourvoir aux besoins de son ami, de son cheval. Il prit une grande résolution.

Chose incroyable, au milieu de ses plus rudes épreuves, jamais notre bohémien n'était descendu jusqu'à la mendicité. Quand je m'en étonnais devant lui : « Monsieur, me répondait-il d'un ton passablement burlesque, empreint d'une fierté sincère cependant, je n'aurais pas tant souffert de la faim si j'avais pu me faire domestique ou mendiant. Mais le pouvais-je, je suis gentilhomme. »

Son père, en effet, à tort ou à raison, se faisait nommer M. de Ferrière, et le fils, à raison ou à tort, pensait que d'avoir été saltimbanque, casseur de pierres, vagabond, ne le dégradait point de noblesse comme aurait pu faire la mendicité.

Se préparant à franchir ce Rubicon de la prud'homie, il ne voulait pas mendier là où son nom était connu.

Déjà ces groupes de villages où l'homme et le cheval avaient leurs habitudes étaient loin derrière eux, lorsque, à la nuit tombante, Ferrière vit venir à lui une femme, qui, dans la demi-obscurité, lui sembla une élégante fermière, ou une honnête bourgeoise. Pour un début, l'occasion était favorable. De son côté, la soi-disant bourgeoise, apercevant dans l'ombre un homme traînant un cheval en laisse, crut tout au moins à un valet de bonne maison, et tous deux s'abordèrent en tendant la main l'un vers l'autre.

Ferrière, que j'ai eu tort peut-être de comparer à Démocrite, mais qui, après tout, était philosophe, partit d'un grand éclat de rire, et saisissant la main avancée vers lui, il la secoua cordialement.

La mendiante ne rit pas, elle. Depuis longtemps le sourire s'était effacé de ses lèvres pâles et amincies.

Ouvrière en linge, son travail la faisait vivre; tout à coup la paralysie s'était jetée sur sa main laborieuse. Aujourd'hui, pour combler la mesure de ses misères, les premiers symptômes du choléra venaient de l'atteindre.

Ferrière la fit monter sur son cheval, et la conduisit, à une lieue de là, chez un bon curé de village qui lui avait fait faire sa première communion, et dont il était devenu plus tard le bedeau. Le bon curé accueillit tout à la fois l'homme, le cheval et la malade. Pour celle-ci, notre docteur bohémien mit en œuvre toutes les ressources de sa science de rencontre. Au bout d'un mois elle était guérie et se nommait Mme Ferrière.

Deux misères réunies se portent parfois assistance, tant le principe de l'association est bon dans son essence même. Le mariage de notre ami avait reflété sur sa personne un certain éclat de moralité. Maintenant, les jeunes filles le saluaient quand il traversait le village.

Une chose, cependant, mettait le nouvel époux en grande perplexité. A peine marié, et pas mal amoureux, allait-il installer sa femme, seule, dans quelque pauvre chaumière, et courir les chemins sans elle, ou renoncerait-il à cette vie du grand air qu'il aimait tant?

Un matin qu'il se posait cette embarrassante question, deux vieilles roues, placées à la porte d'un charron, semblèrent d'elles-mêmes y répondre et résoudre la difficulté. Il les acheta et les paya au charron par des journées de travail. Pendant toute une semaine, il tira le soufflet de la forge. Son compte soldé, Ferrière, avec quelques poutrelles qu'il équarrit, quelques planches, quelques cerceaux, qu'il ajusta lui-même, se construisit une voiture.

Ainsi prit naissance ce fameux berlingot dans lequel, durant plusieurs années, vécurent les deux époux, roulant à travers les chemins, à la manière des anciens Scythes, et emportant avec eux, non-seulement leurs pénates, mais leur mobilier, leur poulailler, et leurs ustensiles de cuisine, un fourneau de terre, un poêlon et deux assiettes.

A la traversée des villages, on recueillait ou l'on distribuait les objets de messagerie. A l'heure des repas, le berlingot s'arrêtait sous un arbre. S'il faisait beau, on mettait pied à terre ; la dame du logis allumait le fourneau dans un fossé ou derrière une haie ; on dînait en plein air ; la cage des poules était ouverte, et pas de crainte qu'une d'elles cherchât à fausser compagnie au pauvre ménage. Elles allaient chercher leur picorée en grattant les terrains environnants, mais au premier appel, d'elles-mêmes elles rentraient dans leur cage, non toutefois sans avoir été becqueter les miettes à la table des maîtres.

A ce même appel accourait un autre personnage, le chien de l'habitation, un piteux griffon, borgne et un peu écloppé, mais docile, intelligent, dévoué. Comme son cheval, comme sa femme, comme tous ses autres bonheurs enfin, Ferrière l'avait ramassé sur la route.

Ah ! le bon temps ! Ah ! la rude existence, où les incidents, l'inattendu, le *peut-être*, remplissent le cœur du nomade d'émotions et de surprises incessantes ; où, chaque jour, il laisse derrière lui plus de souvenirs que nous autres-sédentaires n'en pouvons récolter dans un mois ; où par conséquent il jouit de fait de ces quelques siècles de durée promis par un grand physiologiste à l'espèce humaine, quand elle saura bien se conduire. Sur ma parole, Minorel a raison, et si un sort contraire ne m'avait encotonné dans ce milieu bourgeois, où le mouvement semble être une convulsion, si j'avais été assez heureux pour connaître la misère (passagèrement toutefois !), moi, poëte, moi, artiste, voilà la vie qui m'aurait convenu ! Chaque matin s'éveiller avec un nouvel horizon devant soi ! avoir le ciel pour baldaquin, la grande route pour salon !... Je sais bien qu'à ce métier on gagne des rhumatismes.... D'ailleurs, pourquoi vais-je entreprendre l'apologie de cette existence de bohémien, juste au moment où Ferrière songe à s'en affranchir ?

Ce fut vers ce temps que la vente de la *jaune* et de la *grise* vint doter le ménage d'un capital inespéré.

Devenu père, Ferrière avait senti se modifier en lu ses idées d'indépendance absolue ; au nom de l'enfant sa femme le poussait doucement vers le calme et la stabilité. Il s'y laissa prendre. Un beau jour, les joies du propriétaire passèrent devant ses yeux comme un rêve éblouissant.

Avec ses épargnes et la vente de ses poules, il possédait un avoir de cent et quelques francs. Il résolut d'acheter un terrain, de s'y bâtir une maison et il en vint à bout.

Ferrière fit l'acquisition de quelques ares de terre du côté du Trou-Vassou, et les paya comptant. Une dizaine de francs lui restaient seuls pour entreprendre la construction de sa maison. Ils y suffirent.

Le terrain était inculte et pierreux, quelques arbres rabougris l'ombrageaient. Les arbres fournirent la charpente; la terre les matériaux.

Trois ou quatre ans plus tard, dans mes herborisations, me dirigeant de ce côté, je voyais, au milieu d'un champ de luzerne, une petite chaumière faite de meulière et de torchis; malgré sa maigre toiture de roseaux et de genets, elle riait à l'œil par son air agreste. Après tout, on ne se bâtit pas un palais de marbre pour dix francs.

Parfois Ferrière et le cheval étaient en course, mais je trouvais là sa femme et sa fille; celle-ci trottant déjà menu, ou se roulant à terre avec le chien griffon; celle-là occupée d'ouvrages de couture. Quoique toujours impotente de sa main droite, elle était parvenue à coudre très-habilement de sa main gauche. Le chien, battant de la queue, venait à ma rencontre; l'enfant poussait des cris de joie en me voyant, et ses petites mains essayaient d'entr'ouvrir ma boîte de fer-blanc, où elle savait trouver pour elle un gâteau et un petit pot de confitures de Bar.

Puis, je quittai Belleville, et les années passèrent. Une dernière fois, me trouvant à Charonne pour certaine affaire contentieuse, je poussai jusqu'à la demeure de mes anciens amis. La chaumière s'était métamorphosée en une maisonnette couverte de tuiles, avec volets verts; elle embaumait. Au champ de luzerne avait succédé un champ de roses. Les roses sont d'un bon produit dans la banlieue parisienne, et le ci-devant bohémien, à ses états de voiturier, de messager, d'architecte et de constructeur, avait ajouté celui de jardinier-fleuriste. Sur le seuil de la porte extérieure, la gentille Thérèse, déjà grandelette, offrait aux passants des bouquets de roses, ce qui lui attirait quotidiennement vingt madrigaux, tous brodés sur un thème invariable.

Tels étaient les souvenirs que j'avais laissés au Trou-Vassou, lorsque, douze ans après, au début de mon voyage de Paris à Marly-le-Roi, sous l'ombre du fort de Noisy-le-Sec, je retrouvai mon ancien Ferrière.

Mais qu'était devenue ma petite marchande de roses?

Tout en déjeunant avec lui, lorsque je parlai d'elle à son père, la figure de celui-ci, un instant auparavant joviale et rayonnante, se crispa tout à coup.

« Thérèse ? me dit-il brusquement, comme s'il eût cherché qui je voulais désigner par ce nom. Est-ce de ma femme que vous parlez? Elle se nommait Thérèse, en effet.... Eh bien, elle est morte; tant mieux pour elle !

— Je vous parle de votre fille, père Ferrière.

— Ah! ah! ma fille?... ma fille Thérèse?... Depuis beau jour elle nous a quittés, pour aller vivre bien loin d'ici, auprès de sa marraine, qui est riche, et qui, n'ayant pas d'enfants, l'avait adoptée pour lui donner une belle éducation.

— Et vous n'avez pas revu votre fille depuis?

— Oh! que si!... Il y a deux ans, elle est revenue.... Son éducation était faite.

— Ne la verrai-je point?

— Elle est repartie.

— Pour rejoindre sa marraine?

— Non! sa marraine ne la recevrait plus.... N'allez pas croire que ce soit une méchante enfant, reprit-il tout à coup; elle, si douce, si bonne, le vrai portrait de la défunte! Vous l'avez connue cette autre Thérèse-là? mais assez causé là-dessus; vous ne voudriez pas me faire de la peine? »

C'est ainsi que mon ancienne connaissance du Trou-Vassou excita ma curiosité sans la satisfaire. Enfin, je dus prendre congé de lui, et, après une double et affectueuse poignée de main, je poursuivis ma promenade en me dirigeant vers Noisy.

III

Les illustrations de Noisy-le-Sec. — La Saint-Athanase. — Des noms de baptême. — Changement de route. — Un Sardanapale en guenilles. — Mystères de la ville d'Épernay. — L'ordre de la *Pure Vérité*. — Deux mystifiés au lieu d'un.

Le village de Noisy n'a pas traversé les siècles sans quelque éclat. Parmi ses anciens seigneurs il compte un illustre pendu, Enguerrand de Marigny, inventeur de ce fameux gibet de Montfaucon, auquel, pour crime d'exaction, il fut bel et bien accroché lui-même. Coïncidence singulière! le cardinal La Balue, autre seigneur de Noisy-le-Sec, par ordre du roi Louis XI, subit, on le sait, une longue détention dans une cage de fer, et pour ces mêmes cages, l'histoire nous le dit, il était aussi en droit de prendre, sinon un brevet d'invention, du moins un brevet de perfectionnement.

Je venais de traverser le canal de l'Ourcq, me dirigeant sur Bondy, pour redescendre ensuite par Baubigny, où je comptais m'arrêter, et, le lendemain, gagner Marly par Aubervilliers et Nanterre. Chemin faisant, je songeais à Thérèse; à défaut d'une histoire authentique, je lui en composais une à ma guise, lorsqu'une main pesante me tomba sur l'épaule.

« Ah! ah! me dit une voix fortement timbrée, vous venez donc prendre le chemin de fer de Noisy-le-Sec?

— Au diable les chemins de fer! j'essaye au contraire de me passer d'eux.

— Comptez-vous aller à pied à Épernay?

— Quoi! Épernay?

— Et la Saint-Athanase?

— Quelle Saint-Athanase?

— Comment, reprit mon interlocuteur, qui n'était autre qu'un de mes amis, ingénieur militaire, chargé, pour le moment, de l'inspection des travaux du fort de Noisy-le-

Sec, comment, on a cette chance heureuse, et bien rare, d'avoir un intime qui se nomme Athanase; soi-même, et malgré lui, on s'est déclaré son parrain pour un second baptême, et seul on manquerait au serment qu'on a exigé des autres? »

Je me rappelai alors une de mes bonnes soirées de cet hiver.

Nous dinions chez Ernest Forestier, un de mes jeunes amis. J'ai quelques amis dont j'aurais pu être le père. Ils tetaient encore lorsque je prenais ma licence d'avocat; selon moi, ce mélange affectueux de deux générations profite à l'une comme à l'autre. Au dessert, la conversation roula sur les noms de baptême. J'attaquai vertement cet usage ridicule, incommode, dangereux, de donner à tous les enfants les mêmes noms, avarement triés, au nombre de six ou huit, dans le calendrier courant, quand la *Vie des Saints* et le *Martyrologe* nous en pourraient fournir par milliers de plus harmonieux et de plus convenables.

« Trouvez-vous dans une réunion d'une trentaine d'individus, disais-je ; au nom de Paul, six dressent la tête; six autres au nom de Léon ; le reste répond en chœur si on interpelle un Jules, un Charles, un Eugène ou un Ernest. S'agit-il d'une réunion de femmes, prononcez le nom de Marie, vous aurez une levée en masse. Est-ce donc là avoir un nom spécial et individuel? Je sais bien que les jeunes mères commencent à s'apercevoir de la confusion jetée au sein même de leurs propres familles par cette surabondance d'homonymes. Pour parer à l'inconvénient, que font-elles? De leurs nouveaux-nés elles font non plus des Léon et des Paul, mais des Maurice et des Albert, rien autre chose; si ce sont des filles, des Jeanne et des Geneviève, le rustique étant à la mode pour les jeunes demoiselles. Mais les dénominations nouvelles, aussi peu variées que les autres, et toujours tirées d'un même sac, amèneront infailliblement les mêmes résultats pour la génération nouvelle. »

J'étais fort gai ce soir-là, et en veine de paradoxe. Je pris à partie les Paul et les Ernest, soutenant qu'avec une armée recrutée parmi les premiers dans nos quatre-vingt-six départements, on pourrait mener à bien une guerre contre une puissance de second ordre; si les Ernest se joignaient aux Paul, la Russie elle-même tremblerait.

Au milieu de ces folies, j'interpellai notre amphitryon, lui demandant s'il ne portait pas un autre nom que ce nom œcuménique d'Ernest :

« Je me nomme aussi Athanase, me répondit-il.

— Bravo! Athanase, voilà une appellation qui désigne non plus un peuple, mais un homme! Ce sera là désormais votre seul vocable! Vous n'êtes plus qu'un Athanase à mes yeux! Jurons tous de souhaiter la fête de notre ami à la Saint-Athanase prochaine!... A la santé d'Athanase! »

On avait ri, on avait trinqué, on avait juré, et, le lendemain, je ne me souvenais guère plus si Forestier se prénommait Ernest Athanase, ou Ernest Chrysostome.

Un peu confus à ce souvenir que me rappelait mon ingénieur :

« J'avais complétement oublié mon engagement, lui dis-je. D'ailleurs, Ernest ou Athanase, vous me le rappelez vous-même, habite présentement Épernay, c'est-à-dire à trente ou trente-six lieues d'ici.

— Dites à trois heures, me répondit-il; on ne compte plus par lieues depuis la création des chemins de fer. Mais n'est-ce point pour satisfaire à votre promesse, mieux encore, à votre provocation, que, la Saint-Athanase venue, vous voici à la station de Noisy-le-Sec? si vous n'allez à Epernay, où donc allez-vous?

— Je vais à Marly-le-Roi.

— Ah! bah! Ce n'est pas du tout le chemin; vous serez plus vite à Épernay.

— C'est possible.... Mais mon ami Antoine Minorel doit venir demain me rejoindre à Marly; je me suis engagé à l'y attendre; Madeleine, ma cuisinière, y est installée déjà....

— Belles raisons! Vous coucherez ce soir à Paris, et même à Marly, si bon vous semble. Je me souviens de vous avoir entendu maintes fois vous poser comme l'ennemi personnel des chemins de fer; voici le moment de vous réconcilier avec eux. Celui-ci va vous mettre à même de remplir tout à la fois vos engagements envers

Forestier et envers Minorel. Voyez-vous là-bas la fumée de la locomotive? Allons, prenez votre billet, et en route! »

L'avouerai-je? l'idée de causer un grand étonnement à Minorel quand, demain, à Marly, je pourrais lui dire en l'abordant : « Très-cher, si je ne reviens pas de Fontainebleau, que tu me reproches de ne point encore avoir exploré, je reviens d'Épernay; c'est deux fois plus loin! » fut peut-être ce qui me décida avant tout.

Il était midi; à trois heures nous devions toucher Épernay. J'en repartirais à cinq; à huit, je serais de retour à Noisy, et, malgré ce crochet vers la Champagne, je comptais ne modifier en rien l'itinéraire de mon voyage de banlieue.

Dieu et le chemin de fer en devaient décider autrement.

Le long de la route défilèrent devant moi, comme dans un mobile panorama, le Raincy, que j'avais compté visiter à pied ce jour même; la cathédrale de Meaux, devant laquelle je me découvris la tête pour saluer le grand Bossuet; puis se présenta un élégant castel moyen âge, bâti d'hier, aux tours ventrues et rondes comme des tonnes, aux donjons en forme de bouteilles, que des rinceaux de pampre semblaient couronner. C'était le château de Boursault qui venait de s'élever par magie, non aux sons de la lyre, comme les murs de Thèbes, mais au bruit des bouchons de vin de Champagne, faisant retentir dans le monde entier le nom de son illustre fondatrice, la veuve Cliquot.

Enfin, nous entrâmes dans la gare d'Épernay. Là, je reçus un premier choc (choc purement moral, Dieu merci!) : le train se dirigeant sur Paris, avec station à Noisy-le-Sec, ne devait pas partir avant huit heures du soir. Avec les chemins de fer, il n'y a qu'à se résigner. Je me résignai donc, sans toutefois renoncer à mon projet primitif.

Notre ami Forestier nous reçut avec plus de surprise encore que de joie. Il n'avait jamais pensé que son second baptême dût porter fruit; il tenait à son joli nom suédois d'Ernest, répudiait hautement son nom grec d'Athanase, et du doigt, en riant, il me fit signe qu'il se vengerait de son malencontreux parrain. D'ailleurs, nous avions fait erreur de date, il nous le prouva. La Saint-Athanase, tombant le 2 mai, ne pouvait tout au plus être fêtée que le 1er. Nous étions au 30 avril! Il nous invita à la célébrer avec lui le lendemain, nous prévenant toutefois que le lendemain il serait en route pour aller visiter la chute du Rhin à Schaffouse.

Nous rîmes beaucoup et de l'invitation, et de la méprise de l'ingénieur, qui m'avait fait opérer un pareil déplacement sur une fausse interprétation du calendrier. Celui-ci m'en fit ses excuses.

Athanase (je lui conserverai obstinément le nom, qui, je le maintiens, lui donne une personnalité plus distincte), Athanase recevait justement ce jour-là à dîner ses futurs compagnons de voyage. On se mit à table à quatre heures, puis, le repas gaiement achevé, nous sortîmes pour faire un tour dans la ville.

La ville d'Épernay ne présente guère de curieux que sa rue du Commerce, bordée de monuments grandioses, et son église, remarquable surtout par son portail renaissance, en complet désaccord avec le reste de l'édifice.

Moins curieux de sculptures et d'œuvres architecturales que d'observations à faire sur le vif, moi, j'y avais tout d'abord découvert un personnage vraiment digne d'être étudié, et dont, certes, on ne trouverait pas l'analogue ailleurs que dans ce bienheureux département de la Marne.

C'était un jeune mendiant en guenilles, portant bissac de toile sur l'épaule.

A notre sortie de chez Athanase, il se tenait devant la fenêtre de la cuisine, donnant sur la rue; le regard intelligent et sensuel du jeune quémandeur attira sur-le-champ mon attention.

La servante venait de lui donner un morceau de pain bis et une pleine tasse de vin de Champagne, le reste de nos bouteilles mal vidées. Un sourire de béatitude s'épanouissait en large sur la figure de l'enfant. Ouvrant son bissac, il y fit entrer la miche de pain bis, en retira un morceau de pain blanc, puis un verre à long col, ébréché et complètement privé de sa base. Alors, avec une pose de Sardanapale, il épancha dans le verre une partie du contenu de la tasse, et porta un premier toast à la servante, ce qui me parut parfait de convenance. Ce garçon-là doit avoir du cœur. Dans sa seconde verrée il trempa d'abord quelques bribes de son pain blanc, et l'acheva ensuite à notre santé; car, à ma prière, ces messieurs avaient bien voulu suspendre leur marche pour me laisser le temps de l'observer. J'étais ravi; je lui donnnai cinq francs.

Ce mendiant voluptueux décidait en ma faveur relativement à une thèse soutenue par moi pendant le dîner; c'est que la forme et la matière du gobelet exercent une puissante influence sur la qualité du vin. Dégusté dans un verre mousseline, où les deux lèvres se touchent, l'honnête mâcon devient pomard; bu dans une tasse, le champagne n'est plus que piquette.

Vive la mendicité dans les pays mousseux!

La grande curiosité d'Épernay, son orgueil, sa gloire ne se montre pas à la surface du sol; elle est intérieure, elle est souterraine; ce sont ses caves. Tant de magnifiques péristyles de la rue du Commerce, ces riches portiques surmontés de frontons triangulaires, grecs ou romains, que représentent-il? Ils représentent l'entrée des caves.

Je ne pouvais quitter Épernay sans visiter ses caves, Athanase me le déclara; et nous nous acheminâmes vers une des plus renommées. Je ne comptais y voir que des bouteilles rangées en batailles; j'allais y rencontrer Éleusis et ses mystères.

Sous le porche du temple se tenait une figure pâle, avec un nez rouge implanté au milieu. Plusieurs autres personnages, en compagnie de cette figure, nous voyant arriver, nous firent, comme si nous risquions d'interrompre une cérémonie solennelle, des signes auxquels je ne compris rien.

Deux minutes après, un homme tout de noir habillé, portant à la main un masque grillagé de laiton, semblable à ceux dont on fait usage dans les salles d'escrime, en affubla le nez rouge, qui se laissa faire avec une sorte de componction. Tous gardaient un silence empesé, sous le sérieux duquel cependant le froncement des sourcils de quelques-uns, les contractions zygomatiques de quelques autres, trahissaient un rire contenu à grand'peine.

L'homme noir alors frappa trois coups sur un timbre placé au fond du péristyle. De l'intérieur, une voix forte et retentissante cria :

« Qui ose frapper à cette porte?

— Un oiseau de nuit, répondit l'homme noir, qui semblait jouer là le rôle d'introducteur.

— Que peut-il y avoir de commun entre la buse et l'aigle, entre le vermisseau et l'escarboucle, entre le nouveau venu, encore enveloppé de sa gangue profane, et le Vieux de la Montagne, tout resplendissant de vie et de lumière? reprit la grosse voix.

— Maître, c'est de cette lumière sacrée que voudrait s'abreuver le néophyte. »

Après cet échange de demandes et de réponses, qui parodiaient évidemment le catéchisme maçonnique, deux initiés saisirent le nez rouge par les épaules, et la bande, au milieu d'un jet de lycopode enflammé, s'engouffra dans la crypte, autrement dit dans la cave.

« Quelle est cette comédie? demandai-je à Athanase.

— Le masque de fer, me dit-il, est ici un ornement obligé, on va nous en revêtir tous. Sans ce préservatif, en passant entre les rangs de bouteilles de première année, nous pourrions bien recevoir quelques éclats à la figure.

— Et connaissez-vous le soi-disant néophyte?

— Non; ce doit être un étranger.

— Il n'est pas difficile de deviner son origine, interrompit un des nôtres; dans certains pays de l'Orient, les sorcières ont deux prunelles dans chaque œil, dit-on; lui, dans chacun de ses genoux semble loger deux rotules. Le buste carré, le col dans les épaules, long sur pattes comme un héron, j'en réponds, c'est un Hollandais. A coup sûr, reprit-il en ricanant, j'ai déjà vu ce malbâti quelque part.... Ah! oui; dans un tableau de Téniers. »

L'auteur de cette sortie peu charitable était un petit homme bossu, très-bossu, auprès duquel j'avais dîné, homme d'esprit du reste, ce qui chez lui autorisait la bosse.

Quand nous pénétrâmes enfin dans ces caves im-

menses, longues comme la rue de la Paix, à Paris, et
où circulaient des haquets et de lourdes voitures avec
leur attelage, où une voie ferrée était organisée pour le
service, ce qui m'y préoccupa le plus, ce fut de savoir
ce qui allait advenir à ce pauvre nez rouge.

Le galop d'un cheval se fit entendre, puis ensuite un
tintamarre épouvantable. On eût pu croire que dix écoles
de tambours venaient de déboucher dans la crypte.
C'étaient les futailles vides qui résonnaient sous les pa-
lettes à bouchons.

Débarrassé de son masque, mais les yeux bandés, le
néophyte, enfourché sans devant derrière sur un cheval
qui gambadait, passa devant nous, en exécutant une
voltige aussi burlesque qu'involontaire. Les Hollandais
ne sont généralement pas d'habiles écuyers, surtout
dans cette position anormale. Une ruade lui fit perdre
l'équilibre; les frères Terribles le reçurent dans leurs
bras.

A peine remis de sa secousse, on le replaça en selle;
mais, cette fois, la selle n'était plus sur le cheval; elle
surmontait un tonneau caparaçonné. Le pied dans l'é-
trier, la bride en main, la tête tournée du bon côté cette
fois, comme il convient à tout vrai *gentleman rider*, notre
Hollandais s'attendait à caracoler encore, quand, à sa
profonde stupéfaction, il se sentit, sans ruade aucune,
rapidement entraîné sur une pente glissante. Il était sur
le petit chemin de fer.

Il subit encore d'autres épreuves, mais à ce moment
une discussion s'était élevée entre nous.

« Il ne serait point convenable d'aller plus loin, disait
Athanase; sous le nom de l'*Ordre de la Pure Vérité*, existe
à Épernay une société non maçonnique, mais qui, elle
aussi, a ses mots de passe, ses signes de ralliements,
son secret enfin. Malgré leurs travestissements, j'ai
reconnu parmi ces messieurs des membres actifs de
la société, entre autres Brascassin, un de nos bons
amis....

— Ce ne peut être Brascassin que vous avez vu, dit
un des nôtres; il est à Paris.

— Qu'est-ce que ce Brascassin? demandai-je.

— Le meilleur chansonnier d'Épernay; mais il ne s'agit pas seulement de lui; l'ordre de la Pure Vérité a ses rites mystérieux, plus significatifs, plus imposants qu'on ne le suppose généralement.... nous avons mal pris notre temps; allons visiter une autre cave. »

Une opposition se manifestait; les opinions étaient partagées. On me choisit pour arbitre.

Mon âge, mon caractère connu, semblaient me devoir rallier à la sage et discrète proposition d'Athanase. Il n'en fut rien. Je suis curieux à l'excès; la curiosité l'emporta chez moi sur la convenance et la raison. D'ailleurs, ce malheureux néophyte m'intéressait; je voulais savoir ce qu'ils allaient en faire.

Athanase se soumit à l'arrêt.

A l'extrémité d'une des galeries, nous ne tardons pas à voir briller des torches; là se tenait le sanhédrin. Nous dirigeant de ce côté, nous nous abritons derrière une longue file de planches à bouteilles, hors de service et dressées contre le mur.

A travers les trous des planches, nous pouvions tout voir sans être vus. Assis en demi-cercle sur de petites barriques, l'état-major des grands dignitaires se disposait à procéder aux épreuves morales. Debout devant lui les yeux toujours bandés, le nez rouge gardait un calme imperturbable.

Le président se leva. J'aurais dû dire le vénérable; bien vénérable en effet. Revêtu d'une dalmatique à passements dorés, le front branlant, la barbe blanche, il paraissait âgé de quatre-vingts ans au moins.

A l'aspect de ce vieillard chez qui tout respirait le calme et la mansuétude, j'eus honte de mon rôle d'espion et j'allais en revenir au bon conseil d'Athanase, lorsque celui-ci placé près de moi derrière les planches, me poussa du coude :

« C'est Brascassin! me dit-il à voix basse en me désignant le vénérable; je ne m'étais donc pas trompé! »

Cela brouillait mes idées de trouver un vieillard dans le premier chansonnier d'Épernay; mais l'interrogatoire commença, je ne songeai plus qu'à bien écouter.

« Vos souillures du monde se sont en partie effacées au contact des coursiers apocalyptiques, le cheval sans tête et le cheval sans jambes, dit le vénérable au néo phyte; toutefois, nous pourrions pousser plus loin les épreuves, et, de gré ou de force, vous faire, séance tenante, avaler des couleuvres ou des lames de sabre.

— Faites, dit le récipiendaire, sans que son nez changeât de couleur.

— Si nous vous demandions la tête de votre meilleur ami, l'apporteriez-vous?

— Je n'ai pas de *meilleur ami*, répliqua l'impassible néophyte; j'aime tous les hommes également.... également pas beaucoup.

— Nous voulons bien vous dispenser de cette obligation, presque toujours pénible à tout homme doué d'une vive sensibilité, comme vous paraissez l'être. » L'interrogé salua. « Votre nom? »

Il le dit. C'était un nom hollandais, un Van-der quelconque.

« Désormais, parmi nous, vous vous nommerez Baldaboche.

— Van Baldaboche? murmura le Hollandais.

— Non! Baldaboche tout court. Votre état?

— Je suis médecin homœopathe.

— Croyez-vous à l'homœopathie? Soyez sincère; songez que le Vieux de la Montagne vous écoute. »

Le nez rouge mit la main sur son cœur et répondit d'une voix ferme :

— Je crois au savant Hahnemann, et à Mme Hahnemann son épouse, non moins grand docteur que lui; mais, ajouta-t-il, l'homœopathie est une science encore.... petite.... pas complète. J'ai inventé un système.... tout neuf.... En mêlant l'homœopathie au magnétisme végétal, on obtient....

— Assez! cria le vénérable; les prospectus n'ont pas cours ici. Et qui vous a inspiré la pensée ambitieuse de devenir notre frère?

— Ce sont de jeunes commerçants en vins que j'ai rencontrés à une *table d'hôtel*; sachant que j'avais désir d'être franc-maçon, et la loge d'Épernay....

— Ces mots de loge et de franc-maçon, dit le vénérable en l'interrompant, ne conviennent pas dans ce temple, qui est celui de la Pure Vérité, rien autre chose; ne l'oubliez pas, Baldaboche!

— Van Baldaboche, » murmura de nouveau le récipiendaire; il lui était pénible de se séparer de son *Van* national.

Les dernières épreuves, dites des CINQ SENS, venaient de commencer. Pour l'ouïe, on avait fait entendre au Hollandais un air de serinette, où il avait déclaré reconnaître les sons de la cornemuse; pour le toucher, on lui fit palper tour à tour un caillou, un lingot de fer, une carpe vivante, un petit hérisson empaillé. Il ne s'était étonné de rien, mais n'avait pu assigner à rien son nom véritable. Il prit le hérisson pour un paquet de cure-dents et dit : « Ça pique! »

On venait de lui faire avaler dans un verre, à forme allongée, une affreuse décoction quelconque; il n'avait pas hésité à y reconnaître la saveur du champagne Moët. Après cette épreuve du goût, celle de l'odorat allait suivre, et les faces déjà empourprées des membres du sanhédrin semblaient, par avance, se gonfler sous l'explosion d'une formidable hilarité. C'est qu'alors devait se produire l'arcane important, le gros mot philosophique de cette affiliation mystérieuse.

Je ne suis guère tenté de m'expliquer clairement sur cette épreuve suprême. Quoiqu'admis dans le cénacle seulement par surprise, je ne m'en crois pas moins forcé à une certaine retenue dans mes révélations, retenue imposée autant à mon bon goût peut-être qu'à ma discrétion. Qu'il nous suffise de savoir que cette fois le nez rouge devina juste, et qu'autour de lui toutes les voix, celles des dignitaires comme celles des simples initiés, exclamèrent à l'unisson : C'EST LA PURE VÉRITÉ!

Alors son bandeau lui fut brusquement enlevé; il vit la lumière, la lumière des torches, à laquelle s'adjoignit un jet de lycopode enflammé. La comédie était jouée, et tandis que le nez rouge, aveuglé, et n'y comprenant rien encore, semblait être au comble de ses vœux, les rires, jusque-là contenus à grand'peine, éclataient de tous côtés, même derrière les planches à bouteilles.

Hélas! ce jour là, Van Baldaboche ne devait pas être seul mystifié!

Après être retourné chez Athanase pour y prendre ma boîte de fer-blanc et mon parapluie, reconduit par toute a bande jusqu'à l'embarcadère, et le train de Paris, avec point d'arrêt sur Noisy, se disposant à se mettre en route, je pris place dans un excellent wagon de première classe, où je ne tardai pas à m'endormir.

Le lendemain je me réveillai.... à Strasbourg!

Mes compagnons d'Épernay, se rendant à la chute du Rhin, avaient voyagé près de moi dans un wagon voisin.

Athanase était vengé!

VI

Strasbourg. — Courses à travers la ville. — Kléber et le maréchal de Saxe. — Conversation entre le nez rouge et l'habit bleu barbeau. — Leçon de haute géographie. — Comment ce sont les Américains qui ont découvert l'Europe. — Question turque, question indienne, question chinoise. — Quatre hommes pour le service d'une pipe. — Encore Brascassin.

Je n'ai jamais su me fâcher d'une plaisanterie. Celle-ci cependant me parut dépasser les bornes. Athanase lui-même le comprenait; la nuit, sans doute, lui avait porté conseil, et ce fut d'un air embarrassé qu'il m'aborda au débarcadère.

« Vous avez voulu me souhaiter ma fête, me dit-il en essayant de donner à son allocution une forme légère, qui contrastait avec le ton ému de sa voix; nous voici au 1er mai; la Saint-Athanase est venue, et nous la fêterons ensemble, joyeusement, à *l'hôtel Weber*, face à face avec la chute du Rhin. Vous êtes des nôtres, n'est-il pas vrai, cher parrain? »

Cette date du 1er mai me rappelait suffisamment que ce jour même, mon excellent Antoine Minorel devait me rejoindre à Marly-le-Roi.... et j'étais à Strasbourg!

Je dus répondre, et je répondis par un refus formel. En vain Athanase insista, en vain il me déclara que toute sa vie il se reprocherait de m'avoir amené indûment à Strasbourg, si je ne devais pas l'accompagner à

Schaffouse, je demeurai inébranlable. Le pauvre garçon me fit vraiment de la peine, tant il avait l'air contrit.

Je le consolai de mon mieux, et nous nous séparâmes. Accompagné de ses amis, il alla prendre le chemin de fer de Bâle; moi, je restai avec l'ingénieur, que ses devoirs militaires retenaient momentanément dans la capitale de l'Alsace. A son tour, ce dernier me quitta; nous devions nous rejoindre bientôt.

Il était sept heures du matin. Le premier convoi, *express*, était déjà en route; le second, un convoi omnibus, trajet non direct, ne devait partir qu'à midi quarante-cinq minutes. J'avais cinq heures quarante-cinq minutes à mon entière disposition. Tout en maugréant, il me fallut bien essayer de les mettre à profit.

Strasbourg est une belle et noble ville, une ville généreuse, guerrière, artistique, commerçante, une de ces villes rares qui ont conservé leur physionomie spéciale; elle est par-dessus tout la ville de France où l'on parle le plus allemand.

Je visitai la cathédrale, le palais impérial, le théâtre, l'église Saint-Thomas, la place Kléber, quelques marchés, une brasserie. Dans la cathédrale j'admirai la fameuse horloge astronomique; si j'avais voulu rester là jusqu'à midi, j'aurais vu défiler la procession des apôtres et entendu le coq chanter; sur le théâtre, de forme grecque, je vis six muses dépareillées; à Saint-Thomas, le mausolée du maréchal de Saxe; sur la place, Kléber, le vainqueur d'Héliopolis, qui, en sa qualité d'ancien architecte, de l'air un peu matamore qui lui était habituel, semble fulminer contre le peu de symétrie et d'élégance de l'endroit. Dans les marchés, je vis des campagnards avec gilet rouge, culotte courte, petit tablier blanc, et un tiers de leur tricorne abattu sur les yeux; des campagnardes, en larges chapeaux de paille aplatis et enrubannés, ou nu-tête et leur chignon traversé par une flèche d'or. Dans la brasserie, celle du *Dauphin*, la plus célèbre, je bus d'excellente bière, véritable bière de Strasbourg (j'ai tout lieu de le supposer), et j'eus le bonheur d'y rencontrer trois anabaptistes. J'ai un ami anabaptiste; je le croyais seul de son espèce en France.

A huit heures et demie je me persuadai avoir vu, et

bien vu, tout ce que Strasbourg présente de curieux, tant j'avais les pieds endoloris par le pavé.

Je me rendis à la *Ville de Paris*, du moins à l'hôtel portant ce nom, nom ironique, moqueur, insolent. C'était la seule ville de Paris que je dusse aborder ce jour-là. Mon ingénieur m'y avait donné rendez-vous pour y déjeuner ensemble. En l'attendant, je m'installai dans la salle à manger.

Deux individus y étaient déjà attablés. Dans l'un je reconnus le nez-rouge, le récipiendaire de la veille. Était-il donc parti d'Épernay en même temps que nous? Je pris d'abord son compagnon pour un second Hollandais; mais il n'avait pas les deux rotules. D'ailleurs son costume annonçait plutôt un sédentaire qu'un voyageur. Il portait une chemise non fripée, un gilet blanc qui lui remontait jusqu'aux oreilles, et un superbe habit bleu barbeau, orné de boutons de cuivre guillochés. Ce n'est point là un costume de touriste. En effet, j'ai su plus tard qu'il était Lorrain, que depuis vingt ans, il habitait Strasbourg, où il professait la géographie et les sciences politiques; ces dernières, le soir seulement, dans les cafés ou dans les brasseries.

« Oui, mon ami, disait le nez rouge à l'habit bleu, depuis hier je suis maçon; j'en ai l'honneur. C'est grande satisfaction pour moi, devant exercer l'homœopathie à Rotterdam, où la franc-maçonnerie est recherchée plus que partout on ne pourrait. Déjà, cette nuit, dans le wagon, j'ai fait connaissance d'un jeune homme aimable, maçon aussi, comme moi.

— Mais, lui dit son compagnon, comment avez-vous pu deviner qu'il était franc-maçon, comme vous?

— Voilà. Je ne pouvais pas beaucoup dormir, parce que, pour mes épreuves, ils m'ont fait boire du champagne Moët, que je n'en ai pas l'habitude, et ça m'agite. Alors, mécaniquement, pour m'occuper, je répétais les signaux qu'ils m'ont appris, pour en prendre mémoire.

— Et quels sont ces signaux?

— On se gratte d'abord le nez, comme si qu'une mouche s'y soit mise; ensuite, on se place un doigt dans la bouche, le pouce.

— Hum! hum! fit l'habit bleu, singuliers signes maçonniques que de se gratter le nez et de têter son pouce ! Ensuite ?

— Ensuite ?... Mais dois-je vous causer de ça, à vous qui n'en êtes pas ? Mon jeune homme en est, lui ; et, chose drôle ! il se nomme Baldaboche, aussi personnellement que moi.

— Vous vous nommez Baldaboche ! dit le géographe en faisant un bond sur sa chaise.

— Van Baldaboche, depuis hier ; mais pas pour vous, puisque vous n'en êtes pas !

Et que veut dire ce mot : Baldaboche ?

— Je ne sais. Il est peut-être grec.

— Ou auvergnat, repartit l'habit bleu en haussant les épaules.

— Mon bon ami, lui dit le Hollandais avec une grande douceur, mais non sans quelque dignité, vous ne pouvez comprendre puisque vous n'en êtes pas. Le sage se donne le mal d'examiner avant de porter jugement. Mon jeune homme aimable viendra déjeuner ici ce matin ; il me l'a promis ; attendez. Il vous expliquera la chose plus que moi, qui n'en suis que d'hier.... vous verrez. Tout ça c'est des symboles.

— Ou des bêtises ! On s'est moqué de vous, j'en ai peur. »

Le Hollandais redressa la tête, fronça les sourcils, recula sa chaise, puis, après quelques instants d'un silence orageux, se tournant tout à coup vers moi, qui, placé derrière lui, me délectais à l'audition de cette scène, ajoutée à la comédie de la veille :

« Donnez-moi du *fromache*, » me dit-il brusquement.

Interdit sous l'apostrophe, je restais immobile et les yeux grands ouverts ; le géographe intervint :

« Faites donc attention à qui vous vous adressez, dit-il au nez rouge ; monsieur n'est point un domestique ; » et lui montrant ma boîte de fer-blanc, que j'avais suspendue à l'une des patères de la salle, il ajouta : « Monsieur est herboriste. »

Je suis loin de mépriser les herboristes, quand ils ne confondent point la ciguë et le persil, ou la jusquiame et le bouillon-blanc ; les domestiques eux-mêmes ont droit à mon estime lorsqu'ils s'acquittent de leurs difficiles fonctions avec dévouement et probité ; cependant je me sentais doublement humilié par l'une et l'autre appellation. Le métier n'est pas la science, et cette belle, cette grande, cette sublime science de la botanique, je la trouvais ravalée en moi, le plus humble de ses représentants. A ce mot malsonnant de domestique, je m'étais aussitôt, des pieds à la tête, examiné dans une vaste glace, pour juger à quel point la méprise du Hollandais pouvait sembler excusable. Je portais nécessairement le même costume avec lequel j'étais sorti de Paris la veille pour faire ma tournée de banlieue : petite redingote marron, à collet de velours, passablement hors de service ; une chemise de couleur douteuse, déplissée et fatiguée par la route ; gilet et pantalon à l'avenant ; le tout largement saupoudré de poussière ; ajoutez des cheveux en désordre, une cravate de travers, orientant vers l'épaule gauche. Jamais, au grand jamais, garçon d'hôtel, kellner, jeune ou vieux, n'osa se montrer devant le client sous un accoutrement pareil. Pour avoir l'air d'un domestique, j'étais trop mal mis et trop mal peigné. Le nez rouge n'aurait pas dû s'y méprendre.

Me rapprochant de la table, j'y pris place en affectant un air digne qui pût me tenir lieu d'un habit noir et d'une cravate blanche. Pour me racheter de l'accusation, j'étais décidé à me faire servir tout ce que la carte annonçait de plus fin, de plus délicat : poulet à l'estragon, légumes de primeur, bordeaux-Léoville, compote d'ananas au vin de Madère-Ténériffe ; j'allais vaniteusement me ruiner pour trancher du gentilhomme ou du millionnaire, lorsque la porte s'ouvrit, donnant passage à un groupe de déjeuneurs.

« C'est lui !... le voilà ! » dit le Hollandais, se rapprochant du géographe et lui désignant un jeune homme de trente-deux à trente-quatre ans, en paletot gris, à la figure un peu busquée, mais pleine de finesse et d'intelligence.

Celui-ci, après s'être légèrement gratté le nez, fit un signe de tête au Hollandais, qui, se levant de toute sa hauteur, s'essuya la bouche avec sa serviette, comme s'il s'apprêtait à prononcer un discours. Par bonheur, il se contenta de se gratter le nez à son tour, de saluer profondément, et ce fut tout.

Le nouveau venu, déjà installé, tapait de son couteau sur la table, sur les verres, appelant à haute voix les garçons, demandant tout à la fois du vin, de l'eau, de l'encre, des rognons sautés, du papier à lettre, et des filets *à la Châbrillant*, non *à la Châteaubriand*, comme dit le vulgaire. Je fais grand cas du génie inventif de l'auteur des *Martyrs*, mais je pense qu'en fait de découvertes culinaires, il a toujours été frappé d'incapacité. Rendons à Châbrillant ce qui appartient à Châbrillant.

Je savais gré au paletot gris de ce judicieux emploi des termes ; même pour les termes de cuisine, cela prouve de la réflexion, de la conscience. Mon ingénieur survint et nous nous mîmes à table.

Au commencement d'un repas, le plus que je le puis, je m'abstrais, je m'isole, je me fais muet et je n'écoute point ; de mes cinq sens l'odorat et le goût sont les seuls à qui je laisse le libre exercice de leurs fonctions; méthode sage et profitante qui permet à l'appétit de se développer avec toutes ses sensualités, à l'abri de distractions trop souvent nuisibles. Donc, pendant quelques instants, l'animal exista seul chez moi. Si l'âme retourna trop vite à son poste, c'est que mon ingénieur lui fit un appel.

« Écoutez.... écoutez ! me disait-il à demi-voix en me heurtant le genou. Cela va devenir curieux. Il est fort en train aujourd'hui. »

Le paletot gris, qui déjà avait écrit cinq ou six lettres, et fait disparaître sa part de rognons sautés et de filets à la Châbrillant, venait d'ouvrir, à la grande satisfaction de son entourage, une discussion de haute géographie avec l'habit bleu barbeau.

« La géographie, telle qu'on l'entend en France de nos jours, est fort arriérée, lui disait-il ; ainsi, pardon, monsieur, si je semble pour un instant vouloir vous faire redescendre sur les bancs de l'école; mais une simple question, puérile en apparence, va décider si nous pouvons nous comprendre. Combien admettez-vous de parties du monde?

— Six! répondit résolûment le professeur.

— Très-bien! Nous sommes déjà d'accord sur ce point essentiel.

— Six ! répéta le Hollandais en témoignant de sa surprise ; c'est beaucoup ! Je veux bien cinq.

— Pas une de moins ! Nous n'en démordrons pas ! n'est-il pas vrai, monsieur ? » dit l'habit bleu en se tournant vers le paletot gris ; et il reprit, en nombrant sur ses doigts : « Nous avons d'abord l'Europe....

— Ah ! monsieur !... exclama celui-ci en l'interrompant ; comment, vous, un géographe aussi distingué, vous croyez encore à l'Europe ? Mais l'Europe n'existe pas !... du moins comme une des parties du monde. Elle n'est, ainsi que vous l'a très-bien fait observer M. de Humboldt dans son *Cosmos*, que l'extrémité, la pointe septentrionale de l'Asie. »

De la figure du Hollandais la surprise semblait être passée sur celle du Strasbourgeois. Après s'être recueilli un instant :

« Effectivement, dit-il, j'ai lu dans le *Cosmos* que l'Europe.... Mais alors, monsieur, où diable trouverez-vous vos six parties du monde ?

— Comptez, monsieur, l'Asie, — une ; l'Afrique, — deux ; l'Océanie, — trois ; l'Australie, ou Nouvelle-Hollande, — quatre ; l'Amérique du Nord, — cinq ; et l'Amérique du Sud, — six !

— Vous coupez l'Amérique en deux ?

— C'est la nature qui s'est chargée de la besogne. Si toute partie du monde est un continent isolé, c'est-à-dire une île immense, l'Amérique du Sud, à peine rattachée à celle du Nord par un petit bout de terre, que la sape et la mine ont peut-être déjà fait disparaître, ne doit-elle pas former, comme elle, un continent distinct ? »

Le professeur se passa la main sur le front à plusieurs reprises.

« Diable ! dit-il, c'est logique ! Si j'y avais pensé plus tôt ! Votre système est hardi, monsieur ; il me plaît. Cependant, ajouta-t-il, comme s'il eût craint de trop s'engager, je vous avoue que faire une double Amérique et supprimer l'Europe, quand c'est l'Europe qui a découvert l'Amérique, me paraît.... fort !

— Les Européens n'ont point découvert l'Amérique, répliqua le paletot gris ; ce sont les Américains qui ont découvert l'Europe ! »

L'habit bleu resta foudroyé; le nez rouge poussa un cri, cri d'admiration sans doute.

« Une colonie américaine était établie en Norvége bien avant l'arrivée de Colomb à Hispaniola, aujourd'hui Saint-Domingue, reprit le jeune homme; qui oserait démentir ce fait quand M. de Humboldt l'affirme? Lisez le *Cosmos!*

— Diable !... Prodigieux ! prodigieux ! » répétait l'habit bleu barbeau, à l'instar du Dominus Sampson de Walter Scott.

Le jeune homme poursuivit : « J'ai fait trois fois le tour du monde, monsieur; le globe terrestre a été ma seule carte géographique; j'ai étudié sur place ses caps, ses continents, ses mers, comme les mœurs et la situation politique de ses habitants; je me suis fait affilié à toutes les sociétés secrètes et philosophiques; j'ai reçu l'accolade du grand brahme de Bénarès, du grand pontife de Fô, de l'émir des Druses et du vénérable de l'ordre de la Pure Vérité, qui seuls connaissent le mot de l'avenir; j'arrive de Constantinople, monsieur, après avoir longtemps parcouru l'Inde et la Chine, et, comme Salomon, je puis m'écrier : *Vanitas vanitatum!* »

Le nez rouge rayonnait; l'habit bleu était près de plier le genou devant le paletot gris. Comme celui-ci soldait sa carte, se disposant à partir :

« Monsieur, lui dit-il, de l'air d'un disciple devant son maître, depuis plusieurs années je travaille à un traité de géographie générale.... Il y aura beaucoup de choses à modifier, je le vois.... Quelques mots encore, quelques mots, je vous prie, sur la question de la Turquie et sur celle de la Chine, qui m'intéressent vivement.

— Monsieur, lui repondit sentencieusement le paletot gris, dans trente ans, le sultan se fera chrétien, ou il n'y aura plus de sultan à Constantinople. Quant à la question de la Chine, c'est celle du chat qui dort. On a eu le tort grave de le réveiller, car ce chat traîne à sa suite trois cents millions de chatons. Avant un siècle, l'Asie entière, avec sa pointe septentrionale que vous vous obstinez à nommer Europe, sera au pouvoir de la Chine, depuis Marseille jusqu'au détroit de Béring ! Vos petits-neveux, monsieur, risquent de mourir Chinois

— Prodigieux ! murmurait le géographe....

— Prodigieux ! » répétait l'homœopathe.

Moi, je ne soufflais mot, mais je m'amusais infiniment.

Enfin, j'osai prendre la parole, et m'adressant au prétendu disciple des brahmes : « Pourriez-vous nous éclairer, lui dis-je, sur la cause véritable de la dernière révolte des cipayes, aux Indes ?

— Oh ! oui, dit le géographe d'un air suppliant.

— Oh ! oui, » répéta l'homœopathe.

Le paletot gris se tourna vers moi avec un geste d'acquiescement, et après m'avoir fait comprendre par un sourire en dessous qu'il ne me confondait pas avec ceux-là à qui il est si facile d'en faire accroire, il reprit : « La cause véritable de la révolte est que, parmi les cipayes, chaque soldat voulait avoir deux domestiques à son service.

— Pas possible ! » s'écria le Hollandais.

Le géographe sembla réfléchir.

« Rien n'est plus vraisemblable quand on connaît le pays, dis-je en me décidant à jouer tout à fait mon rôle de compère. Moi aussi, messieurs, j'ai été aux Indes. J'y ai été pour étudier la flore tropicale, car je suis botaniste (et je regardai fixement l'habit bleu barbeau). Dans l'Inde anglaise, il n'est pas besoin d'être grand seigneur pour avoir cent domestiques sous ses ordres ; moi je n'en avais que soixante (et je regardai non moins fixement le nez rouge) ; c'était peu, puisque ma pipe seule en occupait quatre.

— Oh ! fit le Hollandais ; je doute. Je comprends mieux le cipaye. Que faisaient-ils les quatre hommes de votre pipe ?

— Le premier la préparait, le second l'allumait, le troisième me la présentait, le quatrième la fumait ; j'ai horreur du tabac. »

Le mot parut fort plaisant, et j'en riais comme les autres, plus que les autres peut-être, ce qui est toujours un tort pour un faiseur de bons mots, quand le paletot gris se retira avec son escorte. En passant devant nous, il me salua et tendit la main à mon ingénieur.

« Vous le connaissez ? dis-je à celui-ci.

— Et vous, me répondit-il, ne le reconnaissez-vous pas ? C'est Brascassin.
— Quoi ?... Brascassin ?... le vénérable d'hier ?
— Oui.
— Hier, il était donc déguisé ?
— Parbleu !
— Ma foi ! tant mieux que ce soit le même. Je commençais à croire ce bon pays d'Alsace tout aussi peuplé de mystificateurs que la Champagne. En tout cas, c'est un garçon fort gai.
— Pas toujours. »

Nous échangions ces quelques mots en franchissant la porte de l'hôtel ; une voiture y stationnait, aux ordres de mon compagnon.

« Désolé de vous quitter encore, me dit-il ; ce matin j'ai dû me rendre auprès du major Heusch, de l'artillerie badoise, pour mesures relatives à l'établissement de notre pont fixe sur le Rhin ; maintenant il me faut rejoindre les généraux Larchey et Borgella, occupés à relier les deux rives du fleuve par un pont volant. Je crains que ce diable de Brascassin ne m'ait mis en retard. Voyons, l'heure vous presse-t-elle à ce point que nous ne puissions faire ensemble une visite au *Pater Rhenus* ?
— J'ai encore deux heures et demie devant moi avant de gagner l'embarcadère.
— C'est le double de temps qu'il vous faut. »
J'étais déjà dans la voiture.

V

KEHL. — LE PETIT HOMME JAUNE. — L'île des Épis. — Le pont volant. — Passage du Rhin. — Café de *la Cigogne*. — LE CHEVALIER DE CHAMILLY. — Un gendarme badois. — Départ de Kehl.

« S'il en faut croire une tradition strasbourgeoise, le roi Louis XIV était quelque peu magicien, et, malgré sa grande dévotion, en rapport avec le diable. Dans un coffret d'ébène, cerclé de fer, fixé par une chaîne au pied de son prie-Dieu, il détenait un petit homme jaune, démon de la plus minime espèce, haut à peine de six pouces. Quand le roi avait besoin de correspondre rapidement avec un de ses généraux ou de ses ambassadeurs, à défaut de la télégraphie électrique, qui n'était pas encore inventée, il décerclait sa boîte d'ébène, en tirait *Chamillo* (c'était le nom du petit homme jaune), le plaçait dans le creux de sa main, soufflait dessus, et celui-ci, chargé des instructions de son maître, fendant l'air avec la rapidité de la foudre, arrivait en quelques minutes au but qui lui était assigné.

« A Chamillo (on ne s'en doute guère en France cependant) Louis XIV dut la plus grande partie de ses prospérités. Malgré sa nature diabolique, jamais serviteur ne se montra d'abord plus sobre et plus désintéressé. Pour chacun de ses repas, il n'exigeait que trois grains de chènevis, et la plus grande récompense à laquelle il aspirât était de les recevoir de la main du roi. Certes, pas un courtisan, pas même un perroquet, ne se serait contenté de si peu.

« Quelques années se passèrent ainsi, puis, insensiblement, le petit homme jaune en vint à la friandise, ensuite à l'ambition. Au lieu de ses trois grains de chènevis, il lui fallut pour son dîner trois perles fines. Le monarque souffrit même qu'il se permît parfois de grignoter l'écrin de la reine. Ce ne fut pas tout ; bientôt, à chaque service rendu, il exigea un titre ou une décoration nouvelle ; tour à tour le roi le nomma gentilhomme de la Chambre, comte, marquis, duc, et le décora de tous ses ordres.

« Un jour, le petit diable-duc Chamillo s'abattit sur la ville, encore libre et impériale, de Strasbourg. Par les fenêtres entr'ouvertes, quelques-uns disent par le trou même des serrures, il s'introduisit chez les principaux magistrats de la cité, et quelque temps après, l'imprenable capitale de l'Alsace ouvrait ses portes devant un semblant d'armée française.

« Pour cette importante besogne, le roi pensa que Chamillo allait réclamer de lui un brevet de prince, peut-être aussi le grand cordon du Saint-Esprit. Il n'en fut rien.

Chamillo en avait assez des honneurs séculiers. Il avait vu l'évêque de Strasbourg officier en robe rouge ; il voulait être cardinal.

« Louis XIV ne pouvait faire un cardinal à lui seul ; il comprit que le pape se refuserait à introduire un diable dans le haut clergé. Il refusa net. Chamillo s'enfuit, et alla offrir ses services au roi de Prusse, le grand Frédéric. (Ne faites point attention à l'anachronisme.) A compter de cette époque, la fortune du roi de France et de Navarre commença à décroître, et la paix de Ryswick faillit lui enlever Strasbourg, que le petit homme jaune voulait restituer à l'Allemagne. »

Nous étions sortis de Strasbourg par la porte d'Austerlitz, et tandis que du coin de l'œil, tout en prêtant l'oreille, j'examinais les abords de la forteresse, les divers accidents du chemin de Kehl, et cette île des Épis, véritable Élysée, où sous la verdure, sous l'ombre des grands arbres, sous un fouillis de hautes herbes, se cache le tombeau de Desaix, tel est le récit populaire dont me fit part mon ingénieur. Il était originaire d'Alsace et connaissait les traditions du pays.

« Voyons, lui dis-je, derrière ce conte il doit y avoir un fait, une anecdote historique ; le peuple n'invente pas, il dénature.

— C'est possible, me répondit-il ; mais voilà tout ce que j'en sais ; à vous de trouver le reste, c'est votre métier. »

Comme il parlait, nous arrivions en vue du fleuve. Déjà le pont volant était presque achevé. En moins de quarante-cinq minutes, cent soixante soldats du génie, commandés par quelques officiers de la même arme, avaient suffi pour l'établir d'une rive à l'autre du Rhin, sur une traversée de deux cent cinquante mètres de longueur. C'était superbe ! M. le général de division Larchey paraissait enchanté. Je ne l'étais pas moins que lui.

Devant moi, au delà du Rhin, s'élevait la petite ville de Kehl, ville allemande, où Beaumarchais avait dû se réfugier pour y faire imprimer la première édition complète des œuvres de Voltaire. Un vif désir me prit de visiter Kehl, et dans ce désir, Voltaire et Beaumarchais n'entraient que pour une bien faible part.

« On ne voyage pas pour voyager, mais pour dire qu'on a voyagé. » Vraie ou fausse, l'observation est de Pascal, je crois. Mon ambition vaniteuse allait plus loin. Non-seulement je voulais pouvoir dire que j'avais visité Kehl; mais à cette question du premier venu : « Avez-vous jamais été en Allemagne? — Connaissez-vous l'Allemagne, monsieur ? » il me plaisait d'être en droit de répondre, d'un air modeste toutefois : « Oh! fort peu.... Je connais l'Allemagne à peine.... C'est un beau pays ! J'ai le regret de n'y avoir pas séjourné suffisamment pour en parler *ex professo*; » et autres phrases à réticences, qui m'aideraient à dissimuler ma honteuse immobilité parisienne.

Un vif désir m'avait donc pris de poser, ne fût-ce que pour cinq minutes, le pied sur la terre allemande. J'avais encore deux heures à ma disposition. Comme passage, un double chemin s'ouvrait ou plutôt se fermait devant moi. En tête de l'ancien pont de bateaux, la douane française était là, visitant les bagages, s'enquérant des passe-ports. Vous le comprenez, pour aller de Paris à Marly-le-Roi, vu que, généralement, on ne traverse pas la frontière, j'avais cru inutile de me munir d'une feuille de route et de lettres de recommandation. Le nouveau pont appartenait à l'armée ; pour s'y frayer une voie, il fallait porter le shako ou le casque. Je n'avais qu'une casquette. Mon ingénieur vit mon embarras, devina mon désir ; il me glissa sous le bras un rouleau de cartes et de plans ; il m'arma d'un mètre et d'une équerre ; ma boîte de fer-blanc elle-même aida à me donner une apparence de quelque chose appartenant aux ponts et chaussées. La musique du génie débouchait, se dirigeant vers l'autre rive ; je marchai à sa suite. C'est ainsi que je fis mon apparition sur le territoire germanique.

J'étais à Kehl, dans les États badois! Qui me l'eût prédit le matin, quand je pensais me réveiller à Noisy-le-Sec?

Kehl est une petite ville formée d'une seule rue.... Je n'entrerai pas dans plus de détails topographiques. Cette rue, ou cette ville, à peine l'avais-je parcourue à moitié qu'apercevant un bureau de poste, l'idée me vint d'écrire à Minorel trois mots (je n'avais pas de temps à perdre en correspondance), trois mots datés de *Kehl* (grand-duché de Bade, Allemagne). Certes, je comptais bien arriver à Marly avant la lettre; mais, si Antoine refusait de croire à mes récits de voyageur, du moins cette lettre, par son timbre, viendrait lui prouver pertinemment que, plus heureux que le grand roi, j'avais franchi le Rhin avec une partie de l'armée française, et musique en tête!

Afin de me procurer promptement papier, plume et encre, j'entrai dans un café, à l'enseigne de *la Cigogne*. Là, déjà nos soldats, mêlés au bourgeois de la ville, fumaient à pleine pipe du tabac de contrebande, en buvant de la bière badoise. Je prenais la plume, lorsqu'un individu placé près de moi, à la table voisine, dit à un sien compagnon qui lui faisait face :

« Ne dirait-on pas que les Français arrivent ici en vainqueurs, savez-vous? et s'emparent de Kehl par surprise, comme jadis ils se sont emparés de Strasbourg?

— Ce ne sont pas les Français qui ont pris Strasbourg, lui répliqua son vis-à-vis, c'est le petit homme jaune. »

Je redressai l'oreille; mon voisin, Belge de naissance, ouvrit de grands yeux. Le vis-à-vis, s'apercevant sans doute alors qu'au lieu d'un seul auditeur il en avait deux, raconta dans tous ses détails non plus le conte des paysans alsaciens, que m'avait débité mon ingénieur, mais bel et bien, et à ma grande satisfaction, cette anecdote historique que j'avais soupçonnée devoir être logée sous le conte. Et tandis qu'il parlait, moi j'écrivais; je n'écrivais pas à Minorel, je prenais des notes sur *Chamillo*, ou plutôt sur M. de Chamilly, et la diablerie devenait simplement un chapitre de l'histoire intime du grand roi, oublié par Saint-Simon.

M. de Louvois, le puissant ministre, avait fait la promesse au marquis de Chamilly, depuis maréchal de France, d'employer prochainement son neveu dans quelque affaire diplomatique de haute importance, qui ne pouvait manquer de le lancer. Chaque jour, le jeune Chamilly se présentait devant le ministre et n'en recevait que cette réponse : « Attendez; je ne vois pas poindre « encore un emploi digne de vous. » Las d'attendre toujours, le jeune homme se désespérait. Vers le milieu de septembre 1684, Louvois lui dit : « Monsieur, le roi vous

« charge d'une mission de la plus haute importance, qui
« demande à la fois célérité et discrétion. Vous allez
« prendre la poste et vous rendre à Bâle, où vous devrez
« être arrivé le mardi 16 du présent mois; les relais sont
« préparés; le lendemain, mercredi, 18, de midi à
« 4 heures, en costume qui ne puisse attirer l'attention,
« vous vous tiendrez sur le pont de ladite ville; vous
« prendrez rigoureusement note de tout ce qui s'y pas-
« sera, de tout, entendez-vous bien, monsieur, et, aus-
« sitôt, sans désemparer, vous reviendrez m'instruire
« du résultat de vos observations. Allez! la façon dont
« vous vous acquitterez de ce rôle, tout de confiance,
« décidera de votre avenir. »

« Le chevalier de Chamilly était sur le pont de Bâle au jour et à l'heure indiqués. Il s'attendait à y rencontrer une députation des cantons suisses, le grand landamann en tête. Il vit passer des charrettes, des villageois, des citadins, qui allaient à leurs affaires; des troupeaux de bœufs et de moutons; des gamins qui couraient les uns après les autres; des mendiants, qui, tour à tour, lui demandèrent l'aumône; il la leur fit à tous, pensant que quelques-uns, agents mystérieux des cantons, pourraient bien être porteurs d'un message secret. Une vieille femme traversa le pont sur un âne rétif, qui la jeta par terre; il releva la vieille femme, ne sachant trop si cette chute n'était pas une manœuvre diplomatique, et s'il n'allait point trouver en elle le grand landamann travesti; il eut même la pensée de courir après l'âne; mais l'âne galopait déjà hors des limites assignées au diplomate.

« Le chevalier de Chamilly se damnait pour savoir ce qu'il était venu faire sur le pont de Bâle en Suisse. Il patienta encore; de nouveau, passèrent devant lui des ânes, des bœufs, des moutons, des flâneurs, des paysans et des charrettes; mais de députation et de grand landamann, pas l'ombre! Il se dépitait. Comme pour l'achever, vers la fin de sa longue et fastidieuse faction, un petit laquais, grotesquement vêtu d'une casaque jaune, vint au-dessus du parapet secouer et battre des couvertures de laine, et Chamilly en reçut la poussière dans les yeux. Déjà hors de lui, il s'apprêtait à rosser le maroufle, lorsque la quatrième heure sonnant, il reprit la poste.

« Au milieu de la troisième nuit, harassé du voyage, profondément humilié de son insuccès, il reparut devant le ministre, auquel il raconta piteusement sa triste odyssée, sans lui faire grâce du moindre détail, car il avait pris note exacte du tout. Quand il en fut au petit homme à la casaque jaune, M. de Louvois jeta un cri et lui sauta au cou. Sans lui laisser le temps de respirer, il l'entraina chez le roi. Le roi dormait. On le réveilla par ordre du ministre. Louis XIV se frotta les yeux et passa sa perruque; après quoi, les rideaux de son lit étant tirés, il écouta à son tour le récit détaillé du chevalier de Chamilly. A l'apparition du petit homme jaune, comme son ministre, il poussa un cri, et dans son transport de joie, s'élançant hors du lit, il exécuta une sarabande au milieu de sa chambre à coucher. De tous les gentilshommes de France, l'heureux M. de Chamilly fut le premier peut-être à qui il ait été donné de voir Louis le Grand danser en chemise et en perruque à trois marteaux.

« Ce ne fut pas là sa seule récompense. Le roi le nomma chevalier de ses ordres, comte et conseiller d'Etat, au grand ébahissement du digne garçon, qui ne comprenait encore rien à l'affaire.

« Le petit laquais du pont de Bâle, en secouant ses couvertures, annonçait à l'envoyé du roi, de la part des magistrats de Strasbourg, que la ville se mettait à sa disposition.

« Voilà comment le petit homme jaune a pris Strasbourg; comment aussi du nom de Chamilly il fut baptisé Chamillo; et comment notre roi Louis XIV passa pour un magicien. »

Je tenais donc une légende! et, avec la légende, sa version explicative. Il m'avait fallu passer le Rhin pour la trouver. Je ne regrettais pas ma course. Combien j'étais loin de prévoir le mauvais tour que Chamillo ou Chamilly allait me jouer!

Tandis que mon voisin de la *Cigogne* parlait, tandis que j'essayais de sténographier son récit, les soldats avaient cessé de fumer leur pipe et de boire leur bière;

le rappel avait battu dans les rues de Kehl ; ils étaient partis, et je n'avais rien vu, rien entendu. Je regardai à ma montre, un vrai chronomètre de Poitevin ; j'avais encore trois quarts d'heure devant moi pour me rendre à l'embarcadère, plus que le temps nécessaire, mon ingénieur ayant mis sa voiture à ma disposition. Néanmoins je crus prudent de renoncer à écrire à Minorel. Je fis mes adieux à Kehl, et me dirigeai vers le pont nouvellement construit.

Il était déjà en voie de démolition.

Forcément, je gagnai en toute hâte l'ancien pont. Là ce ne fut plus la douane française qui me barra le passage, ce fut la douane badoise. Le préposé aux passeports me demanda mes papiers. Je lui racontai mon histoire, en regardant à ma montre vingt fois par minute... si le chemin de fer allait partir sans moi ! Cette idée me causait une telle irritation que, pour la première fois de ma vie peut-être, il m'arriva d'être inconvenant vis-à-vis de l'autorité.

Le préposé me lança un regard de Sicambre et me tourna le dos, après m'avoir d'un geste recommandé à l'attention de ses subordonnés. Évidemment, j'étais en suspicion. Connaissant ma qualité de Français, on me prenait sans doute pour un réfugié, pour un interné qui cherchait à rompre son ban, à rentrer en France avec les plus coupables intentions. Je le crois fermement, ma chemise de couleur me donnait seule de ces allures équivoques.

Un de mes voisins de *la Cigogne*, l'historiographe même du chevalier de Chamilly, honnête commerçant de Kehl, avait quitté le café en même temps que moi. Je l'apercevais alors sur le seuil de sa boutique, d'où il semblait m'observer d'un air plein de commisération. Demeurant près de la douane, au courant des mécomptes dont elle est cause, il me fit signe de venir à lui et me demanda si je ne connaissais pas à Strasbourg deux notables qui pussent me réclamer : « Hélas ! monsieur, je n'y connais que le garçon d'hôtel, qui ce matin m'a servi à déjeuner *à la Ville de Paris*, et le sacristain qui, à Saint-Thomas, m'a fait voir le tombeau du maréchal de Saxe et je ne sais quelles momies dans leurs boîtes.

— Ce ne sont point là des notables, me répondit-il.

— Mais un notable de Kehl, un homme établi, lui répliquai-je en le regardant d'une façon toute particulière, ne pourrait-il, aussi bien que ceux de Strasbourg, me servir de caution? »

Ma question sembla l'embarrasser; il se gratta l'oreille, puis, rompant les chiens : « Mais comment êtes-vous parti de Paris pour Kehl sans vous mettre en règle? » me dit-il.

De nouveau j'entrepris la narration succincte de mon étrange voyage. Il ne parut guère y donner plus de créance que le préposé aux passe-ports, et, après m'avoir mesuré d'un regard empreint moitié de pitié moitié de défiance, je le vis se troubler tout à coup : « Voici un gendarme! » me dit-il brièvement et à voix basse.

Et il rentra dans sa boutique.

Je puis me rendre à moi-même ce bon témoignage : jusqu'alors la vue d'un gendarme ne m'avait inspiré d'autre sentiment que celui de la confiance et de la sécurité. Pour celui-ci ce fut tout autre chose. Quoique bien convaincu de mon innocence, un froid nerveux me prit entre les deux épaules, et comme le gendarme et moi nous avoisinions le chemin de fer badois, j'eus soin de mettre entre nous l'épaisseur des wagons.

Là, pour me donner une contenance, je lisais l'affiche des principales stations échelonnées de Kehl à Francfort. Semblable au *Sésame, ouvre-toi*, de la Lampe merveilleuse, le mot *Carlsruhe* m'apparaît. Grâce à lui, tous les obstacles vont disparaître!

Je me rappelle avoir un ami dans la capitale du grand duché de Bade, M. Junius Minorel, cousin germain de mon ami Antoine Minorel, et attaché de la Légation de France à Carlsruhe. On me demande une autorité, en voilà une! Je vais lui faire parvenir une dépêche télégraphique, un télégramme, comme on dit aujourd'hui. Dans dix minutes j'aurai sa réponse, et mon attestation de bonne vie et mœurs.

Misère!... Le guignon s'attache après moi! La correspondance électrique est interrompue par la rupture d'un fil. Je ne puis cependant rester ainsi confisqué par la douane badoise! Je prends un grand parti. La locomotive du chemin de fer de Kehl à Carlsruhe s'apprête à se mettre en route ; je monte résolûment dans un des wagons.

Trois heures après, j'étais à Carlsruhe.

Pour un homme ennemi juré des chemins de fer, c'était peut-être en abuser. J'ai déjà pris celui de Noisy-le-Sec à Épernay, celui d'Épernay à Strasbourg. Je me vois forcé de prendre celui de Kehl à Carlsruhe, ayant en expectative celui de Carlsruhe à Kehl, puis celui de Strasbourg à Paris ; cela pour n'avoir point voulu prendre le chemin de fer de Paris à Saint-Germain, par lequel il me faudra passer cependant !

VI

Carlsruhe. — De la difficulé de changer de chemise. — La sentinelle du parc. — Je vais prendre un bain en chaise de poste. — Closerie des Lilas. — L'hôtel de la *Légation* et le Théâtre. — M. Junius Minorel, s'il vous plaît ? — Déceptions sur déceptions. — Je couche dans la capitale des États de Bade.

En arrivant à Carlsruhe, je compris qu'il serait peu convenable à moi de me présenter à la Légation de France dans mon fâcheux état de toilette. J'achetai dans une maison de confection une chemise non de couleur, mais blanche et fine ; une cravate de satin, un faux-col, des gants et un mouchoir de poche. La difficulté était de passer ma chemise. Je ne le pouvais en pleine rue. Pour tout au monde, je n'aurais mis le pied dans une auberge : on n'eût point manqué d'y flairer mon passeport absent, de m'y faire inscrire mon nom sur un registre ; je suis étranger, sans suite, sans bagages, suspect par conséquent. La police mise en éveil, c'est avec accompagnement de gendarmes que je me serais présenté à la Légation de France.... Fi d'un pareil cortège !

Heureusement, l'invention ne m'a jamais fait défaut.

En parcourant la ville pour mes emplettes, j'avais

avisé le parc du château, avec ses épais massifs d'arbres et ses rares promeneurs. Je prends la route du parc. A la grille d'entrée, le soldat en sentinelle me fait signe d'arrêter. Va-t-il aussi me demander mon passe-port ? Non ; il frappe sur ma boîte de fer-blanc, mon unique valise. Pensant qu'il veut en connaître le contenu, je m'apprête à l'ouvrir. Il me répond par un branlement de tête négatif et un bon gros rire de brave homme. Il parait que dans les États de Bade il est permis de rire sous les armes. Cependant, tout en riant, il continuait de frapper sur ma boîte. A ses yeux, ma boîte était un paquet, et dans le parc grand-ducal, pas plus que dans nos parcs impériaux, il n'est permis de passer avec bagage ; je le compris. Qu'à cela ne tienne! je me débarrasse de ma boîte, et par une pantomime expressive, je demande à ce gai militaire la permission de la déposer dans sa guérite ; je la reprendrai en sortant. Il ferme les yeux, fait une inclinaison de tête et sourit.... C'est un consentement! Je le remercie de la main. Mais au moment de déposer ma boîte de fer-blanc, je songe que ma chemise, mon faux-col, ma cravate y sont renfermés Or, je ne voulais pénétrer dans le parc que pour y chercher un endroit solitaire où je pusse changer de linge sans blesser la pudeur publique. Par ma foi! je ne songeais guère alors à la promenade ; je songeais à la Légation de France, à mon passe-port à obtenir, à mon départ de Carlsruhe surtout, à mon Antoine Minorel, à Madeleine, ma cuisinière, et à mon vieux Jean, qui, tous trois, devaient commencer à s'inquiéter de mon retard. Je reprends brusquement ma boîte ; je vais m'éloigner.... Témoin joyeux de mes évolutions et contre-évolutions, la sentinelle riant encore, m'annonce, par un dernier geste, que ma boîte et moi nous pouvons passer.

Brave soldat! au besoin, je témoignerai, main levée, de l'excellence de ton caractère comme de ton intelligence. Du premier coup d'œil, tu as deviné qu'un pur natif de Paris était devant toi, incapable d'articuler ou de comprendre un mot de ta langue caillouteuse ; par la mimique tu as suppléé à la parole inutile ; par la science du physionomiste, tu as su reconnaître à qui tu avais affaire, et, sans ouvrir la bouche, tu t'es montré à la fois perspicace, charitable et de belle humeur. Puisses-tu bientôt devenir caporal, et même capitaine! Si les soldats badois avaient, comme les nôtres, les grosses épaulettes dans leur havre-sac, je te souhaiterais le généralat. Certes, le grand-duché aurait alors en toi un des généraux les plus gais qu'il ait eus jamais.

Me voici donc dans le parc. J'épie un endroit favorable. Mon premier coup d'œil m'avait abusé. La journée avait été chaude; le soleil couchant conservait encore une partie de sa force; si les promeneurs ne m'étaient point apparus d'abord dans les allées découvertes, je les trouvais de tous côtés maintenant sous l'ombre des massifs.

Leur présence me gênait, je l'avoue. J'allais de ci de là, pour l'éviter. Tenus en éveil par mes manœuvres stratégiques, les inspecteurs du parc me regardaient d'un air quelque peu inquisiteur. Enfin le soleil baisse de plus en plus, la solitude se fait autour de moi; je trouve un bosquet désert, un cabinet de verdure; je me dispose à le changer en cabinet de toilette. A peine me suis-je débarrassé d'une manche de mon habit, un de mes argus en uniforme se montre tout à coup. Il pouvait se méprendre sur mes intentions; il m'apostrophe en allemand; je recommence pour lui mon histoire dans le meilleur français possible, et comme la faculté de nous comprendre nous est également refusée à l'un et à l'autre, je repasse la manche de mon habit, et le quitte, en lui adressant un salut, qu'il ne me rend pas.

Il me faut sortir d'embarras cependant. Les cabinets de verdure m'étant interdits, j'aurai recours aux cabinets de bains. Là, je pourrai tout à loisir changer de linge, et prendre quelque repos avant de me présenter à la Légation.

Arrivé à la place de l'Obélisque, j'y trouve une station de voitures, mais de voitures point. Passe une chaise de poste qui rentrait chez elle à vide.

« A fot' serfiche, meinchir! » me crie le postillon.

Pourquoi pas? Après mon bain, ma transformation accomplie, si je descendais à la Légation en chaise de poste? Oui; cela aura bon air. Plus économe de temps que d'argent, je prends mon postillon à l'heure, et m'élance dans sa chaise en lui jetant ces mots : « A la maison de bains la plus proche! » Il me conduit hors de la ville. Je me fâche, et à tort. Il n'y a pas de maisons de bains à Carlsruhe, ville essentiellement aristocratique, où chacun a sa baignoire à domicile.

A l'extrémité d'un boulevard, que longe une eau courante, existe un grand jardin parsemé de tables et de lilas en fleurs; sous les lilas se promènent des amoureux; autour des tables se tiennent des buveurs devant leur choppe mousseuse. C'est là que s'arrête ma voiture. Je m'apprêtais à gourmander encore mon conducteur, qui, au lieu de me conduire à une maison de bains, m'avait mené à une Closerie des Lilas, quand, au fond du jardin, sur la face d'un bâtiment carré, je vois, inscrit en grosses lettres, ce mot : BADEN, qui décidait en sa faveur. En pays étranger, il faut bien se garder d'avoir trop tôt raison.

Je traverse le jardin, j'entre dans ladite maison, je monte au premier étage; un garçon se présente; je lui commande un bain tempéré, vingt-huit à trente degrés centigrades, pas plus. « Cela suffit, » me répond-il en très-bon français. Il m'installe dans un charmant cabinet, orné d'une baignoire vide, et je reste un quart d'heure sans plus entendre parler de lui. Je sonne, j'appelle.... Le silence le plus profond règne dans la maison de bains, qu'on pourrait prendre pour un cloître abandonné, tandis qu'au dehors, dans la closerie, commencent à s'élever des chœurs d'une excellente exécution, où de jeunes voix fraîches et alertes, brodent de charmantes mélodies sur des basses vigoureuses et bien tenues.

Ce sont les buveurs et les amoureux qui se répondent.

J'aime la musique, surtout la musique inattendue, celle qui vient nous charmer à l'improviste, sans prospectus, sans programme. Celle-là, l'Allemagne et la Suisse en sont prodigues, dit-on; mais, pour le moment, j'y avais peu l'oreille. J'écoutais surtout le bruit de mes sonnettes dont je commençais à jouer avec fureur, avec emportement. Las de carrillonner en vain, je mets le nez à la fenêtre qui donne sur le jardin. A la lueur de quelques lanternes (car la nuit était venue), je vois mon garçon tranquillement occupé à distribuer des pots de bière de droite et de gauche, tout en chantant avec les autres. Ouvrant brusquement la fenêtre, je l'appelle, je crie, au risque de rompre l'harmonie du choral ; il se retourne, lève la tête vers moi, et, après être resté quelque temps la bouche ouverte, sans doute pour achever sa phrase musicale : « On le prépare, » me dit-il avec un reste de modulation dans le gosier.

J'aurai occasion de revenir bientôt sur cette question de la vivacité allemande et en particulier sur celle des garçons de bains. La placidité de celui-ci m'avait désarmé. Je passai ma chemise neuve, je mis mon faux col, ma cravate de satin, je me gantai, opération d'autant plus nécessaire que dans ce *Baden* je n'avais pu même me laver les mains, et songeant à l'heure qui menaçait, je descendis rapidement l'escalier, au bas duquel je trouvai mon chanteur fredonnant encore et portant sous son bras un peignoir et des serviettes.

« Combien vous dois-je ? lui dis-je.
— Est-ce que monsieur ne prendra pas son bain ?
— Non.
— Eh bien, c'est un demi-florin, le linge compris. »

Je lui donnai le demi-florin. Comme je regagnais ma voiture : « Et le *trinkgeld* ! Le pourboire ! » me cria-t-il.

Dix minutes après, ma chaise s'arrêtait devant la Légation de France.

Sans même attendre ma question, le concierge me déclara que, si je venais pour affaires, les bureaux étaient fermés et que ces messieurs étaient tous au spectacle.

« Au théâtre ! dis-je à mon cocher.

Le buraliste dormait dans sa petite logette. Je le réveillai pour lui demander un billet d'orchestre, ce qui ne sembla pas médiocrement le surprendre.

Lorsque j'entrai dans la salle, on jouait le dernier acte de je ne sais quel opéra allemand auquel je ne compris rien, paroles et musique, tout occupé que j'étais d'inspecter autour de moi pour y découvrir ma Providence, sous les traits de M. Junius Minorel. J'y perdis mes peines. Je me promis, durant l'entr'acte, de me faire indiquer la loge de la Légation, où je ne pouvais manquer de le trouver. Nouvelle deception! Ledit opéra composait à lui seul tout le spectacle. A Carlsruhe, le théâtre s'ouvre à cinq heures et se ferme à neuf; après quoi chacun rentre chez soi pour y souper et se coucher. O Parisiens! ne blâmez pas trop légèrement ces usages, ils valent bien les vôtres. Les jours de spectacle vous dînez mal et vous ne soupez pas.

Le train direct partait à dix heures dix-sept minutes.

Je n'avais pas un instant à perdre; deux minutes après, ma chaise de poste me ramenait à l'hôtel de *la Légation*.

Vis-à-vis du concierge, cette fois, je fus plus explicite. Je demandai si M. Junius Minorel était rentré du spectacle. Le concierge me répondit que, pour le moment, M. Junius de Minorel habitait la ville d'Heidelberg, où il était en train d'achever sa cure de petit-lait.

J'étais atterré. Qu'allais-je faire? où me réfugier?

Témoin de ma torpeur et bientôt mon confident, le postillon, le quatrième individu à qui, dans cette même journée, j'avais raconté mon histoire, me proposa de me conduire sur le boulevard d'Ettlingen, à la maison Lebel, pension bourgeoise, où je trouverais une chambre à la journée, avec table d'hôte. La logeuse était Belge et veuve, à ce qu'il croyait.

« Boulevard d'Ettlingen! » lui dis-je.

Nous nous arrêtâmes devant une petite maison de bonne apparence. On me donna une chambre, je m'y installai, sans songer à souper. Rendu de fatigue et d'émotions, à peine pouvais-je rassembler assez nettement mes idées pour me rendre compte des événements écoulés et de leur ordre depuis mon départ. Il me semblait être parti de chez moi depuis quinze jours.

Le philosophe a dit vrai : « Les voyages allongent la vie. » Il aurait dû ajouter qu'ils rétrécissent la bourse.

Voici le compte de mes dépenses depuis mon départ de Paris :

Donné à une pauvre femme, qui, à Ménilmontant, m'a indiqué le sureau merveilleux.........................	1f »c
Au garçon du cabaret Ferrière.............................	5 »
à reporter.	6f »c

Report.	6f	»c
Chemin de fer de Noisy à Épernay..................	15	90
A un commissionnaire qui a voulu absolument porter ma boîte de fer-blanc jusque chez Athanase...............	»	50
Au petit mendiant voluptueux......................	5	»
Visité l'église d'Épernay, à une heure indue...........	1	»
Visite aux caves.................................	2	»
Chemin de fer d'Épernay à Strasbourg	38	30
A un monsieur qui m'a nommé les six Muses, Calliope, Euterbe, Érato, Thali, Melpomène et *Tisiphone*, placées sur le théâtre de Strasbourg........................	1	»
Au sacristain de Saint-Thomas qui m'a montré le tombeau du maréchal de Saxe.............................	2	»
A un autre sacristain, pour la momie du duc de Nassau..	1	50
A un jeune ouvrier sans ouvrage, qui, à la cathédrale m'a conseillé de revenir à midi pour entendre sonner la fameuse horloge...................................	2	»
A la Brasserie du Dauphin, une choppe..............	»	50
Déjeuner, *à la Ville de Paris*......................	4	50
Au garçon......................................	»	50
A la fille qui m'a apporté l'eau pour laver mes mains.....	»	50
Au café de *la Cigogne*, à Kehl, bière bavaroise.........	1	»
Au garçon......................................	»	25
Chemin de fer de Kehl à Carlsruhe...................	8	45
A l'employé du chemin de fer qui s'est emparé de mon parapluie......................................	»	50
Chemise, cravate de soie, mouchoir et gants...........	22	65
Pour le bain que je n'ai pas pris (sans *trinkgeld* au garçon) un demi-florin..................................	1	03
Stalle d'orchestre, un florin et demi.................	3	23
Chaise de poste à l'heure, trois florins...............	6	45
Pourboire au postillon............................	2	»
Total.....	126f	81

Cent vingt-six francs quatre-vingt-un centimes!

Et j'avais emporté des provisions! j'avais déjeuné chez Ferrière, dîné chez Athanase et passé la nuit en chemin de fer! Le lit d'auberge m'était encore inconnu!

A peine si je possédais la somme suffisante pour retourner à Kehl dans le cas où j'aurais pensé que le plus sage parti à prendre était d'aller me livrer aux autorités françaises pour me faire reconduire à Marly-le Roi, de brigade en brigade. Il me restait ma montre; c'était une ressource. Néanmoins, je ne ressentais plus la moindre indulgence pour la plaisanterie d'Athanase, qui à Épernay, m'avait subrepticement enwagonné pour Strasbourg, quand je pensais retourner à Paris.

VII

Notes de voyage. — Observations de mœurs. — Des serrures, du poêle et des miroirs obliques. — Pérette, la laitière. — Le vaudeville et la romance. — Un maçon badois. — Bain à domicile. — Table d'hôte académique. — Ma jolie hôtesse. — Suppositions insensées. — La chambre aux sonnettes.

Aujourd'hui, 2 mai, je me suis éveillé au chant des fauvettes et des pinsons, ce qui, en partie, a dissipé les brumes de mon cerveau. Mon premier soin a été d'écrire aux deux Minorel, à l'un à Marly-le-roi, à l'autre à Heidelberg. A Minorel Ier, j'ai raconté, et, ma foi ! fort gaiement, comment, depuis Épernay, j'avais joué le rôle du voyageur malgré lui. Pauvre humanité ! nos désastres de la veille deviennent facilement pour nous, le lendemain, un sujet de plaisanterie. Je l'engageais à planter son pavillon chez moi, à m'y attendre, et je le confiais aux bons soins de Madelaine et de mon vieux Jean. A Minorel II, j'ai annoncé mon arrivée à Carlsruhe et reproduit exactement, pour les détails plaisants, ce que je venais d'écrire à son cousin. Dans le cas où il devrait rester à Heidelberg plus de deux jours encore, je l'ai prié de correspondre en ma faveur avec la Légation, pour la délivrance de mon passe-port.

Voici mes deux lettres en route pour la poste. Je me sens tout à fait soulagé ; je respire plus librement ; je reprends possession de moi-même ! Chantez joyeusement petits oiseaux ; un ami est là qui vous écoute !

Avec deux jours de loisirs devant soi, peut-être trois, il est permis de songer à tirer parti de certaine dose d'observation dont, en pays étranger, le voyageur, volontaire ou involontaire, se croit toujours suffisamment pourvu.

Le voyageur à poste fixe, celui qui durant des mois entiers séjourne dans un pays, peut juger sainement de ses institutions, de ce qui fait sa force et son essence, étudier à fond son organisation morale ou politique ; mais pour juger des surfaces, des oppositions de mœurs et d'habitudes avec les autres pays, le voyageur au pied levé a l'avantage. Il n'a pas eu le temps de participer aux coutumes de la localité, de s'y faire ; tout ce qui est étrangeté (j'emploie ici le mot dans sa bonne acception) le saisit brusquement et au vif.

Sans sortir de ma chambre, allons à la découverte ! Je regarde ma porte, et déjà je m'étonne. A la partie supérieure de ma serrure s'élève horizontalement une branche de fer, qui joue là, le rôle du pêne chez nous. Vous laissez tomber votre main dessus, la porte s'ouvre. Vous n'avez pas à tirer un bouton, souvent rétif, ou à tourner une poignée qui vous laisse aux doigts une odeur de cuivre. Le poids de la main suffit ; au besoin on ouvrirait avec le coude.

Je trouve ce mécanisme bien supérieur aux nôtres dans les instruments du même genre. Autre perfectionnement ! Ma serrure est compliquée d'un verrou, placé en dessous, à la place du pêne, et qui glisse facilement dans la gâche. Par ce moyen si simple on évite ces verrous massifs qui encrassent et fatiguent les chambranles de nos portes.

Immédiatement je pris note de ma serrure.

Ma chambre est à la fois décorée d'un poêle et d'une cheminée. La cheminée ressemble à toutes les cheminées et ne mérite aucune remarque particulière. Il n'en est pas ainsi du poêle. Étroit et grêle, montant du parquet au plafond, comme un pilastre de faïence, que fait-il là, engagé dans la muraille ? Je ne lui découvre d'autres ouvertures, de mon côté, que des bouches de chaleur. On l'allume (et c'est là ce que je glorifie en lui !), on l'allume en dehors, par la galerie qui règne le long des chambres. Si vous mettez à profit cette excellente invention, mes chers compatriotes, je ne regretterai pas ma station forcée à Carlsruhe ; vous ne risquerez plus de voir votre domestique venir, le matin, troubler et enfumer votre sommeil. Après une nuit froide ou humide, vous vous réveillerez, comme par enchantement, au milieu d'une douce atmosphère, et si vous jugez à propos de faire flamber votre cheminée, ce sera seulement par sybaritisme et pour vous réjouir la vue.

Quoique né curieux, très-curieux (c'est mon vice radical; mais je lui ai dû tant de jouissances que l'heure du repentir n'a pas encore sonné pour moi), je signalerai, moins honorablement cette petite glace oblique placée en dehors de la vitre, et commune à toutes les maisons de Carlsruhe, meuble commode, distrayant, mais immoral, qui vous met à même de voir sans être vu, et livre à votre merci les mystères de la voie publique. Il présente toutefois cet avantage réel. Un visiteur vous arrive; prévenu par votre espion, vous avez tout le temps nécessaire pour vous préparer à le recevoir convenablement, et mieux encore, si c'est un fâcheux ou un créancier, pour lui faire défendre votre porte.

Après ce mûr examen de mon mobilier, n'y trouvant plus rien à relever, la main sur la conscience, à mon poêle en pilastre je donne le premier prix, le second à la serrure à verrou et au pêne horizontal; quant à la glace oblique, je la mets hors de concours.

A mon retour à Paris, cependant, il se pourrait bien que j'en fisse orner les deux côtés de la fenêtre de mon cabinet, qui donne sur la rue Vendôme.

Pour m'essayer au jeu du miroir, tout en faisant ma barbe devant la croisée, je jette de droite et de gauche un regard dans ma double glace; de droite et de gauche le joli boulevard d'Ettlingen se développe à mes yeux dans une partie de sa longueur.

Comme M. de Chamilly sur le pont de Bâle, je ne vois d'abord que des paysans et des moutons, des vieilles femmes et des ânes qui passent. Attendez!... Sur les bas côtés de la route quelles sont ces filles blondes, traînant après elles de petits chariots semblables à des chariots d'enfants? Ce sont les laitières du pays. Ici, Perrette ne porte plus son pot au lait sur sa tête; elle peut rêver à son aise, si rêver lui est doux, sans crainte de voir, sous une cabriole, s'écrouler ses châteaux en Espagne.

Parmi ces blondes filles, j'en remarque une; avec plus de nonchalance, mais aussi avec plus de grâce que les autres, elle tire à elle son petit chariot, laissant volontiers ses compagnes la devancer. Demeurée en arrière de la bande, elle s'arrête. Un grand garçon sort alors d'une futaie qui longe le boulevard, et, lui venant charitablement en aide, il remplace Perrette au timon du chariot, poussant l'attention jusqu'à lui enlacer la taille de son bras resté libre sans doute pour la soutenir dans sa marche. La route se fait déserte un instant. Il penche sa tête vers celle de la jolie laitière, qui lui sourit, et je vois.... je ne vois rien ! Par l'effet des distractions que me causait ma glace moucharde, mon rasoir venait de tourner entre mes doigts, et je m'étais fait une entaille au menton ; juste punition d'une curiosité que je déplore, mais dont je ne suis pas près de guérir.

Mon voyage autour de ma chambre terminé, mes observations notées sur mon carnet de touriste, j'ouvris ma fenêtre, et, machinalement, mon regard se dirigea vers la place où j'avais laissé les deux amoureux. Douce surprise! j'y pus embrasser dans toute son étendue la futaie, ou plutôt le charmant petit bois, déjà verdoyant et rempli de clartés joyeuses, d'où le grand garçon était sorti pour aller à la rencontre de Perrette. Quel voisinage pour un botaniste ! Je rêvais déjà d'y rencontrer toute la flore printanière de l'Allemagne. J'arrêtai mes yeux, remplis d'espoir, sur ma boîte de fer-blanc piteusement rencognée contre la cheminée.

« Sois tranquille, ma vieille compagne ! ton rôle humiliant de valise va cesser !

Mais avant de me livrer à mes recherches botaniques, j'allais avoir à signaler de nouvelles observations, non moins importantes, et d'un ordre plus élevé peut-être que les premières.

Sorti de la maison, je gagnais le petit bois, quand la vue de trois grandes banderoles tricolores, qui flottaient près d'une usine avoisinante, m'arrêta court. L'usine appartient à la maison Ch. Christofle et Cie. M. Charles Christofle, qui, en France, confectionne depuis les simples couverts d'argent jusqu'aux pièces de canon en bronze d'aluminium, était en train de conquérir l'Allemagne à la dorure et à l'orfévrerie artistique. Il y avait eu je ne sais quelle inauguration la veille, et la maison française, comme un vaisseau dans une rade étrangère, s'était pavoisée aux couleurs nationales. Mon cœur battit; je crus être en France, dans une France où l'on peut voyager sans passe-port; j'entrai, et là je fus à même de comparer entre elles l'activité allemande et l'activité française. Cette fois, la comparaison était tout à l'honneur de la France.

Dans les ateliers occupés par nos compatriotes le travail marchait au pas accéléré; les maillets, les marteaux, en tombant sur le métal, marquaient une mesure leste et rapide, qui semblait servir d'accompagnement à quelque gai vaudeville; dans les autres, peuplés d'ouvriers allemands que M. Christofle avait initiés à son œuvre d'alchimiste, la mesure lente, presque mélancolique, martelait *le Roi des Aulnes* ou *le Chasseur noir*.

Dans le même espace de temps, le vaudeville français fera deux fois la besogne de la romance allemande.

Autre tableau pris sur les mêmes lieux.

Des maçons badois s'occupent d'une construction annexée à l'usine. Un jeune manœuvre va à cinquante pas de là chercher des briques, dont le besoin se fait sentir parmi les travailleurs. Après s'être arrêté quelque temps en route à une petite fontaine, dont il fait jouer la pompe pour se désaltérer à un mince filet d'eau, si mince qu'il est forcé de s'y reprendre à diverses reprises pour étancher sa soif, il arrive enfin au tas de briques, le but de sa promenade. Il en prend six, pas davantage! et, d'un véritable pas de flâneur, les porte aux ouvriers. Alors, se croisant les bras, témoin impassible, il assiste au scellement des six briques. Quand il se décide à reprendre son tranquille mouvement de va-et-vient, c'est le tour des ouvriers de se croiser les bras, en attendant que leur approvisionneur de briques ait fait retour vers eux. Il est rare que le jeune manœuvre passe devant la petite fontaine sans s'y désaltérer de nouveau, et pas un reproche ne lui est adressé, pas une parole excitante, pas un geste d'impatience ne le troublent dans son indolence, tant les allures engourdies sont dans les habitudes de tous.

Troisième tableau! Parfois, à la lenteur de l'individu vient s'ajouter la complication des moyens. J'ai déjà parlé du garçon baigneur servant dans son *baden*, voyons-le portant à domicile.

Une grande voiture s'arrête devant votre logis; vous y voyez figurer douze petits tonneaux, bien bondés. Étranger, français, vous croyez à l'arrivée du brasseur, avec ses quartauts de bière; mais près des tonneaux est une baignoire : ceci vous éclaire. Le garçon de bain prend d'abord soin de son cheval; il l'examine; si la course l'a mis en sueur, il le caparaçonne d'une couverture et l'empanache de quelques branches de feuillage, pour le garantir de l'importunité des mouches. Ces préliminaires indispensables achevés, après une petite causerie avec la servante, votre homme apporte la baignoire. Il retourne ensuite à sa voiture, donne à son cheval quelques poignées d'herbes, et, si la maison est hospitalière, il le détèle et le conduit à l'écurie; car, pour se dispenser d'une course nouvelle, il compte bien attendre que le client ait pris son bain pour rentrer en possession de sa baignoire.

Ceci fait, il se décide enfin à enlever un des petits tonneaux, le porte dans votre chambre, le débonde, ce qui parfois exige du temps si la bonde résiste; puis il verse le liquide, qui aussi en prend à son aise pour passer de la douve dans la baignoire. Cette opération, interrompue par une nouvelle causerie avec la servante, ou nouvelle visite au cheval, doit se reproduire douze fois.

Généralement, il en résulte ce petit inconvénient qu'au lieu d'un bain chaud c'est un bain froid que vous prenez. Voilà ce qui m'est arrivé à moi-même ce deuxième jour du mois de mai. Je n'ai pas de bonheur avec messieurs les garçons de bains.

Je ne donne point ici des tableaux de fantaisie, mais des tableaux photographiés sur nature. Patience! tel est le mot d'ordre que doit adopter tout Parisien voyageant dans cette partie de l'Allemagne.

J'en ai fini de mes observations ethnologiques. J'emploie ce mot grec avec intention; il est fort à la mode.

Comme je sortais de mon bain, l'heure du dîner sonnait à ma pension bourgeoise.

A la table d'hôte, je me trouvai avec huit ou dix individus, tous parlant français ou s'évertuant à le parler. La maison ayant pour spécialité d'être le rendez-vous de la langue française, les Français et les Belges y viennent naturellement; quelques Badois se joignent à eux pour y faire des exercices de linguistique; les domestiques et même la cuisinière jargonnent à l'unisson, ce qui ne laisse pas que d'étonner beaucoup les servantes du voisinage, lesquelles s'imaginent qu'aux maîtres seuls est réservé le droit de se servir de ce noble idiome et que, même en France, tous les domestiques ne parlent que l'allemand.

Pendant quelque temps je me mêlai, et avec plaisir, à la conversation générale. Je me sentais heureux de faire ma partie dans un concert de langue française; je n'y réussis pas trop mal, si j'en juge d'après les coups d'œil approbatifs qu'échangaient entre eux mes nouveaux compagnons, surtout les badois, qui se délectaient à ma prononciation parisienne. Mais bientôt je devins plus attentif et moins disert.

Placée en face de moi, jeune, jolie, charmante, notre hôtesse, que j'avais entrevue à peine jusqu'alors, me regardait d'un air singulier, presque inquisitorial. Je songeai à mon passe-port. Avait-elle reçu quelque avis officiel de la police? Mon postillon de la veille avait-il abusé de ma confiance en lui pour me dénoncer? Je ne m'alarmai pas trop cependant. La réponse de Junius Minorel ne pouvait tarder; elle me servirait de sauvegarde. Je m'imaginai ensuite que, ne m'étant présenté chez elle que sous la caution de mon cocher, qui ne me connaissait pas, l'hôtesse concevait quelques doutes sur ma solvabilité, surtout m'ayant vu arriver sans autres bagages que ma boîte de fer-blanc, mon caoutchouc et mon parapluie. Pour mettre fin à ses appréhensions, assez naturelles du reste, je tirai négligemment de mon gousset mon superbe chronomètre-Poitevin et semblai vérifier s'il était d'accord avec le cartel de la salle à manger. Cette adroite manœuvre me parut avoir réussi complètement.

Tout à coup à mes idées de craintes, et de défiance, en succédèrent d'autres d'un caractère tout opposé. La physionomie de la jeune femme non-seulement s'était adoucie à mon égard, mais elle se montrait, peu à peu empreinte d'une bienveillance telle qu'il m'était impossible d'admettre que la vue d'une montre, cette montre fût-elle de Bréguet, à sonnerie, à musique, avec un entourage de diamants, eût opéré une métamorphose semblable.

Évidemment, son regard m'épiait, me parcourait, m'enveloppait, me demandant une explication dont je ne pouvais deviner le premier mot. De mon côté, je me mis à l'examiner avec plus d'attention. De l'examen, il résulta clairement pour moi que mon gracieux vis-à-vis ne m'était pas inconnu. Mais où l'avais-je déjà rencontré ?... dans quelles circonstances ?... Quoique physionomiste, je brouille assez volontiers les visages, et souvent il m'est arrivé de changer une tête de place. Celle-ci, sur les épaules de qui m'était-elle d'abord apparue ? Grave question ! et pour la résoudre, croyant consulter ma mémoire, c'est mon cœur que j'interrogeai sottement ; je me mis à le fouiller jusque dans ses plus lointains souvenirs.

Fou ! vieux fou que j'étais ! Mon hôtesse a de vingt-deux à vingt-quatre ans, le front lisse, les cheveux immaculés, complétement bruns et si, aujourd'hui, mes anciennes amours ne sont pas toutes grisonnantes, c'est que le cosmétique y a passé.

J'étais hors de voie. Décidément je ne connaissais la jolie brune que pour l'avoir entrevue, sans doute, la veille en arrivant.

Mais alors, que me voulait-elle ?

Seul, entre tous les convives, j'étais de nouveau l'objet de son inspection souriante et obstinée. A plusieurs reprises nos yeux se rencontrèrent ; elle baissa lentement les siens, mais pour les relever presque aussitôt.

Y avait-il encore à s'y tromper ? n'était-ce pas là une provocation flagrante ? ma vanité redressa l'oreille. Légèrement animé par la bonne chère, et par un délicieux petit vin de Muskateller, il me passa par la tête des rêves d'autrefois ; j'oubliai ma retenue habituelle, la date de mon acte de naissance ; j'oubliai même la balafre faite par mon rasoir, et qui, recouverte alors d'une bande de taffetas d'Angleterre, devait, pour un galant, me donner une figure passablement grotesque. Je redevins jeune, je redevins poëte ; mon regard flamboya ; ma tête se remplit de vapeur à reflets roses ou dorés ; il ne me répugnait plus trop de prolonger mon séjour à Carlsruhe. J'étais décidé à y attendre patiemment le retour de Junius Minorel.... Qui me pressait?...

Mes fatuités allaient encore recevoir un nouvel encouragement.

Tandis qu'on prenait le café, ma jolie hôtesse, passant rapidement près de moi, moins de la voix que du geste, m'invita à la suivre. Mon bonheur prenait des allures tellement vives que j'en restai interdit. Mes compagnons de table me regardaient, et se regardaient entre eux en clignant de l'œil. Mon visage s'empourpra comme celui d'un écolier à sa première bonne fortune.

L'hôtesse et moi nous entrâmes dans un petit salon attenant à la salle à manger. C'est là qu'elle se tenait d'ordinaire. L'ameublement en était des plus simples ; le cadre des plaques à timbre correspondant aux cordons des sonnettes ; celui des clefs, rangées par échelons numérotés ; quelques registres, alignés sur une planche, en formaient la principale décoration. Elle tira un re-registre, l'ouvrit, et me le présenta, en m'indiquant du doigt le bas de la page :

« Monsieur, me dit-elle, voulez-vous bien inscrire ici votre nom, le lieu de votre départ et celui où vous vous rendez. »

Et, après avoir elle-même trempé une plume dans l'encrier, elle me la présenta. Je pris la plume et restai immobile, sans avoir l'air de comprendre. Ce que je comprenais, c'est que, d'un mot, elle venait de faire crever toutes les bulles de savon dont ma tête s'était gonflée.

Cette femme n'était plus à mes yeux que la personnification de la police, de l'affreuse police!

Cependant, elle paraissait émue :

« Oh! signez, je vous en prie, » reprit-elle d'un ton presque suppliant, qui m'étonna.

Ne voyant pas ce que je pouvais gagner à déguiser mon nom, je signai : « Augustin Canaple, propriétaire — venant de Paris — se rendant à Marly-le-Roi. »

Je n'avais pas achevé, qu'abaissant sa jolie tête sur le registre, car elle est un peu myope :

M. Canaple!... c'est donc bien lui!... Je ne m'étais

donc pas trompé! s'écria-t-elle avec un éclat de joie.
— Vous me connaissez? lui demandai-je tout ahuri.
— Si je vous connais?... Et les deux poules ! »

Juste l'exclamation du père Ferrière lors de notre dernière rencontre.

C'est que mon hôtesse n'était autre que Thérèse Ferrière, la fille de mon brave bohémien, cette gentille Thérèse à qui je portais des gâteaux lorsqu'elle n'était encore qu'une enfant; cette belle fillette que, douze ans auparavant, j'avais vu débiter ses fleurs devant la maisonnette du Trou-Vassou. Je ne pouvais revenir de ma surprise; c'était Thérèse! Voilà pourquoi il m'avait semblé la reconnaître ; mais douze ans, à cet âge, amènent tant de changement, et de si heureux !

La connaissance renouée, je me souvins alors des dernières questions adressées par moi au père Ferrière à son sujet, et des réponses pleines de réticences de celui-ci. Me posant le plus adroitement, le plus courtoisement possible en juge d'instruction, donnant à ma curiosité une honnête apparence d'intérêt :

« Comment vous trouvez-vous ici? dis-je à Thérèse ; êtes-vous mariée?
— Non.
— Êtes-vous veuve ?
— Non. Et elle rougit.
— On vous appelle madame, cependant!
— Envers toute maîtresse d'hôtel, cela est d'habitude.
— Cette marraine qui vous avait recueillie.... vous voyez que je suis au courant de votre histoire.... est-elle donc morte?
— Non ; Dieu merci, elle se porte bien.
— C'est donc à Carlsruhe qu'elle demeure ?
— Non ; à Bruxelles.
— Alors, pourquoi l'avez-vous quittée? Pourquoi?....

J'allais poursuivre mon inconvenant interrogatoire, quand à l'arrivée d'un nouveau voyageur, elle me laissa là, brusquement, en me disant : » A ce soir ! »

Après avoir, comme je l'avais promis à ma boîte de fer-blanc, fait une longue visite au petit bois, notre voisin, le soir venu, je me retrouvai encore avec ma charmante Thérèse, dans ce même salon aux registres, aux clefs et aux sonnettes.

De son propre mouvement, elle ordonna aux domestiques de ne pas venir nous troubler. Cela n'était-il pas du meilleure augure? aussi, plus convenable cette fois, je la laissai reprendre d'elle-même notre conversation, si fâcheusement interrompue; mais, tout d'abord, elle me parla de son père, que je venais de voir, multipliant tellement ses questions sur lui qu'il semblait que j'eusse dû passer ces douze dernières années dans sa société intime; elle me parla longuement aussi de sa mère, que j'avais connue; puis vinrent avec une incroyable surabondance les souvenirs de Belleville et du Trou-Vassou, et, malgré les efforts que je fis ensuite pour détourner le courant, M. et Mme Ferrière, le cheval, la maisonnette, le berlingot, le champ de roses, le petit chien borgne, les deux poules et même ma boîte de fer-blanc, furent seuls les sujets de notre long et mystérieux entretien.

Mes compagnons de table, tous plus ou moins épris de la maîtresse de céans, comme cela se pratique d'ordinaire dans les pensions bourgeoises lorsque l'hôtesse est jolie, parurent fort intrigués de mes tête-à-tête avec elle. On m'en plaisanta durant le souper, auquel elle n'assista pas; mais je restai invinciblement sur la plus stricte réserve vis-à-vis d'eux, n'ayant jamais eu pour habitude de compromettre les femmes.

VIII

Nouvelles notes de voyage. — Carlsruhe et le Hartwald. — Un pâtre musicien. — Tarif des voitures. — Une brasserie. — Les propos de table. — La grammaire en hors d'œuvre. — Prodigieux effet causé par un nom. — Quadruple consultation. — Les *verlobtes*.

Quand on visite Carlsruhe, non plus en courant, effaré, du débarcadère au parc, du parc à la Légation de France, de la Légation au Théâtre, mais en touriste consciencieux et calme, on se demande quel temps il a fallu à ce petit peuple, si lent au travail, si compassé dans ses mouvements, si ami de ses aises, pour construire cette longue suite d'hôtels et de palais qui composent la plus élégante, la plus symétrique, la plus monumentale comme la plus jeune de toutes les capitales de l'Europe.

La ville est bâtie en forme d'éventail, dont chaque rayon aboutit au palais ducal, qui en représente le manche, le pivot ; et si le prince ordonnait aux habitants de se tenir, à une heure convenue, sur le pas de leurs portes ou à leurs fenêtres, il pourrait, du haut de son balcon, faire le recensement de toute la population à l'aide d'une longue-vue. Peut-être une bonne lorgnette de spectacle y suffirait-elle.

La forêt qui cercle Carlsruhe du côté de l'est, le Hartwald, continue, avec une régularité parfaite, les rayonnements de l'éventail.... J'étais en plein Hartwald....

Depuis une heure, je m'efforçais d'admirer, lorsque les sons d'un instrument étrange, inconnu, tenant du hautbois et du clairon, vinrent frapper mon oreille. Dans une grande prairie, où paissait un troupeau de moutons, je vis un vieux pâtre s'exerçant sur une espèce de cornet à piston, d'un tuyautage assez compliqué. Adossé contre un arbre, il avait fixé sur un buisson de ronces son papier de musique. Je crus d'abord à de la mendicité en *ré* mineur ; nous autres Parisiens, nous sommes si souvent exposés à voir notre bourse couchée en joue par des instrumentistes ! (Je ne parle pas de ceux qui donnent des concerts à dix francs le billet.) Rien de semblable pour celui-ci. Dès qu'il me vit approcher de lui, l'astiste redevint pâtre tout à coup. Il se tut, siffla ses chiens et rejoignit son troupeau.

La rencontre du vieux pâtre fut ce qui me charma le plus dans cette froide et belle forêt si bien alignée.

Au milieu de ces immenses et noirs massifs de sapins, de chênes séculaires, de ces avenues ombreuses, étendant devant moi leur ligne droite à perte de vue, je ne sais pourquoi je fus saisi tout à coup d'un vif désir de me trouver entre quatre murs, à huis clos, et un livre à la main. Un journal venant de France, de cette France d'où je commençais à me regarder comme exilé, m'aurait affriandé surtout. J'invitai mon cocher à rebrousser chemin. Vous l'ai-je dit? c'est dans une voiture de place, et au trot de deux petits poneys gris pommelé que je contemplais les austères et fastidieuses beautés du Hartwald.

J'ordonnai donc à mon cocher de me descendre dans un café de la ville où je pusse trouver un journal français.

Si j'en puis juger par moi-même, il y a ainsi des instants où notre regard est avide de s'arrêter sur des caractères d'imprimerie, quels que soient leur signification et le genre de l'ouvrage qu'ils interprètent. Fût-ce le journal des coiffeurs ou même un abécédaire pour les enfants, il nous faut y jeter les yeux. Que demandons-nous à cette lecture si peu attrayante? Je ne sais! peut-être une phrase, un mot, pris au hasard, qui remette en mouvement une des séries de nos idées engourdies, une distraction, un ennui qui nous repose d'un autre ennui.

Quoi qu'il en soit, chemin faisant, mon impatience, ma frénésie de lecture devint telle, que je m'emparai d'une pancarte suspendue dans la voiture. C'était le tarif des prix, soit à la course, soit à l'heure, avec la traduction française en regard du texte allemand. Faute de mieux, je m'en contentai; je lus mon tarif des voitures avec attention, et, le dirai-je? avec intérêt et profit. Il m'aida d'abord à régler mes relations avec mon cocher; faute d'y voir clair, j'aurais pu être prodigue envers lui, ce qui ne me convenait nullement, vu l'état présent de mes finances; j'y pus ensuite étudier la valeur des monnaies, en comparant entre eux le florin, le demi-florin et les kreutzers de l'Allemagne, équilibrés avec nos francs et nos centimes. Étude importante et dont je n'eus qu'à m'applaudir. Bien plus, grâce à la traduction française, dans ce même tarif, je pris ma première leçon de langue allemande. Enfin, il posa pour moi comme la base d'une statisque curieuse, d'un parallèle philosophique entre les deux villes de Carlsruhe et de Paris. A Paris, le prix des voitures change et augmente de minuit et demi à six heures du matin; à Carlsruhe, c'est à partir de neuf heures et demie du soir que le cocher a droit à sa haute paye. N'y a-t-il pas là, contenue entre deux chiffres, toute l'histoire morale des deux capitales?

Au-dessous de cette partie officielle et sérieuse de mon tarif se trouvait la partie comique, dans cet appendice y accolé en manière de note finale :

« A partir du mois d'avril au mois d'octobre (vous croyez qu'il ne s'agit que de la saison d'été?), et du mois d'octobre au mois d'avril, ajoute naïvement la pancarte, mêmes prix. »

Que de choses peuvent se trouver dans un tarif de voiture!

Mes deux poneys s'étaient arrêtés devant une vaste maison, toute décorée à son entrée d'arbustes en caisse; je descendis. J'étais non dans un café, mais dans une brasserie. Les cafés sont rares à Carlsruhe, à ce qu'il paraît. J'appelai un garçon, qui accourut aussitôt armé d'une chope de bière.

« Savez-vous le français? lui demandai-je.

— Ia, meinherr.

— Avez-vous ici des journaux français?

— Ia, meinherr.

— Apportez-m'en un, n'importe lequel.

— Ia, meinherr. »

Le journal ne venant pas assez vite au gré de mon impatience, j'appelai de nouveau le garçon, le même, celui qui savait le français; il m'apporta une seconde chope de bière, que je refusai.

« C'est le journal que je demande, lui dis-je; je suis pressé; procurez-le-moi tout de suite.

— Ia, meinherr. » Il s'éloigna, et je ne le revis plus.

Il paraît qu'il ne savait de français que ces deux mots : *ia meinherr*.

Forcé de renoncer à mon journal, je me mis à observer ce qui se passait autour de moi. Pendant mon séjour à Carlsruhe il m'est arrivé, soit comme curieux, soit comme consommateur, je le dis sans honte, de visiter des brasseries et même des cabarets fréquentés par le menu peuple. Selon moi on a fait aux Allemands une réputation d'ivrognerie peu méritée. Pour ma part, je n'en ai pas rencontré un seul flageolant sur ses jambes.

Dans le grand-duché l'ivresse est punie de la prison, et, par une loi quelque peu draconienne, avec l'ivrogne on enferme le cabaretier qui lui a fourni trop abondamment de quoi tomber en faute. Si cette loi est applicable, elle tend à confirmer ce que j'avance.

A Carlsruhe, le peuple ne boit guère que de la bière. L'absorption de la bière constitue plutôt le buveur que l'ivrogne proprement dit. Il est vrai que les buveurs de vin (j'ai pu vérifier le fait à ma table d'hôte) le boivent pur, repoussant avec horreur son mélange adultère avec l'eau. Ont-ils tort? Ceci demande une explication.

Chaque convive a deux verres posés devant lui : un grand pour l'eau, un petit pour le vin; et il boit alternativement à l'un et à l'autre; excellente habitude, qui satisfait au goût sans nuire à la santé. J'ai essayé de ce système, et le crois bon. Qu'importe, en effet, pour la raison d'hygiène, que le confluent des deux liquides ait lieu dans la bouche ou dans l'estomac?

Les brasseries badoises sont presque toujours en plein air, avec abris pour les buveurs en cas de mauvais temps; dans plusieurs il y a bal chaque soir. Le plein air leur est indispensable pour éviter les inconvénients qui pourraient résulter de tant de pipes flambantes à la fois.

Si l'Allemagne n'est pas le pays des ivrognes, elle est celui des fumeurs. La figure d'un Allemand se compose invariablement de deux yeux, d'un nez, d'une bouche et d'une pipe. La pipe y paraît être à poste fixe, tout aussi bien que les autres organes naturels.

La brasserie où je me suis arrêté est une des plus renommées de Carlsruhe. Au milieu des bourgeois, des étudiants, des ouvriers, des soldats, attablés pêle-mêle, j'y ai vu de belles dames, avec plumes et dentelles sur leur grand chapeau de paille, venir y boire leur chope de bière, sans être même sous la protection d'un cavalier. Cette dernière circonstance surtout m'a beaucoup étonné; mais ce qui m'a plus étonné encore, c'est qu'autour de moi chacun s'étonnait de mon étonnement.

Peut-être ne suis-je pas encore apte à distinguer une belle dame allemande d'une grisette endimanchée.

A une heure de relevée, heure invariable du dîner en tout pays badois, je me mis en route pour le logis avec un certain sentiment de satisfaction, dans lequel l'appétit n'avait pas la plus large part. Non-seulement je commençais à m'intéresser vivement à Thérèse, mais aussi aux habitués de la maison, compagnons de table fort agréables, pleins de prévenances pour moi. Je n'avais qu'un reproche à leur faire : ils poussaient trop loin l'amour de la langue française. Leurs discussions grammaticales interrompaient parfois le repas d'une façon fâcheuse.

De même qu'il y a un genre de conversation pour les salons, il en existe un pour la table. A table, après un premier quart d'heure de recueillement et de silence, quart d'heure indispensable pour la saine appréciation des choses, et la mise en train de l'organe appelé à fonctionner, quand la causerie s'engage, il est bon de ne mettre en avant que des propos tempérés, plaisant sans excès, ne provoquant ni l'émotion, ni même une attention soutenue; quelques brèves anecdotes au dessert, un peu de science au sujet des vins, des fruits, sur leur origine et leur conservation; tel est à peu près, sauf les cas extraordinaires, tout ce que j'admets. Ce genre de conversation, purement hygiénique, distrait sans préoccuper et devient presque un digestif utile.

En fait de propos de table, je proscris ceux de Martin Luther, malgré ses quolibets; il y parle trop de Dieu et du diable; je leur préfère ceux de Plutarque, quoique dans le chapitre de l'œuf et de la poule il tourne aux systèmes philosophiques. La philosophie, la religion, la politique et la morale, dont je fais d'ailleurs grand cas, sont déplacées à table; mais non moins qu'elles, je le déclare, la règle des participes français et autres aménités littéraires. Je l'ai dit, c'était là une des spécialités de la maison Lebel.

Quand j'y arrivai, j'étais de dix minutes en retard : le potage était enlevé; on en était déjà à la grammaire, en guise de hors-d'œuvre.

« Monsieur Canaple, me dit un des convives en m'interpellant aussitôt par mon nom (car depuis que je l'avais apposé sur le grand registre il était à l'ordre du jour dans la maison), monsieur Canaple, doit-on écrire *cuiller* avec un *e* ou sans *e* ?

— Monsieur Canaple, me dit un autre, sans me donner plus que le premier le temps de prendre place et de déplier ma serviette, doit-on dire *caparace* ou *carapace*? Caparace, n'est-ce pas ? On dit caparaçon. » Puis un troisième, un Badois celui-là :

« Doit-on mouiller les *ll* dans le mot *baïonnette*?

— On doit boire frais et manger chaud, répondis-je avec assez de présence d'esprit ; et je fis revenir le potage. Pardon, messieurs, ajoutai-je, pour m'excuser de la brusquerie de ma réponse, mais je crois les conversations sérieuses bonnes seulement *post prandium* ; sans quoi on ne sait ce qu'on mange et on ne sait pas toujours ce qu'on dit. J'ai déjà, en route, en déjeunant à Strasbourg, assisté à une leçon de géographie, leçon très-peu pédantesque, je l'affirme, et cependant j'ai mal déjeuné.

— Quel était le professeur ? me demanda un Allemand, du ton d'un homme à qui pas un professeur de géographie n'est inconnu.

— Le professeur, répondis-je en souriant, était un certain Brascassin.... »

Je n'achevai par ma phrase. A ce nom de Brascassin, il se fit autour de la table comme un mouvement électrique ; tous les regards se dirigèrent vers Thérèse, qui, pour déguiser son trouble, enleva le rôti placé devant elle, quoiqu'on n'eût pas encore touché aux entrées, et se mit à le découper menu, menu, avec une vivacité fébrile, convulsive, peu en rapport avec les sages ordonnances de l'Ecuyer tranchant. Durant le reste du repas le nom de Brascassin ne fut plus prononcé, et les questions grammaticales reprirent leur cours, sans opposition de ma part ; mais j'avais hâte de connaître le mot de cette énigme !

Quand on se fut levé de table, quand il ne restait dans la salle que deux Belges et un Badois qui discutaient pour savoir si on devait dire *saigner du nez, saigner au nez* ou *saigner par le nez*, je me glissai dans le petit salon, y croyant rencontrer Thérèse. Elle n'y était plus.

En l'attendant, je me mis à feuilleter curieusement le registre des voyageurs. Qu'y cherchais-je ?... J'y cherchais Brascassin. Je ne tardai pas à l'y trouver. Remontant à l'année précédente, j'y vis la signature de Brascassin en mars et avril ; à la date de juillet et de septembre,

Brascassin! en octobre, encore Brascassin! même en décembre, au cœur de l'hiver, Bascassin deux fois!

Décidément mon grand mystificateur d'Épernay et de Strasbourg était un des habitués les plus assidus de la maison Lebel, de Carlsruhe. Malgré la grande émotion de Thérèse à ce nom, je n'en préjugeai rien encore contre sa vertu. Sur ce point, je ne voulais devoir les éclaircissements qu'à elle même. Mais Thérèse ne revenait pas. J'interrogeai un des gens de la maison. Elle était sortie et ne devait rentrer que tard.

Vers les six heures du soir, me promenant dans le petit bois appelé bois des Chênes, je vis sur le lac en miniature, situé à l'une de ses extrémités, quatre individus qui regagnaient la rive, après avoir inutilement essayé de faire mouvoir l'unique batelet qui se prélasse dans ses eaux. C'étaient justement ceux de nos convives pour lesquels je me sentais le plus de sympathie. Je continuai ma promenade avec eux, crochant tour à tour le bras de l'un et le bras de l'autre, et je parvins ainsi à les interroger tous quatre en particulier sur le sujet qui me préoccupait depuis l'heure du dîner. Chacun d'eux m'affirma connaître parfaitement Brascassin, et pouvoir sciemment me renseigner sur lui.

Voici le résumé de cette quadruple consultation :

1er RENSEIGNEMENT : Brascassin, ancien élève de l'École polytechnique, est un homme fort instruit et d'un caractère grave.

2e RENSEIGNEMENT : Brascassin est un marchand de vins, bon vivant, aujourd'hui associé à une maison d'Épernay. Il est poëte, mais dans l'intérêt de son négoce. Il fait des chansons à boire.

3e RENSEIGNEMENT : Brascassin, spéculateur malheureux, a été *exécuté* à la Bourse de Paris, et s'est vu contraint de se réfugier d'abord en Belgique, puis dans les États de Bade, où le jeu lui a été favorable.

4e ET DERNIER RENSEIGNEMENT : Brascassin n'est allé en Belgique qu'en qualité de démagogue furieux. Il fait partie de toutes les sociétés secrètes, françaises et italiennes; entre autres de celle de la Pure Vérité, une des branches de la Marianne. S'il a pu rentrer en France, c'est qu'il est affilié à la police.

Je ne me sentais pas encore assez éclairé. Je posai à mes aréopagistes cette dernière question : « Pourquoi Brascassin fréquente-t-il avec tant d'assiduité la maison Lebel ? »

Tous quatre, unanimes cette fois, répondirent :

« C'est que notre hôtesse est jeune et jolie, et que Brascassin lui a fourni les fonds nécessaires à l'achat de la maison. »

Je compris, ou crus comprendre alors la valeur des réticences du père Ferrière à l'égard de sa fille, et cessa d'interroger. Thérèse n'était plus digne de mon estime, par conséquent de mon intérêt.

Heureusement, une scène assez curieuse vint me distraire de ces pensées moroses.

La soirée était magnifique ; au-dessus de notre tête, dans un beau ciel bleu, s'épanouissait une bonne grosse lune allemande ; près de nous passaient, se tenant par la main, de jeunes couples d'amoureux : ceux-ci, la tête baissée, semblaient prendre plaisir à rêver à deux, et peut-être à s'oublier, pour avoir le plaisir de se retrouver réunis et les doigts entrelacés : ceux-là, moins silencieux caquetaient, riaient, appuyés l'un sur l'autre de l'épaule et de la tête, et ne se gênaient pas pour se faire face de temps en temps.

« La lune est indiscrète ce soir, dis-je.

— Oh ! nos amoureux, ici, ne redoutent guère plus le soleil que la lune, me fut-il répondu ; ils y vont franchement, en plein jour comme en pleine rue, et personne ne songe à s'en offusquer.

— Cela ne prouve nullement en faveur de la moralité du pays.

— Pourquoi ? puisqu'ils sont *verlobtes*.

— *Verlobtes* ! qu'est-ce que cela ?

— Cela signifie quelque chose comme votre mot *fiancés* en France ; mais l'usage, en Allemagne, lui donne une valeur tout autre. Une fois verlobtes, nos amoureux débutent par se tutoyer ; il leur est permis d'aller seuls errer à leur aise à travers la ville, et même sous l'épaisseur des bois. Aucun danger ne menace la jeune fille ; l'honneur allemand la protége. »

Je songerai alors à Perrette et au grand garçon qui l'a

vait aidée à tirer son chariot. Peut-être, dans ma pensée, avais-je porté contre eux un jugement trop sévère ; peut-être en était-il de même pour Thérèse....

« Dans ce pays, poursuivit mon interlocuteur, les fiançailles, tout aussi bien qu'en Chine, sont prises au sérieux : la jeune fille qui perd son verlobte devient une veuve. Malheur à elle si elle songe à le remplacer trop promptement ; la déconsidération publique l'atteindra bientôt ; elle risque même de n'épouser qu'un mort, si l'on en croit l'histoire de Bettina, d'Ettlingen, histoire récente, qu'on prendrait pour une légende ou un fabliau du treizième siècle. »

A ce mot : légende, j'avais fait le mouvement d'un chien braque tombant en arrêt devant le gibier.

Le ciel s'était parsemé de quelques nuages fauves, derrière lesquels la bonne grosse lune allemande, amortissant son éclat, avait pris tout à coup des teintes dorées de choucroute ; le feuillage léger des arbres semblait s'être épaissi, et à travers ces demi-ténèbres les couples amoureux, moins distincts, figuraient des ombres errantes au milieu d'un élysée quelconque.

Le moment était favorable aux histoires légendaires. Celle-ci ne se fit pas attendre.

IX

Wilhem et Bettina. — Fleurs de cimetière. Un nouveau verbe français. — Explication avec Thérèse.

« Entre Carlsruhe et Rastadt, à une heure de marche en retournant vers la route de Kehl, existe une petite ville, autrefois importante : c'est Ettlingen, qui a donné son nom à notre joli boulevard. Là, dans une charmante vallée, traversée par la rivière d'Alb, florissait, il y a une dizaine d'années peut-être, Bettina, la fille d'un simple ardinier. Le bonhomme, du reste, faisait bien ses affaires, et sans trop de fatigues, car dans notre grand-duché les fleurs se sèment d'elles-mêmes, et poussent sans y penser.

« Bettina était jolie; ses cheveux surtout la rendaient attrayante; ils étaient noirs, couleur peu commune dans cette patrie des blondes chevelures; de plus, ils étaient lisses, abondants et soyeux, ce qui partout est dignement apprécié.

> Longs cheveux noirs sur blanche peau
> En amour voilà mon drapeau !

« Tel était le refrain d'un *lied*, ou chansonnette, naguère composé à son intention, et ce fut cette chansonnette qui décida du sort de Bettina.

« Elle était alors *verlobte* avec Wilhem le boulanger, un bon travailleur, qui se serait jeté dans son four pour elle, et appartenait à une des familles les plus aisées d'Ettlingen. Le jour de leur mariage approchait lorsque arriva au pays le beau Frank. Celui-ci s'éprit soudainement de la fille du jardinier.

« Wilhem était bon et dévoué, mais timide à l'excès, souvent silencieux et songeur; Frank, tout au contraire, garçon à la haute encolure, à la langue dorée se montrait sans cesse d'humeur joyeuse. Il avait même un certain air mauvais sujet par lui rapporté de France, où il venait de se perfectionner dans son état de teinturier en suivant les cours de M. Chevreul; puis enfin Frank était poëte et il portait des gants.

« Sous ce dernier article peut-être bien se cachait un mystère; peut-être le poëte-teinturier ne se sentait-il pas désireux d'étaler aux regards de Bettina ses mains tantôt bleues, tantôt vertes. Cependant la comparaison qu'elle faisait de l'un et de l'autre tournait à l'avantage de ce dernier. La chanson surtout lui avait été au cœur.

« Elle allait encore se promener avec Wilhem sous cette double et magnifique allée de marronniers à fleurs rouges qui entoure les anciennes fortifications d'Ettlingen, mais plus rarement; elle y marchait encore près de lui, sa main dans celle de Wilhem, mais quand il essayait d'entrelacer ses doigts aux siens, elle résistait, lui trouvant les doigts durs et raboteux; elle le regardait encore, mais d'un air distrait, presque sévère; Wil-

hem était toujours son confident, mais elle ne l'entretenait que de ses tristesses insurmontables; elle n'avait pas cessé de le tutoyer, mais elle lui disait : « Tu devrais
« renoncer à moi, ami; cherche une autre fiancée; je
« ne me sens guère capable de te rendre heureux. »

« Le bon Wilhem comprit qu'il n'était plus aimé; sans lui adresser un reproche, il lui rendit son anneau de fiançailles, et quitta brusquement le pays.

« Son départ, qui causa une grande rumeur dans Ettlingen, fut pour Bettina plus un remords qu'un regret.

« Pendant trois mois, pendant six mois peut-être (mois d'hiver, il est vrai), elle se tint à l'écart. Enfin, n'entendant plus parler de lui, elle commença à reparaître sur la promenade, mais en costume sombre, sans bagues, sans boucles d'oreilles ni autres ornements.

« Frank n'essaya pas de l'aborder ouvertement, au regard de tous, mais pour se mettre en mesure contre la concurrence, il alla trouver le bonhomme de jardinier, lui porta trois bouteilles de vin rouge d'Affenthaler, trois, idem, de Margrafft, lui demandant la faveur d'y goûter avec lui. Tout en trinquant, il lui rappela qu'il était contre-maître à la grande teinturerie, et termina en sollicitant l'autorisation de se poser comme *verlobte* de sa fille, Wilhem ayant renoncé à elle. Touché de cette bonne façon d'agir, le père donna son consentement. Restait à obtenir celui de Bettina.

« Le soir de ce même jour, Frank, en habit de conquérant, frisé, ganté, son chapeau sur l'oreille, alla sur le pont de l'Alb, à l'entrée de la ville, où il savait devoir rencontrer Bettina. Dès qu'il l'aperçut, après l'avoir amoureusement arquebusée du regard, il se disposa à lui faire sa demande. Déjà renseignée par son père, Bettina l'interrompit au premier mot : « Pas encore! lui
« dit-elle; attendez que j'aie repris les fleurs. »

« En Allemagne, comme en Suisse et en Italie, les fleurs naturelles sont un ornement indispensable à la toilette de toute jeune fille; elles s'en tressent des couronnes pour leurs chapeaux; elles en placent à leur corsage et dans leurs cheveux. Ne point porter de fleurs dans les assemblées est chez elles le témoignage de quel-

quelque deuil dans la famille, ou que leur mère est malade ou que leur verlobte est à l'armée. Fille d'un jardinier, Bettina aurait pu se procurer facilement les plus belles et les plus rares ; elle avait toujours préféré celles des champs, dont les pétales sont mieux soudés, les tiges plus allongées et plus solides. C'était d'ailleurs une preuve de bon goût. Elle ne voulait combattre avec ses compagnes qu'à armes égales.

« Depuis une quinzaine déjà Frank observait strictement, quoique à contre-cœur, la défense à lui faite. De son côté, Bettina commençait à penser que six mois de retraite, puis quinze jours en sus, étaient bien suffisants pour des fiançailles brisées d'une volonté mutuelle.

« Vers ce temps, il y eut grande fête à Dourlach, près Carlsruhe. Une partie de la population d'Ettlingen s'y rendit ; Bettina fut du nombre ; cependant elle n'avait pas *repris les fleurs.* Cette fois encore, elle était résolue à rester simple spectatrice durant les danses. Mais quand elle fut là, clouée sur son estrade, la joie des autres lui fit mal, et elle déserta l'emplacement du bal pour se dépiter à son aise.

« Elle suivait, rêveuse, la lisière d'une colline, lorsqu'à l'extrémité d'un chemin creux, elle aperçut de loin son beau Frank. Pauvre Franck ! il se refusait aussi le plaisir du bal, qu'il ne pouvait partager avec elle. Ah ! c'en est fait ! sa patience est à bout ! l'heure des temporisations est passée ! Ce jour même, aux yeux de tous, ils danseront ensemble, et on le reconnaîtra pour son verlobte !

« Elle chercha aussitôt autour d'elle des fleurs qui devaient annoncer à son poëte qu'il pouvait parler enfin. La colline était aride, crayeuse, et le chemin creux seulement parsemé de pierres. Elle se jeta vivement dans un enclos ouvert à sa gauche ; les fleurs y abondaient.

« C'était un cimetière,

« Son désir surexcité l'aveuglant, ou ne lui permettant pas de songer à la profanation, elle dépouilla à la hâte la première tombe qui s'offrit à elle, et un bouquet à la à la main, le front orné de quelques touffes de rouges coquelicots, sous lesquels ressortait vivement le noir lustré de ses cheveux, elle apparut aux regards de l'heureux postulant.

« Ce jour-là les habitants d'Ettlingen, venus à Dourlach, purent voir, à trois reprises consécutives, Frank, l'air radieux et vainqueur, tenant Bettina pressée contre sa poitrine, l'entraîner avec lui dans les tourbillons vertigineux de la valse allemande.

« Durant la nuit, épuisée par les fatigues de la route et du bal, comme la fille du jardinier dormait, Wilhem, ou plutôt son ombre, lui apparut :

« Tu as cueilli les fleurs qui croissaient sur mon tom-
« beau, lui dit-il; Bettina, ces fleurs, nées de moi, nour-
« ries de moi, tu en as respiré le parfum et tu les as po-
« sées sur ton cœur; tu es redevenue mienne; dès ce jour
« je reprends vis-à-vis de toi mon droit de verlobte. »

« En s'éveillant Bettina crut avoir fait un rêve, un rêve sinistre. La présence du joyeux Frank ramena le sourire sur ses lèvres. Il venait lui apporter l'anneau d'argent des fiançailles, et réclamer en échange celui que Wilhem lui avait rendu; mais elle eut beau le chercher, elle ne le retrouva pas. « Je l'ai trop bien serré, » se dit-elle; et elle remit au lendemain pour le passer elle-même au doigt de Frank.

« La nuit suivante, de nouveau Wilhem se leva devant elle et lui montra l'anneau, qui avait repris sa première place.

« Elle conta son double rêve à Frank; il en rit beaucoup, et la força même d'en rire avec lui, tant il lui débita de gais propos à ce sujet. Selon son dire, Wilhem, très-bien portant, habitait Strasbourg, où quelqu'un l'avait rencontré dernièrement et avait failli ne pas le reconnaître à cause de son embonpoint, de son air guilleret, de son teint fleuri. Il n'était plus boulanger, mais pâtissier. Il excellait surtout dans les tartelettes, et toutes les filles de Strasbourg étaient folles de lui.... à cause de ses tartelettes.

« Malgré ces assurances, Bettina écrivit à sa maîtresse d'apprentissage, retirée à Dourlach; elle la priait de s'informer à qui appartenait le tertre tumulaire placé à la porte du cimetière, en tête de la première ligne de droite. Il lui fut répondu :

« Sous le tertre de droite repose le corps d'un cer-
« certain Wilhem Haussbach, d'Ettlingen, où il exerçait
« l'état de boulanger. »

« A partir de ce moment, quand Bettina se trouvait seule, elle tombait dans de longs accès de tristesse noire. Wilhem avait cessé de venir troubler ses nuits, mais cette pensée qu'il l'avait aimée, que peut-être il était mort de son amour pour elle, et qu'elle avait dépouillé de fleurs son tombeau pour s'en faire une parure aux yeux d'un nouvel amant, lui revenait sans cesse à l'esprit.

« A force de songer à lui, à défaut de rêves, elle eut des visions. Lorsqu'elle travaillait, le matin, près de sa fenêtre, à travers la vitre obscurcie par la brume, elle apercevait le visage de Wilhem. Il la regardait avec son air timide et retenu d'autrefois.

« Le soir, sous l'allée des marronniers, quand Bettina se promenait avec Frank, Wilhem venait se mettre en tiers avec eux. Elle marchait ainsi entre ses deux ver-lobtes, l'esprit troublé et le cœur en défaillance.

« Quoique d'une condition médiocre et n'ayant reçu qu'une éducation incomplète, Bettina ne manquait ni de bon sens ni de logique; sa raison entrait en lutte contre le témoignage même de ses yeux; elle se disait que ce n'était là qu'une maladie de son cerveau, une vision où rien n'était réel. Dans le cours d'une de ses promenades, s'armant de courage, il lui était arrivé de vouloir toucher ce fantôme qui l'obsédait, et elle n'avait rien senti; son geste s'était perdu dans le vide.

« Donc, espérant guérison, elle ne voulut point attrister Frank par des confidences peut-être dangereuses, tout au moins inutiles.

« Le jour de son mariage arrivé, Bettina, après avoir, avec les gens de la noce, fait sur l'Alb une joyeuse promenade en batelet, se présenta résolûment à l'autel. Elle était dans toute sa splendeur de beauté; ses magnifiques cheveux noirs ressortaient si bien sous son voile blanc, sous sa couronne blanche de myrtes! Un rayon de bonheur illuminait sa figure, car elle aimait Frank. Le prêtre murmurait déjà les paroles sacramentelles, lorsqu'il s'interrompit en voyant Bettina, pâle et les yeux hagards, s'agiter convulsivement.

« Wilhem était encore près d'elle, agenouillé à sa gauche, comme Frank à sa droite ; il avait revêtu ses habits de noce et lui présentait un bouquet de fleurs de cimetière, parmi lesquelles ressortaient la scabieuse, l'immortelle et surtout le *Vergiss mein nicht* (ne m'oubliez pas). Quand Frank se leva et lui passa au doigt la bague nuptiale, à sa profonde épouvante, elle sentit, elle sentit cette fois! une main glacée s'emparer de sa main, en retirer l'anneau de Frank pour le remplacer par un autre. Alors, avec un vif mouvement d'horreur, se rejetant en arrière, faisant de deux côtés à la fois un geste de répulsion, en proie à une sorte de délire, haletante, désordonnée, elle s'enfuit de l'église en poussant des cris lamentables.

« Telle est, me dit, en terminant, mon narrateur, l'histoire vraie et authentique de Willem et de Bettina ; vous pouvez l'appeler une légende, si bon vous semble, mais Bettina habite encore Ettlingen : c'est aujourd'hui une vieille fille de trente ans ; et quoiqu'elle ait toujours longs cheveux noirs sur blanche peau, elle n'a plus songé à prendre un autre verlobte que son défunt Wilhem. Tous les dimanches elle va entendre une messe à Dourlach, et passe le reste de sa journée à soigner, à refleurir le tertre placé à la droite de la porte du cimetière. »

J'étais ravi ; non-seulement je venais de recueillir une légende contemporaine, chose rare ! mais j'avais fait connaissance avec un des mots les plus intéressants de la langue allemande, le mot *Verlobte*.

Je me hâtai de le franciser, et même à tout hasard, je le transformai de substantif en verbe : le verbe verlobter. *Je verlobte, tu verlobtes, nous verloblons, ils verloblent ; que je verloblasse ; verloblant.* De ce verbe nouveau je comptais faire hommage aux grammairiens de la maison Lebel.

Rentré au logis, je m'informai d'abord s'il était venu pour moi une lettre d'Heidelberg. Rien ! Ce silence devenait inquiétant. Non-seulement j'espérais en Junius Minorel pour la délivrance de mon passeport, mais aussi pour le ravitaillement de ma bourse.

Après le souper, auquel je fis peu honneur, j'avais déjà à la main mon bougeoir et ma clef, me disposant à regagner ma chambre, quand Thérèse passa devant moi avec un petit hochement de tête familier. La mémoire encore fraîche de l'opinion unanime de mes compagnons, j'essayai de garder vis-à-vis d'elle un maintien digne et sévère. Tout aussitôt, je me demandai pourquoi je la tiendrais en mépris plus aujourd'hui qu'hier, où je la soupçonnais véhémentement de provocation galante envers ma personne, ce qui n'avait nullement excité mes fureurs vertueuses.

Notre conscience est assez semblable au chien de la maison qui aboie contre les étrangers, et se montre toujours souple et accommodant envers le maître du logis.

Ces réflexions faites, je crus convenable de ne jouer vis-à-vis de Thérèse que le rôle d'un moraliste indulgent et après l'avoir rejointe dans son petit salon aux sonnettes, d'un air aussi paternel que possible, ses mains dans les miennes : « Écoutez, mon enfant, lui dis-je ; prenez mes observations en bonne part. A votre âge, une liaison imprudente.... »

Elle baissa la tête et rougit. Sautant alors par-dessus toutes les préparations oratoires :

« M. Brascassin, repris-je, est un garçon d'esprit mais d'un esprit léger. Serait-il prudent de vous fier trop à lui ? Connaissez-vous ses antécédents ?

— Ils ne peuvent être qu'honorables, me répliqua-t-elle en redressant la tête. Il est d'humeur joviale, sans doute, même un peu moqueur, on me l'a déjà dit, mais si bon, si bon ! si généreux ! Ah ! monsieur, sans lui je serais morte de chagrin et de découragement ! Je lui dois tout ! »

Nous autres observateurs exercés, nous avons souvent le défaut de vouloir trop vite deviner la pensée sous l'enveloppe qui la couvre encore. J'interprétai la dernière phrase de ma jeune hôtesse dans le sens de mes idées préconçues.

« Oui, lui dis-je, il vous a fait des avances de fonds, je le sais. D'un homme encore jeune à une jeune fille cela a pu paraître étrange, compromettant pour votre réputation. Ah! si, dans un besoin d'argent, vous vous adressiez à moi, à moi votre vieil ami, à moi qui ai deux fois votre âge, personne n'y trouverait à redire.... »

J'allais continuer, mais, ma proposition à peine formulée, il me sembla entendre une voix frêle et grondeuse sortir de la poche de mon gilet. C'était celle de mon porte-monnaie chétif; cette voix me taxait d'imprudence et de fanfaronnade en tranchant ainsi du généreux quand moi-même je songeais à faire un emprunt.

Sans attendre la réponse de Thérèse : « Ce Brascassin me hâtai-je d'ajouter, à quel titre, sous quelles conditions êtes-vous devenue son obligée? » Et mettant à profit ma récente conquête sur le vocabulaire du pays : « Est-il votre *verlobte* du moins? »

Elle me regarda avec stupéfaction, puis portant les mains à son visage : « Lui, mon fiancé! s'écria-t-elle : y a-t-il jamais songé! y peut-il songer jamais? Suis-je digne d'un pareil bonheur? » Et elle se mit à pleurer à sanglots.

Je le compris, de nouveau j'avais été maladroit, ou mal renseigné; la laissant se soulager par ses larmes, je repris mon bougeoir et regagnai ma chambre, tout à fait désorienté sur l'histoire de la fille du père Ferrière.

Pendant une heure encore je restai à ma croisée, aspirant l'air, méditant sur Thérère, sur Brascassin, sur Junius Minorel, sur mon passe-port, sur l'état de mes finances, et, tout en songeant, je suivais machinalement du regard la bonne grosse lune allemande qui se disposait à se coucher et semblait me conseiller d'en faire autant.

X

Souvenir de Châlon-sur-Saône. — Arrivée de Junius Minorel. — L'Anglais phénoménal. — Le chronomètre Poitevin. — Un accident de chemin de fer. — Départ de Carlsruhe.

L'intérêt, l'affection que nous portons à nos amis se mesure souvent en raison des circonstances et même des localités ; souvent l'ennui que nous éprouvons aide à nous donner les apparences des meilleurs sentiments. Ainsi, les ennuyés, faute de savoir à quoi employer leur temps, deviennent facilement obligeants, serviables, et même hospitaliers. Voilà pourquoi en province le visiteur est toujours le bienvenu.

Il y a quelques années, je me trouvais à Châlon-sur-Saône (car, quoi qu'en ait dit Antoine Minorel, j'ai déjà oyagé, rarement il est vrai). A Châlon, j'avais à traiter d'une affaire contentieuse ; je n'y connaissais personne ; je n'y voyais que mes hommes de loi, tous aussi rogues, aussi maussades, aussi codifiés les uns que les autres. Au bout de trois jours de cette solitude, j'aurais donné tous mes amis pour faire la rencontre d'une simple connaissance. Au détour d'une rue, ô bonheur ! un visage m'apparaît, visage connu, visage parisien. A l'aspect de cet ami tant désiré, je fais un geste de joie radieuse. De son côté, il ne paraît pas moins ravi de me voir ; nous marchons l'un vers l'autre, la main tendue. Tout à coup, un doute semble nous venir à tous deux à la fois ; il ralentit son pas, je modère le mien, et, après nous être salués silencieusement, nous continuons notre route, en nous tournant le dos.

Ce monsieur n'était pour moi ni un ami, ni une simple connaissance. Jamais je ne lui avais parlé ; je ne savais ni son nom, ni son état, ni sa moralité ; c'était un de ces visages qu'on rencontre fréquemment à Paris, sur le boulevard, voilà tout. Pour le moment, il était sans doute aussi seul, aussi ennuyé, aussi dépaysé que moi à Châlon-sur-Saône.

Eh bien, aujourd'hui, je me suis de nouveau laissé prendre à quelque chose, non de tout à fait semblable, mais dérivant de ce même ordre d'entraînement et d'émotions.

Je m'étais levé dans des dispositions assez maussades ; les oiseaux se taisaient ; une brume me cachait le petit bois ; je trouvais que mon séjour dans le grand-duché se prolongeait outre mesure, lorsque mon nom prononcé monta jusqu'à moi du bas de l'escalier.

C'était Junius Minorel. Je pousse un cri ; à peine vêtu, je descends les marches quatre à quatre, je me précipite vers lui, et je l'embrasse avec tous les témoignages de l'affection la plus tendre.

Or, jusque-là, mes relations avec Junius n'avaient jamais été des plus intimes. Je l'avais rencontré deux fois chez son cousin Antoine, mon ami; à chacune de nos rencontres, une discussion assez vive s'était élevée entre nous sur des questions philosophiques ou littéraires; une autre fois, j'avais été d'une partie de whist avec lui et contre lui; les atouts s'étaient rangés de mon côté, et je l'avais fait chelème. A vrai dire, je ne devais donc le classer que dans la catégorie des simples connaissances.

Le calme parfait qu'il opposa à mes démonstrations, la froideur, empreinte d'étonnement, avec laquelle il répondit à ma chaleureuse accolade, me le rappela aussitôt. Je venais de presser un glaçon sur mon cœur, un glaçon en cravate blanche. Sous ce réactif réfrigérant, mon cœur et mon imagination, un instant surexcités, reprirent leur niveau; mais alors je me trouvai complètement ridicule. Pourquoi m'étais-je ainsi laissé emporter? C'est que, à Calsruhe comme à Châlon-sur-Saône, l'ennui commençait à me talonner, c'est que j'avais besoin de voir un visage de Paris, c'est aussi que j'attendais de Junius Minorel, avec le passe-port qui devait me rouvrir les portes de la patrie, l'argent nécessaire pour reprendre ma route. Quand je songeai que sous mon explosion de sentimentalité se cachait une question d'argent, d'argent à emprunter, j'eus honte de moi-même.

« Comptez-vous bientôt quitter la résidence, monsieur? me demanda Junius avec une espèce de roideur que ces messieurs de la diplomatie revêtent à défaut de costume officiel.

— Aujourd'hui même, dès le prochain départ du chemin de fer, si cela est possible, lui répondis-je.

— Permettez, monsieur; un passe-port vous est d'abord indispensable, et le vôtre ne sera guère prêt avant le train d'une heure vingt minutes. »

Il prit son agenda de poche, et après m'avoir demandé mes noms et prénoms, mon âge, ma profession, comme si je lui étais complétement inconnu : « Notre ministre plénipotentiaire, me dit-il, n'est pas visible, avant midi;

venez donc à midi et demi donner votre signature. »

Il m'envoya, de la tête et de la main, un salut protecteur et partit.

Et voilà l'homme dans les bras duquel je venais de me jeter si bêtement! un homme qui me disait monsieur! à moi, le meilleur ami de son plus proche parent! Et c'est à lui que je m'adresserais pour un emprunt? Jamais!

Sans cette somme, nécessaire, indispensable, cependant, à quoi me servira mon passe-port? Je m'habillai et courus en toute hâte à Carlsruhe, résolu de mettre ma montre Poitevin en gage. Elle valait mille francs; on me prêterait bien trois cents francs dessus; c'était plus qu'il ne me fallait.

Pendant une heure je parcourus la ville, cherchant un bureau du mont-de-piété, n'osant prendre des informations, tant je me sentais humilié et mal à mon aise dans ce rôle piteux d'un propriétaire aisé allant mettre sa montre en gage. J'inspectais une à une toutes les enseignes des maisons que mes faibles connaissances dans la langue allemande ne me permettaient pas toujours de traduire avec exactitude. J'y cherchais vainement l'équivalent de notre mot : Mont-de-piété.

Au bout d'une heure de ce travail, mes idées s'étaient engourdies; je regardais encore, mais sans voir; je ne savais même plus ce que j'étais venu faire dans Carlsruhe. Malgré moi, mon attention se fixait non plus sur des enseignes, mais sur un homme, le seul homme qui parût vivre et s'agiter dans toute la ville.

C'était un Anglais. Jamais Anglais ne fut aussi curieux à observer. Que vient-on nous dire de messieurs les Grands-Bretons, qu'ils sont tous empesés, gourmés, compassés, bonshommes de bois? Celui-là, tout au contraire, était vif, alerte, remuant; rien d'automatique n'accusait la race; il devait être l'exception à la règle. O l'aimable petit Anglais!

Je l'avais rencontré d'abord du côté du château, dans le manche de l'éventail; les yeux en l'air, les mains derrière le dos, il semblait, comme moi, déchiffrer des enseignes. Une jeune fille, au pied leste, portant sur la tête un paquet de linge, passe devant lui; il court après elle; une conversation assez vive s'engage entre eux. « Bon!

me dis-je, c'est sa bonne amie ! » A dix minutes de là, je le retrouve causant gaiement avec une autre ; puis, un peu plus tard, avec une troisième. « Bon ! il leur demande son chemin, ou des renseignements sur la ville. Peut-être, encore ainsi que moi, veut-il mettre sa montre en gage et est-il à la recherche d'un mont-de-piété. »

Un quart d'heure à peine écoulé, je le vois sortir du temple protestant, accompagnant une jolie servante. Tous deux s'arrêtent sur la place du Marché, près de la statue du margrave Charles-Guillaume ; comme avait fait mon jeune diplomate, mon Anglais tire un calepin de sa poche, et semble prendre des notes. Ah ! il tient donc ses renseignements enfin !... non complets, puisque je le retrouve bientôt devant l'église catholique, abordant une jeune femme qui s'y rendait. Celle-ci ne lui permit pas de s'expliquer longuement. Elle l'interrompit par un signe négatif, accompagné d'une révérence, à laquelle il répondit en lui envoyant un baiser ; puis, tournant sur ses talons, il fit claquer ses doigts.

Ah ! le singulier petit Anglais ! Pourquoi ne s'adresse-t-il ainsi qu'aux femmes ? Est-ce un marchand courant après la pratique ? Mais il ne porte avec lui ni marchandises ni cartes d'échantillons ; est-ce un galant cherchant les aventures ? Alors, quel Lovelace !

Avec ma sentinelle du parc, de si belle humeur sous les armes, cet Anglais phénoménal est, certes, ce que je vis de plus récréatif à Carlsruhe.

Décidément, la capitale du grand-duché est une des villes les plus belles et les plus monotones que l'on puisse voir ; monotone comme toutes les villes sans échoppes et sans boutiques. Figurez-vous notre rue Saint-Dominique, à Paris, se multipliant sur douze lignes obliques, reliées entre elles par d'autres rues Saint-Dominique, demi-circulaires. N'y aurait-il pas de quoi y gagner le spleen ? Non ! je ne resterai pas un jour de plus à Carlsruhe. Mais, pour en sortir, qui me procurera l'argent nécessaire ?... Une idée subite m'éclaire ; je puis me passer de ce mont-de-piété invisible, introuvable !

Un de mes grammairiens de la maison Lebel est chef de gare au chemin de fer ; que me faut-il ? un crédit sur le chemin de fer. Grâce à lui, ma montre me servira suffisamment de caution.

Combien j'étais loin de prévoir alors les tristes évènements qui, pour moi, allaient signaler le cours de cette journée néfaste!

Ravi de l'idée, je me dirige à grands pas vers la porte d'Ettlingen, devant laquelle passe la voie ferrée. Sur l'horloge de l'embarcadère, je règle d'abord mon chronomètre à l'heure du pays, pour qu'on ne puisse mettre en doute sa parfaite régularité. Je le tenais à la main, et, les yeux encore fixés sur l'horloge, je franchissais les premiers rails... un cri, mêlé d'imprécations, se fait entendre; un bras vigoureux me saisit par le collet, me repousse rudement, la montre m'échappe, et le train de Francfort, qui entrait en gare en ce moment, ne me la rend que broyée, écrasée, laminée.

Au lieu de mille francs, mon fameux Poitevin n'en valait plus que trente.

A la suite de cette déplorable catastrophe que me restait-il à faire? il me restait à appeler à mon aide mon courage et ma philosophie, à vaincre une fausse honte, à triompher de mes répugnances. Sur-le-champ, je me présentai à l'hôtel de la Légation, bien décidé à instruire M. Junius Minorel et de l'accident du chemin de fer et de la triste situation pécuniaire à laquelle il me réduisait.

Je le trouvai bouclant une malle de voyage : « Je pars avec vous, » me dit-il aussitôt, sans remarquer mon air contrit et abattu, et me tendant un beau passe-port tout neuf, bien en règle; il ajouta : « Rien ne me retient impérieusement ici; je vous accompagnerai donc jusqu'à la station d'Oos, et tandis que vous continuerez votre route vers notre cher Paris, j'irai finir mon congé à Bade, où quelques soins de santé me réclament. »

Bade!... ce mot me sonna dans l'oreille avec un bruit argentin. A Bade, il y a une maison de jeu célèbre.... J'ai toujours eu du bonheur au jeu.... au whist surtout. Le whist ne ressemble guère à la roulette; n'importe! j'ai un pressentiment, et mes pressentiments ne me trompent jamais. Je n'ai plus besoin de m'humilier comme emprunteur devant qui que ce soit!... J'irai à Bade!

Je courus chez Thérèse pour régler mes comptes avec elle. Elle se montra chagrinée de mon départ. Avec moi, elle avait pu causer de son père et de sa première jeunesse.

Quand elle me vit tirer mon mince porte-monnaie pour solder sa note si modérée que, de fait, j'avais reçu sous son toit moins un refuge salarié comme voyageur qu'une hospitalité libérale comme ami : « Monsieur Canaple, me dit-elle avec son doux air suppliant, restez mon débiteur pour cette petite note, je vous en prie ; je le sais, vous avez quitté Paris sans penser devoir franchir la frontière ; si vous avez besoin de quelque avance, je suis en fonds ; disposez de moi ; je vous en serai bien reconnaissante. »

Chère âme ! cet argent après lequel j'avais tant couru, elle me l'offrait en me parlant de sa reconnaissance. J'étais ému, attendri. Qu'avais-je de mieux à faire que d'accepter ? Pour moi toutes les difficultés se trouvaient aplanies.... Mais je me rappelai mes propositions de la veille ; moi aussi, je lui avais offert de puiser dans ma bourse, déjà à sec : ne semblerais-je pas avoir voulu par une feinte générosité la pousser à me faire une offre semblable ? Après mon sermon de pédant, allais-je consentir à prendre ma part de l'argent de Brascassin ? Cette idée me révolta.

D'ailleurs, de quoi avais-je à m'inquiéter ? Ne possédais-je point une lettre de change tirée sur Bade ? Chez moi l'espérance fleurit toujours en certitude ; je suis ainsi fait, et ne me fût-il resté que la valeur de deux florins ils m'auraient suffi à faire sauter la banque du jeu, si tel avait été mon bon plaisir !

A une heure vingt minutes, je quittais Carlsruhe avec Junius Minorel.

Lorsque nous descendîmes à Bade, à l'hôtel du *Cerf* (Gastof zum Hirsch), j'étais, grâce à la vente des débris de mon chronomètre, à la tête de cinquante-trois francs quatre-vingt-dix centimes. Une heure plus tard, je ne possédais plus que trente-huit sous dont le croupier de M. Benazet n'avait pas voulu.

DEUXIÈME PARTIE.

I

BADE. — Imprécations. — Une visite au vieux château. — Le *Repos de Sophie*. — Le bois des Chênes et le bois de Boulogne — Invitation à dîner.

Bade est moins une ville qu'une décoration d'opéra-comique; tout y sent l'apprêt, la manière, la bergerie; c'est du Lancret et du Vanloo en pierre, ou plutôt en plâtre et en cartonnage. Ses rues, assez maussades, presque toutes montueuses, tortueuses, ne sont bordées que de bicoques lézardées, auxquelles on a tant bien que mal, ajusté une façade peinturlurée; duègnes décrépites, grimaçant sous un masque d'Hébé ou de Pomone.

.... Dire que la noire a passé cinq fois de suite quand je venais de la quitter pour prendre la rouge!...

La vieille ville de Baden-Baden, la ville des Celtes et des Romains, l'austère cité des moines de Weissenburg, de Henri le Lion, de Frédéric-Barberousse, la dominatrice de la forêt Noire, n'est plus aujourd'hui que le rendez-vous des baladins et des désœuvrés, un bazar où tout se vend, un lieu de bombances et de scandales; un bastringue pour les riches, un brelan, presque un lupanar!

Comme j'achevais mes imprécations, Junius entra dans ma chambre. Pendant la route, il s'était quelque peu humanisé à mon égard; il avait même daigné discuter avec moi sur certains points de philosophie morale, et, comme autrefois, chez son cousin, nous nous étions trouvés en parfait désaccord.

« Mon cher monsieur, me dit-il, il est quatre heures à peine; si vous n'avez rien de mieux à faire, nous irons visiter l'*Alt-Schloss*, le vieux château qui domine tout le paysage. C'est une ancienne tour romaine qui a longtemps servi de résidence aux margraves de Bade. Pendant la guerre du Palatinat, les Français en ont fait une ruine magnifique.

— Très-bien; j'adore les ruines.

— Prenons-nous une voiture? » ajouta mon jeune diplomate.

A ce mot, ma figure se contracta comme par l'effet d'une crise nerveuse. Je songeais à mes trente-huit sous.

« Ne peut-on s'y rendre à pied? demandai-je.

— Rien de plus facile... Trois quarts d'heure de marche, au plus. »

Je respirai. Nous nous mîmes en route.

Nous avions devant nous des coteaux escarpés noircis de sapins; de petites tourelles gothiques se découpaient dans le bleu du ciel; mais le sentier de la montagne que nous suivions était sablé, sarclé, ratissé, purgé de toutes mauvaises herbes; de cent pas en cent pas, un banc à dossier nous conviait aux douceurs du repos. Devant ce confortable, ridicule ailleurs que dans un parc bourgeois, ma mauvaise humeur commençait à me reprendre. C'est au milieu des hautes fougères, c'est sur une saillie de roc que j'aurais voulu m'asseoir!

Mon compagnon, parfaitement au courant des localités, nous fit gagner un petit chemin, à peine indiqué, à travers bois. Pendant quelques minutes, je pus jouir du plaisir de marcher sur un sol parfois raboteux, mais du moins paré de ses gazons, de ses fleurs sylvestres, de ses grâces naturelles. Nous abordons, en grimpant, un plateau du haut duquel toute la vallée va se dérouler à nos regards : « Nous voici arrivés au *Repos de Sophie*. » me dit Junius; et je trouve sur le plateau une galerie couverte, avec bancs et siéges rustiques, et une voix tudesque se fait entendre :

« Ces meinchir feulent y fin ou pière?

O flâneur poëte! où s'envolent tes rêves à la vue de ce garçon de café apparaissant soudainement au milieu de ce site merveilleux? Misérable! ce n'est ni du vin ni de la bière qu'il nous faut, c'est l'isolement, c'est la liberté dans la contemplation. Quant à moi, dont l'imagination commençait déjà à s'émouvoir, je retombai à plat dans le prosaïsme, et toutes mes rêveries aboutirent à cette méditation réaliste :

« Sans le double zéro je m'en tirais encore! On dit qu'à la roulette d'Hombourg on l'a supprimé. Que n'étais-je à Hombourg au lieu d'être à Bade! »

Enfin, nous entrevoyons l'Alt-Schloss, dont les ruines semblent menacer de s'écrouler sur nos têtes; nous entendons le vent, en notes plaintives et mélodieuses, gémir à travers ses débris; aventurés au milieu de hautes roches moussues, crevassées, enlacées entre les longs bras des lierres gigantesques, nous pénétrons dans le château par une poterne démantelée.... Profanation! misère! des maçons étaient là, consolidant les vieilles ruines ou en édifiant de nouvelles! Le vent que j'avais entendu gémir, c'était le bruit des harpes éoliennes; il y en avait à toutes les ouvertures des croisées ogivales. Nous arrivons à la haute porte de l'antique manoir, vraie construction romaine, en plein cintre; elle est obstruée par des voitures de louage, par des troupeaux d'ânes sellés et bridés; le vieux manoir lui-même est transformé honteusement en *gasthaus*, en hôtellerie; on y boit, on y mange; l'éternel *keller*, une serviette sous le bras, s'y promène en criant : « Biftecks aux pommes, pour deux! Saucisses à la choucroute!... » Scélérat!

Ainsi, l'humble nymphe agreste, comme la fière châtelaine féodale, ils les ont polluées l'une et l'autre! Celle-ci, à son ciment romain ils ont mêlé leur plâtre et leur torchis; sur sa couronne de créneaux ils ont implanté la branche de pin des cabaretiers. Celle-là, ils l'ont prise par les cheveux pour lui mettre de fausses tresses; ils l'ont frisée, pommadée, épilée, oubliant que, comme la liberté du poëte, la nature est une forte femme, aux puissantes mamelles, non une petite comtesse allemande ou française!

Je me sens aujourd'hui le besoin de laisser crever tous les nuages chargés de ma colère. A Carlsruhe, j'ai appris que le petit bois, mon cher petit bois des Chênes, on a le projet d'en faire ce que la ville de Paris a fait de notre bois de Boulogne ; les équipages et les cavalcades vont le traverser ; on le sablera, tout ainsi que les sentiers d'Alt-Schloss ; on l'éclairera au gaz, comme ils ont déjà fait pour Bade ; on soumettra à la tonte et à l'émondage ses allées si riantes ; on arrachera ses buissons d'églantiers, qui pourraient accrocher la robe des belles dames....

O belles dames! magiciennes fatales, sur les bords du Rhin comme sur ceux de la Seine, c'est vous qui avez fait tourner la tête de messieurs les conseillers municipaux ; ils ne rêvent plus que parcs et rivières factices ; grâce à vous, grâce à eux, les amoureux et les poëtes, épris de la vraie nature, se verront bientôt forcés de chercher au loin des arbres non transplantés ; trop heureux si, même au milieu des campagnes, ils ne rencontrent pas, comme à Sceaux, ces ignobles arbres de Robinson, plus peuplés d'ivrognes que de rossignols!

Marly, mon beau Marly, toi, du moins, tu es resté pur de toutes ces hontes, et les cabarets ne chantent pas sous tes ombrages!... Si j'avais eu le bon esprit de continuer mon paroli sur la noire, je me serais déjà rapproché de toi!

J'épanchais ainsi toutes mes amertumes de joueur désappointé, quand mon jeune attaché de légation, qui avait disparu depuis quelques instants, vint m'anoncer que notre dîner était servi dans la salle des gardes. Je me récriai ; je préférais dîner à l'hôtel du *Cerf*.... Je n'avais pas faim!

« Entendez-vous d'ici tinter toutes les cloches des réfectoires de Bade, me dit-il ; nous arriverions trop tard. Malgré votre antipathie pour les vieux châteaux restaurés, vous ne refuserez pas le dîner que je vous offre. Allons, à table! L'appétit vous viendra en mangeant ; et nous boirons à la santé de notre ami-commun, Antoine Minorel. »

J'eus l'air de céder à cette dernière considération.

Pendant le repas, qui était excellent, mon amphitryon,

dont je n'avais jusqu'alors pu apprécier que l'enveloppe extérieure, déboutonna peu à peu devant moi son habit officiel. Au dessert, mon glaçon s'était fondu. Malgré sa cravate blanche, il ne manquait pas d'entrain ; s'il aimait la discussion, s'il la provoquait, c'était, non pour contredire, mais, comme il me l'avoua lui-même alors, *dans l'intérêt de son avenir*. Il espérait bien un jour faire partie de la Chambre des représentants, ou figurer dans un congrès, et s'exerçait à la parole en discutant sur tout, pour faire son apprentissage d'orateur.

Nous discutâmes donc dans l'intérêt de son avenir, et notre conversation étant tombée, je ne sais comment, sur ces maisons de jeu, aujourd'hui autorisées seulement dans quelques petits États de l'Allemagne, il prétendit justifier cette coupable tolérance par des considérations politiques d'un ordre supérieur.

Je rallumai mes foudres. Je lui demandai s'il n'était pas scandaleux de voir des souverains bien nés grossir leurs budgets aux dépens des dupes. Je terminai cette nouvelle philippique en déclarant le jeu une institution honteuse et dépravante.

« Vous avez joué cependant, » me répliqua-t-il en me regardant en face.

Je devins rouge comme une jeune fille à qui l'on parle mariage.

« C'est vrai, dis-je en baissant la tête ; mais comment avez-vous su ?...

— Tout se sait bien vite dans les petites villes. Ici, je connais tout le monde. On vous a vu descendre avec moi à l'hôtel du *Cerf* ; on vous a revu ensuite à la maison de conversation, devant le tapis vert. En faut-il plus ? Vous avez joué et vous avez perdu. Cher compagnon, reprit-il ensuite en me tendant la main, si votre mauvaise humeur contre le jeu vient de ce qu'il a compromis votre bourse de voyageur, je mets la mienne à votre disposition. »

C'est décidément un charmant garçon que Junius Minorel.

Toutefois, je n'acceptai que sous réserve son offre obligeante. Je lui dis (ce qui était vrai) avoir écrit sur-le-champ à Donon, Aubri et Gauthier, mes amis et mes banquiers à Paris; j'étais sûr de recevoir mes fonds sous quarante-huit heures. Du reste, je n'avais risqué à la roulette qu'une somme de cinquante à cinquante-deux francs (ce qui était encore de la plus exacte vérité) et ne me trouvais pas tout à fait sans ressources.

Ouf! En sortant des enfers, Télémaque sentit sa poitrine se dégager comme sous le poids d'une montagne, a dit le sage Fénelon. Je puis user de la même métaphore pour peindre ce que j'éprouvai à cette idée que je n'étais plus un voyageur insolvable.

Nous redescendîmes à Bade bras dessus bras dessous. L'Alt-Schloss se dessinait magnifiquement dans les ombres du soir. Junius me proposa de reprendre notre sentier raboteux sous bois; mais je me sentais un peu de fatigue; je préférai les chemins sablés. Nous nous arrêtâmes un instant au *Repos de Sophie*, puis, de distance en distance, sur les bancs échelonnés le long de la route. Accompli ainsi, le retour ne fut pour nous qu'une promenade charmante.

Quand nous entrâmes dans la ville, je la trouvai radieuse sous son illumination au gaz.

II

De l'utilité de l'argent de poche à Bade. — Des tables d'hôte. — Ancienne Trinkhalle. — Visite au vieux cimetière. — Un tribunal wehmique. — Comme quoi la cure au petit-lait et la cure au jus d'herbe conviennent fort à messieurs les diplomates.

Me voici à Bade depuis trois jours; je n'ai point encore reçu de nouvelles de Donon, Aubri, Gauthier et Cie. Je n'ai point profité des offres généreuses de Junius. Depuis trois jours j'explore le pays, je fais des courses en forêt, presque toujours en voiture; j'assiste quotidiennement aux concerts; à la promenade je me carre dans mon fauteuil; j'ai mes entrées au salon de conversation; je fréquente matin et soir le cabinet de lecture de l'ex cellente Mme Marx; tous les journaux, toutes les revues sont là à ma disposition, et, qui le croirait! depuis trois jours passés dans le mouvement, dans les plaisirs, je n'ai pas encore vu la fin de mes trente-huit sous.

L'argent de poche est complétement inutile à Bade.

Quel bienfaiteur mystérieux nous défraye ainsi de tous ces menus frais? C'est celui-là qui, pour vous, autour de vous, a multiplié les surprises, les promenades ravissantes, et, dans ces promenades, des eaux murmurantes, des mélodies, des fleurs de toutes sortes et de tous les pays. Ce bienfaiteur est-ce le gouverneur badois? est-ce le prince Frédéric? Non; le prince Frédéric n'est que le souverain du Grand-Duché; le roi de Bade, c'est M. Benazet.

Une fois déposé à la station d'Oos par le chemin de fer, vous devenez un de ses sujets privilégiés; il se charge gratuitement de vos plaisirs, de votre bien-être; il se charge même de faire votre fortune; c'est à vous d'en essayer.... Pour ma part, je ne m'y fierai plus.

Quant à l'acquit du prix des voitures, cela regarde votre hôtelier; il en est de même de votre blanchissage. Un tarif spécial, édicté par la police urbaine, a pourvu à ce que vous n'ayez point à vous en occuper. Que de débat, que de tracas de moins! Voituriers et blanchisseuses, ainsi règlementés, vous n'entendez parler d'eux qu'au jour de votre départ, sur la note générale de l'aubergiste.

C'est vraiment une bonne vie que la vie d'auberge. On met là en pratique ce grand principe de l'association, duquel découlent toujours, pour les gens bien conformés, plaisir et profit. Ma foi, j'ai mauvaise opinion de ces voyageurs délicats que la société de leurs semblables met en fuite, qui se confinent dans leurs appartements et s'y font servir à huis clos, préférant la solitude à ce curieux pêle-mêle de la table en commun. Ces gens-là ne sont ni philosophes ni observateurs.

Buffon nous dit n'avoir jamais causé un quart d'heure avec un sot sans apprendre de lui quelque chose de nouveau. Il y a beaucoup à apprendre aux tables d'hôte.

J'en aime surtout les incidents variés, les intermèdes. Un Tyrolien, entré à la sourdine, vous fait bondir sur votre siége aux sons de son aigre trompette; les chanteurs et les chanteuses se succèdent les uns aux autres. Ce sont les chanteuses et les blondes distributrices de petits bouquets qui ont fait la plus large brèche à mon argent de poche. Il ne me reste plus que soixante-quinze centimes. Je m'en inquiète peu.

Je suis tout à fait réconcilié avec Bade. C'est, en effet, une décoration d'opéra-comique, je ne m'en dédis pas; mais ici les machinistes et les machines sont invisibles.

Durant les trois jours qui viennent de s'écouler, j'ai visité l'ancienne Trinkhalle, où se trouve la source principale, la mère des autres sources minérales du pays; aussi la tient-on sous clef de peur qu'elle ne s'échappe. Chose singulière! son eau, d'une chaleur de soixante-dix degrés, brûle la main et non les lèvres. Les croyants de Bade, Junius en tête, la boivent à pleines tasses.

En face de l'ancienne Trinkhalle est l'ancienne galerie des buveurs, devenu le dépôt général de toutes les pierres tumulaires, de tous les fragments de statues, de tous les vieux tessons romains, débris du bain des Césars. J'y ai vu un Mercure à oreilles d'âne, trouvé sur la cime du grand Stauffenberg, qui lui a dû son nom moderne de mont Mercure. Avec Junius, j'ai visité le Stauffenberg, le Fremersberg et d'autres *berg* encore. Le vieux cimetière lui-même a reçu notre visite, quoique les touristes ne le visitent guère, et à tort, selon moi.

On y voit un Calvaire, monument sculptural de l'art le plus naïf. Les apôtres dorment dans le jardin des Oliviers; le Christ, de grandeur naturelle, prie, et, derrière lui sur une montagne de deux mètres de hauteur, apparait un ange dont la taille ne dépasse point vingt à vingt-cinq centimètres. L'artiste candide a cru sans doute accuser l'élévation de la montagne par la petitesse de l'ange; peut-être a-t-il copié son Calvaire sur un tableau, sans se soucier d'examiner si la perspective et l'effet des plans secondaires sont les mêmes pour la statuaire que pour la peinture.

Devant ce Calvaire grotesque, Junius fit le signe de la croix. Je crus devoir m'abstenir par respect pour l'art.

Nous entrâmes ensuite dans une petite crypte, décorée en chapelle. Les murs en étaient garnis d'*ex-voto*, de petits bras, de petites jambes, tortus, ankilosés, modelés sur plâtre ; de petits tableaux de toutes sortes, témoignant de guérisons miraculeuses, dues à l'intercession des saints, plus puissante dans le pays, à ce qu'il paraît, que les eaux thermales.

Dans la crypte, et à ses abords, de bonnes gens, hommes et femmes, se tenaient agenouillés, marmottant des patenôtres ; Junius s'agenouilla comme eux, et, comme eux, il y fit sa prière.

La dévotion de mon jeune diplomate me devint suspecte. Junius a vingt-sept ans, de l'esprit ; il a autrefois abordé les sciences positives, qu'il semble aujourd'hui mépriser souverainement ; il aime le monde, la toilette ; il est toujours cravaté et ganté de blanc, même dans nos courses en forêt. Sous ces conditions, est-il possible que ses pratiques religieuses n'aient d'autre but que les intérêts de son avenir.... céleste ?

En sortant du cimetière, je lui demandai si, en réalité, il approuvait ou partageait les superstitions puériles de ces bonnes gens, superstitions qui ne tendraient à rien moins qu'à l'abrutissement de l'espèce.

« Je ne les partage point, me dit-il, mais je les respecte, et les crois nécessaires. »

Il partit de là pour me montrer dans notre monde deux sociétés distinctes, vivant l'une sur l'autre, l'une par l'autre, celle-ci dans les ténèbres, celle-là dans la lumière, le tout pour le plus grand intérêt de la vraie civilisation. Il me cita avec tant d'autorité Machiavel, M. de Bonald, et Joseph de Maistre, que je restai muet, étourdi, presque en admiration devant lui.

Junius Minorel, ce jeune homme si bien ganté, n'est rien moins qu'un esprit fort.

Autrefois, en France, les esprits forts étaient des philosophes, maussades et grognons qui niaient Dieu, la Providence, l'âme immortelle ; aujourd'hui ce sont ceux-là qui affectent un sentiment profondément religieux, mais qui nient l'homme, ne voient dans l'homme qu'un être aveugle, privé de raison, et qu'il faut maintenir tel, pour mieux en tirer parti.

Le ciel nous garde des uns et des autres.

Ce matin nous nous sommes rendus au Château-Neuf

(*New Schloss*), qui n'en date pas moins du quinzième siècle dans sa partie la plus moderne. Cette résidence grand'ducale domine la ville. Elle présente deux constructions entées l'une sur l'autre. Celle qui sort de terre, le château par conséquent, n'offre de vraiment intéressant qu'une galerie de tableaux représentant tous les palatins, margraves et grands-ducs des trois branches princières de Bade, tous d'une ressemblance dont je crois pouvoir répondre, et voici sur quoi j'appuie ma conviction. Parmi ces tableaux de famille, il en est un dont le personnage, margrave dans son temps, est, non-seulement armé, lamé, maillé de fer, encasqué et encuirassé des pieds à la tête, mais encore sa visière est abaissée et lui cache entièrement le visage. J'en conclus que de celui-ci ne possédant pas le portrait exact, notoire, authentique, on n'a pas voulu l'inventer; donc les autres sont ressemblants.

Nous visitâmes le château rapidement; pour ma part, j'étais, par-dessus tout, désireux de connaître la partie souterraine de l'édifice, immenses et antiques constructions romaines sur lesquelles le Château-Neuf s'est assis.

C'est là, dit-on, que, dans le moyen âge, a siégé le tribunal wehmique, ces terribles francs-juges, autrefois les grands justiciers de l'Europe, et, depuis, la cause de tant d'opéras et de mélodrames.

Sous la conduite d'un guide armé d'une torche, nous descendons d'interminables escaliers, quartiers de rocs, à peine reliés entre eux, usés sous les pas des siècles, chancelant ou glissant sous nos pieds, avec menace de mort au premier faux pas. Quittes de ce danger, nous passons sous dix voûtes énormes, cachots gigantesques, plus tristes, plus désolés, plus funèbres les uns que les autres.

Une porte, faite d'un seul bloc de rocher, se présente. Sans de longs efforts, elle s'ouvre, non au moyen d'une clef, bien entendu, mais d'un secret levier qu'une faible pression de la main suffit à faire mouvoir.

Nous étions dans la grande chambre du tribunal secret. On y voyait encore, sur quelques pierres saillissant le sol, la forme des siéges du haut desquels les juges lançaient leurs arrêts. Une table de grès, incrustée dans la muraille, représentait je ne sais quelle cérémonie funèbre où des femmes jouaient le rôle de croque-morts. Après un examen silencieux, après avoir franchi un labyrinthe de corridors, en apparence inextricable, nous nous trouvons tout à coup dans une grande salle, plus sombre, plus sinistre que toutes les autres. Des chevilles de fer, des chaînes, des crampons rouillés, en garnissent les murailles noircies et suintantes : » Voici la chambre de la question, dit notre guide d'une voix sépulcrale et en promenant son flambeau autour de ces parois encore tachées de sang : c'est ici que les malheureux, placés sur le chevalet, étaient tenaillés, torturés, le front serré par un cercle de fer qui allait en s'étrécissant et les pieds sur un brasier. »

J'étouffais dans cette atmosphère, et à l'idée de toutes les souffrances dont cette salle avait été le témoin, une sueur froide me perlait au front. Je regardai Junius. Il souriait en mordillant le bout de sa canne.

« Vous êtes bien bon, me dit-il, de vous émouvoir à ce point pour si peu de chose!

— Si peu de chose! m'écriai-je avec une voix presque aussi sépulcrale que celle de notre guide; et d'un geste plein d'éloquence, je lui montrai les instruments de torture et de mort qui nous entouraient.

— Autrefois, me répliqua-t-il avec le plus beau sang-froid du monde, quand l'ennemi faisait irruption dans la contrée, ces vastes caveaux recevaient les femmes, les enfants, les troupeaux du pays, et ces terribles anneaux, ces chaînes, ces crampons de fer n'ont servi qu'à attacher des vaches et des baudets. J'ai jusqu'à ce moment, respecté vos illusions, mon cher compagnon; il vous fallait des francs-juges, va pour des francs-juges! Mais dès qu'ils en viennent à vous causer la sueur d'angoisse, à vous comprendre au nombre de leurs torturés, je les supprime. Aucun tribunal wehmique n'a siégé ici. »

Il est certaines émotions pénibles qui ne sont pas sans douleur; je tenais à conserver les miennes; je lui fis observer que par leur sombre majesté ces souterrains témoignaient d'eux-mêmes n'avoir jamais servi qu'à l'accomplissement d'une œuvre mystérieuse et terrible; il persista dans son opinion de paysans et de bêtes à cornes; je m'obstinai dans la mienne touchant les francs-juges.

Quant au guide, comme on ne lui avait appris qu'à nommer chaque chambre, avec accompagnement d'une phrase redondante, il s'abstint de prendre part à la discussion. Après nous avoir fait passer sur un petit pont, dont les planches disjointes, largement espacées, laissaient arriver jusqu'à nous un air humide, imprégné d'une odeur de tombe, se retournant tout à coup :

« Voici les oubliettes! » exclama-t-il de sa même voix macabre.

Je pris une pierre; je la laissai tomber par un des interstices du plancher; elle mit dix secondes à arriver au fond.

Je croisais les bras, je regardais Junius :

« Eh bien? lui dis-je.

— C'est un puits, » me répondit-il.

J'étais outré de sa persistance.

Je demandai au guide si on n'avait pas conservé le souvenir traditionnel d'un de ces événements tragiques accomplis dans les temps anciens et le nom d'une de ces grandes et illustres victimes, précipitées au fond de ces oubliettes.

Il me dit savoir, de science certaine, qu'autrefois, quand il était bien jeune encore, un petit chien nommé Love, entré, à la suite de son maître, dans les souterrains, avait disparu entre les planches du pont. Le maître était Anglais, par conséquent très-riche : il avait offert des sommes énormes pour qu'on allât chercher son chien mort ou vif. Au fond des oubliettes on n'avait trouvé qu'un cadavre, cadavre de chien, bien entendu.

L'aventure dudit Love ne me sembla pas rentrer dans une classe d'événements historiques assez importants pour m'en faire une arme contre Junius Minorel.

Plus j'étudiais le caractère de celui-ci, plus il m'était difficile de faire concorder ensemble ses manières d'une politesse si correcte, son langage toujours si calme et si mesuré, avec sa tenacité et l'exagération évidente de quelques-unes de ses opinions. Heureusement, ses aveux me venaient en aide dans mes observations psychologiques.

Comme nous sortions des souterrains de New-Schloss, notre discussion se continuant, il eut envers moi certains mouvements de vivacité qui me surprirent.

Un instant après, il me faisait ses excuses, et s'accusait, avec une bonne grâce parfaite, de sa propension naturelle à la colère et même à la violence. Qui l'eût jamais pensé? ainsi que Socrate, Junius était d'un tempérament bilieux et sanguin; et comme un tel tempérament ne convient pas plus à un diplomate qu'à un philosophe, pour le modifier, pour le vaincre, il se soumettait toujours dans l'intérêt de son avenir, à un régime calmant et réfrigérant fort à la mode en Allemagne.

Non-seulement il usait des eaux thermales de Bade, auxquelles il avait foi entière; non-seulement il achevait là sa cure de petit-lait, commencée à Heidelberg, mais il comptait bien, à sa rentrée à Carlsruhe, s'y soumettre à une cure de jus d'herbes, puis enfin, l'automne venu, pour compléter la déroute de l'ennemi, à une cure de raisins, non moins efficace que les deux autres.

Beaucoup de personnes pensent à tort que pour faire un bon diplomate il suffit de la science du droit international et de plusieurs décorations étrangères; dans beaucoup de cas, le petit-lait et les jus d'herbes ne sont pas moins indispensables.

III

La galerie des légendes. — L'image de Keller. — Un artiste au douzième siècle. — Le Baldreit.

La veille, Junius m'avait présenté au Casino de Hollande, où s'assemblent les curieux et les archéologues du pays. Il y a là une bibliothèque peu nombreuse, mais composée exclusivement des ouvrages ayant rapport à l'histoire et aux traditions du grand-duché. Je trouvai au Casino des gens excellents, de ces bons, de ces vrais Allemands qui digèrent aussi facilement la science que la bière ; aussi n'en paraissent-ils nullement gonflés.

Ce soir, avec eux, j'ai accompagné Junius à la nouvelle Trinkhalle, où se tiennent les distributeurs de petit-lait. Devant la nouvelle Trinkhalle, qu'il faut bien se garder de confondre avec l'ancienne, s'élève en forme de portique une longue galerie soutenue par colonnes d'ordre corinthien. Entre chaque paire de colonnes, sur le mur du fond, se détachent quatorze fresques dont chacune a pour objet une légende du pays. Ces fresques, j'avais déjà eu occasion de les examiner à loisir ; ces légendes j'en connaissais le sujet, grâce à une petite brochure explicative que M*m*e Marx m'avait complaisamment déterrée dans son cabinet de lecture. Une seule m'avait paru mériter attention, celle de l'*image de Keller*.

« Un jeune châtelain badois, du nom de Keller, assez dissolu dans ses mœurs, traversant le soir les bois de Kuppenheim, y avait à deux reprises, rencontré une dame voilée, qui, à son approche, s'était abîmée sous terre. Il fit creuser à l'endroit où il l'avait vue disparaître ; il y trouva les débris d'un autel romain, puis une statue mutilée, dont il ne restait d'intact que le buste. Ce buste était d'une grande beauté et Keller, toujours porté à la galanterie, eut regret que sa nymphe de pierre, ne pût devenir femme, comme la Galatée du sculpteur grec.

« Dans ces mêmes bois de Kuppenheim, à l'heure de minuit, la dame voilée lui apparut pour la troisième fois ; à cette troisième fois, la terre ne s'entr'ouvrit pas pour la recevoir ; appuyée contre l'autel, elle souleva lentement son voile. Sa figure était celle de la statue, mais animée, vivante. Keller se précipita vers elle ; elle lui ouvrit ses bras ; quand elle les referma sur lui, ils étaient redevenus de pierre. Le lendemain ; Keller fut retrouvé gisant mort au pied de l'autel, un flot de sang à la bouche.

« La dame voilée n'était autre que le démon ; alors le diable avait bon dos. »

Cette légende, publiée déjà, je ne l'aurais certes point répétée, si comme celle du petit homme jaune de Strasbourg, elle n'avait eu ailleurs son complément explicatif

Cet autre récit, tout à fait différent du premier, quoique basé sur des événements à peu près identiques, nous fut fait, ce même soir, à la nouvelle Trinkhalle, en face de la fresque représentant l'*image de Keller*, par un de mes nouveaux et savants amis du Casino de Hollande. Il avait trouvé ce curieux épisode, qui, selon moi, soulève une question d'art assez importante, dans la chronique d'Othon de Freissingen, sauf quelques détails empruntés à celle de Gunther. Je l'intitulerai :

UN ARTISTE AU DOUZIÈME SIÈCLE.

« Au milieu du douzième siècle, donc, et non vers la fin du quinzième, comme on l'a affirmé sans preuves, à la cour du margrave Hermann, vivait un jeune homme dont les mœurs et les idées semblaient être en contradiction complète avec celles de son temps.

« Quoique brave, il n'aimait pas la guerre; cependant il avait accompagné Frédéric Barberousse à sa première croisade. Mais de l'Orient, il n'avait rapporté qu'une grande admiration pour les belles armes et les belles étoffes. Quoique de cœur humble, vis-à-vis de Dieu, il ne se sentait que faiblement porté vers les pratiques de dévotion; cependant il avait été à Rome pour y assister au sacre de ce même empereur Frédéric Barberousse. Mais à Rome, ce qui l'avait le plus préoccupé, ce n'était ni le pape, ni les processions, ni les saintes basiliques. Les temples, les monuments, les statues, merveilles de l'art antique, y avaient attiré et charmé ses regards avant toute autre chose.

« Burkardt Keller avait en lui les instincts d'un grand artiste d'aujourd'hui; il aimait la beauté plastique, la ligne simple, la suavité dans la forme; par malheur, il était seul à les aimer et à les comprendre. Un gentilhomme artiste était alors un oiseau aussi rare que le phénix, et, comme le phénix, il risquait fort de mourir sur un bûcher.

« A son retour de Rome, lorsque Keller assistait aux offices divins, à la suite du margrave, dont il était l'écuyer, sa tenue n'était ni grave ni convenable.

« Plusieurs en firent la remarque.

« Avec des mouvements de répulsion, parfois il détournait ses yeux de l'image des saints, non par antipathie religieuse car il était croyant, mais par trop de délicatesse dans ses goût épurés. Tout ce qui était heurté, anguleux, grimaçant, lui donnait des nausées, et la statuaire naïve du moyen âge, avec ses personnages amaigris, étiolés, fluets jusqu'à la dessiccation, révoltait ce zélateur des anciens.

« On suspecta son catholicisme.

« Le margrave Hermann aimait paternellement Keller, l'ayant nourri chez lui en qualité de page ; il espéra lui donner une sauvegarde contre les mauvais propos en lui faisant épouser la fille du prévôt de Kuppenheim, connu pour la rigidité de ses principes religieux. L'artiste se laissa fiancer sans y mettre obstacle. Toutefois pour lesdites fiançailles, quand on fit sortir Mlle Kuppenheim de son couvent, il la trouva si maigre de formes, si disgracieuse de visage, qu'il jugea que sa mère, pendant sa grossesse, avait tenu ses yeux fixés plus souvent sur les saintes martyres de la chapelle d'Alt-Schloss que sur des Vénus grecques. La parole était engagée, il se résigna, et, deux jours de suite, on vit Burkardt Keller rentrer chez lui, la nuit close, après avoir traversé les bois de Kuppenheim. Il venait de faire la cour à sa verlobte.

« Le lendemain, son valet, le sachant curieux de toute ancienne construction, vint en hâte lui annoncer que des bûcherons, en déracinant un vieux arbre dans une partie de son domaine, y avaient mis à nu une voûte de pierre, enduite d'un ciment tellement dur qu'à peine si les racines séculaires avaient pu l'entamer. Au faîte de la voûte, Keller fit pratiquer une ouverture par laquelle il descendit armé d'une torche. Il était dans un petit temple, d'ordre dorique, au milieu duquel se dressait une statue de marbre ; cette statue, par sa perfection artistique, semblait porter la signature de Phidias.

« Tout ce que, depuis, on a entrepris de fouilles, de déblais, de grattages, pour débarrasser de leur cangue de lave les ruines de Pompéi, il l'essaya, pour rendre à l'air et au jour son inespérée conquête. Durant ce travail qui dura un mois, l'artiste enthousiaste ne se sépara pas un instant de la blanche fille de Phidias, prenant soin lui-même de faire disparaître les souillures imprimées par les siècles et l'humidité sur sa peau marmoréenne. Cette œuvre ingrate terminée, il put enfin contempler sa déesse dans son magnifique ensemble ; puis il étudia, il analysa une à une ses perfections de détail ; et il s'oubliait auprès d'elle, mais auprès d'elle il oubliait aussi Mlle Kuppenheim, ce qui devait lui porter malheur.

« Or, le temps n'était pas loin où, en Allemagne, les soldats du Christ, après des luttes incessantes, étaient parvenus à soumettre les derniers partisans de Teutatès et de Jupiter. On assurait que quelques obstinés païens, échappés au baptême, pratiquaient encore dans les cavernes de la forêt Noire le culte des faux dieux de Rome. Les tribunaux vehmiques, créés par Charlemagne, n'avaient pas cessé de comprimer dans le pays non-seulement les écarts de la politique, mais aussi ceux de la mythologie.

« Le prévôt de Kuppenheim présidait un de ces tribunaux. L'injure faite à sa fille ne devait point rester sans vengeance.

« Un jour, on trouva le temple renversé et la fille de Phidias mise en pièces. Au milieu des débris, Keller était étendu, percé au cœur d'un poignard ; sur ce poignard se trouvait le sceau des francs-juges. Les francs-juges ne se déchargeaient pas de leur responsabilité sur le démon ; ils cachaient leur main, mais ils signaient leurs œuvres. »

En résumé, la tradition légendaire a fait du pauvre Burkardt Keller un libertin ; la chronique en a fait un impie. Selon moi, ce fut un martyr, le martyr de l'art antique au moyen âge, un précurseur de la Renaissance. Que l'histoire recueille son nom !

Quand Junius sortit de la Trinkhalle, sa dernière goutte de petit lait sur les lèvres, notre savant du Casino en était justement de son récit au moment où les francs-juges y interviennent. Je me gardai de l'interrompre, mais, dès qu'il eut terminé : » Les francs-juges, m'écriai-je avec un regard sarcastique à l'adresse de Junius, ont donc siégé dans ce pays ? Ils occupaient donc les souterrains du Château-Neuf, puisqu'ils ont pu, sous la présidence d'un Kuppenheim, prévôt de Bade, prononcer leur arrêt contre Burkardt Keller et l'exécuter ? »

Je le croyais écrasé. Il se recueillit quelques instants, puis, le geste arrondi, s'adressant moins à moi qu'aux autres, il entama un historique clair et rapide des institution vehmiques, lesquelles, selon lui, avaient, dans leur temps, rendu autant de services à la religion que l'inquisition elle-même, qu'il glorifia en passant. Les francs-juges, puissants surtout en Westphalie, avaient tour à tour résidé à Francfort, à Rastadt, le plus souvent à Bade ; mais jamais ils n'avaient tenu leurs séances dans le sous-sol de New Schloss ; il le soutint.

A ma profonde stupéfaction, mes savants du Casino opinèrent pour lui.

J'étais fort humilié. Un autre tableau de la galerie aux légendes aida à me remettre de cette humiliation.

La puissance curative des eaux thermales de Bade ayant été mise en doute par un des nôtres, Junius, baigneur déterminé, et qui d'ailleurs ne perdait jamais une occasion de discourir, se fit le champion de leur efficacité. Par un reste de rancune taquine, je me déclarai contre lui, et trouvai d'assez bons arguments que j'allai chercher je ne sais où, n'étant nullement au courant de la question.

« Vous avez foi aux légendes, me dit Junius d'un air quelque peu goguenard ; celle-ci vous répondra pour moi. » Et, du doigt, il m'indiqua un tableau intitulé : *le Baldreit*.

Dans *le Baldreit*, on voit, se disposant à quitter son hôtellerie, un seigneur palatin s'élancer lestement sur son cheval. Encore en bonnet de nuit, l'hôtelier, à sa fenêtre, paraît saisi de stupéfaction ; la servante lève les bras au ciel ; les valets, ahuris de surprise, font le signe de la croix. De quoi s'agit-il ?

Le palatin était atteint d'une paralysie à la jambe ; il est venu à Bade ; le voilà radicalement guéri.

« Mais alors, dis-je à Junius, c'est donc un miracle, un fait sans précédents que cette guérison due aux eaux de Bade ? Par leur surprise, presque semblable à de l'épouvante, cet hôtelier, cette servante, ces valets témoignent suffisamment n'avoir jamais été témoins, n'avoir même jamais entendu parler d'un événement semblable. Observez que *le Baldreit* est le seul tableau de cette galerie dont le programme taise et le nom du héros et la date de l'aventure, ce qui pourrait faire soupçonner cette guérison unique et merveilleuse d'être de pure invention. Mais, vous l'avez dit, je crois aux légendes, aux légendes peintes comme aux légendes orales ou écrites ; elles ont toujours pour base une vérité quelconque. Eh bien, demandons d'abord à celle-ci son acte de naissance. La toque à plumes du palatin, comme ses cottes jaunes, nous reportent vers le treizième ou le quatorzième siècle ; si le peintre, M. Gœtzenberger, n'a pas fait choix d'un sujet plus moderne, c'est que, probablement, le miracle ne s'est pas renouvelé depuis. Loin d'admettre votre preuve, je déclare donc ce tableau tout à fait compromettant pour les vertus thermales des eaux de Bade, et je demande sa suppression au nom des intérêts les plus sacrés du pays. »

Cette fois, messieurs du Casino furent de mon avis, et, après avoir applaudi en riant à mon argumentation, ils décidèrent qu'une requête serait adressée par eux à l'autorité pour faire remplacer cette fresque insolente.

J'avais pris ma revanche sur Junius.

IV

Promenade du matin. — La Flore badoise. — Le sédum de Siébold. — Vertus des gamins de Bade. — Une lettre de Paris m'arrive. — Nouvelles de Thérèse.

Le grand-duché, sous le rapport du climat, tient le milieu entre la France et l'Italie ; il est pour nous une des portes de l'Orient.

A Bade, comme partout, la nymphe des forêts est tributaire de la nymphe des plaines ; le détritus végétal des montagnes environnantes, entraîné par les eaux y devient un engrais perpétuel. Dans ses promenades, les lilas, les faux ébéniers, les marronniers rubiconds, les néfliers à étoiles d'argent, les aubépines blanches ou rouges, à fleurs doubles et hautes comme des arbres, répandent sur vous leur ombrage et leurs douces senteurs ; sur le versant des montagnes qui lui servent de cadre s'élancent les grands épilobes, les prunelliers éclatants, des potentilles monstres telles que je n'en avais jamais rencontré.... dans aucun herbier de ma connaissance ; les stellaires, les lychnides, les prénanthes et les digitales pourprées, les mélilots, les saxifrages granulés, les lamiers blancs, jaunes ou rouges, y formillent ; le long de ses cours d'eau fleurissent les alisma, les flambes jaunes, les petites renoncules flammettes, et les jolies persicaires roses s'y alignent par bandes innombrables ; dans ses prairies, les gentianes, les orchis, les anémones, les polygala, reflètent doucement leur teintes variées, et jusqu'aux bords des chemins l'adorable myosotis semble venir dire au voyageur comme à l'amoureux : Ne m'oubliez pas ! »

Non, on ne vous oublie pas dès qu'on vous a connu, riant séjours des fées on vous aime, eût-on d'abord médit de vous, et fait votre connaissance à ses dépens.

A Bade, j'en suis certain, les joueurs malheureux ne se tuent pas ; la nature y est trop belle. Quant à moi, cette sotte idée ne m'est pas un instant venue en tête.

L'amour des fleurs suffit à faire apprécier le caractère d'un individu, a-t-on dit ; leur culture, partout multipliée, peut de même révéler celui d'une population.

Ici, comme à Carlsruhe, la porte des maisons, les croisées, les balcons en sont surchargés. On a des vitrines devant sa fenêtre pour les protéger contre le froid des nuits ou les rigueurs des derniers jours d'automne. Dans les plus humbles chalets des bûcherons, dans ces chaumières délabrées, çà et là sur les pentes de la forêt, on y cultive de beaux rosiers dans de vieilles marmites hors de servide ; de grandes giroflées montent la garde sur les marches des escaliers extérieurs ; mais la plante dont les pauvres gens se font le plus honneur, c'est le sédum de Siébold, avec ses jolies fleurs roses, et ses petits disques charnus, étagés, en guise de feuilles, les uns sur les autres.

Cette plante délicate, chinoise de naissance, demande des soins pour être conservée ; elle redoute le froid des hivers, les gelées tardives du printemps ; il lui faut un abri, de la chaleur, presque sa place au coin du feu, et, je le répète, le sédum de Siébold est la décoration des plus humbles chaumières. Ce fait seul, selon moi, suffirait à l'éloge de la population badoise.

A Bade, les arbustes d'agrément croissent en pleine rue, adossés aux murs ; des orangers en caisse, des grenadiers, des lauriers roses, des pittosporum, ornent en dehors la façade des riches maisons et des principaux *gasthaus* ; ils y restent jour et nuit ; et, généralement, chacun d'eux est orné d'une élégante étiquette de porcelaine indiquant son nom latin.

« Et les gamins de Bade, demandai-je en rentrant de cette course botanique, à mon hôtelier, l'excellent M. Heiligenthal, ne font-ils pas parfois des bouquets à vos dépens ?

— Jamais! me répondit-il sans hésiter.

— Mais vos étiquettes de porcelaine ainsi livrées à leur merci, représentent une certaine valeur monétaire ; il doit en disparaître de temps en temps.

— Oh! non, ce serait un vol. »

Mot sublime, et qui m'inspira l'estime la plus profonde pour toutes les classes de Badois, les gamins y compris.

M. Heiligenthal me remit alors une lettre à mon adresse et datée de Paris. C'était la réponse de Donon et Cie. Il m'ouvrait un crédit illimité sur la maison Meyer, de Bade.

Maintenant rien ne s'oppose plus à ma rentrée en France ; mon passe-port est en règle ; mes ressources pécunières sont assurées. Il était temps! Je ne possédais plus que quinze centimes d'argent de poche !

Cependant, ô abîme du cœur de l'homme! depuis que je tenais en main mon moyen de délivrance, mes désirs impérieux du départ, mes élans vers la patrie semblaient s'amortir d'eux-mêmes. Deux jours m'étaient encore nécessaires pour compléter mes études. Bade la magicienne me retenait enlacé dans les rêts de ses mille séductions. Elles étaient d'autant plus grandes, ses séductions, qu'à cette première époque de l'année, les étrangers n'y affluaient pas encore; c'était un Éden presque solitaire, les fleurs semblaient ne s'épanouir, les concerts ne se faire entendre que pour ma propre satisfaction; j'aurais pu croire que la ville ne prenait ses airs de fête qu'en mon honneur. Partir, c'était presque de l'ingratitude; je craignais de laisser le vide derrière moi, je craignais de faire de la peine à M. Bénazet!

Je songeai d'abord à renforcer ma garde-robe quelque peu insuffisante. Je me débarrassai de mon caoutchouc; il faisait un temps superbe; d'ailleurs, en cas d'averse, n'avais-je pas mon parapluie? J'achetai un pardessus d'été sous lequel ma redingote marron, qui ne s'attendait pas à venir à Bade, put cacher ses vieilles cicatrices; 'achetai en sus un pantalon de rechange, des souliers vernis et un chapeau de soie, ma casquette n'étant pas toujours de mise dans ce pays des élégances.

En faisant emplette d'un chapeau, je ne prévoyais pas tout ce que je me préparais de déboires.

Je quittais mes fournisseurs, lorsque je rencontrai Junius, qui sortait de l'église. Je lui fis part du ravitaillement complet de mes finances, de ma promenade du matin, promenade à la fois botanique et philosophique, comment rien que par une inspection florale, j'avais pu porter un jugement certain sur la prospérité et la moralité d'un pays, où nul ne songeait à voler les étiquettes de porcelaine.

Junius sourit; il sourit en se frisant la moustache, comme lorsqu'il s'apprêtait à me contredire.

« Gardez votre estime et votre admiration pour une occasion meilleure, » me dit-il.

J'allais me récrier, mais je commençais à en avoir assez des discussions; je me tus; il continua:

« Ce qui prouverait contre la prospérité du grand-duché, c'est l'émigration continue qui éparpille sa population soit en France, soit dans les autres États de l'Allemagne. Savez-vous quelle est la ville où se rencontrent le plus de Badois? C'est Paris; la statistique l'a constaté. Or, l'émigration chez un peuple est toujours une preuve de malaise et de misère. Quant à la moralité des habitants de ce pays, je veux bien reconnaître que parmi eux les voleurs et les meurtriers sont rares; mais on y trouve pis que cela, et en quantité, des brouillons politiques. »

Une fois ce mot *politique* prononcé, j'ai toujours eu pour habitude de rester bouche close; à ma bouche déjà close, je mis le double tour.

« Il y a trente mille Badois à Paris, reprit Junius; presque tous ces Badois sont tailleurs; presque tous ces tailleurs sont endiablés de démagogie; ceux-ci ont inoculé la peste à leurs compatriotes, et voilà pourquoi après notre révolution de 48, quoique jouissant depuis trente ans d'une constitution libérale et d'un gouvernement paternel, le grand-duché arbora un des premiers en Allemagne le drapeau de l'insurrection, chassa le prince alors régnant et le força d'abdiquer.

« C'est ainsi, poursuivit-il, en s'arrêtant pour prendre une pose de tribun, la tête haute, et le pouce dans l'échancrure de son gilet, c'est ainsi que les peuples dès qu'ils ont absorbé cette dose de liberté qu'ils peuvent digérer convenablement, au milieu de la situation la plus calme, la plus prospère, las d'un régime qui leur donne tout à la fois force et repos, s'affolent tout à coup, et rêvant bombances et orgies démocratiques, réclament leur droit à l'indigestion! »

C'était évidemment là une phrase de portefeuille, une phrase qu'il tenait en réserve pour l'avenir, et dont il voulait étudier l'effet sur moi.

Je me contentai de hocher la tête, et nous allâmes déjeuner ensemble à la *Restauration*, où l'attendaient deux de ses amis.

A la *Restauration*, je rencontrai un des habitués de la maison Lebel, de Carlsruhe. Après quelques mots échangés, touchant certaines questions grammaticales, il me donna des nouvelles de Thérèse. Il paraît que depuis mon départ Thérèse chantait du matin au soir.

V

Visite à la cascade de Geroldsau. — LA CROIX AUX BÉQUILLES. — LA CHAIRE DU DIABLE ET LA CHAIRE DE L'ANGE. — Les promenades du clocher de Strasbourg. — Comme quoi les peintres paysagistes ne se connaissent pas en paysages. — Les cordons de sonnettes. — ÉBERNSTEIN.

De nos deux convives, amis de Junius, l'un était un littérateur émérite, très-connu; je n'ose citer son nom; l'autre, un peintre paysagiste. Pendant le déjeuner, expédié lestement, on décida une excursion dans la montagne. Nous fîmes venir une voiture, et fouette cocher!

Une route délicieuse nous conduisit d'abord au village de Géroldsau. Là, sous un riche massif d'arbres, nous rencontrâmes un groupe de beaux enfants se faisant une parure des fleurs qu'ils venaient de cueillir. Cette vivante image du printemps rafraîchissait l'âme. Je croyais voir notre peintre et notre littérateur s'extasier devant ce tableau. A eux deux, ils firent un calembour par à peu près; ce fut tout.

Mettant pied à terre, nous longeâmes les pentes d'une jolie vallée, encadrée entre les rives du Grobach et de hautes collines couvertes de sapins, pour aller visiter une cascade célèbre dans le pays, et qui nous sembla ne devoir sa réputation qu'à son bon voisinage.

Ici, le touriste, s'il prend des notes, doit tout examiner de près avant de décrire.

Non loin de la cascade, voyez-vous à travers sa poussière humide, se dessiner un château fort en ruines, avec ses créneaux, son vieux pont délabré et ses tourelles, dont la plus haute est surmontée d'un télégraphe?

Comment ce télégraphe, retiré du monde, est-il venu s'enterrer au milieu de sapins incomparablement plus élevés que lui? C'est que château fort, tourelles et télégraphe ne sont qu'une moquerie de pierre, une illusion de bois et de granit. Franchissez la cascade, abordez la réalité, vous trouvez un rocher, surmonté d'une croix ; c'est le *rocher des Béquilles* (Krückenfels).

Sous ce nom devait se cacher une légende ; notre cocher, qui nous avait servi de guide, originaire de Géroldsau, la connaissait. La voici dans toute sa simplicité :

« Un vieux mendiant, estropié des jambes, appuyé sur ses béquilles, se rendait de Zollsberg, où il venait de faire sa quête, à Géroldsau, lieu de son habitation. Vers le soir, épuisé de fatigue, il se reposa contre un arbre dans les environs de la cascade, et ne tarda pas à s'y endormir.

« Quand il se réveilla, la nuit était venue, et sur le rocher, éclairé d'une étrange lueur, une troupe d'hommes et de femmes dansaient en rond. Il pensa d'abord n'avoir devant lui que bûcherons et bûcheronnes, charbonniers et charbonnières de la forêt, se démenant pour combattre la fraîcheur de la nuit, et les apostrophant à haute voix, il leur demanda sa route, car un reste de sommeil lui troublait la mémoire.

« Ceux-ci (c'étaient des sorciers), furieux de se voir interrompre au milieu de leurs cérémonies mystérieuses, saisirent aussitôt les manches à balai qui leur avaient servi de monture et se précipitèrent en tumulte sur le profane. Aux manches à balais, le pauvre infirme opposa quelques instants une de ses béquilles pour se garantir de leurs coups ; mais sa béquille cassa. Bien inspiré alors, il demanda aide et assistance au Christ, et ramassant un des fragments de sa béquille brisée, il le maintint, comme branche de croix, sur son autre béquille, restée intacte.

« Devant cette croix improvisée, les sorciers reculèrent en poussant des cris ; notre homme profita de leur mouvement de retraite pour consolider, au moyen d'un brin de genêt, son instrument de délivrance, et, le brandissant devant lui, oubliant que ses jambes étaient incapables de le porter, ils poursuivit les fugitifs jusque sur le plateau du rocher, d'où ils dégringolèrent tous pêle-mêle, sans avoir eu le temps d'enfourcher leurs manches à balai pour regagner leur domicile.

« Vainqueur et désormais valide, le bon pauvre, en signe de reconnaissance, implanta sa croix aux béquilles sur le rocher, et reprit la route de Geroldsau d'un pas alerte et les mains dans les poches. »

Nous fîmes de même pour regagner notre voiture, qui nous attendait dans ledit village. Le temps était superbe. Après conseil, il fut décidé que, consacrant la plus grande partie de la journée à notre promenade, nous pousserions jusqu'au nouvel Ébernstein, château historique fort curieux à visiter et des terrasses duquel la vue est merveilleuse.

Laissant donc Géroldsau à notre droite ou à notre gauche.... je ne certifie rien (il n'est pas facile de s'orienter au milieu de ces routes tournantes, souvent masquées par un double rideau d'arbres verts), nous contournâmes les montagnes pour aller, loin de là, rejoindre, à la base du mont Mercure, les prairies de Rottenbach. De ce côté se trouvent la *Chaire du Diable* et la *Chaire de l'Ange*, immenses rochers, du haut desquels, selon la tradition, Satan et l'esprit du Seigneur se sont disputé, dans les temps anciens, la possession du pays.

« Si l'on en croit nos savants légendaires, dit Junius en m'apostrophant malicieusement du regard, lorsque les premiers prêtres chrétiens vinrent enseigner l'Evangile dans cette forêt, le diable, furieux, accourut de l'enfer à Bade par le chemin souterrain que suivent les eaux thermales....

— C'est sans doute depuis ce temps que les eaux de Bade sont sulfureuses, » se hâta de dire le littérateur émérite, qui jusqu'alors avait conservé vis-à-vis de nous les calmes apparences d'un grand homme muet et ennuyé.

Nous avions escaladé la Chaire du Diable, bien plus abordable que celle de l'Ange. Dans la direction de Bade, au versant des montagnes couvertes de sapins, sur le fond noir du vieux feuillage, des nappes de lumière faisaient ressortir le vert jaunâtre des jeunes pousses, tout éclatantes, toutes brillantées. On eût dit des bouquets de topazes étoilant les sombres massifs.

Dussé-je être accusé d'*hypocrisie verdoyante*, les plus simples tableaux de la nature m'impressionnent vivement; des cinq sens complémentaires, c'est celui que je possède au plus haut degré. Comme toutes les âmes expansives, j'avais besoin de communiquer mes impressions. Junius, debout près de moi et le lorgnon à l'œil, paraissait s'associer à mes extases. Je lui fis un de ces signes de tête interrogatifs qui suppléent si bien à la parole. Il se retourna de mon côté, et laissant retomber son lorgnon :

« Quelle est donc cette Thérèse qui, au dire de ce monsieur, chante depuis votre départ ? » me dit-il du ton placide d'une causerie faite au coin du feu.

Outré de voir ainsi Thérèse s'interposer brusquement au milieu de mes contemplations, je tournai le dos à mon diplomate, cherchant un autre compagnon dont la pensée fût plus en harmonie avec la mienne.

Le littérateur émérite tenait la visière de sa casquette complétement abattue sur ses yeux ; il avait la vue tendre, et le soleil lui faisait mal. Quant au peintre paysagiste, je le trouvai tout occupé d'un travail dont l'importance et le but m'échappèrent d'abord. Il avait enfoncé sa canne dans un trou de taupe et la faisait tourner circulairement, à la force du bras, comme pour agrandir l'orifice de la taupinière.

Nous étions déjà au bas de la Chaire du Diable, prêts à remonter en voiture, que cette grave occupation le retenait encore à la même place.

D'autres spectacles plus grandioses que ceux des prairies de Rottenbach frappaient nos regards à mesure que nous avancions vers Ébernstein. Sur les flancs de la route que nous parcourions grondaient des torrents, se frayant un passage vers des précipices creusés à d'immenses profondeurs. Des sapins et des mélèzes allaient en s'exhaussant devant nous à perte de vue, ou s'enfonçaient tout à coup en formant de gigantesques entonnoirs.

Parfois, sur notre droite, un double escarpement de la montagne nous laissait voir des plaines sans fin, des villages, des rivières, des clochers tour à tour surmontés à l'horizon par la flèche de Strasbourg.

La flèche de Strasbourg est dans le pays de Bade le complément de toutes les belles perspectives. Ici, chaque fois qu'une échappée de vue s'ouvrait pour nous du côté des plaines nous l'apercevions, tantôt perforant un nuage de sa pointe aiguë, tantôt droite, solitaire, se déplaçant avec lenteur et régularité d'un point à l'autre, comme une haute sentinelle chargée d'inspecter l'horizon. Elle nous suivait et tournait avec nous, selon les caprices de la route. Voici, au loin, un petit village étendu au milieu de ses champs de colzas ; le village apparaît à peine, mais son clocher s'élance vers le ciel ; son clocher, c'est la flèche de Strasbourg, qui, placée à six lieues dudit village, nous regarde sournoisement par-dessus sa tête. Là-bas, planant sur les dômes de la forêt, voyez-vous un arbre incomparablement plus élevé que les autres ? Cet arbre, c'est encore le clocher de Strasbourg.

Le clocher de Strasbourg, je l'ai vu des hauteurs du Fremesberg, du vieux château de Bade, du Château-Neuf, du mont Mercure ; combien alors il m'a semblé plus imposant que lorsque j'avais eu l'honneur de lui être présenté dans sa ville natale ! A Strasbourg, vu de près, et même de la rue des Grandes-Arcades, il ne m'a que médiocrement étonné ; j'ai eu peine à reconnaître en lui le plus haut personnage entre les monuments élevés par la main des hommes. Hommes ou clochers, il faut à chacun sa perspective, son horizon, son éloignement.

Dans un des sites les plus romantiques de la forêt, d'où l'œil découvre les belles vallées de la Mourg, et dans le lointain les Vosges, je demandai que la voiture s'arrêtât ; j'avais besoin d'admirer sur place ; les chevaux avaient besoin de se reposer.

Cette fois encore, à ma grande surprise, notre peintre paysagiste me sembla peu émerveillé ; il alluma son cigare, et, debout devant un de ces gros arbres qu'on appelle des *hollandais*, parce qu'ils sont destinées à la marine de la Hollande, il se mit à examiner curieusement les déchirures et les rugosités de son écorce. Poussé à bout, je lui demandai son avis sur le tableau qui nous environnait. Il jeta un coup d'œil de haut en bas, fit un demi-tour sur lui-même, et me répondit par ces mots : « Lumière mal distribuée, ciel invraisemblable. »

Les peintres paysagistes ne se connaissent pas en paysages. Cela a tout l'air d'un paradoxe, et comme tant de soi-disant paradoxes, rien n'est plus vrai. Pour les peintres paysagistes, la nature n'est pas une assez habile arrangeuse. Le *chic* de l'atelier lui fait défaut. Quand on croit ces messieurs en admiration devant un beau site, de ce site, le plus souvent, ils n'ont observé qu'un mouvement de terrain, une route tournante, un détail dont puisse profiter l'œuvre en voie d'exécution. Tout ce qui ne peut rentrer dans leur toile de soixante-quinze centimètres de large sur quarante de haut les laisse volontiers indifférents.

Du reste, dans un autre ordre de faits, il en est ainsi des littérateurs et même des savants. L'auteur dramatique, dans ses lectures, se laisse allécher avant tout par les passages qui peuvent lui fournir une scène, une situation, un sujet. Le surplus, descriptions, observations de mœurs, développements des caractères, tout ce qui fait l'âme du livre, lui glisse sous le pouce sans fixer son regard.

J'ai ouï parler d'un érudit, membre de plusieurs sociétés savantes, qui, durant des mois entiers, est resté la tête penchée sur sa table, surchargée d'in-folios grands ouverts, le tout pour savoir si les anciens avaient connu les cordons de sonnettes. Plutarque, Strabon, Hérodote, Pausanias, composaient seuls alors sa société intime; il semblait se les être incorporés; il les connaissait à peine. Comme le peintre, comme le dramaturge, il avait fait sa chasse spéciale; chez les Grecs et les Romains il n'avait cherché que des cordons de sonnettes.

Mais ne suis-je pas un peu dans le même cas? En ce moment où j'affiche un si grand ravissement à l'aspect des beautés sublimes de ces montages, à travers leurs armées de sapins, je guette involontairement du coin de l'œil un sentier détourné, au bout duquel j'espère rencontrer une historiette, une tradition, une légende. La légende, c'est là mon cordon de sonnette à moi!

Au sommet de cette côte escarpée, quelles sont ces tourelles gothiques se profilant sur la sombre verdure des grands ifs et dont les pieds semblent plonger dans l'eau? C'est le nouvel Ébernstein. Nous sommes au bout de notre course. Victoire!

Non; désastre? Ce jour-là, le grand-duc habitait Ébernstein, devenu l'un de ses nombreux apanages. La porte en devait rester close devant nous.

Junius, le peintre paysagiste, le littérateur émérite, avaient, ainsi que moi, espéré trouver dans cette célèbre résidence non-seulement des curiosités d'architecture et d'art, mais aussi un abri contre la pluie qui nous menaçait, et surtout un bon dîner, le gardien du château y exerçant d'ordinaire les doubles fonctions de concierge et de restaurateur.

Tous trois se désolaient.

Seul, je triomphais en moi-même; seul, j'allais pénétrer dans le nouvel Ébernstein, quelques siècles en avant, il est vrai.

Je tenais ma légende!... Ma légende, cette fois, avait forme de ballade.

VI

LA BALLADE DU CHEVAL

Quelques mots de préface. — Schiller et Ary Scheffer.
Éberhard le Larmoyeur.

Je pourrais faire précéder ma ballade d'une volumineuse introduction explicative. Je m'en abstiendrai. Quelques mots sont indispensables cependant. Un grand poëte, un grand peintre me les fourniront.

Éberhard II, comte de Wurtemberg, qu'on appela d'abord le Batailleur, avait deux enfants, un fils et une fille; Ulrich et Lida. Dans une rencontre avec les troupes du Margraviat et du Palatinat, ce fils, quoique impétueux et vaillant, cédant au nombre, dut battre en retraite. Son père lui reprocha rudement, car la rudesse et l'inflexibilité formaient le fond de son caractère, de ne pas être resté, vivant ou mort, sur le champ de bataille; et, comme stigmate de honte, devant la place qu'Ulric occupait à sa table, il coupa la nappe, lui signifiant ainsi qu'il n'avait pas gagné son pain.

Le comte Éberhard de Wurtemberg fournissait en ce moment à Schiller de beaux vers, et à notre grand peintre, Scheffer, le sujet de son tableau *le Coupeur de nappe*; un chef-d'œuvre!

Ulric se racheta de l'humiliation; il se fit tuer dans un jour de victoire; jour de deuil pour Éberhard, qui, solitaire, farouche, inconsolable, enfermé dans sa tente, ne sut plus que pleurer sur le cadavre de son fils.

Second sujet de tableau pour Ary Scheffer; *Éberhard le Larmoyeur*; un chef-d'œuvre encore!

Au comte de Wurtemberg, désormais surnommé non plus le Batailleur, mais le Larmoyeur, restait une fille, Lida, que son frère Ulric s'était engagé à faire épouser au meilleur, au plus éprouvé de ses amis, le comte Wolf d'Ébernstein. Ulric n'était plus là, pour aider à l'exécution de son engagement. Malgré les supplications de Wolf, qui aimait Lida, qui en était aimé, Éberhard la fiança à son neveu Conrad, son héritier.

Wolf essaya d'obtenir par la guerre ce que son nom, ses richesses, ses prières, le souvenir d'Ulric, n'avaient pu lui donner; il embrassa la cause des margraves de Bade et du palatin. L'empereur se déclara pour Éberhard.

Bientôt le comte Wolf, seigneur du vieil Ébernstein et d'une partie de la forêt Noire, vaincu, forcé de fuir, abandonné de ses alliés, renié par ses vassaux, se vit contraint d'aller demander un refuge à son parent, le seigneur du nouvel Ébernstein.

Comme il mettait pied à terre à la porte du château, un maraudeur, son guide durant la nuit profonde, lui vola son cheval, son manteau, et disparut au milieu de l'obscurité.

Maintenant voici la ballade.

« O mon cheval! mon beau, mon brave Tador! le plus fin coursier que l'Espagne ait produit; bon à la guerre comme au carrousel, quoi, Henrich, depuis huit jours on n'a pu le retrouver?

— On a retrouvé le voleur, mon honoré cousin, et je l'ai fait pendre.

— Mais Tador?

— Il l'avait déjà vendu à la foire de Gagenau.

— Le nom de l'acheteur?

— Je l'ignore.

— O mon pauvre cheval! ô mon ami! ô misère!... Ils m'ont mis au ban de l'empire; ils m'ont déclaré traître et félon; ils ont saccagé ma ville et brûlé mon château du vieil Ébernstein; ils m'ont dépouillé de mes trésors et presque de mon honneur, et je te regrette avant tout, mon cheval de guerre, mon brave Tador!

— Est-ce vraiment lui que vous regrettez le plus, mon cousin?

— Eh! ne le comprenez-vous pas, Henrich, si Tador était encore là pour obéir à mon geste, à mon regard, je serais déjà dans Wildbad, et tandis que le Wurtembergeois s'obstine à occuper mes domaines, j'aurais enlevé sa fille!

— Projet d'insensé, mon cousin. Lida de Wurtemberg n'est plus à Wildbad; elle est dans le camp de son père. Oubliez-la, Wolf. Un de mes espions a entendu ce matin, de ce côté, le bruit des trompes mêlé au bruit des violes. Lida aujourd'hui est l'épouse d'un autre.

— Taisez-vous, Henrich! vous auriez dû vous couper la langue avec les dents avant de prononcer ce mot.... O Lida! ô désespoir! «

Tandis que les deux Ébernstein s'entretenaient ainsi, une clameur s'éleva du dehors. Le galop d'un cheval résonna sourdement sur la route; puis, on n'entendit plus rien. Le comte, anxieux, agité, le cou tendu, prêtait toujours l'oreille, lorsque le pont-levis, abaissé, retentit tout à coup comme d'un roulement de tonnerre, et Tador, l'inespéré Tador, écumant de sueur, les naseaux enflammés, faisant jaillir sous ses pieds des milliers d'étincelles, déboucha dans la cour où se tenaient les deux cousins, et s'arrêta subitement devant eux.

Une femme pâle, à moitié évanouie, presque hors de selle, se suspendait convulsivement à sa crinière; les buissons de la route s'étaient partagé les lambeaux de son voile blanc, et dans ses longs cheveux déroulés et en désordre, quelques brins de fleurs de myrte se montraient éparpillés. Cette femme, cette jeune fille (car elle pouvait encore porter ce titre), c'était Lida de Wurtemberg.

Soit que le comte Éberhard, raffiné dans ses vengeances, eût racheté sciemment Tador, le destinant à servir de monture à la fiancée, dernier outrage à l'adresse du vaincu; soit que Tador n'ait dû cette distinction qu'à sa beauté sans pareille, le résultat fut le même. Comme on se rendait à l'église, il flaira sournoisement sa route, rompit rang et n'arrêta sa course furieuse qu'en retrouvant son maître, là où il l'avait laissé huit jours auparavant.

« Un chapelain! un chapelain! criait le comte Wolf, d'un bras soutenant Lida, et de sa main restée libre caressant le poitrail haletant de son fidèle coursier : Un chapelain!... Henrich, le vôtre peut nous unir; qu'il vienne.

— Mon cousin, jamais à ma chapelle on ne mariera une fille sans le consentement de son père.

— Par l'enfer, s'agit-il donc d'une mésalliance? Ne suis-je point d'aussi noble sang qu'elle? Oubliez-vous que l'empereur Othon le Grand a donné sa sœur Hedwige à l'un de nos communs aïeux?

— Je sais, mon cousin, qu'il y avait consentement mutuel des deux parts. Je vous ai recueilli et tenu caché dans le nouvel Ébernstein, sans me soucier du dommage qui m'en pouvait advenir; si vos ennemis vous poursuivent jusqu'ici, je vous y défendrai de mon mieux, mais...

— Du moins jurez-vous, Henrich, de ne jamais leur livrer Lida!

— Mon cousin, je jure de ne la rendre qu'à son père.

— Malédiction sur toi, hôte déloyal, parent sans vergogne !... Mon cheval! mon cheval! s'écria Wolf, enlevant Tador aux mains des valets, déjà en train de l'étriller.... Tador, il te va falloir fournir une nouvelle course.... Lida, voulez-vous, avec moi, chercher un prêtre qui nous marie?

— Je le veux, » dit Lida.

S'élançant sur la selle, il prit sa maîtresse en croupe, et le pont-levis s'abaissa devant eux.

Cependant les soldats d'Éberhard, en quête de la fiancée, parcouraient toutes les routes de la forêt. Ceux qui, les premiers, retrouvèrent les fragments du voile ou les traces de Tador, donnèrent le signal d'appel, et quand Wolf sortit de New-Ébernstein, quelques-uns en occupaient déjà les abords ; il les culbuta et passa outre.

« Lida, vous repentez-vous de votre consentement à m'accompagner ?

— Je ne me repens de rien, messire. »

Il changea de route ; dans un carrefour du bois, un groupe nombreux d'archers, l'arc tendu, se préparait à lui disputer le passage. Il trembla pour elle :

« Lida, voulez-vous que je vous reconduise à votre père ?

— Il vous ferait prisonnier, messire, et me forcerait d'épouser votre rival. »

Il évita les archers et gagna la plaine.

Dans la plaine, Éberhard et son neveu, avec leurs forces réunies, occupaient tous les points abordables ; c'était comme un cercle de fer qui allait en se rétrécissant autour des fugitifs. Il ne restait plus de libre qu'un étroit sentier frayé au milieu d'une colline rocheuse ; mais ce sentier n'aboutissait qu'à une haute falaise, élevée à pic au-dessus des flots de la Mourg, qui formaient là un gouffre béant.

« Lida, veux-tu mourir avec moi ? dit le comte.

— Je le veux, mon ami, » répondit Lida.

Il se tourna vers elle, un baiser les unit. Alors, pressant de ses éperons les flancs de Tador, qui sembla comprendre la pensée de son maître, il s'élança dans l'espace. Tous trois disparurent, aux cris d'effroi poussés par leurs poursuivants.

Éberhard avait tué ses deux enfants, l'un par la guerre, l'autre par l'amour.

Le rocher du haut duquel Wolf d'Ébernstein s'est précipité dans la Mourg est appelé aujourd'hui encore *le Saut du Comte* (Grafensprung).

VII

Gernsbach, la Venise badoise. — Un gasthaus de mauvais augure. — Les îles flottantes du Rhin. — Écluses et débâcle. — La forêt de Macbeth. — Nouvelle rencontre avec l'Anglais phénoménal. — Festin pantagruélique.

Dans la situation fâcheuse où nous nous trouvions devant la porte close du nouvel Ébernstein, une légende, même une ballade, fût-elle en beaux vers, ne pouvait tenir lieu d'un dîner.

Il nous fallait deux heures pour retourner à Bade ; nous y serions arrivés étiques.

Une petite ville, située sur la Mourg, entourée, traversée par vingt autres cours d'eau, comme inondée au milieu de ses prairies marécageuses, Gernsbach, était la seule ressource qui fût à notre portée. Mais qu'espérer de cette piètre Venise, habitée seulement par une population de pêcheurs, de bûcherons, de flotteurs, où l'on n'entend que le bruit de la cognée qui déracine les sapins, de la longue scie qui les divise en planches et des eaux grondantes qui les charrient sur la rivière ? Notre cocher ne connaissait pas le pays sous le rapport des subsistances ; Junius, quoique devenu presque Badois, n'avait jamais mis les pieds à Gernsbach, sans doute dans la crainte de se les mouiller. Sous les excitations de la faim, nous devînmes soudainement modérés dans nos désirs comme dans nos espérances ; nous ne demandâmes à Gernsbach que quelques couples d'œufs, un plat de goujons et du pain pas trop anisé. Avec ces dispositions d'anachorètes, après avoir descendu les pentes rapides de la montagne plutôt en haquet qu'autrement, car notre voiture glissait alors sur son sabot, nous fîmes piteusement notre entrée dans la ville.

J'ai omis de le dire, depuis quelques instants il pleuvait à verse, ce qui n'aidait pas à nous réconforter.

Comme la voiture débouchait sur la place : *Gasthaus!* m'écriai-je victorieusement à la vue de ce mot inscrit en grosses lettres sur la maison de poste. Gasthaus! un restaurant! nous sommes sauvés.

« Lisez *Gatshaus*, dit alors notre littérateur émérite, car c'est là évidemment notre mot familier *gâtesauce*, défiguré par une transposition de lettres. »

J'ai honte de rapporter ce jeu de mots pitoyable, surtout émanant d'un homme d'une si grande réputation; cependant nous en rîmes beaucoup, et notre hilarité durait encore lorsque notre voiture s'arrêta devant l'hôtel de la poste. Un rapide examen de la maison nous ramena tout aussitôt à la gravité de la situation.

Dans une salle du rez-de-chaussée, parfaitement calme et tranquille, plusieurs femmes, servantes ou maîtresses, s'occupaient de lingerie; dans une autre, un monsieur, installé devant un métier de tourneur, confectionnait des bâtons de chaises. C'était le maître du logis.

« Monsieur, lui dis-je, lorsque, selon l'usage, il fut venu à notre rencontre, auriez-vous, par hasard, de quoi nous donner à manger?

— Pourquoi pas? » me répondit-il sans paraître offensé de cet irrévérencieux *par hasard*, qui avait trahi mes terreurs secrètes.

Nous n'étions pas encore tout à fait rassurés.

« Et que pourriez-vous nous donner? repris-je.

— Tout ce que vous voudrez, messieurs. »

Nous nous regardâmes, étonnés de l'aplomb de ce Vénitien.

« Monsieur, lui dit alors notre littérateur émérite, voulant rabattre un peu de cette jactance, pour ma part un bon cuissot de chevreuil, cuit à point, me plairait fort; toutefois, je me contenterai d'un morceau de fromage, faute de mieux.

— Un cuissot de chevreuil? très-bien, dit l'hôte.

— Un coq de bruyère me flatterait de même, interrompit Junius en se frisant la moustache.

— Un coq de bruyère? très-bien, répéta l'hôte; il m'en est arrivé un justement ce matin. »

Nous crûmes à une mystification. Pour le pousser à bout :

« Avez-vous des truffes ? demanda notre peintre paysagiste.

— Ce n'est guère la saison, messieurs ; cependant il nous en reste de conserve, au vin de Champagne. Au surplus, si vous voulez bien vous en rapporter à moi, je vous servirai *un dîner.* »

En Allemagne, un dîner signifie un repas à prix fixe, que le maître du gasthaus compose à son gré et selon les ressources dont il peut disposer. C'est une table d'hôte au petit pied.

Malgré le sérieux de ce tourneur de chaises, le doute nous restait implanté dans l'estomac plus profondément que jamais. Le littérateur émérite prétendait que notre Vénitien-Badois était un gascon, et qu'au lieu du coq de bruyère et du cuissot de chevreuil nous aurions deux omelettes, l'une au lard, l'autre au beurre.

En attendant ce dîner hyperbolique, nous profitâmes d'une éclaircie pour aller visiter la ville.

Gernsbach mérite d'attirer l'attention du voyageur qui n'est pas affamé.

De Gernsbach partent ces immenses trains de bois qui, charriés par la Mourg jusqu'au Rhin, par le Rhin jusqu'à la mer du Nord, vont approvisionner la Prusse, la France et la Hollande de planches, de poutres et de mâts.

La Mourg, vu l'étroitesse de ses rives, ne les voiture d'abord que par fragments ; quelquefois même un seul arbre, mais immense, flotte à sa surface ; d'autres le suivent, puis d'autres encore. Le Rhin recueille, réunit, enchaîne les uns aux autres ces débris épars, et en compose ces radeaux monstres sur lesquels une populations tout entière semble émigrer ; des passagers par centaines suivent avec eux le cours du grand fleuve. Sur ces îles flottantes, parsemées çà et là de petites cahutes en planches ou en clayonnage, les mariniers sont à la manœuvre ; de nombreux groupes de femmes, assises sur des tapis de joncs, tricotent ; des jeunes filles, devant un fragment de miroir, peignent leurs longs cheveux, qui, en se déroulant au vent, forment comme les blondes banderoles de cette flotte sans voiles et sans cordages ; et les bons bourgeois de Coblentz ou de Cologne, en se mettant le matin à leur fenêtre, se frottant les yeux, se disent : « C'est la forêt Noire qui passe. »

Oui, la forêt Noire seule a fourni ces madriers, ces poutres, ces sapins, qui, par milliers, forment le solide et raboteux plancher de ces gigantesques radeaux.

Mais par quels efforts de la mécanique a-t-on pu faire descendre jusqu'à la Mourg ces vieux arbres souvent placés à des hauteurs et sur des escarpements inabordables aux chevaux ? Le moyen est simple et peu dispendieux.

Vers la fin de l'automne, on a fermé par des écluses les petites vallées échelonnées le long de la montagne ; l'eau des pluies et des sources s'y est amassée lentement ; les neiges de l'hiver ont achevé de les combler. Profitant de toutes les pentes obliquant de haut en bas, on a déjà fait glisser vers chacune de ces petites vallées les arbres voisins, ébranchés en même temps qu'abattus. Tout aussi bien que les sapins vulgaires, les rois des grands taillis et des roches escarpées se sont dirigés vers ces réceptacles communs. Quand les chaudes bouffées du printemps ont fondu les triples couches de neige et de glace, alors arrive le jour de la débâcle. Les écluses sont ouvertes ; les cascades furieuses entraînent avec elles le dépôt qui leur a été confié, et c'est là un spectacle merveilleux que de voir, au milieu de ces eaux écumantes, se redresser, s'entre-choquer ces grands arbres, ces gros *hollandais*, semblables à des géants foudroyés ; la forêt de Macbeth ne marche pas, elle court, elle se précipite ; la montagne tremble, les cataractes mugissent ; et durant cette terrible avalanche et tous ces bruits étourdissants, les habitants de Gernsbach se frottent les mains en songeant aux ducats, francs, thalers et rixdales de la Hollande, de la France et de la Prusse.

Quant à nous, tandis qu'un vieux flotteur du pays, ancien soldat de l'Empire, nous mettait ainsi au courant de cette curieuse opération, nous songions à notre dîner. Une scène qui se passait au bord opposé de la Mourg vint à propos me distraire de cette préoccupation.

Sous quelques arbres figurant une promenade publique, un homme sautillait au milieu d'un groupe de jeunes filles, lesquelles, à qui mieux mieux, semblaient rire et

se moquer de lui. Cet homme, par les dieux immortels !
je l'aurais juré, c'était mon amoureux Anglais de Carlsruhe ! Quoique, à cette distance et à travers la légère
brume qui s'élevait de la rivière, il ne me fût guère possible de distinguer ses traits, je le reconnaissais à ce
qu'il avait de britannique dans son encolure, et surtout
à ce qui le distinguait de ceux de sa race, la vivacité dans
les mouvements, une certaine élasticité des membres,
généralement refusée par la nature aux autres Grands-Bretons. Je l'observais allant de l'une à l'autre des jeunes
filles en multipliant ses gestes de séducteur en voyage.
Par malheur, une forte ondée survint, qui dispersa la
troupe et interrompit mes observations. Mais que venait
faire à Gernsbach ce diable d'homme que j'avais laissé
à Carlsruhe si fort en quête de verlobtage ?

A l'heure convenue, nous dirigeant vers le gasthaus de
la poste, au lieu de ce calme de si mauvais augure qui
nous y avait accueillis à notre première entrée, nous entendons un tumulte épouvantable non moins inquiétant.
Une servante criait et pleurait ; les autres criaient et
riaient ; l'hôte et l'hôtesse en fureur apostrophaient un
individu qu'entouraient bruyamment quelques postillons
et garçons de cuisine. Au milieu de ce conflit, qui avait
pu songer à notre dîner ?

L'individu ainsi apostrophé, c'était lui, c'était mon
Anglais ! Je m'apprêtais à interroger sur ce séducteur
d'outre-mer le maître du gasthaus ; mais, de leur côté,
mes compagnons s'adressaient à celui-ci tous les trois à
la fois, réclamant ce dîner, devenu plus hyperbolique
que jamais. Un instant nous fîmes chorus dans la bagarre.
Enfin l'hôte prononça ces mots magiques : « Ces messieurs sont servis. »

Pour le moment, chez moi, l'appétit l'emporta sur la
curiosité, et, laissant mon Anglais se débattre au milieu
des marmitons et des postillons, je suivis, avec les
autres, le chemin de la salle à manger, située au premier étage.

Nous n'avions pas atteint les marches de l'escalier
qu'une odeur délicieuse, une odeur de rôti, monta jusqu'à nous des antres de la cuisine. Nous nous regardâmes avec un sourire béat ; notre littérateur émérite,

sceptique impitoyable, le fit disparaître d'un mot :
« Omelette au lard, » dit-il.

Enfin, nous entrons dans une chambre d'assez froide apparence; sur la table figurent quelques légers hors-d'œuvre vinaigrés, maigre escorte du potage ; mais à peine venons-nous, la mine piteuse, de décoiffer la soupière, ô merveille ! deux servantes nous arrivent, portant chacune un plat : dans l'un s'étale un magnifique coq de bruyère, avec ses plumes en tête et ses ailes demi éployées; dans l'autre, un cuissot de chevreuil nage dons son jus noirci de truffes. Nos folles exigences avaient été satisfaites ; elles devaient être dépassées.

Je ne détaillerai point le menu de ce festin pantagruélique, auquel rien ne manqua, ni le poisson ni la fine pâtisserie, et qui nous coûta moins cher que le plus modeste repas à la carte fait dans un mince restaurant à Paris.

En sortant de table, je n'eus rien de plus pressé que de m'enquérir de mon Anglais; il était parti. Interrogée par moi, l'hôtesse, sans prétendre attaquer son honorabilité, m'affirma que, depuis quinze jours qu'il rôdait dans le grand-duché, c'était la seconde de ses servantes a laquelle il s'attaquait : avec la première il en était venu à ses fins; il l'emmenait avec lui; quant à la seconde.....

Je fus forcé de me contenter de cette phrase inachevée. Mes trois compagnons étaient déjà installés dans la voiture. A son tour, notre cocher se fâchait, criait, tempêtait, déclarant que nous ne serions de retour à Bade qu'à la nuit noire.

Comme toujours, ma curiosité restait inassouvie.

Quel drôle de petit Anglais !

VIII

Le vol au parapluie. — Métamorphose subite. — Le vainqueur des Turcs. — La collégiale de Bade. — Un futur historien. — La Favorite. — La princesse Sibylle-Auguste. — Grand magasin de bric-à-brac. — Cent quarante-quatre portraits et deux modèles. — Une cénobie. — Le carnaval après le carême.

Lettre à M. Antoine Minorel,

A MARLY-LE-ROI.

« Mon cher Antoine,

« Je commence par t'annoncer une bonne nouvelle : on m'a volé mon parapluie.

« Ce matin, comme je flânais hors de la ville, rêvant à de grands projets dont je t'instruirai à mon retour, une petit averse tombe à l'improviste. J'ai à peine eu le temps d'ouvrir le susdit parapluie, qu'une femme vient à moi et d'une voix suppliante : « Ah! monsieur, je vous en prie, rien qu'un instant! »

« Je comprends qu'elle m'implore en faveur de sa toilette menacée par l'averse. En galant chevalier, je lui offre mon bras, lui proposant de la reconduire à son hôtel. Nous n'avons pas fait cent pas : « Dieu! mon mari! « s'écrie-t-elle. Ah! monsieur! il est si jaloux!..... S'il « nous trouve ensemble... »

« Je m'empresse de me réfugier sous un arbre, lui laissant entre les mains l'objet en question. Le mari se présente, lui prend le bras à son tour, tous deux s'éloignent le plus paisiblement du monde, et le tour est fait.

« Que dis-tu de ce vol au parapluie? La nouvelle est bonne, n'est-ce pas? d'abord pour toi. Tu auras enfin l'occasion, une fois dans ta vie, de te moquer justement de ma galanterie avec les dames ; elle est bonne aussi pour moi, si heureusement débarrassé de ce meuble incommode et inutile. Je ne voyage qu'en voiture.

« Je ne t'en dirai guère plus aujourd'hui, dans le doute si ces quelques mots te trouveront encore à Marly. En tout cas, je compte sur Madeleine ou sur le vieux Jean pour te les retourner si tu as perdu patience à m'attendre. Je me reproche vivement de ne pas t'avoir écrit depuis ma malencontreuse arrivée à Carlsruhe. Tu dois me croire mort, mort assassiné par quelque brigand de la forêt Noire. Rassure-toi ; messieurs les brigands de la forêt Noire, à Bade, leur quartier général, ont pu attenter à ma bourse, même à mon parapluie ; quant à ma vie, non-seulement ils l'ont respectée, mais encore rendue douce et facile. Je te conterai cela de vive voix. Après-demain, lundi, je quitte Bade, que je n'ai pu me dispenser de visiter en passant. Adieu donc et à bientôt, mon cher Antoine ; je commence à en avoir assez des voyages.

« Ton ami,

« A. C.

« Bade, 10 mai.

« Post-scriptum. Je rapporte quelques traditions assez curieuses du pays ; cependant je n'ai plus l'esprit aux légendes. Tout bien examiné, tu as raison, ce sont là des passe-temps frivoles, parfois dangereux, tendant à fausser, à dénaturer l'histoire, à propager des erreurs nuisibles ; j'y renonce. Une idée plus grave me préoccupe : Il se pourrait bien faire que, aussitôt mon retour en France, je me livrasse exclusivement à des travaux historiques. Oui, mon ami, oui ; que veux-tu? je ne suis plus jeune ; tu me l'as répété assez souvent pour que la conviction me soit venue. L'historien qui se respecte devant bien se garder de faire montre d'esprit et surtout d'imagination, ce rôle convient à mon âge, et me va sous tous les rapports.

« Antoine, je te vois écarquiller tes petits yeux et t'écrier : « Historien, toi ! toi, jusqu'à présent le zéla-
« teur passionné du conte bleu ! C'est impossible ! Com-
« ment une semblable idée a-t-elle pu te venir en tête? »
Eh ! bon Dieu ! cher ami, elle m'est venue comme

le reste; je suis historien comme je suis voyageur, par l'effet du hasard, par entraînement, presque malgré moi. Je te conterai cela à mon retour, bientôt... Au fait pourquoi pas tout de suite? Ma plume d'auberge est excellente, l'encre est limpide, fine est mon écriture, et sans risquer d'ajouter à mon timbre-poste, je puis bien achever de noircir cette seconde page, et même entamer la troisième, la chose en vaut la peine.

« Hier donc, je me reposais des fatigues de la veille, où avec ton cousin Junius nous avons poussé nos excursions jusque sur les bords de la Mourg, à quatre ou cinq lieues de Bade. Assez désœuvré, je me promenais devant certaine galerie des légendes, à laquelle je n'avais plus rien à demander, quand au-dessus de la porte nord de cette galerie, je vis un tableau jusqu'alors échappé à mon regard. C'était une espèce de grisaille représentant une entrée triomphale.

« Qu'est-ce que cela? murmurai-je, et assez haut pour qu'une voix tudesque me répondit :

« — C'est le retour du vainqueur des Turcs à Rastadt,
« monsieur; de notre célèbre margrave Louis-Guillaume
« de Bade. Que pense-t-on en France de notre héros,
« monsieur? ajouta la voix.

« — Il y est fort estimé, » répondis-je effrontément, car à ma profonde humiliation, je te l'avoue, du vainqueur des Turcs je ne connaissais pas le premier mot. Nous autres Français, nous avons déjà tant de grands hommes en propre, que le loisir nous manque pour nous occuper de ceux des autres. Cependant, je trouvais étrange qu'un margrave badois eût été en querelle sérieuse avec les Turcs, et s'en fût gaillardement tiré. Il me fallait un éclaircissement; je le trouvai dans la bibliothèque du casino de cette ville, où j'appris que Louis-Guillaume, général en chef des armées de l'empereur, avait partagé avec Jean Sobieski la gloire de la délivrance de Vienne; qu'à Gran, à Bude, à Vicegrad, et sur vingt autres champs de bataille les Turcs durent reconnaître en lui leur éternel vainqueur.

« Comme tu le penses bien, cher ami, ce ne sont pas ses batailles qui m'affriandèrent; non, mais bien son histoire personnelle, vraiment fort singulière. Tu en auras la preuve dans ma relation. Restons-en là pour aujourd'hui.... Cependant en quelques lignes je puis résumer pour toi son curieux historique.

« D'abord, Louis-Guillaume de Bade est né à Paris; pour un Badois, c'était débuter d'une manière piquante; de plus, il fut tenu sur les fonts de baptême par Louis XIV, et pour son apprentissage de guerre, le filleul devait battre le parrain, avant de battre les Turcs. Tu vois déjà d'ici que, grâce à ces relations de filleul ou d'adversaire entre mon personnage et le grand roi, je pourrai relever l'importance de ma biographie du margrave par des considérations détaillées sur la cour de France à cette époque; sur Mmes de Montespan et de Maintenon. Grâce à l'illustre philosophe M. Cousin, les belles femmes historiques sont fort à la mode aujourd'hui. Et quelle entrée en matière!

« Le père, le frère et les oncles de Louis-Guillaume étaient morts par des accidents de chasse ou de guerre. Prévoyant le même sort pour lui, sa mère, Louise de Carignan, l'avait retenu en France, et caché sous ses jupes. Toutefois, la cachette éventée, au nom de l'intérêt général du peuple, qui ne pouvait se passer de son souverain, il avait été ramené à Bade; mais ses tuteurs avaient solennellement juré à sa mère que jamais une arme à feu ne se trouverait entre les mains du jeune prince. Il fut élevé comme Achille à Scyros, en demoiselle de bonne maison. Un jour, la demoiselle séduisit une de ses gouvernantes, puis, tout à coup saisi d'une ardeur belliqueuse, sauta par la fenêtre pour aller se battre avec des portefaix qui se chamaillaient sur la place du Château-Neuf.

« Il fallut se rendre devant des instincts amoureux et guerriers manifestés si énergiquement. On le maria et on lui ceignit l'épée.

« Louis-Guillaume, margrave de Bade, après avoir fait vingt-six campagnes, commandé à vingt-cinq siéges, livré quarante batailles ou combat, mourut paisiblement dans son lit, sans avoir jamais eu la peau effleurée ni par le plomb ni par le fer. Tel est, mon ami, l'homme qui vient de changer soudainement mes instincts littéraires et auquel je consacre ma plume.

« J'ai passé hier toute ma journée à recueillir des notes. Ce matin je me suis rendu à l'église collégiale de Bade où se trouve son tombeau, exécuté par notre compatriote Pigalle, à grand renfort de personnages allégoriques comme celui du maréchal de Saxe, que j'ai visité à Strasbourg. Une longue inscription latine attira d'abord mon attention. Du plus loin que j'en pus déchiffrer le premier mot : « *Subsiste, Viator !* Arrête-toi voyageur ! » je m'arrêtai. Du fond de sa tombe, mon héros lui-même m'en donnait l'ordre. Un tumulte se fit dans mes idées ; il me semblait que nous venions l'un l'autre d'entrer en communication. Pensif et recueilli, je murmurai en moi-même : « Louis-Guillaume, ce voyageur inconnu qui
« vient aujourd'hui vers toi, c'est ton futur historien. »

« Après un salut profond, je relevai la tête et arrêtai mon regard interrogant sur la statue du margrave ; je crus lui voir faire un mouvement.... Illusion, sans doute.

« Je copie l'inscription, vrai résumé des hauts faits que j'avais à signaler : *Infidelium debellator.* — *Imperii protector.* — *Atlas Germaniæ.* — *Hostium terror.* — *Quoad vixit, semper vicit, nunquam victus...*, etc. C'était là un latin à ma portée ; j'en fus ravi ; un peu de latin est chose indispensable dans un ouvrage sérieux.

« Une heure entière, je restai en méditation devant le tombeau.

« C'était ma veillée des armes.

« Ne me traite pas de rêveur et de songe-creux, Antoine ; mais quand je sortis de la collégiale quelque chose d'inexplicable s'était opéré en moi : je marchais d'un pas plus lent, plus régulier ; les pensées m'arrivaient plus graves ; je ne retournais plus la tête de droite et de gauche pour inspecter les passants, ou fureter de l'œil à travers la vitre des boutiques ; tout ce qu'il y avait encore de frivole et de peu rassis dans ma nature se modifiait, se métamorphosait ; je me sentais devenir historien.

« Junius, que j'allai voir, me demanda si j'étais malade, tant il me trouva changé d'allure et de physionomie. Tandis qu'il me questionnait ainsi, avec bienveillance d'ailleurs, je regardais sa cravate blanche ; je me disais qu'une cravate blanche pourrait me convenir tout autant qu'à lui. Il est diplomate, je suis historien : deux positions respectables.

« Je ne sais si je dînerai aujourd'hui à la table d'hôte. Me faire servir chez moi, dans ma chambre, serait peut-être plus convenable.

« Mais ce *post-scriptum* vient d'envahir jusqu'aux marges de mes quatre pages ; je te quitte, mon cher Antoine. Ton cousin Junius me fait demander par un garçon de l'hôtel si je veux l'accompagner au château de *la Favorite* ; je n'y manquerai pas. *La Favorite*, située à deux heures de Bade, du côté de l'ouest, était le séjour de prédilection de la margrave Sibylle-Auguste, femme de Louis-Guillaume. J'y trouverai occasion d'ajouter à mes documents déjà recueillis quelques notes sur la compagne de mon héros, digne de lui, je n'en doute pas. »

. . . .

« Même jour, dix heures du soir.

« Me voici de retour de *la Favorite* ; je crois sortir d'un rêve ; je me hâte de rouvrir ma lettre, cher ami, pour lui donner un supplément, et te faire part de mes impressions tandis qu'elles ont encore toute la vivacité, tout le relief de la surprise. C'est un double timbre qu'il m'en coûtera, mais je suis en fonds aujourd'hui.

« En abordant la résidence de la veuve du grand margrave, conservée intacte, même dans la disposition des appartements, des tentures et du mobilier, telle enfin qu'elle l'a laissée à sa mort, vers 1733, j'avais pris un air de circonstance, le front baissé, le chapeau à la main ; je m'attendais à trouver une habitation grandiose, sévère, magistrale, en rapport avec les souvenirs qu'elle rappelle. J'y vis une immense boutique de bric-à-brac, une exposition générale de tous les bibelots imaginables, aujourd'hui redevenus à la mode : potiches, chinoiseries, vases et statuettes de porcelaine, de jade ou de céladon, cristaux de Bohême, glaces et verres de Venise, pâtes de Sèvres, craquelés de la Chine, bois de fer de l'Inde, émaux de Limoges, bronzes antiques, faïences et majoriques du seizième siècle, tout y est accumulé sur les murs, les corniches, les chapiteaux; les tables, les dessus de cheminées et de poêles en regorgent; partout ce ne sont qu'étagères et vitrines. Non, jamais le *Petit-Dunkerque*, Susse, Tahan, les magasins du boulevard de la Bastille, le musée Sauvageot et le musée de Cluny, en se cotisant, n'en pourraient offrir une collection plus complète. C'est fort curieux, d'accord; mais cela manque tout à fait de dignité.

« A travers ces antiquailles, je cherchai le portrait de mon héros; selon Junius, il y figurait sous plusieurs types différents. Pour quiconque est physionomiste, et tu le sais, je me pique de l'être, un simple portrait, d'après nature, calqué sur l'individu, est le meilleur renseignement historique à consulter. La physionomie dit le tempérament, par conséquent le caractère, le caractère foncier, natif; l'autre, le caractère acquis, se devine d'après les faits accomplis.

« Mais je me perdais dans un dédale de couloirs, de grands et de petits salons, sans pouvoir trouver mon margrave. Junius, d'abord mon cicerone, venait de me quitter pour aller chez la concierge du château prendre sa tasse de petit-lait. Las de mes recherches vaines, en l'attendant, je me mis à examiner une foule de miniatures représentant toute une population de femmes.

« Parmi ces femmes, quelques-unes étaient en costume de ville ou de cour, d'autres en habits de deuil, avec la cape et le rosaire des religieuses; la plupart semblaient travesties en bohémiennes, en saltimbanques, avec des bonnets en pointe ou en turban.... Un instant, je me crus sur la piste d'un précieux renseignement historique.

« Louis-Guillaume avait été d'humeur galante dans son temps; parfois le vainqueur des Turcs comme butin, rapporta de ses campagnes de belles Circassiennes, faites captives sous la tente des pachas mis en déroute.... Mais le moyen de penser que les portraits de ses maîtresses se trouvaient collectionnés chez sa femme? J'y regardai de plus près; toutes ces figures avaient entre elles un air de parenté, de ressemblance; j'avais sous les yeux tout un sérail orné d'une seule tête, et cette femme multiple, tour à tour marquise, nonne, odalisque ou sorcière, c'était la margrave Sibylle-Auguste elle-même!

« Junius, qui revint, me montra en face des soixante-douze portraits de la princesse, soixante-douze autres miniatures représentant un bon bourgeois, à la face vulgaire, aussi bigarré de costumes divers que son vis-à-vis ; ce bon bourgeois, ô honte ! c'était mon héros, c'était le vainqueur des Turcs !

« Maudit soit-il le miniaturiste qui a ainsi soixante-douze fois calomnié ce grand homme !

« Dis-moi, Antoine, te figures-tu ce que pouvait être l'habitante de ce palais, à la juger par tout ce qui la rappelait alors autour de moi, avec son bazar de curiosités, avec ses cent quarante-quatre portraits pour deux personnes ? Une femme poëte, n'est-ce pas ? sacrifiant à la fantaisie ? Hélas ! mon ami, la princesse Sibylle-Auguste, fille des ducs de Saxe-Lowenbourg, était une espèce de folle dont la tête et le cœur tournaient à tous les vents ; une sainte Thérèse tudesque, dont les aspirations se dirigeaient tantôt vers le monde et ses plaisirs les plus raffinés, tantôt vers le cloître et ses austérités les plus violentes.

« Dans un coin retiré de son parc, elle s'était fait construire une cellule, une cénobie, à son usage particulier. Là, portant le cilice, vêtue d'un sac de grosse toile, dormant sur une natte de paille, étendue sur la terre froide, la puissante margrave priait, pleurait, jeûnait, et se faisait chaque matin administrer par ses filles d'honneur des coups d'une discipline armée de grains de plomb et de pointes de fer, quitte à leur rendre ensuite le même service. Elle avait fait confectionner trois figures en cire, celles de Jésus, de la Vierge et de saint Joseph. Elle vivait dans leur compagnie intime, se purifiant par leur approche, dînant à leur table, et ne mangeant guère plus qu'eux.

« Le temps des saintes folies passé, Sibylle jetait tout à coup sa coiffe de béguine par-dessus les moulins, et, contre la marche ordinaire du calendrier, faisait à cet affreux carême succéder brusquement un carnaval échevelé. Ce n'était plus alors que danses, spectacles et orgies prolongés jusqu'au jour, et les pudiques bourgeoises de Bade et de Rastadt affirmaient que fussent-elles conviées à ces fêtes princières elles refuseraient de s'y montrer, pour l'honneur de leurs maris.

« Après avoir parcouru le château de *la Favorite*, où partout ce ne sont que lustres, girandoles, cristaux et porcelaines, j'ai visité la cellule de sœur Sibylle. Quel contraste! C'est bien la chose la plus triste, la plus sombre qu'on puisse voir. Le cilice, la discipline, le sac de toile, la natte de paille y sont encore. Jésus, la Vierge et saint Joseph n'ont pas cessé de se tenir autour de la petite table, à laquelle la pauvre folle ne vient plus s'asseoir.

« Quoique ces détails appartiennent plutôt à la chronique qu'à l'histoire, j'espère pouvoir en tirer parti dans mon grand ouvrage; mais j'en userai avec discrétion.

« Ainsi, tiens-toi-le pour dit, demain dimanche, je compte passer encore la journée ici, à recueillir des notes, puis après-demain, en route, trajet direct!... Il sera possible cependant que je fasse une pose à Épernay, où j'ai quelques renseignements à prendre. En tout cas, je ne toucherai barre à Paris que pour t'emmener avec moi sur nos Alpes marlésiennes. Bonsoir; je vais me coucher. Ton cousin Junius t'envoie ses compliments. »

Cette lettre, je l'avais remise sous enveloppe, cachetée de nouveau avec apposition d'un double timbre; mais après réflexion, comme elle renfermait quelques épisodes curieux sur Louis-Guillaume et sur sa femme, craignant qu'elle ne s'égarât en route, ou que mon ami Antoine Minorel ne s'en servît pour allumer ses cigarettes, je m'abstins de la lui envoyer, et la mis simplement en réserve avec mes autres documents historiques.

XI

Les religieuses violonistes. — Des squelettes bien mis. — Un Hercule-Cupidon. — La messe invisible. — Un baiser rendu. — Départ de Bade.

Une femme qui joue du violon représente déjà quelque chose d'un peu bien excentrique ; mais une religieuse, que dis-je ? tout un orchestre de religieuses ! s'escrimant sur cet instrument disgracieux, voilà ce qui paraît hors de toute vraisemblance. C'est cependant ce qu'on voyait, ce qu'on entendait naguère au couvent de Lichtenthal. Maintenant on ne voit plus les pieuses exécutantes, mais on les entend encore.

Aujourd'hui dimanche, une partie de la population catholique de Bade se dirigeait vers cette délicieuse promenade de Lichtenthal, à l'extrémité de laquelle, derrière de vieilles constructions romaines, se cache la petite église des religieuses augustines, fondée, vers le milieu du treizième siècle, par la veuve du margrave Hermann V. Moins dans un but de dévotion que de curiosité peut-être, je longeai la promenade et j'entrai dans l'église.

Aux deux côtés de l'autel, sous un vitrail qui permet de les parfaitement apercevoir, sur un lit de mousse, de soie et de fleurs artificielles, reposent, non par fragments, mais complètes, les reliques de saint Pie et de saint Bénédict. Pour dissimuler ce que ce spectacle pourrait avoir de pénible ou pour honorer la mémoire de ces bienheureux, on a recouvert leurs ossements des pieds à la tête, ou plutôt du calcanéum au frontal, de broderies et de pierreries. Une fine dentelle, en forme de collerette, leur descend de l'occiput au sternum ; chacune de leurs côtes est recouverte d'un brandebourg de velours rouge, tout orné de perles et de topazes ; leur crâne, lisse et poli comme ivoire, est coiffé d'une toque rehaussée d'or. Onc n'ai vu squelettes si bien mis.

M. Victor Hugo, dont le style s'assouplit à volonté et descend parfois jusqu'au genre facétieux, nomme *squelettes troubadours* ce genre d'exhibition, qui n'est pas, à ce qu'il paraît, assez rare en Allemagne.

Autre singularité. Un grand quart d'heure avant l'office, sans qu'un prêtre apparût dans le chœur, les cierges brûlaient sur l'autel, les fidèles, leur missel à la main, restaient recueillis et en prières, et les sons d'une musique lointaine semblaient servir d'accompagnement à je ne sais quoi, que je ne pouvais voir et que je ne devinais pas.

Je finis par m'arrêter à cette double supposition : le curé se faisait attendre et les religieuses, encore dans leur cloître, essayaient leurs violons en cherchant l'accord.

Mais je me demandais ce qui avait pu amener des nonnes augustines à se faire violonistes et quelle pouvait être l'origine de cet usage étrange?

Non loin de moi, assis dans sa stalle, se prélassait un de mes savants amis du Casino. C'était un petit homme, court sur jambes, joufflu, rondelet, excellent. Le matin même il m'avait fait parvenir un manuscrit fort curieux, selon son dire, mais d'une écriture tellement fine et serrée, que mes yeux clignotants s'étaient fermés d'eux-mêmes devant ces bataillons de pattes de mouche.

En ce moment, comme s'il eût voulu répondre à ma pensée, mon petit homme, du fond de sa stalle, m'adressait de temps à autre des signes explicatifs auxquels je ne comprenais mot. Il me montrait l'autel, puis un des squelettes sous sa châsse de verre. Je me contentai de lui répondre par une inclination de tête faussement affirmative, comptant bien, à la sortie de l'église, lui demander la traduction de toute cette inintelligible télégraphie.

La messe dite, je l'attendis dans l'allée de Lichtenthal. Quand je le vis, il était flanqué de quatre femmes, deux à sa droite, deux à sa gauche ; je jurerais même qu'un groupe de jeunes filles, qui, par derrière, emboîtait le pas avec lui, lui appartenait en qualité de progéniture. Le moyen de songer à l'extraire de ce massif de femmes pour lui poser mes questions? Mais il m'aper-

çut, et, sans s'arrêter, sans rompre rang d'une semelle :
« Eh bien, me cria-t-il, c'est la messe invisible !... la légende ! vous savez ! » Et il passa avec tout son cortége.

Est-ce que je pouvais me soucier encore de légendes, moi que l'histoire absorbait aujourd'hui tout entier ?... Cependant, rentré à l'hôtel, par désœuvrement, par distraction, du bout des doigts, je compulsai la liasse aux pattes de mouche d'un air qui lui disait : « Légende, que me veux-tu ? pourquoi t'es-tu fourvoyée chez l'historien de Louis-Guillaume ? »

Cependant, peu à peu, mon regard s'arrêta plus attentivement sur ces petites lignes noires presque indéchiffrables. Le héros de ladite légende était un parent, un contemporain de Louis-Guillaume, son élève à la guerre, peut-être son filleul ; il se nommait Guillaume comme lui ; bien plus, je trouvais là l'explication des religieuses violonistes et l'histoire d'un des squelettes de Lichtenthal ; enfin, il y était question de ma folle Sibylle-Auguste !... Toutes ces raisons réunies me déterminent à rapporter ici :

LA MESSE INVISIBLE.

Au commencement du dix-huitième siècle le grand-duché était encore divisé entre plusieurs margraves issus d'une même famille. Frédéric VII, margrave de Bade-Dourlach, avait un fils, le parangon des jeunes gens de son âge par ses qualités physiques. Il était si beau de visage et si vigoureusement taillé, que son historien, M. Schœpflin, dit de lui que « la nature, hésitant si elle en ferait un Hercule ou un Cupidon, fit l'un et l'autre. » Au bruit partout répandu de sa beauté pharamineuse, la reine douairière de Suède l'appela à sa cour, résolue à le donner pour époux à sa petite-fille, héritière du trône, laquelle n'avait pu jusqu'alors trouver un prétendant à son goût. Mais il était si libertin, et, pendant les quelques mois qu'il passa à Stockholm, il y scandalisa tellement les vieilles dames, qu'il se vit forcé de renoncer à la fille comme au trône du roi Charles XI.

A vingt-trois ans, sous les ordres de Louis-Guillaume, son parent, Charles-Guillaume se distinguait au siége de

Landau. Blessé assez grièvement, il quitta l'armée, et pour achever sa guérison, dut venir prendre les eaux à Bade, où Sibylle-Auguste lui fit un accueil de mère et le logea dans le Château-Neuf.

A cet Alcide-Cupidon les grandes dames et les bourgeoises ne suffisaient déjà plus. Comme don Juan de Marana, non content de tromper les maris de la cour et de la ville, il osa s'attaquer aux épouses mêmes du Christ.

Un jour, une jeune augustine de Lichtenthal tomba aux pieds de son directeur, l'abbé Bénédict, et se confessa à lui d'avoir été tentée par le diable. Le bon abbé s'arrangea pour que le diable n'y revînt plus, et il s'y prit si bien que Charles-Guillaume lui en garda une rancune profonde.

A cette époque, les malheurs de la guerre, qui se continuait sur le Rhin, avaient resserré toutes les bourses. Les pauvres augustines ne recevant plus de secours allaient se voir réduites à abandonner les orphelines dont elles s'étaient chargées. L'abbé Bénédict, malgré ses quatre-vingt-sept ans, alla de maison en maison, de chaumière en chaumière, quêtant pour ses protégées; mais il s'en fallait de beaucoup que la moisson fût suffisante. Il songea alors à ce noble baigneur, à l'habitant du Château-Neuf, et résolûment il alla lui tendre son aumônière.

« J'alloue dix mille florins pour venir en aide aux religieuses de Lichtenthal, dit Charles-Guillaume; j'y mets toutefois une condition expresse : pendant dix ans, et dix fois par chaque année, vous, monsieur l'abbé, vous direz, au maître autel des sœurs augustines, une messe à mon intention et à la bonne réussite de tout ce que je puis désirer. Dieu, qui doit vous avoir en grande estime, vous exaucera, je l'espère. »

L'abbé lui fit observer que, quasi nonagénaire, s'engager, contre toute probabilité, à vivre dix ans encore, serait à lui téméraire, impie, déloyal; il ne voulait point mourir banqueroutier et demandait une condition acceptable. Le jeune margrave tint bon pour que ce fût l'abbé lui-même, lui seul, qui officiât, dût-il revenir tout exprès de l'autre monde pour satisfaire à son engagement.

L'abbé se signa, comme si le diable en personne eût été devant lui, et poursuivit ses quêtes impuissantes.

Cependant ses chères orphelines allaient se trouver sans pain et sans asile; elles gémissaient; les bonnes religieuses pleuraient plus fort qu'elles; Charles-Guillaume s'obstinait dans ses conditions. Attendri, navré de pitié et de douleur, le saint homme risqua son âme, souscrivit à tout et se hâta de porter les dix mille florins au couvent. Le soir même, à la suite de tant d'émotions, il mourait frappé d'apoplexie.

L'impitoyable Charles-Guillaume, déjà vengé de l'abbé, voulut encore se venger sur toute la communauté des rigueurs de sa belle augustine. Il intenta aux religieuses de Lichtenthal un procès en restitution, la clause principale du traité passé entre Bénédict et lui n'étant plus exécutable. La supérieure proposa de faire dire la messe susdite par un autre ecclésiastique, au choix du requérant. Il refusa. L'évêque offrit de s'en charger lui-même. Nouveau refus. La princesse Sibylle-Auguste intervint et menaça son cher neveu de sa colère. Il en fut d'elle comme de l'évêque et de la supérieure. Le procès s'instruisit.

Enfin arriva le saint jour du dimanche, marqué dans le traité pour la célébration de la première des dix messes annuelles. Les religieuses et la margrave Sibylle étaient déjà installées dans la chapelle, où, en dépit des refus de ce bienfaiteur impie, l'évêque devait remplacer l'abbé Bénédict. Mais l'heure passait, et l'évêque ne paraissait pas, non plus que ses acolytes. La margrave venait de dépêcher un serviteur au-devant de lui, lorsque, à la grande surprise de l'assemblée, les portes de l'église roulèrent d'elles-mêmes sur leurs gonds; un homme, les traits violemment contractés, l'œil hagard, les cheveux collés aux tempes, entra tout à coup. Poussé par une force étrangère plutôt que par sa propre volonté, il se dirigea tout haletant vers le chœur. C'était Charles-Guillaume.

A peine était-il dans l'église que derrière lui les portes se refermèrent, comme devant lui elles s'étaient ouvertes par leur propre impulsion. Une musique délicieuse, non celle de l'orgue, car la sœur organiste, pour le moment au milieu des autres, ainsi que les autres, restait immobile et pétrifiée de surprise; mais de douces vibrations de harpes et de violes remplissaient l'air et semblaient être produites par l'air lui-même. Du côté de l'autel, dans les intervalles de la musique, on entendait le murmure d'une voix et comme des frémissements d'ailes.

Cette voix fit tressaillir le jeune homme; il crut la reconnaître. L'oreille tendue, il suivit lentement du regard une forme indécise; peu à peu, à travers le vide, il crut distinguer, il distingua le simulacre d'un prêtre, d'un vieillard couvert de l'étole et de la chasuble. Deux anges se tenaient à ses côtés, gravissant avec lui les marches de l'autel, avec lui glissant le long du saint parquet pour le seconder dans ses pieuses fonctions.

Cependant les nonnes, sortant de leur torpeur, commençaient à prendre part à ce grand étonnement manifesté par l'étranger. Elles n'entendaient point comme lui les sons d'une voix, le fantôme de l'officiant ne se mouvait point sous leurs yeux, mais d'autres effets, non moins étranges, leur révélaient l'apparition merveilleuse. Les plis de la nappe d'autel obéissaient aux mouvements d'un corps qui les frôlait en passant; le livre sacré s'ouvrait spontanément à l'endroit voulu; ses signets multicolores semblaient d'eux-mêmes en retourner les feuillets; le bruit des harpes et des violes prenait un caractère plus distinct, plus expressif, comme pour accompagner le *Pater* et le *Credo*.

Les religieuses de Lichtenthal, acceptant franchement le miracle, tombèrent à genoux et joignirent leur voix à cette voix mystérieuse qu'elles ne pouvaient entendre; elles se levèrent, se prosternèrent selon la liturgie et répondirent *Amen*.

Ce fut là surtout un spectacle saisissant quand, au moment de l'élévation, devant cet autel, en apparence désert, sans qu'une main humaine se fût montrée, on vit s'ouvrir le tabernacle, quand l'hostie consacrée s'éleva, redescendit et disparut, après avoir touché les lèvres de cet officiant invisible.

Tous les témoins de cette scène étaient pâles d'émotion et de sainte terreur.

La messe terminée, on trouva le jeune margrave pantelant, collé contre la porte de sortie et la main au bénitier. Il avait voulu fuir, il n'en avait pas eu la force.

Lui-même confessa avoir vu l'abbé Bénédict, assisté de deux anges, officier devant l'autel.

Le procès était terminé.

C'est alors que, voulant perpétuer le souvenir de cette musique céleste de harpes et de violes qui, ce jour-là, avait résonné sous les voûtes de Lichtenthal, la princesse Sibylle dota le couvent, à cette fin que, tous les dimanches et fêtes, les religieuses y jouassent du violon. L'idée était digne de la pieuse et mondaine margrave.

Charles-Guillaume, le héros de cette histoire prodigieuse, est ce même prince qui, après la paix de Rastadt, renonçant à sa résidence de Dourlach, entreprit, en 1715, la fondation de Carlsruhe. Comme, de fait, l'Alcide-Cupidon était de mœurs fort galantes, je suis porté à croire que la forme en éventail de sa nouvelle capitale se rattache à quelque aventure amoureuse. Le roi d'Angleterre Édouard III avait fondé un ordre de chevalerie à propos de la jarretière de la comtesse de Salisbury, pourquoi le margrave Charles-Guillaume n'aurait-il pas fondé une ville en souvenir de l'éventail d'une autre belle dame quelconque, d'Allemagne ou de France?

―

Je l'ai dit, je crois, ma dernière journée de Bade, je la voulais consacrer à mes recherches historiques sur le grand Louis-Guillaume..... Hélas! hélas!... je me présentai au Casino de Hollande; il était fermé *pour cause de dimanche*.

Qu'allais-je faire de mon temps?

M. Heiligenthal, mon hôtelier, me conseilla avec un plein désintéressement d'aller dîner à Achern, petite ville assez importante située sur la route de Kehl. Le jour même s'y devaient réunir tous les orphéons, toutes les sociétés chorales et philharmoniques de l'Alsace et du grand-duché. En lui entendant nommer Kehl, je songeai à Strasbourg; Strasbourg, le doigt étendu vers sa ligne de fer, me montrait Paris; Paris me montrait Marly-le-Roi..... L'idée du départ s'emparait violemment de moi. Pourquoi irais-je sur la route de Kehl pour revenir coucher à Bade? Pourquoi ne pas quitter Bade aujourd'hui aussi bien que demain?... Je réglai aussitôt avec mon hôte, dont je ne me séparai par sans regrets. En lui j'avais trouvé un homme aimable, bienveillant dans ses relations et modéré dans ses prix.

J'entrai chez Junius. A l'annonce de mon départ, une légère émotion colora son visage. Après m'avoir souhaité un heureux voxage, m'avoir chargé de mille compliments pour son cousin Antoine, il me tendit la main, puis, de lui-même, il m'embrassa.

C'était mon baiser de Carlsruhe qu'il me rendait.

Dans ce mouvement affectueux, certes, son avenir diplomatique n'était pour rien. Je suis fâché de l'avoir parfois jugé avec peu d'indulgence. En dépit de ses discussions de portefeuille, de son petit-lait, de ses jus d'herbes, de sa cravate blanche, de ses idées absolutistes et rétrogrades, Junius est un excellent garçon.

Adieu donc, Bade, paradis de ce paradis du grand-duché; adieu, Capoue, de tes délices je n'ai savouré que les plus douces et les moins dangereuses; adieu, Charybde, je n'ai plus rien à craindre de tes sirènes, je pars avant qu'elles soient arrivées ; adieu, monsieur Bénazet; je ne regrette point ce premier impôt que vous avez levé sur moi. Aujourd'hui je cesse d'être votre sujet et votre contribuable; je pars !

X

SASSBACH.— Le tombeau de Turenne. — ACHERN. — Aventures de mon chapeau. — Une chambre à deux lits. — Chemin de fer apocalyptique. — Nouvelles aventures de mon chapeau.

Le chemin de fer aurait pu me conduire de Bade à Achern en moins d'une heure ; mais j'avais résolu de mettre à profit mes derniers instants de vagabondage en traçant ma route par Ottersweier et Sassbach ; j'avais mes raisons. Je pris donc une voiture.

A Ottersweier je pensais retrouver les traces de Louis-Guillaume. Les archives de cette ville, m'avait-on dit, contiennent par rapport à lui les pièces les plus curieuses, récemment transportées là des grands dépôts historiques d'Heidelberg. Je me présentai à la maison des archives. La porte était fermée ; je frappai. Une vieille dame, à l'air revêche, ouvrit sa fenêtre et me déclara que je n'entrerais pas, toujours *pour cause de dimanche*. Je fus forcé de me contenter de l'inspection d'une église assez curieuse par ses peintures murales et la profusion de ses ornements et de ses anges de stuc.

A Sassbach, j'allai faire une visite à Turenne. C'est là que, le 23 juillet 1675, ce grand homme est tombé, ayant devant lui, comme adversaires, Montecuculli et Louis-Guillaume de Bade, ce dernier alors âgé de vingt ans. A Sassbach aussi bien qu'à Ottersweier je devais subir des mécomptes.

Pourquoi à l'aspect de cette colonne droite et silencieuse suis-je resté froid comme elle, sans pulsation de cœur comme elle? Je ne sais qui m'avait conté que Turenne en tombant sur ce terrain l'avait conquis à la France ; que, du consentement de tous, il y avait ainsi en Allemagne un fragment de terre française ; qu'un poste de soldats français, relevé de temps en temps, y montait sa garde, tenant compagnie aux mânes du héros. Cette petite France, avec son armée de quatre hommes et un caporal, placés encore sous le commandement du grand Turenne, parlait à mon imagination, faisait tressaillir ma fibre de patriote, et là aussi on pouvait se sentir fier d'être Fraînçais en regardant la colonne! Mais le tombeau de Turenne est à Paris, aux Invalides; les débris de l'arbre contre lequel il expira adossé, comme cette colonne, qui ne recouvre rien, sont simplement confiés à la surveillance d'un brave Allemand, lequel a là sa maisonnette, où il se chauffe les pieds en attendant les visiteurs. Mirage! désillusion!

Parmi les noms de ces visiteurs inscrits chez le gardien je n'en vis que deux bien remarquables : ceux d'*Hortense, duchesse de Saint-Leu*, et de son fils *Louis-Napo-*

léon-Bonaparte, tous deux à la date du 4 avril 1832. Que de réflexions à faire sur cette date et sur ce dernier nom ! Ce nom, il était alors toute la fortune du jeune touriste, devenu empereur vingt ans après, plus encore par la force de son invincible volonté que par l'élection populaire. L'illustre proscrit d'alors avait en lui cette puissance occulte, mytérieuse, qui pousse en avant les missionnaires de la Providence. Il croyait au *fatum*, à sa destinée, même en face de ce boulet qui a tué Turenne.

Le boulet qui a tué Turenne, je l'ai vu ; le gardien me le montra ; il était sur sa table, à côté de sa pipe, dans un petit panier d'osier. Dois-je croire à son authenticité ? Le bonhomme en a peut-être à vendre et à revendre, à l'usage de messieurs les Anglais. Quant à moi, eût-il été officiel, authentique, sa possession ne m'eût guère tenté. Courez donc les routes avec un boulet de canon dans votre poche !

De cette terre trempée d'un sang précieux, je voulais néanmoins rapporter un souvenir, une fleur pour mon herbier historique. Un de ces grands lychnis roses, si communs dans les prairies, avait poussé non loin de l'arbre ; j'allais le cueillir... mon cocher, alors occupé à réunir quelques poignées d'herbes pour ses chevaux, me l'enleva. Je n'en cherchai pas un autre.

Dans ce pays de montagnes, les pluies sont fréquentes et soudaines. Quelques larges gouttes d'eau, pour achever de me refroidir, tombaient lorsque nous quittâmes Sassbach ; il pleuvait à flots à notre entrée dans Achern. Cependant les rues regorgeaient de monde. Les sociétés chorales, musique en tête, se frayaient un passage au milieu de la foule ; cent gonfanons, arborant le lion de Belgique, la lyre strasbourgeoise, les armes d'Heidelberg, de Colmar, de Manheim, de Mulhouse, ainsi que les bustes de Mozart et d'Haydn, surmontaient mille parapluies ; ces mille parapluies abritaient deux mille têtes. C'était un tableau et une musique aussi que tous ces petits dômes de soie et de toile, aux couleurs variées, parsemés de banderoles flottantes, et sur lesquels la pluie résonnait sourdement comme les tambours d'un convoi funèbre. Une espèce de nain difforme, avec un grand claque galonné d'argent, et qu'on eût dit coiffé du croissant de la lune, réglait la marche du cortége en agitant une longue canne, qui, entre ses mains, avait les proportions d'un mât de vaisseau. La suprématie des nains est de tradition en Allemagne.

Après avoir, non sans peine, traversé toute cette cohue, mon cocher me déposa devant l'hôtel de *la Couronne d'or* et reprit sa course vers Bade. L'hôtelier, de l'air le plus empressé, le plus cordial, vint à ma rencontre et m'annonça.... n'avoir ni de quoi me nourrir ni de quoi me loger.

Je restai stupéfait d'une telle déclaration après un tel accueil. Ma position était triste. Courir la ville pour chercher un autre gîte était le seul parti qui me restât à prendre; mais la pluie tombait plus serrée, plus abondante que jamais, et j'avais mon chapeau neuf, et je n'avais plus mon parapluie. Du fond du cœur, je te regrettai sincèrement, mon vieux meuble, si lourd, si incommode; ton heure de gloire était venue.

J'ai toujours été soigneux de mes effets, comme de ma personne; j'aurais pu ne risquer que ma casquette, mais alors que faire de mon chapeau? Si, pendant ma course à travers la ville, je devais le tenir à la main, je n'en étais guère plus avancé. Par un mouvement machinal, donc tort naturel, je me découvris la tête pour examiner l'objet en litige, comme si j'avais voulu lui faire part à lui-même des soucis qu'il me causait. Jugez de ma surprise! ledit objet n'était point mon chapeau, mais bien ma casquette. Alors qu'avais-je fait de mon chapeau? Evidemment, resté dans la voiture qui m'avait amené à Achern, il venait de retourner à Bade avec elle.

Depuis que je voyage j'ai pris une habitude on ne peut plus ingénieuse. Ai-je à visiter uu monument public, se trouve-t-il sur ma route une ville à traverser, je prends mon chapeau, dans le fond duquel j'ai soin de placer ma casquette, dégagée de sa baleine circulaire, par conséquent réduite à sa plus simple expression. C'est un excellent moyen et je le recommande à tous les voyageurs. Il offre cependant un inconvénient. Le moment venu du grand air, du sans-gêne, de la promenade sous bois ou à travers champs, ne pouvant, par le procédé contraire, mettre votre chapeau dans votre casquette, il vous faut bien laisser ce premier, soit à une branche d'arbre, soit dans votre voiture, soit à un gîte où vous le reprendrez en revenant. Dans la plupart des cas, vous sentant la tête suffisamment couverte, abusé par la casquette, vous oubliez le chapeau. C'est un chapeau perdu : voilà l'inconvénient.

On me dira : « Maintenant que vous n'avez plus à craindre la pluie pour votre chapeau neuf, vous êtes hors d'embarras? Sans doute; mais déjà la ville d'Achern, avec ses déluges, sa boue, sa foule, son tapage, me déplaisait horriblement; la perte de mon chapeau ne fit qu'augmenter ma méchante humeur contre elle; je ne songeais plus à y séjourner, mais bien à me diriger sur-le-champ vers la station du chemin de fer.

Sous la porte cochère de l'hôtel où je me tenais debout depuis plus d'une heure, tous les gens sans parapluie s'étaient réfugiés. Je m'adressai tour à tour à chacun de mes compagnons d'infortune, leur demandant le chemin de la station. Pas un ne comprenait le français. Les garçons de l'hôtel, les yeux ardents, traversaient notre couloir comme des chauves-souris effarouchées; j'essayais de les retenir au vol; impossible! Ils décrivaient un crochet et s'engouffraient dans les vastes salles, où mille voix grondantes les interpellaient. Enfin, l'hôtelier reparut; je le saisis par le bras, avide que j'étais de me resegner au plus vite sur la station du chemin de fer : « Pas de place! pas de place! » me cria-t-il en se dégageant.

Je crois qu'il répondait à sa pensée et non à la mienne; les chemins de fer badois ont toujours de la place.

Ceux qui ne se sont jamais trouvés dans cette position désastreuse d'un malheureux voyageur, isolé, sans asile, par un temps de pluie, sans espoir de dîner, sans communication de langage avec ce qui l'entoure, et qui de plus vient de perdre son chapeau, ne pourront se faire une idée de la souffrance que j'endurais. Alors, revenant sur tous mes griefs passés, moi naturellement charitable, je vouais à tous les diables d'enfer ce malencontreux ingénieur qui, de Noisy-le-Sec, m'avait entraîné vers Épernay, et mes mauvais plaisants d'amis qui m'avaient fait prendre le chemin de Strasbourg au lieu de celui de Paris, et les douaniers de Kehl, qui m'avaient contraint d'aller chercher un passe-port à Carlsruhe, et M. Heiligenthal lui-même, qui venait de me conseiller Achern comme promenade d'agrément!

Dans tous les tableaux où sont représentées de grandes catastrophes en train de s'accomplir, généralement l'idée humanitaire se fait jour; si le tableau met sous nos yeux une femme et ses enfants égarés dans les bois et près d'être dévorés par une bande de loups affamés..... spectacle affreux!... le peintre a soin de nous montrer dans le lointain des chasseurs accourant armés de leurs fusils, ou des paysans de leurs faulx, et qui viennent là jouer le rôle de la Providence. Même dans son terrible *Naufrage de la Méduse*, Géricault a laissé entrevoir une voile à l'horizon. La voile qui se montra alors à moi, mon brick sauveur, ce fut une carriole, qui s'arrêta devant l'hôtel!

Elle amenait des voyageurs sans doute; les voyageurs descendus, je me faisais transporter par elle au chemin de fer, à Kehl, à Strasbourg, s'il le fallait! O cieux cléments! ô brick sauveur! carriole providentielle, bénie sois-tu cent fois! Je m'élance au-devant du conducteur, qui, d'un geste assez brusque, m'écarte; puis de sa cage vide tirant un objet, il l'agite en l'air, en apostrophant à haute voix, toujours dans cette misérable langue allemande, aussi bien les habitants de la porte cochère que les heureux de ce monde abrités dans les salles, et dont quelques-uns, la bouche pleine, viennent mettre le nez aux fenêtres. Cet objet qu'il agite, qu'il secoue brusquement en l'exposant aux regards de tous et même à la pluie, qui tombe toujours, c'est un chapeau, un chapeau neuf, le mien! Je me jette dessus et m'en empare. Quant à l'explication qui s'ensuivit entre nous, je ne la rapporterai pas. Voici ce que j'en pus conclure toutefois, sans autre garant pour la véracité de l'histoire que mon intelligence naturelle; mon honnête cocher de Bade s'étant aperçu, en s'en retournant, de l'oubli fait par moi de mon chapeau, s'était empressé de le remettre, avec indication du lieu où il m'avait déposé, au conducteur de la carriole, lequel se dirigeait vers Achern.

Je l'avais donc reconquis, mon chapeau! Je me l'implantai aussitôt sur la tête, en ayant soin d'y replacer ma casquette d'après le procédé susindiqué, quitte à le perdre encore à la première occasion, ce qui ne pouvait tarder.

Ma situation ne s'était point améliorée cependant ; la carriole et son conducteur, aussi incapables l'un que l'autre de répondre à ma demande, à mes prières, s'éloignaient ; et l'hôtelier de *la Couronne d'or*, accouru au bruit des roues, venait de m'apprendre que le train de fer ne devait s'arrêter à Achern qu'à dix heures du soir. Il en était six !

Je m'assombrissais de plus en plus. La fatigue physique ajoutait à mes souffrances morales ; je ne pouvais plus me tenir sur mes jambes. Je pris bravement mon parti, et, en attendant la fin de ce déluge qui alors faisait un marécage de la grande rue d'Achern, je m'assis sur une marche de l'escalier, humblement, du côté de la rampe, laissant un passage aux allants et venants, qui prenaient volontiers le pan de ma redingote pour un tapis de pied et peut-être m'auraient pris moi-même pour un mendiant si je n'avais eu mon chapeau neuf.

Mon chapeau neuf devait ce jour-là jouer un grand rôle dans mon existence. Oui, j'en reste convaincu, c'est à lui que je dois la bonne fortune qui n'allait pas tarder à m'arriver, comme à son absence j'avais dû l'accueil peu hospitalier de mon hôte. Me voyant descendre de voiture, celui-ci avait cru d'abord à l'arrivée d'un personnage ; mon costume, un peu fatigué par douze jours de courses, mon mince bagage, ma boîte de fer-blanc, ma casquette ramollie par l'humidité, n'avaient plus représenté à ses yeux qu'un de ces négociants nomades, un de ces marchands de tabatières de buis, ou tout autre de ces pauvres diables qui courent les foires. De là son accueil d'abord souriant, puis ces paroles terribles : « Ni pain, ni sel, ni gîte ! » Mais les marchands ambulants ne portent pas de chapeaux de soie. Le chapeaux de soie, en Allemagne surtout, indique un habitant aisé des villes. Peut-être aussi l'hôte avait-il été témoin de la façon toute libérale dont je venais de rémunérer le conducteur de la carriole ; peut-être encore, en m'examinant de plus près, avait-il fini par découvrir en moi ce je ne sais quoi qui annonce l'homme qui a fait ses classes, l'homme occupé de travaux sérieux, de travaux historiques, et le chapeau neuf venant dignement couronner l'édifice de ses suppositions... Bref, quoi qu'il ait supposé, depuis dix minutes à peine j'étais piteusement assis sur ma marche d'escalier qu'il s'approcha de moi, du côté de la rampe, et, de l'air le plus respectueux, me dit à l'oreille : « Si monsieur veut bien me suivre, j'ai pour lui une chambre et un dîner. » Mots magiques, qui me guérirent subitement de tous mes maux. Le brick sauveur venait d'aborder le radeau de *la Méduse !*

Me levant tout d'une pièce, je suivis mon guide dans un autre escalier; arrivé au troisième étage, il me fit entrer dans une chambre à deux lits, assez spacieuse, assez propre, mais affreusement imprégnée de l'odeur de la fumée de tabac : « C'est la chambre de mes filles, » me dit-il. Je n'en crus pas un mot. Un quart d'heure après je dînais.

Je n'ai jamais su dîner seul; à table, je ne supporte la solitude qu'à la condition d'évoquer par le souvenir un convive de mon choix ; il vient, sinon partager mon repas, du moins y assister. Douce et bonne fée que l'imagination! Cette fois, ce fut une femme, ma gentille hôtesse de Carlsruhe que j'évoquai. Mais notre tête-à-tête fut de courte durée. Brascassin vint presque aussitôt se mettre en tiers avec nous. Brascassin! Thérèse Ferrière! mes deux énigmes vivantes, les deux sphinx qui semblaient avoir mis au défi ma perspicacité naturelle! A Bade, je n'étais point resté un jour sans broder à l'infini des commentaires sur le lien mystérieux qui les unissait; peine perdue; la lumière ne s'était pas faite, et mon voyage menaçait de s'achever, privé de son épisode le plus intéressant. Allais-je donc rentrer en France comme un chasseur maladroit qui revient le carnier vide?

Au milieu de ces idées, je sentis le sommeil me venir. Je chargeai mon garçon de service de me réveiller au moment voulu, et j'essayai de dormir.

J'essayai, c'est le mot. Dormez donc au milieu des cris,

des chants, du bruit de la rue et de toutes les musiques de l'Allemagne, de la Belgique et de l'Alsace conjurées ensemble! Je m'assoupissais un instant pour me réveiller en sursaut, pensant que le feu était à la maison ou que les escaliers s'écroulaient.

A dix heures, le garçon frappa à ma porte. Je me levai. Il me conduisit à la station du chemin de fer; le convoi arrivait. Enfin, je revoyais la France! Avec une rapidité de trente lieues à l'heure la locomotive se dirigeait sur Paris. A Paris, que de changements depuis mon départ! De nouvelles rues, plus larges que des boulevards, avaient été ouvertes; tous les chemins de fer se reliaient entre eux et circulaient sur les bas côtés de ces voies gigantesques.

Sans descendre du wagon, je pus du débarcadère de l'Est gagner l'embarcadère de Saint-Germain et de là Marly-le-Roi. Mais à Marly pas de station. Entraîné jusqu'à Poissy, sur le chemin de fer du Nord, du chemin de fer du Nord, avec une rapidité toujours croissante, je rentrais dans celui de l'Est par Charleroi, Luxembourg et Metz; je franchissais de nouveau Strasbourg; le pont d'essai que j'avais naguère traversé, musique en tête, était devenu pont de pierre, pont définitif; il réunissait les deux rives du Rhin! et, le Rhin franchi, deux cavaliers parurent tout à coup, prirent la voie, et dans leur course, non moins rapide que celle du chemin de fer, se tenant à la hauteur du wagon que j'occupais, ils semblaient vouloir me servir d'escorte. Tous deux assis sur un même cheval apocalyptique, étaient vêtus de riches costumes, mais sous leur veste brodée d'or ou de soie le vent s'engouffrait à grand bruit comme dans le vide; la chair manquait à leurs os, qui cliquetaient à chaque bond de leur coursier.

Le premier, sur son front dénudé, portait une perruque à la Louis XIV, le second, une perruque du temps de la Régence. Dans leurs orbites creuses une faible lueur, bleuâtre et vacillante, tenait lieu de regard, et à leurs talons osseux étaient vissés de longs éperons terminés par une boule. Plus squelette encore que ses maîtres, le cheval avait toutes ses articulations chevillées de cuivre; à travers l'écartement de ses côtes je voyais dans l'intérieur de son corps décharné fonctionner une petite machine garnie de pistons et de coussins de cuir, que pressaient tour à tour les éperons arrondis des cavaliers. C'était un cheval locomotif, à air comprimé (système Andraud). Ces cavaliers tournèrent la tête vers moi et se nommèrent. Je m'inclinai devant Louis-Guillaume, le vainqueur des Turcs, et devant Charles-Guillaume, le fondateur de la ville en éventail, le héros de ma dernière légende.

La légende et l'histoire m'escortaient donc à mon retour dans les États de Bade !

Charles-Guillaume, faisant sans doute allusion à son entrée dans l'église de Lichthental, et à sa position forcée durant la *messe invisible*, me dit alors en ricanant :

« Eh bien, monsieur le légendaire, à votre tour vous voilà entraîné par une force que votre volonté ne suffit pas à maîtriser ! »

Ces paroles, nettement articulées, sortant d'une bouche sans lèvres et sans langue, me parurent être un nouveau produit de la mécanique.

M'adressant bientôt à Louis-Guillaume, dont le maintien, digne et sévère, m'inspirait toute confiance, je lui demandai où s'arrêterait cette course interminable.

« A Achern, me répondit-il.

— Et pourquoi me vois-je ainsi contraint de revenir à mon point de départ ?

— Parce que vous avez oublié d'y régler votre compte avec l'hôtelier.

Cette réponse d'un grand margrave, faite du ton le plus noble, et accompagné du geste le plus majestueux, me parut si étrange, si peu en rapport avec le caractère héroïque dont je me plaisais à le revêtir, que je m'éveillai.

Sorti enfin de ce rêve à la vapeur et à l'air comprimé, je me frottai les yeux, je soulevai un pan de mon rideau de serge.... Il faisait grand jour et j'avais manqué le convoi !

J'allais pousser un cri de détresse ; j'en fus empêché par un nouvel incident qui semblait continuer mon rêve.

Un spectre, vêtu de blanc, se tenait debout dans ma chambre. Troublé, effrayé peut-être, je laissai retomber le rideau; j'enfonçai ma tête sous la couverture, et rassemblant mes esprits mis en désarroi, je me tâtai le pouls, essayant de juger par le nombre de ses pulsations si j'avais la fièvre, le vertige, si j'étais fou ou simplement halluciné.

Deux minutes après, une idée souriante et quelque peu égrillarde me calmait tout à coup. Si mon hôte avait dit vrai? si j'occupais réellement la chambre de ses filles et que l'une d'elles, dont peut-être il m'avait cédé le lit, vînt, ignorant mon installation.... Là s'arrêtèrent brusquement mes suppositions malséantes, mon spectre avait des bottes. Je l'entendis marcher et faire raisonner le plancher sous ses lourds talons. Derechef j'entr'ouvris le rideau. Je vis un monsieur s'avancer vers un petit miroir qui me faisait face pour y essayer sa cravate « Bon ! me dis-je, mon hôtelier a disposé du lit vacant: c'était son droit. Mais dans cette nuit de tapage, que je croyais avoir été pour moi sans sommeil, j'ai donc dormi bien profondément que je n'ai point eu conscience de l'arrivée de ce camarade de chambrée? »

Tout en me livrant à ces réflexions pleines de justesse, j'examinais mon conjoint, qui en ce moment, me tournait le dos. Il avait un paletot bleu, un pantalon à raies. Un instant j'entrevis un coin de sa figure dans le petit miroir; il portait barbe et barbiche ; il devait avoir une figure comme un autre et non une tête de mort. Je laissai retomber mon rideau pour lui donner le loisir d'achever sa toilette.

Lui parti, je me jette en bas du lit; je m'habille à mon tour et en toute hâte, voulant profiter du premier train je prends mon chapeau.... Nouvelle mésaventure ! ce chapeau n'est pas le mien ! Cet étranger, ce spectre, ce conjoint maudit, il m'a emporté mon chapeau, mon chapeau neuf!

Interdit, je retourne entre mes mains celui qu'il m'a laissé en échange ; j'y plonge mon regard ; au fond comme d'habitude, était le nom du chapelier, mais sur la garniture de cuir un autre nom m'apparaît, et je lis :
BRASCASSIN.

Brascassin! ce Brascassin, que j'étais si avide de rencontrer, je venais de passer avec lui toute une nuit, dans une même chambre!

Le chemin de fer partait à sept heures; je descendis vivement mes trois étages.

TROISIÈME PARTIE.

I

La forêt Noire. — Ruines de l'abbaye de Tous-les-Saints. — Un élève en pharmacie. — Pluie d'argent. — Grand festival. — Qui je rencontre au milieu des orphéonistes. — Je rentre en possession de mon chapeau.

« Connaissez-vous un certain M. Brascassin, que vous m'avez donné pour compagnon de chambrée? demandai-je à mon hôte, que je rencontrai sous la porte cochère.
— Si je le connais! C'est notre marchand de vin de Champagne, à moi comme à tous les hôteliers à vingt lieues à la ronde; et un bon vivant, monsieur; avec le mot pour rire; la marchandise fait le marchand, voyez-vous. Pour les marchands de vin de Champagne, vive la joie! c'est l'état qui le veut. Eh bien, celui-là en a à vendre et à revendre, de la joie; il en a en cervelle comme en bouteille. Il fallait le voir hier attablé avec nos étudiants de Carlsruhe et d'Heidelberg; il les a tous grisés de Champagne, et c'est lui qui régalait; mais c'est sa manière de faire la pratique. Ils y reviendront d'eux-mêmes; pas mal calculé. »

Mon hôtelier, si avare de ses paroles la veille, paraissait disposé à les prodiguer depuis que ses salles étaient vides. J'en profitai pour savoir de lui quel chemin avait pris son marchand de vin de Champagne.

A quelques lieues d'Achern, dans un site merveilleux,

au milieu d'une vallée profonde, s'élèvent les ruines solennelles de l'abbaye de Tous-les-Saints (Aller-Heiligen). Les grands bois, les hautes roches, les eaux murmurantes, rien ne manque à ces vieux débris pour leur conserver une apparence de pieuse austérité. C'est vers ces ruines cependant que se sont dirigées aujourd'hui ces bandes de chanteurs et d'auditeurs profanes accourus de tous les points de l'Allemagne et de l'Alsace. Achern était le lieu de leur réunion, Aller-Heiligen, le but de leur pèlerinage philharmonique. Là devait s'exécuter le grand festival.

Déjà, depuis le petit jour, de longs voiturins surchargés de monde se dirigeaient de ce côté; les piétons suivaient. Brascassin, et par conséquent mon chapeau, ne pouvaient manquer d'avoir pris la même route. Après un instant d'hésitation, je fis comme les voiturins, comme les piétons, comme Brascassin, comme mon chapeau, je pris le chemin d'Aller-Heiligen.

A une nuit diluvienne avait succédé un soleil radieux.

J'avais trouvé place dans le dernier voiturin, charrette à deux roues, étroite et longue, flanquée de deux planches latérales en guise de banquettes, espèce d'omnibus à ciel découvert, qui est à l'omnibus ce que celui-ci est à la berline la plus moelleuse et la mieux suspendue. Huit jours auparavant, j'en serais descendu brisé et courbatu. Je commençais à me faire une musculature de voyageur.

D'ailleurs, mes regards, agréablement distraits, embrassaient une succession de collines verdoyantes coupées par de nombreux ruisseaux; ces ruisseaux formant de petites cataractes, divisés en minces filets pour les besoins de l'irrigation, après avoir clapoté au soleil, ou s'être glissés sous l'herbe comme un réseau de rubans argentés, aboutissaient à de profondes rigoles creusées de l'un et de l'autre côté de la route. C'était charmant; mes yeux se régalaient, et je ne songeais guère à ma banquette de bois.

De dix minutes en dix minutes nous traversions un village; la population tout entière, dehors ce jour-là, paraissait excessive par rapport au nombre des maisons. Je le présume, les fanfares d'Achern avaient appelé sur notre passage les habitants des autres hameaux cachés derrière les collines. Nous cheminions au milieu d'une foule compacte et curieuse qui nous regardait et que nous regardions avec un joyeux étonnement. Nous nous passions mutuellement en revue.

Les paysans ici n'ont plus rien de ceux des environs de Bade et de Carlsruhe ; ce sont déjà les paysans de la forêt Noire, avec leurs culottes de velours, leurs amples gilets et leurs chapeaux à larges bords. Soit en l'honneur de la *Musik-Fest*, soit de quelque autre fête plus orthodoxe, tout ce monde était endimanché, les femmes surtout. Les vieilles, pour la plupart, portaient un petit bonnet garni de paillon et serré aux oreilles ; les jeunes allaient nu-tête, les tresses pendantes et les rubans flottants. Au milieu de cette multitude de têtes blondes, alignées sur le bord de la route, les gilets rouges des hommes apparaissaient comme des coquelicots dans un champ de blé.

Ce que je vis de fauves chevelures ce jour là ne peut se nombrer, même approximativement. Avec ce que produit l'Allemagne dans ce genre, j'en suis certain, on pourrait entourer le globe terrestre d'un cercle de tresses blondes, écliptique dorée bien digne de marquer le cours du soleil.

Nous traversâmes ainsi les villages d'Ober-Achern, de Furschenbach, d'Ottenhofen, etc. Comme c'est tout en roulant que j'inscrivis ces noms sur mon calepin, les cahots du véhicule ont bien pu les estropier quelque peu.

Après deux heures de voiturin, trois quarts d'heure de marche pour gravir les montagnes, nous nous arrêtons dans un petit bois, le parloir, l'*atrium*, l'antichambre du lieu principal. C'est là que chacun semble s'être donné rendez-vous ; on s'y cherche, on y fait entendre tous ces cris de ralliement empruntés au règne animal et spécialement à la grande famille des oiseaux ; cris d'aigles, cris d'oies, chants du coq, roucoulement de ramiers, sifflements du merle, ululations de la chouette ou de l'orfraie, singulier concert préludant à l'autre.

Moi, n'ayant à correspondre avec personne à travers

l'espace, je ne criais pas, j'interrogeais du regard, je cherchais Brascassin, examinant attentivement toutes les physionomies et non moins attentivement tous les chapeaux. Il me semblait devoir reconnaître Brascassin plutôt encore à mon chapeau qu'à sa figure. J'ai eu l'occasion de l'approcher trois fois ; la première fois il représentait à mes yeux un octogénaire ; la dernière fois, ce matin même, un spectre. Restait donc notre rencontre à Strasbourg, où j'avais eu à peine le temps de le mnémoniser. Je me rappelai cependant son nez fortement aquilin, comme était celui du grand Cyrus au dire de Plutarque, et son cordon de barbe noire, encadrant une figure expressive et intelligente. Autant que je pouvais me le remémorer, il devait avoir quelque affinité de ressemblance avec M. Émile Augier, un des plus jolis garçons de l'Académie française ; mais jusqu'à présent pas une barbe noire, pas un nez aquilin ne s'offrait à moi surmonté de mon chapeau.

Comme j'inspectais ainsi tous les nez, toutes les barbes, tous les chapeaux, la foule, momentanément rassemblée dans le petit bois, semblable à une mare d'eau improvisée par une averse et qui vient de trouver son issue, disparut en prenant sa direction vers un étroit sentier pratiqué près d'une roche. Je suivis le mouvement.

Derrière la roche trois individus se tenaient, distribuant à chacun, moyennant quelques kreutzers, une carte sur laquelle était gravée une lyre. C'étaient les billets de concert, grâce auxquels seulement on pouvait être admis dans l'enceinte réservée. Je pris un billet de première, il me coûta un demi-florin.

Cent pas plus loin, le sentier descendait brusquement à travers de hauts taillis. Tout à coup s'ouvre devant nous un immense entonnoir couronné de hêtres et de sapins ; de la profondeur de l'entonnoir surgissent les ruines de l'abbaye d'Aller-Heiligein ; près des ruines sont dressées de nombreuses tables, déjà envahies par un peuple de buveurs et de déjeuneurs ; sur les déclivités du vallon, au milieu des touffes de genêts et de fougères, s'étagent, d'une façon toute pittoresque, des groupes villageois avec leurs costumes aux couleurs tranchées. Assis sur l'herbe ou sur quelque monticule de sable, narguant les gens attablés, ils se servent de feuilles de fougère en guise d'assiettes, boivent à la régalade la petite bière qu'ils ont faite, et déjeunent économiquement des provisions apportées par eux.

Quelques-uns, à défaut de l'ombrage d'un arbre ou d'un arbuste, abritent toute leur famille sous leurs grands feutres, larges comme des parapluies, une toiture plutôt qu'une coiffure. Si ces braves gens mesuraient pour leur taille une hauteur égale à la circonférence de leurs chapeaux ce seraient des géants.

Chose bizarre, dans le fond de l'entonnoir comme sur ces pentes, ces bandes de mélomanes ne semblaient préoccupées que de leur soif et de leur faim. Le concert, je l'aurais cru ajourné indéfiniment si je n'avais, par hasard, aperçu deux grosses basses et quelques étuis à violon se dirigeant vers les ruines de l'abbaye, interdites encore au public, même au public muni de billets de premières.

On faisait foule autour des tables ; on ne courait pas moins aux buvettes, organisées le long d'un petit mur à moitié renversé et dont les décombres servaient de siéges aux buveurs.

C'était là vraiment un tableau très-vif, très-animé ; il ne devait que trop s'animer encore.

Moi, je continuais de me mêler à la foule, toujours à la piste de Brascassin et de mon chapeau, et ne pouvant mettre la main ni sur l'un ni sur l'autre. J'en conviendrai volontiers, mon chapeau n'était pas l'objet principal, déterminant, de mes recherches ; il ne jouait là qu'un rôle secondaire, un prétexte plutôt qu'un but. Une curiosité inexplicable, invincible, me poussait à la rencontre de Brascassin ; elle m'y poussait dans une mauvaise direction à ce qu'il paraît, puisqu'il m'était impossible de le découvrir.

Depuis une demi-heure je me dépitais en vain, les yeux grands ouverts aux quatre points cardinaux de l'entonnoir, quand j'entendis sauter des bouchons.

Des étudiants parlaient, chantaient, criaient tous à la fois au milieu de libations de vin de Champagne ; je pense à ceux qui, la veille, au dire de l'hôtelier, ont soupé avec Brascassin; mais dans leurs chants comme dans leurs cris ne distinguant que des sons gutturaux, j'hésite à leur adresser la parole. Un d'eux, avisant du coin de l'œil ma boîte de fer-blanc, se tourne brusquement vers moi et, soulevant sa casquette :

« Vous êtes botaniste, monsieur? » me dit-il en excellent français.

Après avoir salué modestement, j'allais profiter de l'ouverture pour entamer le chapitre Brascassin. Il reprit sur-le-champ :

« Moi aussi je suis botaniste; j'étudie pour être apothicaire. Si vous voulez faire une bonne herborisation, allez à deux lieues d'ici, à la base du Tiberg : l'*anagallis arvensis* y croît en abondance. A votre santé, monsieur. »

Tous se levèrent, trinquèrent et quittèrent la table en éclatant de rire, non sans quelque raison; l'*anagallis arvensis*, cette plante décorée d'un si beau nom latin, n'étant autre que le mouron, humble végétal, plus recherché par les serins que par les botanistes.

Évidemment le futur apothicaire s'était moqué de moi. Avais-je le droit de m'en fâcher? Moins excusable que lui, vu mon âge, ne m'étais-je pas raillé aussi du géographe et de l'homœopathe? Indulgence dans le ciel comme sur la terre aux esprits railleurs? j'y trouverai mon compte.

La table laissée vacante par nos étudiants venait d'être envahie par un flot d'affamés; une seule place restait libre, je m'y glissai, l'appétit m'étant venu comme aux autres.

Par privilége spécial, octroyé par le gouvernement badois, les tables, ainsi que les rudes banquettes dont elles étaient flanquées, se trouvaient sous la domination de l'agent forestier de l'endroit, transformé en aubergiste les dimanches et fêtes. Nul n'avait le droit d'y boire, sinon de sa bière et de son vin, d'y manger, sinon de son jambon et des lapins tués et sautés de sa main. Il était l'autocrate du lieu; les buvettes lui payaient un droit de tolérance; les déjeuneurs sur le pouce le narguaient seuls du haut de leurs falaises.

J'avais demandé une demi-bouteille de vin d'Affenthaler et un râble de lapin; les garçons de service (vu la dignité de leur chef, je les soupçonne fort d'être, sauf les dimanches et fêtes, bûcherons ou charbonniers) allaient et venaient les mains vides, ne savaient à qui entendre, perdaient la tête, voulaient servir tout le monde à la fois et ne satisfaisaient personne. Au lieu de la gibelotte et de l'affenthaler, au bout d'un grand quart d'heure, mon servant m'apporta une canette de bière et un morceau de jambon. J'eus garde de récriminer et fis bien ; la bière était bavaroise, le jambon westphalien.

Comme je déguste l'un et l'autre en véritable connaisseur, soudain la table que j'occupe, les plats, les assiettes, les bouteilles, résonnent sous un tintement sonore . une grêle bondit autour de nous, une grêle ou plutôt une pluie.... une pluie métallique! D'où vient-elle? Personne ne le sait; mais ses effets, satisfaisants pour quelques-uns, pour les autres, et pour moi en particulier, furent déplorables.

Sortis de derrière le petit mur à demi renversé, une meute de paysans s'est ruée de notre côté, ramassant sous nos bancs, sous nos pieds, sur notre table, dans nos assiettes, la menue monnaie tombée du ciel. Il continue de pleuvoir sur nous non-seulement des kreutzers, mais de petites pièces d'argent. L'avidité gagne de proche en proche, toutes les masses s'ébranlent, convergeant vers un point unique, celui que nous occupons. Désertant les buvettes, ou descendus comme une avalanche des pentes de l'entonnoir, hommes et femmes, jeunes filles, jeunes garçons, tous âpres à la curée, luttent corps à corps, se prenant par les bras, par le cou, par les cheveux, pour se disputer cette manne inespérée. Malheur à la jeune fille qui a reçu un kreutzer dans son corset! ce n'est pas elle qui en restera possesseur.

On ne voit bientôt plus qu'un pêle-mêle, un tohu-bohu, un méli-mêla de cheveux gris et de cheveux blonds, de visages frais et roses et de vieux masques cuivrés et ridés, de bras et de jambes entre-croisés, tout cela s'étreignant, virant, tournoyant, tourneboulant, poussant, poussé, décoiffé, débraillé, échevelé, courbé vers la terre encore détrempée par les pluies de la veille, et, comme un troupeau de porcs, fouillant la fange et s'y roulant.

Les garçons de service, accourus pour remédier au mal, y ajoutent en prenant part à la bonne aubaine. Les chiens, voyant leurs maîtres aux prises, se jettent au milieu de la mêlée, jappant, aboyant, mordant, déchirant les jupons de laine et les culottes de velours, faisant fi de l'argent, mais non des râbles de lapin et des jambons de Westphalie.

Avais-je tort de dire que le tableau n'allait prendre que trop d'animation?

Dans la bagarre, les tables, les bancs avaient été culbutés, de même une partie des lutteurs, des déjeuneurs aussi. Je fus du nombre de ces derniers.

Étourdi par le choc, quand je revins à moi j'étais encore sur ma banquette, mais les jambes en l'air, et la terre me servait de dossier.

Je me relevai un peu penaud de la sotte figure que je devais faire; personne n'y prenait garde.

Par une heureuse diversion, la pluie d'argent venait de se renouveler sur un autre point. Je cherchai mon chapeau, c'est-à-dire celui de Brascassin : un chien gambadait, en le secouant, à quelques pas de là. Il me le rendit sans difficulté.

La cloche sonnait, annonçant le moment du concert.

Clopin-clopant, j'allai me poster à l'entrée des ruines, près de ces messieurs du contrôle chargés de recevoir les billets. Tous les porteurs de cartes défilèrent un à un devant moi. Pas de Brascassin!

Quelle malheureuse idée avais-je eue de venir à Aller-Heiligen au lieu de prendre le chemin de fer! Je serais maintenant à Strasbourg.

L'intérieur des ruines présentait un tableau assez original. L'orchestre et les orphéonistes occupaient le sanctuaire de l'abbaye. Dégarnies de leurs verrières, les longues fenêtres ogivales ouvertes au fond laissaient entrevoir une succession de petites croupes montagneuses, charmantes sous le soleil, qui les dorait à revers. Dans la nef, dont toute trace architecturale avait disparu, sauf la base de quelques piliers, se carrait le public payant, divisé en deux catégories : la première occupait les banquettes, la seconde se tenait debout sur l'arrière-plan. Je faisais partie de la première, mais entré le dernier, par suite de ma nouvelle et toujours inutile inspection, trouvant les banquettes complètement garnies, je dus me contenter de la seconde.

Le soleil, dans toute sa force, dardait d'aplomb sur notre auditoire en plein air. Les dames des premières ouvrirent non leurs ombrelles, mais les larges parapluies dont elles s'étaient précautionnées en prévision d'un temps pareil à celui de la veille; les hommes ne tardèrent pas à les imiter. Le résultat de cette exhibition générale fut de masquer complétement l'orchestre et les chœurs pour nous autres de l'arrière-garde. J'en étais fort contrarié; dans un concert, faute de mieux, la physionomie des chanteurs m'a souvent diverti.

On avait déjà exécuté l'ouverture de l'*Antigone* de Mendelsohn, un magnifique choral français de Louis Lacombe, puis un certain *iou pati, iou pata*, qui avait eu les honneurs du *bis*. J'aurais été ravi si la position verticale, en plein soleil, ne m'était pas devenue insupportable. Je regrettais de plus en plus amèrement la perte de mon parapluie!... Je suis doué de quelque imaginative heureusement.

En dehors de l'enceinte réservée, sur le rebord formé par ce qui reste des anciens pilastres de l'abbaye, avait poussé un sureau entouré de quelques aliziers. J'escaladai assez lestement le rebord et cherchai un abri sous le sureau. Là du moins j'étais assis et à l'ombre; là, je me disposais à prêter toute mon attention aux mélodies allemandes ou françaises, tout en essayant de crayonner sur mon album les grandes fenêtres ogivales du cloître, quand un nouvel incident vint mettre à néant mes doubles intentions de dessinateur et de mélomane.

Au-dessous du tertre que j'occupais, sur le monticule formé par les décombres de l'ancien bâtiment, quelques jeunes gens chuchotaient tout bas et semblaient méditer un coup. Du haut de mon belvédère je pus les entrevoir et même reconnaître le principal d'entre eux.

C'était mon élève en pharmacie, celui qui, deux heures auparavant, m'avait envoyé chercher du mouron.

Il tenait dans sa main un petit sac contenant, je pense, un reste de monnaie de cuivre, et il fouillait dans ses poches; ses compagnons l'imitaient, en ajoutant au sac, les uns quelques piécettes, les autres jusqu'à des demi-florins. Le pharmacien exhiba une poignée d'or; je la vis briller au soleil; il en versa une partie dans le sac, mêla le tout en le secouant, puis chacun d'eux tour à tour y puisa; et du bas du monticule des clameurs ne tardèrent pas à s'élever, se mêlant au bruit de l'orchestre, le dominant parfois, et les luttes recommencèrent parmi les auditeurs non payants de la *Musik-Fest*.

Et moi, mieux placé que naguère, je pus contempler à mon aise le spectacle, sans y jouer un rôle, Dieu merci!

Envisagée d'une manière philosophique, la chose me parut encore plus triste que plaisante. Que prouve après tout cette grande avidité du peuple, sinon sa grande misère?

Mais quel était donc ce jeune apothicaire, si prodigue de sa bourse et de celle de ses amis?

Du temps que je faisais mon droit, j'ai connu, j'ai fréquenté des élèves en médecine et même des élèves pharmaciens : ils ne jetaient point ainsi leur argent à la multitude.

Mes suppositions à ce sujet et mes réflexions philosophiques m'absorbèrent tellement que le concert touchait à sa fin quand je rentrai dans l'enceinte réservée. Le soleil s'étant voilé d'un nuage, les parapluies s'étaient repliés. Je pus jouir de la vue des instrumentistes et des orphéonistes.

Parmi ces derniers, j'en remarquai un gesticulant plus qu'il ne chantait, et ses regards comme ses gestes semblaient se diriger obstinément de mon côté. Je lui trouvai quelque ressemblance avec Athanase. Mais comment supposer?... Cependant c'était lui, c'était bien lui!

Après avoir vu un pharmacien transformé en Jupiter pluie d'or, il ne me manquait plus que de rencontrer Athanase Forestier sous l'apparence d'un orphéoniste, lui qui n'avait jamais pu fredonner l'air de *Malbrough* sans y gagner un laryngite.

Auprès d'Athanase se tenaient, chantant ou ne chantant pas, mais la bouche grande ouverte et un papier de musique à la main, ses convives d'Épernay, ses compagnons à la chute du Rhin, même le petit bossu. A la suite de celui-ci, mon regard s'arrêta sur une face pâle, ornée dans son milieu d'une proéminence couleur de pourpre : c'était Van Baldaboche, l'homœopathe et son nez rouge. Comment se trouvait-il là, le Hollandais?

Je n'étais pas au bout de mes surprises.

Le concert terminé, la foule qui me séparait encore d'Athanase s'écoula. Je me dirigeais vivement vers le sanctuaire de l'ancien cloître ; heurté en route par un individu, je levai la tête et je reconnus mon chapeau : c'était Brascassin!

J'eus bientôt l'explication de tous ces mystères.

Dans le wagon qui les avait voiturés ensemble à Strasbourg, Athanase et ses amis avaient donné rendez-vous à Brascassin aux ruines d'Aller-Heiligen pour la grande fête des sociétés harmoniques. De son côté, Van Baldaboche, ayant fait route pour la chute du Rhin, s'était rencontré avec la bande d'Épernay à l'hôtel Weber. Le petit bossu, ou plutôt M. de La Fléchelle (c'est son nom, et il n'est pas convenable de toujours désigner un homme par son infirmité), mis en malice à la vue du Hollandais aux deux rotules, avait essayé de s'égayer de nouveau à ses dépens. Baldaboche l'avait d'abord désarmé par sa bonhomie néerlandaise ; puis, ô merveille! à la suite d'un entretien avec l'homœopathe, La Fléchelle n'avait plus ressenti pour cet homme, long sur pattes comme un héron, et qu'il croyait avoir rencontré autrefois dans un tableau de *Téniers*, qu'une respectueuse considération laquelle, s'accroissant d'heure en heure, avait fini par tourner à l'enthousiasme, au fanatisme, à la vénération. Il ne pouvait plus se séparer de lui. La Fléchelle était riche : il emmenait Baldaboche dans sa propriété, assurant son présent et répondant de son avenir.

Athanase prétendait que le docteur au nez rouge, réalisant la pièce de Byron, *the Deformed transformed*, avait convaincu La Fléchelle qu'il pourrait lui redresser la taille, la rendre droite et souple comme une baguette de coudrier, non par la science orthopédique, applicable tout au plus aux enfants, mais par une science nouvelle, le magnétisme végétal appliqué à l'homœopathie. Grâce à cette science miraculeuse, Baldaboche rajeunissait les vieillards en faisant passer dans leur sang appauvri la force séveuse des jeunes arbres, et se chargeait de rectifier les courbures de l'épine dorsale au contact d'une tige droite et élancée. Le dirai-je? Témoin de quelques expériences soi-disant concluantes, mon ami Athanase ne paraissait nullement convaincu de la vanité de ces prétentions homœopathico-magnétiques; il avait vu La Fléchelle, en présence du maître et sous ses aspersions magnétiques, entrer en communication avec un jeune et beau peuplier, le presser longtemps entre ses mains et contre sa poitrine; à la suite de cette étreinte prolongée, l'arbre, épuisé de forces, criant grâce avait témoigné de son affaiblissement par l'inclinaison de ses rameaux, par la flétrissure de son feuillage, et le petit bossu, plein de sa vigueur d'emprunt, rêvait un complet redressement, et, quoique touchant à la trentaine, espérait grandir encore.

O Espérance! ô railleuse éternelle!

Voici pour la présence de l'homœopathe au milieu de nos gens d'Épernay. Maintenant comment tous se trouvaient-ils dans le sanctuaire des orphéonistes, sans droit aucun à un pareil honneur?

Transportés par le chemin de fer de Bâle jusqu'à Fribourg en Brisgau, Athanase et ses amis avaient décidé de traverser à pied cette partie de la forêt Noire qui sépare Fribourg d'Aller-Heiligen. En route, ils avaient rencontré une troupe philharmonique se rendant à la grande assemblée; on avait marché ensemble, puis ensemble dîné et soupé; couché dans la même grange sur la même paille. Le lendemain on s'était réveillé amis, et l'on avait trouvé bon de ne se point séparer.

Tandis qu'Athanase, en mettant fin à mes étonnements, m'en inspirait de nouveaux, je ne perdais point de vue Brascassin qui causait en ce moment avec le forestier-aubergiste, sans doute pour affaire de vin de Champagne. Leur colloque terminé, je l'abordai en lui présentant son chapeau.

« Ah! ah! me dit-il en riant, c'est donc vous, monsieur qui ce matin étiez couché dans cette chambre de la *Couronne d'or*? Vous avez dû me croire un voleur?... Mais où donc vous ai-je vu déjà?

— A Strasbourg, lui répondis-je, à Strasbourg où j'ai déjeuné à la même table que vous, ainsi que votre nouvel initié Van Baldaboche, ici présent.

— Ne parlons plus de ces folies, me dit-il de l'air le plus grave. J'en finissais avec ma vie de garçon.

— Songez-vous donc à vous marier? repris-je avec une vivacité qui sembla le surprendre.

— Qui sait?

— Pardon, ajoutai-je aussitôt, avec une certaine habileté de transition; mais si je n'ai pas l'honneur de vous être connu, j'ai eu du moins, il y a peu de jours, l'occasion de m'entretenir de vous, et longuement.

— Où cela?

— A la maison Lebel, à Carlsruhe. »

Il rougit légèrement.

« Vous connaissez la personne qui tient cette maison? me dit-il.

— Thérèse! je l'ai vue enfant. Je lui ai même porté des nouvelles de son père, que j'ai rencontré dernièrement à Noisy.

— Attendez donc! me répliqua-t-il. J'y suis!... J'ai vu Ferrière le même jour que vous, comme vous veniez de le quitter. Et moi aussi, monsieur, j'ai l'honneur de vous connaître! »

Je saluai.

« Vous êtes l'homme aux poules! »

Cette désignation vulgaire, qui semblait ne faire de moi qu'un marchand de poules, commençait à me devenir insupportable; elle termina notre entretien.

Athanase et les siens venaient de nous rejoindre. La foule désertait l'entonnoir; le vieux cloître, jadis consacré à tous les saints, rentrait peu à peu dans sa solitude habituelle.

Nous n'avions encore pris part qu'à une des fêtes de la journée.

II

Le tombeau de l'enfant. — Cascades d'Aller-Heiligen. — Espiègleries de M. de La Fléchelle. — Modes de Paris et modes de la forêt Noire. — Vallées de Kappel et de Seebach. — Réveil en sursaut.

« Il y a quatre ou cinq ans, une jeune femme, une Française, traversait la Belgique avec un enfant dans ses bras; la mère était malade, l'enfant aussi. En arrivant à Bruxelles l'étrangère fut forcée de s'aliter; et tandis qu'une fièvre délirante lui ôtait la connaissance d'elle-même, l'ange de la mort vint lui prendre son enfant et emporta la pauvre petite créature éteinte dans le cimetière de Laaken. Quand la malade eut recouvré la raison, puis à peu près la santé, forcée impérieusement de rentrer en France, elle alla faire ses adieux, ses adieux éternels à son enfant. A deux genoux sur sa fosse fraîchement remuée, le visage en larmes, d'une voix heurtée par les sanglots : « O mon enfant! s'écria-t-elle, il va
« donc falloir me séparer de toi!... retourner en France
« seule!... Ah! que ne m'est-il permis de vivre ici.... de
« ne pas te quitter? Quel regard ami s'arrêtera sur la
« terre qui te cache, puisque ta mère elle-même t'abandonne?... Qui prendra soin de ta tombe? »

« — Moi! » dit une voix qui sembla vibrer avec le vent.

« L'étrangère regarda autour d'elle et ne vit personne.
« Cette voix vient-elle de descendre du ciel? se dit la
« mère; alors, Dieu soit béni! il veillera sur mon en-
« fant. Mais si elle n'avait résonné que dans ma tête,
« sous l'influence d'un reste de délire?... »

« Deux jours après, l'étroit espace où dormait l'enfant avait un entourage de fer pour le préserver de l'envahissement des grandes tombes voisines; de jolies fleurs, roses ou blanches, le décoraient. Un jeune homme, à l'encolure vigoureuse, mais aux traits fatigués et empreints de tristesse, rêvait, un coude appuyé sur le grillage. Interrompant sa rêverie, il se découvrit la tête et murmura tout bas : « Cher petit, c'est au nom de ta mère ! »

« Depuis, il ne se passa pas une semaine sans qu'il revînt visiter le dernier berceau de l'innocente créature.

« Ce jeune homme, c'était un réfugié français compromis politiquement à la suite d'une folle manifestation de quelques élèves de l'École Polytechnique ; il avait choisi la Belgique pour son lieu d'exil, espérant retrouver là une autre France. Quoique par nature peu porté aux affections mélancoliques, le mal du pays l'avait atteint. A Bruxelles, le joyeux Français n'était plus qu'un misanthrope fuyant le monde, évitant même la société des autres réfugiés. Il cherchait les lieux déserts et sombres, dont la tristesse pût s'harmoniser avec sa pensée. Le cimetière de Laaken était devenu sa promenade favorite ; le petit mort qu'il y venait visiter, sans jamais l'avoir rencontré sur la terre, il éprouvait pour lui quelque chose de sympathique, de tendre ; il l'aimait. Né en France, l'enfant était venu mourir en Belgique, dévoré par la maladie.... Similitude entre eux qui, plus tard, bientôt peut-être, devait se compléter. Puis à cette mère, qu'il n'avait qu'entrevue un instant à travers un massif de cyprès, n'avait-il pas promis de veiller sur le tombeau de son enfant? En regardant ce tombeau il lui semblait qu'elle lui avait légué son droit de souffrance et d'amour.

« Les bonnes pensées rafraîchissent l'âme ; il éprouvait un soulagement à ses tristesses habituelles en songeant que dans ce pays, où rien ne le rattachait par le cœur, il avait maintenant un devoir pieux à remplir.

« Néanmoins, sur cette terre d'exil, si les sentiments qu'il avait jusqu'alors inspirés autour de lui sentaient parfois la contrainte et la défiance ils n'étaient point hostiles ; ils le devinrent tout à coup.

« On ne se passionne pas facilement pour les étrangers en Belgique, disposé qu'on y est à ne voir en eux que des brouillons ou des banqueroutiers jetés hors de leur pays par la bascule de la Bourse ou le tremplin politique. Partout où notre homme avait jusque-là rencontré des regards indifférents, il rencontrait des regards farouches. A sa sortie du cimetière, les habitants du faubourg de Laaken se le désignaient du doigt avec l'expression du mépris. Qu'était-il arrivé? Déjà à différentes reprises, son logeur lui avait témoigné en avoir assez de sa pratique. Il lui en expliqua la raison un beau jour, nettement, rudement.

« Était-il digne de l'hospitalité belge celui qui avait détourné une pauvre fille de ses devoirs? L'ancien polytechnicien voulut nier; mais ne s'était-il pas dénoncé lui-même par ses visites fréquentes au tombeau de l'enfant? Pourquoi eût-il pris tant de soins de ce tombeau s'il n'était le père du petit défunt, par conséquent le séducteur de la jeune mère? Était-ce donc à l'enfant qu'il fallait songer seulement? Il pouvait se passer de fleurs, tandis que la pauvre fille, faute d'une réparation, flétrie dans son honneur, repoussée par sa bienfaitrice, s'était vue forcée de quitter la Belgique, en proie à la misère et au désespoir.

« Pour s'être fait le gardien d'un tombeau, notre ami se trouvait dans cette situation étrange de passer pour le père d'un enfant dont le sexe même ne lui avait pas été révélé, et pour le séducteur d'une femme qu'il n'aurait pu reconnaître s'il l'eût rencontrée.

« Peu de temps après, il fut rappelé de son exil, par conséquent guéri de sa nostalgie.

« Avant de partir, bravant de nouveau l'opinion publique, il se rendit une fois encore au cimetière de Laaken et rétribua largement le gardien, lui confiant le soin du petit tombeau pendant son absence. Qu'elle fût fille ou femme, il l'avait promis à la mère! »

Cette histoire me toucha vivement. Athanase me la racontait tandis que, pour nous rendre aux cascades, nous gravissions ensemble les jolies collines blondes déjà entrevues par moi à travers les ogives démantelées de la chapelle. Puis, s'arrêtant :

« Eh bien, mon cher Augustin, croyez-vous que Brascassin (car c'était encore de l'éternel, de l'inévitable Brascassin qu'il s'agissait ici), croyez-vous que Brascassin, même avec les idées de mariage que vous lui supposez, puisse jamais songer à prendre pour femme cette Thérèse, la fille séduite de Bruxelles?

— Je ne sais ce que je pense, lui dis-je, mais votre joyeux ami, dont jusqu'ici je n'avais qu'une mince opinion, je vous le déclare, vient d'entrer brusquement dans mes affections. C'est un noble cœur, et sa conduite au tombeau de l'enfant... »

Ici, j'interrompis ma phrase par un cri. C'était un cri d'admiration.

De l'endroit où nous étions, les cataractes d'Aller-Heiligen se développaient sur une longue étendue. On eût dit vingt rivières étagées les unes sur les autres. C'était magnifique, c'était sublime! De ma vie de Parisien je n'avais rien vu de plus beau, même les grandes eaux de Versailles. Quand la nature s'en mêle, elle distribue ses largesses avec plus de prodigalité encore que le grand roi Louis XIV.

Nos compagnons nous attendaient un peu plus haut, à demi-portée de fusil; c'était de là que nous devions partir pour descendre le long des cascades.

En abordant Brascassin, par un mouvement involontaire, je lui tendis la main.

Il ne sut trop ce que cela voulait dire. Mais je songeais au cimetière de Laaken.

Alimentées par la Mourg, par l'Enz et les nombreux cours d'eau descendus des pentes de la forêt Noire, les cascades d'Aller-Heiligen se sont frayé leur route à travers un terrain rocheux qui, par ses résistances, les a transformées en immenses cataractes, reliées entre elles sur près d'un kilomètre d'étendue.

Autrefois, pour oser les côtoyer dans tout leur parcours, il fallait s'aventurer le long des berges escarpées et glissantes; on y risquait sa vie.

Naguère encore, des échelles, ayant pour points d'appui d'énormes rochers mis à découvert par les eaux torrentueuses, facilitaient la route aux curieux. Si la visite n'entraînait plus un péril de mort, elle causait du moins une grande fatigue et tentait seulement sinon les plus braves, du moins les plus robustes.

Aujourd'hui, tout le monde est appelé à jouir du spectacle; des escaliers commodes, quoique un peu rapides, avec rampes et garde-fous, ont remplacé les échelles. C'est plaisir que de descendre ainsi, de cascade en cascade, au milieu du bruit assourdissant de toutes ces masses d'eau qui, en passant, vous saluent par une aspersion d'abondante rosée. Jamais je ne m'étais trouvé à pareille fête.

Les populations campagnardes accourues au festival remplissaient les escaliers ; les riches fermières avec leur taille sous les aisselles, leurs grands chapeaux de paille ornés de fleurs champêtres, les dames bûcheronnes, leur petit feutre sur la tête, les ouvrières, en bonnet de soie, rouge ou bleu, la plupart tenant leurs enfants à la main ou dans leurs bras ; les villageois avec leurs longs bâtons blancs, leurs redingotes amples et flottantes ; les forestiers avec leurs vestes d'uniforme et leurs grandes guêtres à la souabe ; tous ces groupes, mêlés à des groupes de citadins aux habits étriqués, aux petits chapeaux ronds, à la casquette universitaire, cheminant, ayant près d'eux leurs femmes ou leurs sœurs, au buste allongé sur une base arrondie et volumineuse, présentaient le plus singulier mélange de formes et de couleurs.

Une partie de la foule, venant du plateau de l'abbaye, montait ; l'autre, ayant, comme nous, escaladé les collines, descendait, et ce remous humain, le contraste entre tous ces costumes, les modes de Paris et celles de la forêt Noire confondues ensemble, les bruits, les murmures de cette foule, couverts par les murmures et les bruits des cascades, tout cela encadré dans la sévérité d'un paysage alpestre revêtait les allures d'une grande mascarade défilant au milieu d'une noble et majestueuse décoration.

J'essayai d'en reproduire quelques détails par le crayon. Ce petit diable bombé de M. de La Fléchelle, à force de tourner, de gambader autour de moi, et de s'extasier sur l'œuvre avant même qu'elle fût commencée, m'en rendit l'exécution impossible.

Il fallut enfin dire adieu à ces merveilles d'Aller-Heiligen. Comme souvenir, je cueillis sur la dernière cascade une superbe *pédiculaire*, m'apprêtant à l'insérer précieusement dans ma boîte. Dans ma boîte, je trouvai un bouquet d'orties. Décidément, le nain en voie de devenir géant m'avait pris à partie pour ses malices. Je lui fis du doigt un signe de réprimande. Il pouffa de rire. Peut-être en grandissant deviendra-t-il plus raisonnable.

A l'entrée du petit bois où j'avais abordé le matin, nous trouvâmes non-seulement des voiturins, mais des chars à bancs. Athanase, Brascassin, l'homœopathe, La Fléchelle, deux autres convives d'Épernay, un ami de rencontre qu'Athanase avait détaché de l'orphéon et moi, nous formions une bande de huit individus. Nous prîmes deux chars à bancs. Je pensais retourner à Achern :

« Et le *Mumel-See!* me dit Athanase.

— Est-ce là que nous devons dîner, demandai-je, songeant à mon déjeuner si fatalement interrompu.

— Nous dînerons au *Hirsch*, me répondit Brascassin.

— Pourquoi pas à Achern? Je compte bien ce soir prendre le chemin de fer pour Paris.

— Nous aussi, parbleu! sinon pour retourner à Paris, du moins à Epernay, reprit Athanase. Mais, malheureux! vient-on à Aller-Heiligen sans visiter le *Mumel-See?*

— Qu'est-ce que le Mumel-See?

— C'est le lac des Fées! me dit La Fléchelle.

— Et où est situé ce lac des Fées?

— Au Mumel-See. »

Je ne jugeai pas nécessaire de prolonger de pareilles explications. D'ailleurs, ce mot de *lac des Fées* avait doucement raisonné à mon oreille.

Nous voici dans la délicieuse vallée de Kappel. Au lieu du tumulte de l'entonnoir, du tapage, des bruits de toutes sortes, cris de la foule, vacarme des cascades, trompettes et contre-basses de la *Musick-Fest*, qui, depuis le matin, avaient surexcité la partie nerveuse de mon organisation, silence complet, à peine troublé par quelques chants d'oiseaux, par quelques mugissements de génisses. Du sein d'immenses prairies, entre les hautes herbes, s'élève de temps à autre un front cornu, et deux gros yeux nous regardent passer. Notre char à bancs avec ses ressorts de bois, vraiment de très-bon usage dans les routes accidentées, semble glisser sur le sable; j'éprouvais une quiétude, un calme parfaits. Parmi mes compagnons, les uns fumaient avec cette taciturnité naturelle aux fumeurs; les autres dormaient. Peut-on dormir, un pareil tableau sous les yeux! Moi, je méditais, ce qui ne m'était pas arrivé depuis longtemps au milieu de ma vie agitée; je songeais à Thérèse et au vainqueur des Turcs, à Thérèse surtout. Non! je ne pouvais ratifier la sentence portée contre elle par Athanase; il avait été abusé par ses propres suppositions ou celles de son entourage; Brascassin n'avait pas parlé avec mépris de la pauvre fille; elle lui était si dévouée, si reconnaissante!....

Je ne fus distrait de ces pensées qu'à la vue des vallées de Seebach, qui s'enchaînent à celles de Kappel et les font oublier; là un horizon de hautes montagnes boisées, un double rang de collines parsemées de nombreux châlets; aux flancs de la colline, se détachant nettement sur leur verdure un peu sombre, bondissent des chèvres blanches, serpentent de jolis ruisseaux qui semblent se rouler sur eux-mêmes et caqueter au soleil; à la porte comme aux fenêtres des châlets, apparaissent des figures de femmes, toujours blondes, souvent charmantes; du fond de la vallée montent vers nous des bourdonnements, des murmures, et les tintements doucement monotones de la clochette des troupeaux.

J'étais sous le charme! il me semblait déjà ressentir l'influence magnétisante des fées du lac. Je ne connais la Suisse que par ouï-dire et pour avoir vu un grand nombre de ses portraits, plus ou moins bien coloriés; mais peut-lle présenter quelque chose de plus gracieux, de plus idéalement pittoresque que cette ravissante vallée de Seebach? Je me promis bien d'inscrire sur mes tablettes, comme une des journées les mieux employées de ma vie, celle où j'ai vu les cascades d'Aller-Heiligen, cet agreste paradis de Seebach, et qui devait se terminer au lac des Fées.

Je commençais à me prendre au sérieux et à me croire devenu, toujours malgré moi, un illustre voyageur. Au milieu de ces idées vaniteuses, repu de ces beaux spectacles, fatigué d'admiration, je finis par m'endormir à mon tour. Nous dormions donc à l'unanimité dans nos deux chars à bancs, quant un double ressaut des voitures nous fit ouvrir les yeux à tous les huit à la fois.

Nous arrivions au *Hirsch !*

III

La pipe du diable. — Le titan La Fléchelle. — Lac des Fées. — Dissertation sur les cascades et les montagnes. — Je m'éprends de plus en plus de Brascassin. — Des vins de Champagne et de leur influence.

Le Hirsch, c'est-à-dire *le Cerf* (j'aurais dû me rappeler ce mot, moi qui, à Bade, logeais à l'hôtel du *Hirsch* ; mais ma mémoire est rebelle au tudesque), le Hirsch donc est un grand gasthaus, station ordinaire des marchands de bestiaux, des colporteurs d'horloges de bois qui vont gagner les villes de la plaine, ou de messieurs les touristes en route pour le lac.

Nous entrâmes dans une vaste salle, blanchie à la chaux, sans autres ornements que quelques tables boiteuses et des chaises rustiques. Un tableau cependant en décore la muraille principale. Ce tableau, ou plutôt cette gravure sur bois, vigoureusement coloriée de rouge, de jaune et de bleu, représente la rencontre de Waldhantz et du diable, un des souvenirs glorieux du pays.

L'Allemagne entière, l'Alsace même et les Vosges, ont leur *Chasseur sauvage*, dont on entend les meutes aboyer au milieu de l'ouragan. A la forêt Noire spécialement appartient le joyeux Waldhantz, le roi des braconniers. Son aventure est dans toutes les mémoires son nom dans toutes les bouches, son portrait sur toutes les pipes. Pour ce dernier point c'est justice ; sans lui, qui jamais eût entendu parler de la pipe du diable ?

Waldhantz était un garçon de belle humeur, courant après les jolies filles, mais amoureux seulement de la chasse ; d'une dévotion parfaite, mais surtout envers saint Hubert, dont on voyait l'image toujours appendue à la boutonnière de sa veste. C'est saint Hubert qui rabattait le gibier pour lui ; c'est saint Hubert qui lui faisait éviter la rencontre des gardes-chasse ; bref, saint Hubert et Waldhantz étaient au mieux ensemble.

De son métier légal et reconnu, Waldhantz, horloger et mécanicien, avait su se confectionner un petit fusil facile à dérober aux yeux de l'autorité, et dont la forme trompeuse était loin de faire pressentir une arme meurtrière.

Un jour, sur l'une des cimes les plus élevées de la forêt, un homme à la chevelure noire et hérissée paraît tout à coup devant lui.

« Bonjour, Waldhantz.

— Bonjour, Satan, lui répond le hardi braconnier, qui l'a reconnu rien qu'à l'odeur de soufre répandue autour de lui.

— Que portes-tu donc à la main ?

— C'est ma pipe, milord.

— Singulière pipe ! Tu es un homme habile, Waldhantz, on le dit, mais je te croyais plus occupé à la fabrication de piéges et de traquenards qu'à celle des pipes. Voyons, je veux essayer de la tienne ; elle me semble tout à fait originale. »

Waldhantz se trouble d'abord ; puis, il lui passe par la tête le projet le plus audacieux qu'un homme ait jamais pu concevoir. Il va délivrer le monde, les races présentes et les races futures, de leur plus redoutable ennemi. C'était la réconciliation de la terre et du ciel qu'il osait tenter.

« Ta pipe est-elle bourrée ? dit Satan.

— Elle l'est, milord.

— Et comment se sert-on de cet instrument ? »

Waldhantz lui mit le canon du fusil au bord des lèvres, non sans trembler un peu, mais plus d'aise que de crainte.

« Tu as ton briquet ? allume maintenant. »

Après une prière mentale faite à saint Hubert, le jeune homme pressa la détente. Les échos des montagnes hurlèrent tous sous une effroyable détonation.

Waldhantz était tombé à genoux en pressant contre

son front l'image de saint Hubert. Quand il se releva, le diable était encore debout devant lui, clignant de l'œil, hochant la tête, comme quelqu'un pris d'une forte envie d'éternuer.

Il éternua en effet, et, en éternuant, il expectora quelques chevrotines dans un nuage de poudre et de fumée, ce qui parut le soulager beaucoup.

« Mille torchons brûlés ! quel mauvais tabac est le tien, mon garçon ! il m'est tombé dans la gorge. Quand tu viendras me voir aux enfers, ce qui ne peut tarder, je t'en ferai fumer de meilleur.

— Je tâcherai de me dispenser du voyage, milord.

— Bast ! Quel braconnier n'est exposé à tuer son garde forestier un jour ou l'autre, par conséquent à être pendu ! Au revoir donc, Waldhantz. »

Waldhantz eut la gloire de la tentative, non celle de la réussite. Cette gloire lui a suffi.

Mais pourquoi Waldhantz appelait-il son terrible interlocuteur milord ? Dans la conscience du peuple, peut-être le diable a-t-il le droit de siéger à la chambre haute du parlement anglais.

Je ne puis m'expliquer la chose autrement.

Le soleil commençait à jeter sur les collines des regards obliques. Armés de bâtons ferrés (pour la première fois cette arme du franchisseur de montagnes se trouvait entre mes mains) et accompagnés d'un guide, nous nous dirigions vers le Mumel-See, en suivant les bords du ruisseau qui en descend.

J'avais projeté d'accoster Brascassin durant la route ; mais la montée, rude et longue, interdisait la causerie. Quoique m'appuyant sur le bras du guide, je haletais et, pour comble d'humiliation, tandis que je gravissais péniblement le terrain, je voyais au-dessus de moi, sautant d'un roc à l'autre en me lançant de haut son coup d'œil goguenard, M. de La Fléchelle devancer toute la bande. On eût dit d'un Titan escaladant les montagnes.

Baldaboche lui-même, malgré ses jambes interminables, le suivait à grand'peine. Un instant je fus sur le point de confesser la science homœopathico-magnético-végétale.

Le Mumel-See ne mérite guère tout le bien qu'on a

dit de lui et tout le mal que nous nous étions donné pour lui faire notre visite. Mieux aurait valu mille fois lui envoyer simplement notre carte.

Une grande cuve creusée dans la profondeur des vallées, sans cesse noircie par l'ombre des hautes cimes et des noires sapinières qui l'entourent; un terrain aride, dénudé, parsemé çà et là de quelques arbres échevelés, tordus par le vent; des eaux stagnantes, à reflets plombés, où pas un nénufar ne s'étale, où les oiseaux aquatiques eux-mêmes évitent de venir tremper le bout de leurs ailes, où nul poisson ne peut vivre : voilà le fameux lac des Fées !

Nous nous étions groupés sur un tertre, auprès de cette miniature grotesque de la mer Morte, de cette immense grenouillère, pour laquelle nous nous étions détournés d'Achern et avions entrepris un voyage.

« Oh ! m'écriai-je sous l'empire d'un souvenir récent, cela ne vaut pas les cascades d'Aller-Heiligen !

— Qui ne sont pas déjà si merveilleuses ! » dit La Fléchelle avec son rire narquois.

Et il ajouta, en se tournant vers moi :

« Cher monsieur, vous revenez peut-être de Pontoise, mais, à coup sûr, vous ne revenez pas comme nous de Schaffouse. La chute du Rhin, voilà qui est beau !

— Après le Staubach à Lauterbrunn, dit l'orphéoniste qui déjà nous avait entretenus de ses explorations en Suisse, d'où il avait rapporté, outre une foule d'histoires invraisemblables, divers ranz des vaches et de précieux gargouillis tyroliens.

« Fi du Staubach! répliqua La Fléchelle; un mince filet d'eau, de haute taille, c'est vrai, mais qui n'arrive pas même à vous défriser les cheveux; c'est une cascade poitrinaire.

— Moi, dit un des deux naturels d'Épernay, comme Athanase je viens de voir la chute du Rhin ; comme monsieur de l'orphéon, j'ai vu le Staubach à Lauterbrunn ; tout aussi bien que M. Canaple, j'ai, ce matin, longé l'Aller-Heiligen ; tout cela est assez gentil, mais autrefois, en Égypte, avec mon père, alors au service de Méhémet-Ali, j'ai visité les cataractes du Nil. Après les cataractes du Nil, messieurs, il faut tirer le rideau : ce sont les plus belles cascades du monde.

— Oh! fit Baldaboche, qui jusqu'alors n'avait pas été prodigue de ses paroles, les cascades du Niagara sont encore *pien meilleures*; je l'ai entendu raconter dans des livres de *voyaches*. »

Devant les cascades du Niagara chacun courba le front; le premier prix de cascades leur fut décerné à l'unanimité, et, pour ma part, je me sentis un peu honteux de mon admiration de Parisien pour celles d'Aller-Heiligen.

Brascassin n'avait pas pris part à la discussion. Son chapeau abaissé sur ses yeux, il restait muet, appuyé des deux coudes contre le talus qui nous servait de dossier.

« Ce que je trouve de vraiment *choli* et même de *pien peau* dans ce pays, reprit l'homœopathe, encouragé par son succès, savez-vous quoi ? c'est les montagnes.

— Allons donc! mesquines ! mesquines ! lui répliqua un autre ; elles sont à peine à la hauteur des puys de l'Auvergne ; tenez, voyez d'ici, à l'horizon, les ballons des Vosges; pour moi, je les préfère.

— Vous n'avez jamais vu les Pyrénées, dit un troisième ; le cirque de Gavarnie, à la bonne heure ! Vive le cirque de Gavarnie !

— Que direz-vous donc des Alpes, messieurs ? objecta l'orphéoniste, qui s'était donné pour mission de soutenir la cause sainte de l'Helvétie. Les Alpes ne feraient qu'une bouchée de vos puys d'Auvergne, de vos ballons des Vosges et de vos montagnes des Pyrénées, en y mettant celles de la forêt Noire comme assaisonnement.

— Oui, très bien, accordé ! riposta La Fléchelle. Vive la vieille Helvétie, sa liberté, ses fromages et sa Yungfrau, Il paraît cependant que vos Alpes ne sont que des mottes de terre assez bien venues, si on les compare aux Andes du Pérou, aux Cordillères.... Le Chimboraço!... Ah ! ah ! messieurs, le Chimboraço! »

Le premier prix de montagnes allait être accordé au Chimboraço lorsque Brascassin, sortant de son immobilité :

« Que venez-vous parler de vos Cordillères et du Chimboraço ? il est des montagnes bien plus hautes encore !

— Lesquelles ? nous écriâmes-nous.

— Les montagnes de la lune, messieurs ! »

Et tout à coup, s'échauffant sous une indignation de poëte, qui m'étonna chez un marchand de vin d'Épernay : « Ah ! tenez, poursuivit-il, la peste étouffe tous ces faux amis de la nature qui ne savent admirer que par comparaison ! qui déprécient ce qu'ils ont sous les yeux au profit de merveilles que, le plus souvent, ils n'ont pas vues, qu'ils ne verront jamais ! qui crachent sans cesse dans notre admiration pour nous en dégoûter ! Si vous vous extasiez devant un beau site de la Touraine ou de la Bretagne, même des environs de Paris, où il y en a tant, ils viennent jeter dessus, pour l'éclipser, les vallées de l'Arno, le Pausilippe, tous les Tibre et tous les Tivoli possibles. Rêvez-vous devant un petit ruisseau, à peine visible, à peine murmurant sous les touffes d'herbes et de fleurs qui frangent ses bords, ils vous le noient aussitôt sous un débordement du Rhin, du Rhône et du Danube réunis. Est-ce qu'une petite chaumière moussue, entourée de quelques arbres, avec sa cheminée qui fume, et dont la vitre s'illumine sous un rayon de soleil couchant, n'intéresse pas aussi vivement le regard que le château princier le plus splendide au milieu de son vaste parc ? Non, ils ne sont pas de vrais voyageurs, de vrais artistes, ceux-là qui, avec un chef-d'œuvre de Dieu ou des hommes sous les yeux, n'éprouvent d'autre sentiment que le regret de ce qui ne leur est pas donné de voir. C'est de l'ingratitude envers la Providence !

— Bravo Brascassin ! » cria Athanase. Les autres se courbèrent sous la réprimande qu'ils avaient méritée.

Moi j'étais ému. Décidément cet homme me devenait tout à fait sympathique. Je me levai et, pour la seconde fois de la journée, j'allai lui tendre la main. Il me comprit mieux qu'à ma première et maladroite démonstration, et son étreinte cordiale répondit à la mienne.

Nous étions amis.

Comme réparation due aux montagnes de la forêt Noire, nos gens avaient décidé de profiter du reste du jour pour visiter la Hornisgrinde, la plus élevée d'entre elles, et dont les crêtes du Mumel-See ne sont que le marchepied. Du haut de la Hornisgrinde, on voit distinctement le clocher de Strasbourg, nécessairement. Je l'avoue, pour l'instant, le clocher de Strasbourg, j'aurais désiré le voir de moins haut et de plus près. Si j'avais pris le chemin de fer ce matin, je serais maintenant à Nancy, à Épernay peut-être. J'en avais assez de l'ascension; comme le héros de Corneille, j'aspirais à descendre. Sous prétexte de crayonnage, mon album à la main, je restai en place, me contentant de les suivre du regard sur les premières rampes de la montagne, et regrettant fort que Brascassin les eût accompagnés.

Le petit La Fléchelle, la tête haute, brandissant son bâton ferré, précédait la bande des explorateurs en se démenant avec des façons de tambour major. Il espérait peut-être que sa bosse, comme la perruque de l'abbé Porquet, allait un instant devenir le point culminant de cette partie du globe.

Hélas! il n'eut point cette satisfaction.

Une demi-heure plus tard, nos gens étaient de retour au lac, et le guide, assez semblable à un montreur de singes, portait M. de La Fléchelle assis sur son épaule. Une défaillance subite avait pris au petit homme, avec accompagnement de crampes dans les jambes, résultant, affirmait l'homœopathe, d'une expansion excessive de fluide magnétique, causée par une trop grande absorption de séve végétale, qui ne s'élaborant qu'avec peine dans les cavités thoraciques, vu la raréfaction de l'air des montagnes, avait brusquement passé de la pléthore aiguë à l'annihilation des forces musculaires.

Le mot *courbature* eût suffi, je crois.

Au Hirsch, où nous n'arrivâmes guère qu'avec la nuit, la table était dressée pour nous, et devant chaque couvert figurait une bouteille de vin de Champagne de la maison Le Brun, d'Avize, celle avec laquelle Brascassin était le plus particulièrement associé. « Le vin Le Brun, disait-il, est le vin le plus honnête et le plus consciencieux de la Champagne. »

Cette surprise, préparée dès la veille par notre inappréciable compagnon, dont l'influence vinicole s'étendait aussi bien sur les humbles gasthaus de la forêt Noire que sur les riches hôtels de la plaine, nous mit tous de belle humeur et fit, par enchantement, disparaître nos fatigues de la journée, excepté toutefois pour M. de La Fléchelle, à qui on dut dresser un lit de repos dans un des coins de l'immense salle du Hirsch, aussi bien dortoir que réfectoire. Lui-même, je lui rends cette justice, eut le bon esprit d'applaudir à notre entrain.

Pendant le cours du repas, les mots vifs et mousseux ne manquèrent point. Tout en y apportant sa bonne part, Brascassin les attribuait moins encore à notre esprit naturel qu'à la vertu spécifique de son vin de prédilection. Il en reconnaissait l'effet dans nos réparties plutôt gaies que folles, spirituelles sans exagération. Il avait établi tout un système d'observations touchant l'influence exercée par les divers vins de Champagne sur les élucubrations du cerveau, et prétendait pouvoir reconnaître si tel mot plaisant, telle boutade humoristique, étaient nés sous l'influence du vin mousseux ou du vin crémant. Au besoin, il aurait pu signaler la localité exacte du département de la Marne où ce mot, cette boutade avaient d'abord été confectionnés et mis en bouteille, non-seulement à Reims, Épernay, Avize ou Sillery, mais dans la plus minime de leurs subdivisions. Selon lui, le Moët pousse plus à l'imagination qu'à la gaieté ; le Montebello fait plus rêver que parler ; le Cliquot tourne facilement à la politique : ainsi de vingt autres vins moins fameux qu'il rangeait sous les dénominations générales de *vins facétieux*, *vins égrillards* et même de *vins inconvenants*.

Ce système œnologique nous amusa beaucoup et donna lieu à une foule d'observations folles ; mais lui, Brascassin, en les rétorquant, ne se départit pas d'une sorte de gravité qui lui semblait habituelle.

Cet homme, je l'avais jugé d'abord devoir être un loustic vulgaire ; ses relations mystérieuses avec Thérèse, les confidences de messieurs les habitués de la maison Lebel étaient loin de m'avoir favorablement disposé envers lui.

Entraîné à sa poursuite par un mouvement déplorable de curiosité, surpris vis-à-vis de moi-même d'être revenu si vite sur son compte, j'essayais en ce moment, tout en buvant son vin, qui était excellent, de définir sa nature vraie.

Évidemment, sa nature était complexe. Il y avait à la fois en lui un artiste, un poëte et un commis-voyageur, un philosophe et un bouffon ; mais le bouffon se dissimulait sous le manteau du philosophe; sa pensée riait plus que son visage. Ces mélanges d'instincts et de facultés, ces bizarreries d'organisation ne doivent pas être aussi rares qu'on le croit communément; si les hommes étaient faits tout d'une pièce, comme on nous les représente dans les grandes comédies à caractères, la plupart d'entre eux seraient-ils restés une énigme indéchiffrable pour le penseur? Quels que fussent les antécédents de Brascassin, sa position sociale, aussi étrange que le reste quand on le savait sorti de l'École polytechnique, il joignait à une haute intelligence un cœur excellent. Pour le prendre au sérieux, je n'avais aujourd'hui qu'à me rappeler le cimetière de Laaken. Non, je n'avais pas à me défendre du sentiment d'affection qui me poussait vers lui!

Je ne savais point encore ce qu'il valait comme poëte.

Au dessert, sur mon invitation, il nous chanta quelques-unes de ses chansons. Elles respiraient la gaieté, la verve, la franchise, comme celles de Désaugiers, père ou fils. Au moment de l'explosion la plus joyeuse, un éclair de sentiment y brillait tout à coup, rappelant ainsi les mélodies ravissantes de Nadaud; le rire aux lèvres, une larme à la paupière, dans notre enthousiasme, nous en répétions les refrains à tue-tête, de façon à être entendus des fées du lac. La Fléchelle lui-même, qu'on oubliait dans son coin, pour ne pas s'avouer vaincu, entonnait les chœurs avec nous. Jamais les marchands de bœufs, habitués ordinaires de l'endroit, n'avaient fait retentir d'autant de bruit la grande salle du Hirsch.

Déjà, à plusieurs reprises, nos voituriers nous avaient avertis que la nuit se faisait noire, que pour traverser sûrement les vallées de Seebach et de Kappel il fallait avoir l'œil sur la tête de son cheval; nous n'en tenions compte :

« Encore une chanson! encore une bouteille de Champagne! »

Enfin on se leva de table, et les voituriers firent claquer leurs fouets.

Le docteur Baldaboche, que nous avions vainement essayé de griser, qui n'avait reculé devant aucune rasade, qui avait ingurgité trois pleines bouteilles Le Brun, sans en ressentir plus d'émotion que n'eût fait dans des conditions identiques ma boîte de fer-blanc, nous déclara alors son client incapable, pour le moment, de supporter les cahots de notre patache.

Il refusait de se séparer de son malade.

Athanase ne voulait point quitter son ami La Fléchelle.

Brascassin était résolu à suivre l'exemple de son ami Athanase.

Les deux naturels d'Épernay auraient cru forfaire à l'honneur en se séparant de leur ami Brascassin.

L'orphéoniste se trouvait bien où il était, et jurait de passer la nuit à table.

Malgré ma résolution de résister à tout nouvel entraînement, que pouvais-je seul faire contre cette formidable majorité.

La parole fut donnée à Brascassin pour une motion d'ordre.

« Messieurs, laisser La Fléchelle à Seebach, retourner sans lui à Achern, serait un acte odieux que la postérité la plus reculée nous imputerait à crime. Mais le savant docteur répond que demain son client, grâce à quelques juleps de bouleau et de peuplier, sera debout et alerte. Ne pouvant plus compter sur nos voitures, je propose pour demain de gagner tous, pédestrement, non plus Achern, dont la route ne nous est que trop connue, mais Appenweier, plus proche de nous, et où le chemin de Bade s'embranche à celui de Kehl; nous pouvons ainsi avec économie de temps, acquérir une connaissance intime de la forêt Noire. »

Un hourra unanime accueillit la proposition.

Les voitures congédiées, l'hôtellier jeta quelques matelas sur le plancher de notre salle à manger. Une heure après nous gisions tous étendus, et fort mal à notre aise, sur nos couchettes improvisées, où des serviettes nous tenaient lieu de draps.

Seul, l'orphéoniste, fidèle à son serment resta à table,

en compagnie d'un énorme pot de bière et d'un petit flacon de kirsch.

Et moi, en m'endormant, je me disais que, si j'avais pris le chemin de fer à Achern, je serais maintenant à Paris, peut-être à Marly-le-Roi.

IV

Du Hirsch à Appenweier. — Le guide-batelier. — Freudenstadt. — La vallée de l'Égarement. — Tableaux et paysages. — Études et caractère. — Explication avec Brascassin.

A Antoine Minorel,

(D'UNE SCIERIE DANS LA FORÊT NOIRE.)

« Cher Antoine,

« Quiconque voyage doit renoncer à son libre arbitre. La fantaisie, le hasard, le caprice, *le désir des choses qu'on n'aime pas*, comme dit quelque part notre ami Stahl, jouent un si grand rôle dans son existence! On a soif de revoir ses pénates et on poursuit sa course en leur tournant le dos. Que faut-il pour cela? Un consentement irréfléchi, un verre de vin de Champagne, la maladresse d'un guide. Là où le temps ne vous manque pas pour correspondre avec votre ami, êtes-vous sûr de pouvoir vous procurer une plume, de l'encre, du papier? Votre lettre écrite, existe-t-il un bureau de poste pour la transporter à son adresse?

« C'est l'alternative où je me trouve en t'écrivant. La maison que j'occupe passagèrement, pour une nuit, fait partie d'un charmant village; le nom de ce village? je l'ignore. Il est situé au milieu des montagnes; de quelles montagnes? je n'en sais rien. Cela te paraît étrange, n'est-il pas vrai? mais tout n'est-il pas étrange dans notre vie à nous autres coureurs de routes? Oui, Antoine, oui, ton sédentaire Parisien court aujourd'hui la prétantaine au point d'être incapable de régler ses comptes avec la mappemonde. Suis-je dans le Wurtemberg, dans le duché de Bade, ou dans celui de Hohenzollern? le timbre postal de cette lettre t'en instruira peut-être; quant à moi, je ne pourrais te le dire.

« Depuis deux jours, j'explore la forêt Noire, non plus avec Bade et ses gracieux alentours (ce ne sont là que les franges dorées du manteau de cette autre Hercynie), mais en pénétrant dans ses profondeurs les plus ignorées. Hier, j'ai vu des merveilles, j'ai vu les indescriptibles cascades d'Aller-Heiligen, dont tu n'as peut-être jamais entendu parler, et qui n'en mugissent pas moins sur un parcours de plus d'une lieue d'étendue ; j'ai vu le lac des Fées, sur l'un des sommets de la Hornisgrinde, montagne aussi haute que les Alpes et toute peuplée d'ours, qui diffèrent de ceux de Paris en ce qu'ils ne sont ni chimistes, ni numismates, ni mathématiciens. Le lac des Fées, d'un aspect sauvage, terrible, sublime, rappelle les descriptions les plus vigoureuses et les plus effrayantes de Dante et de Byron. A lui seul, il vaut le voyage.

« Ce matin, avec Athanase (*vulgo*, Ernest Forestier) et quelques aimables compagnons de voyage, nous avons quitté le Hirsch (*Hirsch* signifie cerf), c'est le nom d'une hôtellerie située dans les montagnes, à l'extrémité des belles vallées de Seebach (*Seebach*, c'est-à-dire le ruisseau du lac). Nous nous dirigions vers la petite ville d'Appenweier, où vient aboutir le chemin de fer de Kehl. Tu le vois, je te revenais. Mon bon ange, probablement, ne jugeait pas que j'eusse encore assez couru le monde ; il voulait que je prisse une connaissance plus intime de ce magnifique Schwarzwald (*Schwarzwald* est la traduction allemande de notre mot : forêt Noire). Je suis en train d'accomplir la volonté de mon bon ange.

« Du Hirsch à Ottenhæfen, nous prîmes pédestrement un chemin tracé le long du Sohlberg. Arrivés à Lautenbach.... Ne t'effraye pas trop de ces mots en *berg* et en *bach*, Antoine; votre vocabulaire de chimie en renferme de bien autrement étranges ; *berg*, signifie montagne; *bach*, ruisseau : donc le Sohlberg est simplement la montagne de Sohl, et Lautenbach, le ruisseau de Lauten, qui a donné son nom à la petite bourgade où nous nous arrêtâmes pour prendre notre premier repos et notre premier repas.

« Continuant à remonter la rive droite de la Rench, dans laquelle se jette le Lautenbach, nous traversons divers petits hameaux ; enfin, après trois heures de marche, nous apercevons une ville, c'est Appenweier ! c'est le chemin de fer de Kehl ! vivat ! Déjà nous voyons s'élever la fumée des locomotives. Non ! cette ville c'est Oppenau, et nous avons dépassé la station. Athanase, qui s'était chargé de la conduite, fut sur-le-champ cassé aux gages. Il s'agissait de le remplacer par un guide plus expérimenté.

« Nous nous arrêtons devant une belle maison villageoise, toute ceinturée de verdure. En buvant une chope de bière, nous demandons à l'hôte s'il peut nous procurer ce guide précieux. Il nous désigne aussitôt du doigt un grand gaillard de batelier qui venait de lui amener du monde, car le Rench, ou le Ramsbach, je ne sais lequel, passe justement au pied de la maison verdoyante.

« Nous nous abouchons aussitôt avec cet amphibie, à la fois guide et batelier ; nous lui expliquons clairement que nous nous rendons à Appenweier, afin d'y prendre le chemin de fer de Kehl. Il fait un signe de tête affirmatif ; par un autre signe, il nous invite à entrer dans son bateau.

« Après avoir longé durant une demi-heure les rives de la Rench ou du Ramsbach, notre batelier relève tout à coup son aviron, saute à terre, tire son batelet sur le sable, l'attache à un pieu, et, sans même nous adresser un regard, d'un pas délibéré il s'engage dans un large sentier ouvert entre deux collines. Nous le suivons pleins de confiance, escaladant de temps à autre les berges du chemin pour voir si nous approchons d'Appenweier. Nous n'apercevons devant nous que de hautes montagnes et d'épais massifs de sapins.

« Vers deux heures de l'après-midi une petite ville s'ouvre devant nous. Le nom de Freudenstadt, inscrit à l'entrée du faubourg, suffit à nous apprendre que nous ne sommes pas à Appenweier. Évidemment, notre second guide n'a pas été plus heureux que le premier. Ne jugeant plus ses services nécessaires, nous le payons et le renvoyons à son bateau. Un des nôtres nous fit sagement observer que peut-être n'était-il pas tout à fait dans son tort ; peut-être notre manière de prononcer l'allemand d'*Appenweier* avait fait pour lui *Freudenstadt*. Nous admîmes cette raison.

« Descendus à une auberge d'assez bonne apparence, tandis qu'on prépare notre dîner, pour donner aux fourneaux le temps de s'allumer, nous allons faire un tour dans la ville. Tout le commerce de Freudenstadt m'a paru se résumer dans la fabrication de la verrerie, des chapeaux de paille, des boîtes à musique et des horloges de bois.

« Quant nous rentrâmes à l'hôtel, notre dîner était servi. Il se composait de jambon froid, de saucisson froid, d'une salade avec assaisonnement d'œufs durs, et d'une tarte froide, aux pommes de terre froides. Nous aurions pu nous dispenser de sortir pour donner à l'hôtelier le temps d'allumer ses fourneaux.

« Rendons toutefois justice à ce dernier ; si sa table était modeste, ses prix furent modérés. Chacun de nous acquitta son écot moyennant quelques kreutzers, une valeur de soixante à soixante-quinze centimes, et quand nous prîmes congé, en laissant un demi-florin pour le garçon, celui-ci exécuta à notre bénéfice une pantomime de surprise, de joie et d'attendrissement, qui à coup sûr dépassait de beaucoup la valeur du pourboire et même celle du dîner.

« De nouveau nous voilà en route, ne prenant cette fois pour guide que le hasard, car dans la ville, comme chez notre hôte, nous n'avions pu découvrir un seul individu parlant le français, cette langue universelle, à ce qu'on prétend.

« Du reste, notre essai de vie nomade et aventureuse ne nous déplaisait pas. Le croiras-tu, philosophe? ton ami Augustin était peut-être le plus enchanté de tous. J'avais oublié Paris, Marly, toi-même! Ces longues heures passées en plein air, au milieu de sites tour à tour sublimes ou gracieux, me ravissaient. La forêt

Noire est loin de présenter ces tableaux sombres et terribles que son nom et sa vieille réputation font tout d'abord supposer à l'homme qui vit obstinément claquemuré dans un laboratoire de chimie, ou qui jamais n'a franchi la banlieue parisienne. Si le Schwarzwald offre de hautes montagnes au front chauve et couronné de neiges, des torrents tapageurs, des aspects sauvages et échevelés, c'est par coquetterie d'arrangement et pour mieux faire ressortir la gracieuseté de ses jeunes taillis, de ses plaines riantes, de ses fraîches vallées bocagères toutes parsemées de fleurs et de jolis cours d'eau. Les montagnes ne sont ici que les solides murailles enclosant mille ravissants jardins, en pleine floraison. Ah! je n'herborise que sur ma fenêtre! vous l'avez dit, monsieur! Viens donc me voir, le bâton ferré à la main, escaladant les pentes abruptes pour recueillir sur le rocher quelque beau saxifrage, ou le rosage, dont on croyait les Alpes seules en possession, et suis-moi si tu l'oses!

« Ne crois pas que chez moi le botaniste prenne seul sa part de la fête; le poëte et le dessinateur se font la leur aussi. Le long de notre route, que de points de vue enivrants pour l'œil, que de rencontres charmantes ou grotesques! Tantôt, loin de tout séjour habité, au milieu d'un massif de sapins, nous entendons tout à coup sonner l'heure; c'est un marchand d'horloges de bois : une horloge pend sur sa poitrine, dix autres sur son dos; il en a deux sous chaque bras; en passant devant notre escouade, il fait tinter ses sonneries pour nous mettre en goût d'horloges; nous ne nous soucions même pas de prendre de ses heures, quoiqu'il en ait de très-variées. Tantôt c'est une belle jeune femme qui traverse la route, les yeux baissés, en parfilant une touffe de petits brins de paille. Dans ce pays les femmes filent la paille tout aussi bien que le lin ou le chanvre. Au détour de la route, voici de gaies et robustes villageoises à cheval; elles vont rejoindre la noce qu'on entend s'agiter sous les grands arbres au bruit du violon. Que de contrastes, que de surprises en traversant les villages ou les bois! Autour d'un lavoir une douzaine de figures blondes et rieuses saluent notre présence en agitant leurs battoirs; les hommes soulèvent devant nous leurs immenses chapeaux ornés de pompons rouges ; puis les chansons des jeunes filles, celles des oiseaux, le clapotage des petites rivières entre les rochers, le tic tac des moulins, le bruit même de la cognée au sein de la forêt profonde, celui de la chute retentissante de l'abre, le grincement de la scierie voisine, pour laquelle l'arbre avait crû, pour laquelle travaillait le bûcheron.... Écoutons! dans l'épaisseur de la sapinière un coup de feu retentit sourdement; une ombre s'allonge au loin, dessinant la silhouette d'un saint Jean à l'agneau : c'est un braconnier qui fuit un chevreuil sur l'épaule. Tous ces fruits, tous ces tableaux successifs et variés nous réjouissent ; nous prenons joyeusement notre soi-disant mésaventure. La vallée qui nous a conduits à Freudenstadt, nous l'avons surnommée la vallée de l'Égarement ; elle se prolonge devant nous et sans cesse et toujours, mais charmante, mais pittoresque, et nous adressons des remerciments à Athanase, la cause première de nos déviations topographiques, même à notre batelier-guide qui nous a si mal guidés; nous sommes ravis de notre voyage au hasard, et plus d'une fois nos rires bruyants se sont mêlés à ceux des lavandières, aux chants des jeunes filles, au fracas des torrents, aussi bien qu'au bêlement des troupeaux.

« Hier, le soleil commençant à décliner vers l'horizon, nous avons planté notre pavillon de nuit dans un village.... De ce village, je ne te dirai point le nom ; il est resté un secret pour nous. A partir de Freudenstadt, les communes cessent d'apposer leur extrait de baptême sur leurs murs ; il n'est pas d'usage non plus que chaque localité municipale ait son auberge. On cherche son gîte où l'on peut. Nous nous mîmes donc en devoir d'en appeler à l'hospitalité privée.

« J'avais été nommé fourrier de la troupe, bien malgré moi ; ces messieurs daignent m'accorder un geste expressif et suppléant facilement à la parole ; d'ailleurs, disaient-ils, devant mon air honnête et *rassis*, les portes devaient s'ouvrir d'elles-mêmes. Le mot *rassis* t'aurait réjoui, mécréant !

« La soirée était fraîche ; les rues étaient désertes ; dans la première maison où je m'adresse, je tombe au milieu d'un troupeau de femmes et d'enfants, réunis autour du foyer sous la présidence d'un bonhomme fumant sa pipe. C'était un tableau, ce n'était pas un gîte. Le moyen de proposer à ces femmes, jeunes pour la plupart, de loger à la nuit huit hommes, jeunes aussi, *pour la plupart* ? Antoine, tu le vois, je te fais des concessions !

« Je me disposais à battre en retraite ; mais tous les cœurs ont l'instinct de l'hospitalité dans les pays sans auberges ; le bonhomme se lève et m'indique, à quelques pas de son logis, une scierie où, me dit-il, je trouverai facilement à me loger moi et mes compagnons. J'ai la ferme confiance que ce sont là ses paroles exactes, quoiqu'elles aient été articulées dans l'allemand le plus volubile, le plus saxatile, le plus guttural, le plus croassant que de ma vie j'aie entendu.

« A la scierie, dans une chambre du rez-de-chaussée, je trouvai deux hommes d'assez bonne mine jouant une partie de dames sur une simple planche soutenue par quatre rondins et fraîchement échappée aux dents de la longue scie.

« C'est sur cette table, digne des âges bibliques, que je t'écris en ce moment, cher Antoine. Nos hôtes n'ont pas mis à notre disposition huit lits ornés de leurs courtines et baldaquins, mais bien huit matelas sur une épaisse litière de foin. Pour des voyageurs déjà endurcis cela est plus que suffisant. Quant au menu du souper, voir la carte du dîner pris à Freudenstadt : jambon, saucisson, etc. ; seulement la tarte aux pommes de terre froides fut remplacée par des pommes de terre chaudes, cuites à l'eau et servies au gros sel. Nous les mangeâmes à l'anglaise, en guise de pain. Le pain ici est rempli de son, peut-être de sciure de bois, vu la localité. Et bien, sans les pommes de terre je m'en serais accommodé.

« Antoine, ton ami est devenu un Spartiate.

« Au village de***, forêt Noire,... mai.

« J'ai tant vécu depuis quelques jours que je ne sais plus même la date du mois. »

A cette lettre adressée à mon excellent ami Antoine Minorel, je crois devoir ajouter un complément indispensable.

Tout ce que je lui raconte touchant nos accidents de route, notre gaieté, notre entrain, nos bons rapports de compagnon à compagnon, est exactement vrai, beaucoup plus vrai, beaucoup plus exact que l'apparition des ours sur la Hornisgrinde et ma prétendue admiration pour cette affreuse grenouillère du lac des Fées. J'usais avec lui du droit d'un voyageur poëte qui ne veut pas s'être détourné de sa route et avoir manqué le chemin de fer pour visiter une mare.

Durant nos marches comme durant nos haltes, j'avais observé les différents types composant notre petite escouade nomade. Il est utile, je pense, de les faire connaître.

Parmi les plus agiles, les plus infatigables et surtout les plus altérés d'entre nous, l'orphéoniste tenait le premier rang. Toujours en mouvement, toujours allant, venant, il était l'éclaireur de la troupe dont j'étais le fourrier. Traversions-nous un hameau, passions-nous devant une chaumière sans nous y arrêter, il semblait qu'une trappe se fût ouverte sous ses pas; il disparaissait tout à coup sans qu'on pût se douter de ce qu'il était devenu. Il avait trouvé moyen d'y boire son pot de bière et son verre de kirsch; quand nous le cherchions derrière nous, il était en avant, à une portée de fusil; nous l'apercevions sortant de quelque taillis et venant à notre rencontre.

Ma curiosité naturelle se portait beaucoup plus volontiers du côté de Baldaboche. J'essayai de le surprendre avec son client en voie de médication merveilleuse. J'échouai dans ma tentative, l'accident de la veille ayant nécessité pour l'intéressant La Fléchelle un régime purement d'abstention. Il n'absorbait plus la sève des arbres; à peine s'il lui était permis de respirer le parfum des fleurs. Ses forces étaient revenues cependant, ainsi que sa malice, cette dernière toujours à mes dépens. Pour entretenir le tout en bon état, il suffisait au grand docteur d'un imperceptible globule de je ne sais quoi avec une verrée d'eau fraîche par-dessus.

Les charlatans répondent à un besoin de l'humanité, ils sont pour les classes aisées de la société ce que sont les sorciers pour le peuple. L'occasion m'était offerte d'étudier de près un de ces hommes audacieux qui usurpent parmi nous le droit divin de faire des prodiges. Ne pouvant le voir à l'œuvre, je m'appliquai du moins à prendre mesure de son intelligence. Athanase, et même La Fléchelle, gens instruits tous deux, ne pouvaient s'être laissé duper par un charlatan vulgaire. J'eus une longue conversation intime avec Baldaboche touchant son système. Je m'attendais à trouver sous son écorce glaciale, sous son apparence de calme bonhomie, un esprit subtil, alerte, quelques traits grandioses des Mesmer et des Cagliostro. Désillusion!

L'homœopathe administrait son esprit, tout ainsi que ses drogues, par doses infinitésimales, mélangées dans des masses d'eau froide. Pas une base discutable à ses principes absurdes, de grands mots inintelligibles, du verbiage sans portée, voilà tout.

Réfléchissant à part moi aux faiblesses de l'humanité, me rappelant que le divin Socrate croyait à son démon familier, que quantité de grands hommes, nos contemporains, membres de l'Institut de France ou de la Société royale de Londres, font tourner des tables ou évoquent les esprits frappeurs, il me revenait en mémoire un mot terrible de mon ami Antoine Minorel.

Un jour, j'invoquais en faveur de la thèse que je soutenais contre lui l'assentiment général du genre humain :

« Le genre humain est un imbécile! » me répliqua mon farouche misanthrope, et il essaya de me le démontrer. « La raison est une, la vérité est une, me dit-il, et toutes deux se confondent pour former cette unité qui ne peut ni varier ni s'étendre. Les erreurs, au contraire, les folies de toutes sortes sont multiples; elles se croisent et se fécondent entre elles; elles ont enfanté des armées innombrables d'autres folies, d'autres erreurs qui aujourd'hui envahissent toute la terre habitable. Voilà pourquoi la sottise y règne universellement et despotiquement. Comprends-tu? »

Le savant casuiste Schupp, au dire d'Henri Heine, est allé plus loin qu'Antoine : « Il y a dans le monde plus de sots que d'individus, » a-t-il osé avancer. Évidemment ce sont là des exagérations. Non, Antoine, non, monsieur Schupp, les hommes ne sont pas.... Mais où vais-je m'embarquer dans ces hautes idées philosophiques à propos d'un Baldaboche? Je me résume : Dieu vous garde des charlatans, mes frères, et un peu aussi des philosophes!

Ma conversation avec l'homœopathe avait produit sur moi l'effet d'une aspersion réfrigérante; pour me réchauffer je me rapprochai de Brascassin.

Parmi les individus marchant de compagnie (j'ai eu souvent occasion de le remarquer sur nos boulevards parisiens), il en est toujours un autour duquel les autres convergent : c'est le pivot du groupe. Si l'on marche de front en se donnant le bras, croché des deux côtés, il forme le point médian de la bande; s'éparpille-t-on pour jouir de la liberté de ses mouvements, c'est pour se mouvoir encore dans son orbite : il est le centre de gravité de ce petit monde. Le rôle de pivot, de point médian, de centre de gravité, Brascassin le jouait par rapport à nous.

A diverses reprises déjà, Brascassin, de lui-même, m'avait offert son bras durant la marche; nos bonnes relations se consolidaient de plus en plus, mait il m'avait été impossible d'avoir avec lui un entretien confidentiel, tant ses satellites ordinaires, Athanase, La Fléchelle et les deux Épernay semblaient régler leurs mouvements sur les siens. Cette fois, je fus plus heureux. Ces messieurs s'étaient arrêtés en route pour causer avec un écho, le seul être du pays qui pût articuler un mot de français : l'orphéoniste fouillait les taillis, Baldaboche bayait aux corneilles et restait immobile là où je l'avais laissé; le moment était favorable; je le mis à profit.

J'entretins d'abord Brascassin des propos invraisemblables débités sur son compte par les beaux esprits de la maison Lebel; il ne fit qu'en rire.

« Il y a quelque chose de vrai dans tout cela, dit-il; aujourd'hui, je ne suis pas plus un démagogue que je ne suis un proscrit.

— Ils prétendaient aussi, ajoutai-je, que vous n'êtes pas un étranger pour Thérèse.

— Je l'espère bien!

— Que, pour son établissement, vous avez avancé les fonds nécessaires.

— Une partie, oui, en effet.... A six pour cent, c'est le taux du commerce. D'ailleurs, ce petit service m'a valu la clientèle de la maison, et j'étais garanti de mes avances par le bonhomme Ferrière. Puisque ces honnêtes messieurs voient en moi un spéculateur, ne faisais-je point là une bonne spéculation? »

Le ton avec lequel il débita sa phrase m'avait décidément convaincu qu'il n'avait jamais été à Thérèse que son marchand de vin de Champagne.

« Eh bien! repris-je assez gaiement, ne donnant plus à cette affaire que l'importance d'un bavardage de petite ville, le croiriez-vous? Ils m'ont affirmé à moi-même que Thérèse était.... »

Je restai court sur ce mot. Brascassin venait de me saisir le bras avec une sorte de violence.

« Qu'ont-ils affirmé? me dit-il; et sa voix tremblait, son front avait pâli. Ont-ils osé articuler un mot contre son honneur?

— Non.... mais... balbutiai-je un peu interdit.

— Qu'ont-ils dit?

— Rien!

— Nommez ceux-là qui ont tenu ce propos infâme! »

Je me redressai d'un air digne; je le déclare, j'étais désolé de la tournure que venait de prendre cet entretien confidentiel, après lequel j'aspirais depuis la veille.

Par bonheur, nos causeurs en avaient fini avec l'écho et Baldaboche avec les corneilles. Le soir, à notre entrée au village de ***, le léger nuage momentanément élevé entre Brascassin et moi était dissipé.

Le lendemain, dès le jour naissant, les machines de la scierie, mises en jeu par le courant de la petite rivière, ébranlèrent la maison, firent trembler notre chambre et sautiller les huit matelas sur lesquels nous dormions encore d'un profond sommeil. Elles sonnaient la Diane pour nous.

Quand nous voulûmes régler avec nos hôtes, ceux-ci prirent une attitude de gens offensés. Un jeune garçon et une jeune fille, de leur service intime, s'étaient particulièrement occupés de nous; comme bonne main, nous leur offrîmes à chacun deux florins, qu'ils refusèrent avec non moins de fierté que les maîtres du logis. Jugeant à leur désintéressement parfait qu'ils étaient les propres enfants des deux frères, le cousin et la cousine, et les supposant avec quelque raison tendrement épris l'un de l'autre, nous leur souhaitâmes un heureux et prochain mariage.

Ce souhait bienveillant fut tout ce que nous coûta leur hospitalité.

Je le répète, on voyage à peu de frais dans la forêt Noire.

―――

VII

La commission du Dictionnaire. — Discours d'ouverture du secrétaire perpétuel. — WURZBACH, son maître d'école et son pasteur. — Vacherie de la Croix. — Coricoco. — HISTOIRE SINGULIÈRE DE MARIA ET DE SON FIANCÉ. — Arrivée imprévue à WILDBAD. — Où je me retrouve. — Départ pour Paris.

A mesure que la route s'allongeait devant nous, tous nous comprenions la nécessité urgente de nous guider d'après des renseignements plus sûrs que ceux fournis par nos seules inspirations. Il était temps de nous mettre en communication orale avec les habitants des villages que nous traversions, même avec les passants que nous ne pouvions aborder que du chapeau.

Nous décidâmes de réunir par ordre alphabétique tout ce que chacun de nous possédait de la langue allemande, pour en former un vocabulaire à notre usage. La science éparse ne sert qu'à l'amusement de quelques-uns; réunie en faisceau elle s'empare du monde.

Une légère brume du matin commençait à tomber. A deux cents pas de nous, un groupe de magnifiques châtaigniers dessinait une vaste salle de verdure; l'orphéoniste, courant toujours en avant, s'y était déjà installé. C'était un abri; la commission du Dictionnaire s'y assembla.

Je fournis mon album et mon crayon pour les notes ; **La Fléchelle**, soupçonné de quelque teinture des langues du Nord, nommé secrétaire, secrétaire perpétuel, fut le Villemain de notre académie improvisée. Sous forme de discours d'ouverture, quand nous eûmes pris place, il nous adressa ces mots, du meilleur augure, qui nous étonnèrent et nous charmèrent tout d'abord :

« Meine Herren,

« Gutten Morgen ; wie befinden Sie sich? Ich befinde mich wohl, Gott sei Dank. Haben Sie die zeitung nicht gelesen ? ich bin es zufrieden ; wie viel Uhr ist es ? »

La traduction qu'il nous en donna immédiatement refroidit quelque peu notre enthousiasme.

« Messieurs,

« Bonjour, comment vous portez-vous? Je me porte bien, Dieu merci ; avez-vous lu le journal? Je le veux bien ; quelle heure est il ? »

C'est tout ce qu'il avait retenu de ses dialogues allemands.

Ceci me rappela que, à Carlsruhe, j'avais été tenté de faire emplette d'un petit livre du même genre. Je l'ouvris au hasard ; j'y lus ces phrases significatives :

« Madame la comtesse est sur le lac avec son frère le chevalier ; voulez-vous prendre une yole et aller la rejoindre ?
— Pourquoi n'avez-vous pas mis votre habit écarlate ? »

N'ayant ni un habit écarlate à mettre, ni une yole à prendre, ni une comtesse à rejoindre, je fermai le petit livre aux dialogues et ne songeai plus à l'acheter.

Néanmoins, si on ne vota pas l'impression du discours d'ouverture de La Fléchelle, il nous fit espérer que notre secrétaire perpétuel était capable de coopérer utilement à l'œuvre.

A tour de rôle, chacun apporta son offrande.

Pour ma part, malgré mes quelques études commencées dans une voiture de louage, je ne pus fournir que les mots : *wifyl?* combien? — *Schloss*, château ; — *alt*, vieux;

— *Gasthaus*, hôtel; — *Hirscn*, cerf; — *Ebernsteid*, pierre du sanglier; — *Bach*, ruisseau; — *Berg*, montagne. J'y ajoutai *Trinkgeld*, pourboire, que j'avais appris du garçon de bains de la *Closerie des Lilas*, et cette locution que j'avais vue inscrite sur un grand nombre de cours et de jardins; *verbotener Eigang*, entrée défendue. Mais franchement, avec des pierres de sangliers et des entrées défendues, nous ne pouvions guère espérer nous renseigner sur la route à suivre, ou voir s'ouvrir les portes devant nous.

Il en fut à peu près de même d'Athanase et des deux indigènes d'Épernay.

L'orphéoniste en savait plus long, mais sa prononciation nous parut défectueuse. C'était de l'allemand suisse. Sous sa dictée néanmoins, La Fléchelle eut à inscrire une trentaine de vocables, parmi lesquels nécessairement ne furent oubliés ni *das Bier*, la bière, ni *Kirschenwasser*, l'eau de cerise. Tel est le nom inoffensif et bénin du kirsch.

Baldaboche s'abstint sous le prétexte que l'allemand n'était que du hollandais *pas pon*.

Restait Brascassin. Il paraissait impossible que Brascassin, ayant des clients le long de toutes les routes du grand-duché et jusque dans les montagnes, ne pût correspondre avec eux que dans sa langue maternelle.

Jusque-là, pendant notre travail lexicographique, comme un bon prince, il s'était contenté de sourire à nos efforts sans y prendre part aucune.

Son tour venu, il nous avoua savoir en effet quelques mots d'allemand, pouvoir même, au besoin, se faire comprendre dans cette langue pour des choses indispensables; mais le cri de victoire que nous allions pousser, il l'étouffa sous cette simple observation, c'est que les habitants de la forêt Noire ne parlent et n'entendent pas plus l'allemand que le hollandais ou le français; ils font usage, aujourd'hui encore, de l'ancienne langue des Allamani, leurs ancêtres, lesquels ont pu imposer leur nom aux peuples de la Germanie, mais n'ont point réussi à leur imposer leur langage.

Nous restâmes atterrés devant cette déclaration.

Il ne restait plus à la commission qu'à mettre le mot

finis à notre dictionnaire, lequel contenait alors cent soixante-sept mots français, avec la traduction allemande en regard et présentait trois pages de texte sur deux colonnes, format grand in-octavo oblong.

Brascassin essaya de nous tirer du découragement où nous avait jeté sa révélation foudroyante.

« Nous ne savons pas l'allemand de ce pays, nous dit-il ; mais dans le prochain village que nous allons rencontrer, j'en suis convaincu, le maître d'école, le curé si c'est un village catholique, le ministre, si le village est protestant, entendent le latin. Parlons leur latin ; nous n'avons pas si bien oublié nos études classiques que nous ne puissions nous en tirer avec honneur. »

L'expédient fut trouvé on ne peut plus heureux par Athanase, La Fléchelle et les deux naturels d'Épernay ; l'homœopathe sembla ne pas comprendre ; moi, je me grattai l'oreille, et l'orphéoniste, à partir de ce moment, marcha toujours à une grande distance en avant.

Enfin nous vîmes fumer des cheminées ; dès les premières maisons, cette inscription tracée sur une porte entr'ouverte : *Sinite parvulos venire ad me*, « Laissez les petits enfants venir à moi, » nous dit que nous étions devant une école. Tout d'emblée, je fus désigné pour porter, en latin, la parole au magister. Je m'en excusai de mon mieux, alléguant que, comme le plus âgé de la bande, j'avais eu plus que les autres le temps d'oublier. L'excuse ne fut point admise. Durant la route, j'avais sottement fait devant eux un étalage de mon latin de botanique, cousin germain du latin de cuisine. Ils me prenaient pour un savant. Je n'osai les détromper.

Au surplus, je n'eus point de regret de la visite devant le délicieux tableau qui s'offrit tout d'abord à mes yeux.

Dans une chambre du rez-de-chaussée, un bon vieillard, à la physionomie douce et paterne, se tenait assis au milieu d'une demi-douzaine de petits marmots, garçons ou filles. Toute l'école était sur les genoux du maître ou sur ses épaules. Dans ses mains pas un martinet, pas même un livre. Le livre, un abécédaire sans doute, tombé à terre, personne, élève ou professeur, ne semblait songer à le ramasser. Monsieur le magister, tout en riant, appliquait sur l'oreille d'un joli blondin sa grosse montre d'argent, dont le tic tac devait récompenser sa belle conduite, j'aime à le penser, et, pour entrer en partage de cette récompense, la bande entière des marmousets prenait d'assaut le bon vieux.

Le *salve Domine* adressé à celui-ci, j'essayai de lui débiter la phrase cicéronienne préparée à son intention. A ma satisfaction grande, il parut n'y pas comprendre un mot, et je me retirai convaincu que son instruction universitaire tenait le milieu entre l'école primaire et la maison de sevrage.

Je rendais compte à ces messieurs du non-succès de ma mission en déplorant de n'avoir point eu affaire à un meilleur latiniste, lorsqu'une sorte de rumeur s'éleva au milieu du village; les femmes se mettaient sur le pas de leurs portes; les enfants abandonnaient leurs jeux pour se grouper autour d'un homme vêtu de noir.

« En avant! me dit tout bas La Fléchelle, c'est un ministre protestant; vous serez plus heureux cette fois. Il doit fièrement savoir le latin, celui-là! »

Heureusement Brascassin venait de l'aborder.

Du colloque qui s'ensuivit, et qui dura quelques minutes à peine, résultèrent pour nous de précieux renseignements. Nous avions tourné le dos à Strasbourg; nous étions au village de Wurzbach, entre la vallée de Lenz et celle du Negold. A notre droite s'élevait la petite ville de Calw, située à l'extrémité de la forêt Noire, du côté westphalien; à notre gauche, à deux heures de marche, Wildbad (le bain sauvage), d'où nous rejoindrions facilement une station du chemin de fer.

Il était au-dessus de ma portée de comprendre comment, avec la langue classique d'Horace et de Virgile, Brascassin et le ministre avaient pu entrer dans tous ces détails topographiques, surtout celui-ci parlant le latin avec la prononciation allemande, c'est-à-dire italienne, les *dominous vobiscoum* et les *monstroum horrendoum*, celui-là avec cette audacieuse prononciation française qui ne doute de rien.

Quoi qu'il en soit, ces bonnes nouvelles rassérénèrent l'esprit de la troupe, un peu troublé par notre course à travers cette longue vallée de l'Égarement, qui semblait ne point avoir de limite finale.

A une demi-heure de Wurzbach, nous retrouvâmes l'orphéoniste; la brume du matin s'était condensée en quelques gouttes de pluie. Nous pressions le pas, lorsqu'une averse formidable, tombant tout à coup, nous contraignit de chercher asile dans une maison solitaire, espèce de vacherie située près d'un petit lac, et qu'une grande croix noire signalait de loin. Là nous attendaient d'étranges aventures.

Cette fois, l'hospitalité que nous reçûmes ne fut ni souriante ni empressée.

Un vieillard et sa fille, les seuls gardiens du logis, nous virent arriver avec une sorte d'effroi. Ce vieillard avait l'air dur et presque farouche; sa fille portait sur le visage l'empreinte d'une morne tristesse. Nous attribuâmes leur réception à la difficulté pour eux de nous loger. En effet, vu la pluie, les vaches rentraient, et nous étions huit. C'était bien du monde pour si petite habitation.

Force nous fut cependant d'y attendre la fin de l'averse; mais l'averse redoublait; tous les nuages descendus des montagnes semblaient s'être donné rendez-vous au-dessus de nos têtes. Certain léger rhumatisme que j'avais ressenti le matin entre les épaules me faisait craindre la durée du mauvais temps. Il était midi; l'appétit commençait à nous talonner, et pas un signe de nos hôtes n'annonçait leur intention de nous venir en aide pour le calmer. A peine un regard nous avait-il invités à nous asseoir. Trempés, ruisselants, presque aussi mornes, presque aussi taciturnes que nos hôtes, nous nous tenions tous les huit sur une longue banquette de bois, alignés, pressés les uns contre les autres, semblables à une brochette de morfondus. Enfin, Brascassin se levant fit sonner sur la table un large écu de Brabant, et d'un air d'autorité, qui lui allait à merveille, il ordonna à la jeune fille, par un geste, de faire du feu et de nous servir à déjeuner. Elle ne bougea pas, et leva sur son père un regard plus craintif qu'interrogant. Sans plus bouger qu'elle, le père lui répondit par un hochement de tête affirmatif.

Courant au fournil, elle en rapporta un fagot, et bientôt tous les huit, rangés en demi-cercle, nous fîmes face au foyer.

Quelque serré que fût notre demi-cercle, cependant Maria (nous sûmes son nom plus tard) trouva moyen de le briser pour y introduire une poêle de fer qu'elle tenait par son long manche, et, agenouillée, elle guettait à travers nos jambes ce qui se passait sur le feu. Nous avions tous cru à quelque omelette colossale ; c'était une affreuse bouillie d'avoine.

Le bouillie d'avoine est la nourriture ordinaire des pauvres gens de la forêt Noire.

Une exclamation ou plutôt un gémissement traduisit notre pensée unanime. Comme pour nous rassurer, Maria nous montra un morceau de lard fumé appendu à la cheminée. Nous le décrochâmes. Il sentait le rance, il sentait l'évent.

Non, rien ne peut rendre le désappointement douloureux qui s'empara de nous. Le pluie tombait toujours à flots. Nous étions pour la journée entière peut-être enfermés dans cette bicoque, où plus que partout ailleurs les moyens de communication par la parole nous étaient interdits. Nous ne pouvions parler latin ni à Maria ni à son père, et tous les mots de notre fameux vocabulaire y auraient passé en pure perte.

Une sorte de délire comique et furieux s'empare alors de chacun de nous. La Fléchelle veut des œufs à la coque ; pour le faire comprendre par la mimique, il s'accroupit sur lui-même, prenant une posture de poule pondeuse, et criant : « Cocorico ! coricoco ! cocorico ! cott ! cott ! codek ! » Je n'ose dire ce que Maria lui apporta. Athanase désire des côtelettes de mouton ; il bêle en même temps que son doigt dessine sur la table une côtelette fantastique ; il frappe ensuite dessus, probablement pour l'attendrir. Épernay Ier fait de ses deux mains le mouvement de traire une vache et mugit doucement. Épernay II pêche à la ligne ; vu le voisinage du lac, il voulait du poisson. L'orphéoniste, après avoir indiqué les cendres du foyer, désigne du doigt le nez rubicond de l'homœopathe, voulant faire entendre par là que, faute de mieux, il se contentera de pommes de terre.

Celui-ci branlait la tête en murmurant à demi-voix ; »
Pas pien ici! pas pien ici! » Et moi, moi.... je pensais à
mon rhumatisme, à Madeleine, ma cuisinière, et j'aurais
voulu être à Marly, les pieds dans mes pantoufles, chaudement enveloppé de ma robe de chambre, devant un
bon feu et un excellent dîner.

Au milieu de tous ces bruits, de ces démonstrations
grotesques, le front de Maria s'était déridé; souriante,
elle était assez jolie. Quant au père, adossé contre sa
porte, les bras croisés, toujours immobile, rigide, il
semblait trembler pour sa maison envahie par une bande
de fous.

Brascassin ne s'était point associé à la pantomime générale; au geste préférant l'action, il avait visité le fournil, les armoires, et rapportait de ses explorations un
nouveau fagot, un pain sombre et noir comme la figure
de l'hôte, une panerée de pommes de terre, qui fit ouvrir de grands yeux à l'orphéoniste, et, en plus, une
peau de lapin !

Je crus un instant qu'il méditait à notre intention une
affreuse gibelotte de peau de lapin.

Le fagot, il le jeta dans le feu; les pommes de terre,
il les mit sous les cendres; la peau de lapin, il la fit
brandiller sous les yeux du maître. En remuant les
cendres, il avait rencontré quelques débris de coquilles
d'œufs; il les lui montra, et cette démonstration fut plus
expressive que tous les cocorico et les cott, cott, codek,
de La Fléchelle. A l'appui de sa nouvelle demande il
posa sur la table un nouvel écu.

Cette maison devait être pour nous une cause de ruine.

Le vieillard, après avoir empoché les deux pièces
brabançonnes, endossa une épaisse redingote de feutre,
se coiffa d'une casquette de renard à longue oreillette,
maintint ses sabots par de solides guêtres de cuir, et
ainsi caparaçonné, se lançant à travers la pluie battante,
il alla aux provisions, je ne sais où.

Lui dehors, Maria sembla respirer plus à l'aise; elle
devint alerte, agissante, retourna les pommes de terre
dans la cendre, mit du gros sel à notre disposition, nous
apporta plusieurs jattes de lait, quelques tasses ébréchées, nous montra le pain noir et disparut.

Je n'ai pas pour habitude de manger en attendant le repas. C'est là une méthode russe tout à fait antihygiénique. Je la frappe de ma réprobation.

Tandis que ces messieurs épluchaient leurs pommes de terre ou faisaient leur trempette de pain et de lait, je pensai à mes notes de voyage, forcément restées en retard vu l'activité de notre vie aventureuse. Notre provendier pouvait n'être de retour que dans une heure ; il lui fallait ensuite le temps de préparer notre déjeuner ; j'avais donc tout loisir pour me mettre au courant. Mais écrire, entouré de tant de monde, avec le calme indispensable dans tous les travaux de rédaction, cela était impossible. La Fléchelle n'aurait pas manqué de venir, par-dessus mon épaule, lire ce que j'écrivais. Me retirer dans une autre pièce ?... Je n'en connaissais d'autres à ce rez-de-chaussée que celle occupée par les vaches.

Un petit escalier en bois se dressait à l'entrée du fournil. Ces messieurs, tout en fumant autour de l'âtre, venaient d'ouvrir une dissertation sur le mot *piquenique*, à propos des deux écus avancés par Brascassin. Athanase, soutenait que ce mot n'est pas français, La Fléchelle le faisait dériver du latin, Baldaboche du hollandais, l'orphéoniste du suisse. Sans s'inquiéter de l'origine du mot, Brascassin prétendait la chose de toute antiquité. A l'appui de son opinion, il citait Homère et ce passage du chant Ier de l'Odyssée, où la sage Minerve dit à Télémaque : « O mon fils, ce n'est point là un de ces repas fraternels pour les frais duquel des amis se sont associés. »

Pendant qu'ils discutaient, je franchissais à petit bruit les marches de l'escalier. Parvenu à l'extrémité, j'entendis sortir de cet étage supérieur un murmure confus. Je m'arrêtai coi ; j'écoutai. Plusieurs voix s'interpellaient, se répondaient en sourdine ; on chuchotait tout bas, mais à mots pressés. Que signifiait ce conciliabule ?

Maria restait seule à la maison ; l'hôte à la figure sinistre n'en était-il parti que pour aller chercher des complices rentrés avec lui par une issue secrète ? Des idées de forêt Noire me passaient par la tête. Brascassin peut-être avait commis une imprudence en prodiguant avec trop de libéralité ses écus de Brabant. La maison était isolée, le pays désert, la pluie qui tombait devait pour le moment en éloigner tout secours possible.

Le bruit d'un baiser vint me rassurer. Messieurs les brigands ne passent guère leur temps à s'embrasser je le suppose. L'audace me revint. Je poussai doucement la porte et passai la tête par l'ouverture.

Maria, le front appuyé sur l'épaule d'un grand garçon en manches de chemise, lui enlaçait le cou de ses bras, et lui, en poussant de gros soupirs, restait fixe et immobile, comme une statue de pierre.... qui aurait soupiré.

Ils m'aperçurent alors, et, avec un cri, le garçon s'élança vers une échelle communiquant à un second grenier. Maria le suivit d'abord, puis s'arrêta, redescendit et se jetant à mes pieds, elle se mit à pleurer à sanglots, en m'adressant une apostrophe véhémente, sans doute dans le langage des Allamanni. Sans doute aussi elle me suppliait de ne rien dire à son père de la découverte que je venais de faire. En étais-je capable?

Élevant de plus en plus la voix, comme si j'en pouvais mieux comprendre son affreux jargon, elle me montra l'endroit où s'était réfugié le jeune homme, puis à travers la lucarne du grenier, la direction prise par son père; puis, elle pleura, sanglota de nouveau. Je m'apitoyai sur elle : l'expression de ma figure devait le lui faire assez comprendre. Au moyen d'une pantomime pleine de points d'interrogation, je lui demandai quel obstacle s'élevait entre elle et ce jeune homme, qu'elle avait l'imprudence de recevoir à l'insu de son père.

Dans la paume de sa main gauche, faisant glisser son pouce droit sur son index, elle me donna facilement à entendre qu'une affaire d'argent s'était jetée à la traverse de leur amour; le jeune homme était pauvre, et notre hôte, le vacher, refusait de consentir à leur mariage, à moins de l'apport d'une certaine somme.

La douleur de Maria, l'abandon avec lequel elle venait de me conter son histoire, me touchaient plus que je ne puis dire. Je m'expliquais maintenant pourquoi dans cette misérable chaumière le malheur semblait avoir appliqué sa griffe aussi bien sur le visage du père que sur celui de la fille. Tous deux vivaient dans une lutte incessante, elle au nom de son amour, lui au nom de son avarice, peut-être de sa prudence.

Tandis que j'essayais de calmer la pauvre fille, je vis trois figures étonnées apparaître à la fois devant la porte du grenier : c'étaient celles de Brascassin, d'Athanase et de l'homœopathe. Les autres suivaient. Ils s'étaient aperçus de mon absence, avaient entendu des sanglots et s'étaient demandé qui je faisais pleurer là-haut.

Je les mis au courant de l'histoire. Brascassin, l'homme du fait, toujours à l'aide d'un mouvement du pouce et en lui montrant un florin, questionna Maria sur la valeur de la dot exigée. Dix fois elle étendit les cinq doigts de sa main. Il s'agissait d'une somme de cinquante florins (107 fr. 50 c.). Ce n'était pas une dot de prince; un notaire de Paris ne s'en fut même pas contenté, peut-être; mais les vachers de la forêt Noire sont moins exigeants sur cet article.

Sans hésiter, Brascassin ouvrit aussitôt une souscription et déclara s'inscrire en tête pour la somme de quinze florins. Je suivis son exemple. Athanase, La Fléchelle et les deux Épernay complétèrent le reste. L'orphéoniste et Baldaboche s'abstinrent. Ils étaient dans leur droit. Cette fois, il ne s'agissait point d'un pique-nique. Ils payèrent leur écot comme nous l'avions payé le matin même à la scierie de***; ils firent des vœux pour le bonheur des futurs époux, du moins j'aime à le croire.

Maria, folle de joie, pleurait encore, mais en nous baisant les mains, en nous prodiguant, j'en suis convaincu, les épithètes les plus douces de la langue des Allamanni.

Au même instant, comme si le ciel nous tenait compte de notre bonne œuvre, le soleil reparut et avec lui notre provendier. Nous l'aperçûmes à travers la lucarne, pressant sa marche, un lourd panier au bras.

Je le certifie, la scène qui suivit fut une des plus émouvantes dont de ma vie j'aie été témoin. Maria aborda son père avec ce sourire qui ne lui était né que depuis quelques minutes; elle lui montra les florins qu'elle tira à poignées de sa poche. Le bonhomme sembla stupéfait d'abord. L'explication eut lieu. Il nous fit un grand salut, tête découverte, et sur sa figure désassombrie un éclair brilla. La jeune fille appela alors son fiancé, qui, dans l'attente du dénoûment, se tenait caché dans le fournil. Il parut, craintif encore. Le père lui dit un mot, et l'amoureux tomba à ses genoux ainsi que Maria.

Devant ce tableau touchant, tous nous sentîmes notre paupière s'humecter, à l'exception de Baldaboche et de l'orphéoniste. Ils n'avaient point payé pour cela.

Malheureusement, l'histoire ne devait pas se terminer ainsi.

L'appétit calmé, le cœur épanoui d'avoir fait des heureux sur notre passage, comblés des bénédictions du père, de la fille et de l'amant, nous nous étions remis en route.

Une heure plus tard, comme nous approchions de Wildbad, pour nous y préparer une entrée convenable nous gagnâmes un grand châlet-gasthaus placé à la droite de la route, où l'on nous brossa, où l'on nous étrilla des pieds à la tête.

Nous étions occupés de ces soins, quand le *ïou pati, ou pala*, exécuté avec tant de succès dans le festival d'Aller-Heiligen, se fit entendre, entonné à grand chœur par une douzaine de voix. C'étaient des orphéonistes qui, après la visite aux cascades s'étaient enfoncés dans le Schwartzwald; ils avaient touché à Fribourg et marché ensuite dans nos pas à partir de Wurzbach. Comme nous encore, et un instant après nous, ils s'étaient arrêtés à la vacherie de la Croix, sur les bords du lac Hohloh. Plus heureux que nous, ils avaient pu lier conversation avec Maria, un de leurs compagnons de voyage, garçon tailleur à Paris, étant né dans la forêt Noire et parlant couramment la langue des Allamanni.

« Eh bien, dit celui-ci en nous abordant, il paraît que vous avez joliment fait les choses avec le père Schawrobh; aussi la petite servante priera Dieu pour vous, vous pouvez être tranquilles ! »

Ce mot *servante* nous fit dresser l'oreille.

« Comment, si Maria n'est que la servante, le bonhomme s'opposait-il à son mariage avec son prétendu, demandai-je.

— Il n'est question ici de mariage ni de prétendu, nous répliqua l'Allamann, et vous avez bien facilement délié la bourse sans savoir de quoi il s'agissait ! Voici l'affaire en deux mots. Andrecht, le garçon d'étable du vieux, n'est pas l'amoureux de Maria : il est son frère. Père Schawrobh, le vacher, un grippe-sou s'il en fut, avait chargé Andrecht de porter une somme de cinquante florins à Gernsbach, où il avait un intérêt sur un train de bois alors dévalant vers le Rhin. Andrecht joua l'argent à ce qu'il paraît, ou le cacha sous une pierre, et dit l'avoir égaré en route. Il perdit sa place et n'en trouva pas une autre. Schawrobh garda la sœur à son service mais à la condition de ne lui donner d'autres gages, pendant dix ans, qu'une jupe et un bonnet à Pâques. Maintenant, comprenez-vous l'histoire ? »

Un rire général, auquel je ne pris nullement part, lui prouva qu'il était compris.

Honteux, contrit, irrité contre moi-même d'avoir entraîné mes compagnons dans une souscription ouverte au bénéfice d'un voleur, j'offris de restituer à ces messieurs leur déboursé. Ils s'y refusèrent. L'orphéoniste, comme arrangement, émit cette opinion qu'il serait peut-être juste que je supportasse seul nos frais de route du Hirsch à Wildbad. Cette proposition émanant de lui, excita un nouveau rire, auquel je m'associai franchement cette fois.

Je ne dirai rien de Wildbad, sinon que la rivière de Lenz partage la ville en deux. C'est à peu près tout ce que j'y ai observé.

Moi, l'ennemi juré des chemins de fer, j'espérais je ne sais pourquoi, y en trouver un, qui me conduirait directement à Strasbourg. En fait de moyen locomotif, il n'existe à Wildbad qu'une voiture publique, laquelle, tous les deux jours, se dirige sur Bade.

Retourner à Bade, que j'avais quitté quatre jours auparavant avec l'intention formelle de rentrer en France, me semblait dur. Le sort nous favorisait sur trois points cependant : 1° nous arrivions le jour du départ de la voiture ; 2° à l'heure de son départ ; 3° il y avait place pour nous tous.

Brascassin seul nous fit défaut. Il avait quelques affaires à conclure ou à régler à Wildbad. Il voulait mettre à profit son séjour inattendu dans cette ville. Nous nous séparâmes l'un de l'autre avec un regret mutuel, je le crois, et en échangeant nos cartes, et en réitérant les poignées de main. Il me promit de venir vers l'automne me voir à Marly-le-Roi.

Pourquoi avec certains hommes l'amitié nous vient-elle si vite au cœur? Il me semblait que, après Antoine Minorel, Brascassin était mon meilleur ami.

Pourquoi, des divers abrisseaux que j'ai fait plant e dans mon jardin, le dernier mis en place est-il aujourd'hui le plus élevé et le plus vigoureux? Comme l'arbrisseau, l'amitié pousse vite quand le terrain est à sa convenance.

La route de Wildbad à Bade-Baden est, dit-on, charmante. Je me dispenserai de la décrire, n'ayant fait qu'un somme depuis le départ jusqu'à l'arrivée.

Bien résolu à ne point m'arrêter un instant à Bade, même pour y voir Junius, je pris congé de mes compagnons de voyage. Tous, préoccupés de leur installation, du choix d'un hôtel, des renseignements à prendre, me regardèrent à peine; une seule main se tendit vers moi, celle d'Athanase.

Ainsi va le monde, à ce qu'il paraît. On se rencontre sur la route; quelque temps on marche ensemble du même pas et du même cœur; on croit à une liaison qui se continuera. Le moment venu, comme une bande d'oiseaux effarouchés, chacun tire de son côté sans un regard d'adieu adressé à ses anciens compagnons. Quelque peu mortifié, je courus vers le petit chemin de fer qui de Bade devait me conduire à la station d'Oos. e n'eus que le temps d'y prendre place; il partait.

Enfin, j'étais en route!

QUATRIÈME PARTIE.

I

L'airelle-myrtille. — Embarcadère d'Oos. — Rencontre d'un homme effaré. — Grand scandale dans la maison Lebel. — Enlèvement de Thérèse. — Je suis soupçonné. —Traité d'alliance entre l'homme et la cigogne. — Arrivée à Heildeberg. — L'enfant prodigue.

Il existe une petite plante haute à peine de douze à quinze centimètres, aux feuilles ovales, luisantes, légèrement dentées, aux fleurs en grelot, et d'un blanc rougeâtre ; cette plante, c'est l'airelle-myrtille. Elle croît généralement dans les pays montagneux, sous l'ombrage des bois, dont elle décore la lisière comme d'un tapis de myrtes nains ; de là, en France, son nom de myrtille.

J'avais déjà rencontré le myrtille dans les montagnes des environs de Bade, à Aller-Heiligen ; les pentes de la forêt Noire en sont couvertes ; aussi les industriels du grand-duché ont-ils trouvé moyen de tirer de sa petite baie noirâtre un parti considérable. On en fait un hors-d'œuvre vinaigré qui se trouve sur toutes les tables d'hôte ; on en compose des gâteaux, des confitures, voire même du vin, et du vin dont nous autres Parisiens, qui volontiers vivons dans l'ignorance complète du *vaccinium myrtillus* aussi bien que du *vaccinium oxiccoccos*, avons pu goûter, car il nous est destiné spécialement. Un de mes grands amis du casino de Hollande m'affirmait que, dans une de ces années malencontreuses où l'oïdium avait détruit chez nous l'espoir de la vendange, quarante mille barriques de baies de myrtilles, rien moins, avaient été expédiées de la forêt Noire pour la France.

Le myrtille ne se transforme pas seulement en gâteaux, en hors-d'œuvre, en confitures et en vin, on l'emploie aussi en médecine et en teinturerie; les plus grands docteurs de l'Allemagne recommandent son fruit comme un puissant antiscorbutique, ses feuilles comme un diurétique excellent, ses racines comme un fébrifuge incomparable.

Ce qu'en laissent messieurs les confiseurs, pâtissiers, marchands de vins, teinturiers et pharmaciens, est employé par messieurs les tanneurs.

Tant de services rendus à l'humanité méritaient une récompense glorieuse. Le myrtille a donné son nom à une des villes les plus célèbres de l'ancien Palatinat, à Heidelberg, située entre Carlsruhe et Francfort, à Heidelberg, l'Universitaire, la Savante, l'Impériale !

Le mot *Heidelberg* signifie *la montagne aux Myrtilles.*

Eh bien, en ce moment, je suis à Heidelberg!

A la station d'Oos, où l'on passe d'un train dans un autre, quand je m'apprêtais à changer de wagon, un homme effaré, le front perlé de sueur, sortait de l'embarcadère comme j'y entrais; cet homme effaré poussa un cri, et s'arrêta devant moi dans une pose cataleptique. En devais-je croire mes yeux? c'était Jean, mon vieux Jean !

J'eus peine à le reconnaître d'abord; je m'attendais si peu à le rencontrer en Allemagne! A ma vue, son émotion se traduisit par un tremblement dans tous ses membres et une impossibilité complète de parler; j'étais ému moi-même; je lui tendis la main; je n'en ai pas regret. Jean fait partie de ma famille de garçon; il est pour moi aussi bien un ami qu'un serviteur; sous ce dernier rapport, Jean laisse beaucoup à désirer; comme ami, il est parfait. La main que je lui tendais, il la baisa et j'y sentis tomber une larme. Je n'affirmerais point cependant que cette larme fût une larme. Peut-être était-ce une perle de son front. Enfin, non sans peine, il se calma et parvint à m'expliquer les causes de notre rencontre.

Depuis plus de quarante-huit heures, Jean courait après moi comme Télémaque après Ulysse. Une lettre de Junius Minorel adressée à son cousin Antoine avait instruit celui-ci de mes fredaines. Il lui apprenait que j'étais à Bade, sans argent, que j'y avais joué, que j'avais perdu. Antoine, ne me voyant pas reparaître, résolut de se mettre à ma recherche; mon vieux Jean voulut l'accompagner. De son côté, Madeleine, ma cuisinière, s'engagea à leur écrire chaque jour pour les instruire de mon retour à Marly, si je devais y revenir jamais.

Déjà deux lettres de Madeleine étaient arrivées par le chemin de fer, ne contenant que ces mots : « Pas de nouvelles de monsieur! » Antoine s'assombrissait et articulait d'horribles blasphèmes contre les jeunes cervelles couvertes de cheveux gris. Junius, qu'il avait retrouvé à Bade, ne pouvant comprendre comment je n'étais pas encore à Marly, quand quatre jours auparavant je lui avais fait mes adieux, prêt à monter en wagon, pensa que j'étais retourné à Carlsruhe, où, disait-il, une certaine Thérèse semblait me tenir au cœur. Le matin même, les deux cousins étaient partis pour Carlsruhe, abandonnant à Jean la surveillance du chemin de fer badois. Il avait pour mission d'inspecter au visage tous les voyageurs qui traversaient la voie, venant de France, ou s'y rendant.

Pauvres amis! combien je me reprochais alors de les avoir laissés si longtemps sans nouvelles!

Avant la fin de son récit, mon vieux Jean, fort distrait de sa nature, paraissait préoccupé de tout autre chose que de ce qu'il avait à me raconter. D'un air inquiet et surpris, il m'examinait de la tête aux pieds. N'y pouvant tenir, s'interrompant tout à coup :

« Monsieur n'a donc plus son parapluie ni sa montre? me dit-il.

— Non; je les ai perdus.

— Au jeu? »

Le mot lui échappa. Contrit de son irrévérence, il baissa la tête; aussi ne put-il voir le coup d'œil sévère que je lui adressai. Sa narration achevée, me regardant en dessous, il reprit d'un ton apitoyé : « Il faut que monsieur ait bien souffert pour en avoir été réduit à acheter un vieux chapeau comme celui qu'il porte ! »

C'est de mon chapeau neuf, déjà tant éprouvé il est vrai, qu'il parlait avec ce dédain.

Jean tomba ensuite dans de nouvelles perplexités ; il me proposait de se rendre seul à Carlsruhe pour prévenir les deux cousins de mon arrivée, tandis que je l'attendrais à Bade. Sa phrase n'était pas achevée que l'idée de me laisser seul dans ce lieu de perdition, où déjà la roulette m'avait été fatale, la lui faisait modifier dans une foule de sens amphigouriques.

Pour le rassurer : « Nous partirons ensemble, lui dis-je. D'ailleurs, j'ai laissé à Carlsruhe une dette que je suis bien aise d'acquitter.

— Monsieur a fait des dettes ?... Puis, avec un hochement de tête significatif, il murmura : Décidément, nous n'avons pas été sage ! »

Si j'avais à supporter déjà les gronderies de M. Jean, à quoi devais-je m'attendre de la part de mon terrible et cher Antoine Minorel ?

A sept heures du soir, nous arrivons à Carlsruhe. Je me rends aussitôt à l'hôtel de la *Légation*. Au nom de Junius Minorel, le concierge me répond absolument dans les mêmes termes que la première fois : « M. de Minorel est à Heidelberg, où il achève sa cure de petit-lait. » Je demande s'il n'a point passé aujourd'hui par Carlsruhe en revenant de Bade. Réponse affirmative. Je m'enquiers si un de ses parents n'a point fait route avec lui pour Heidelberg. Nouvelle réponse affirmative. « Je crois, ajoute le concierge, que ces messieurs sont allés y chercher quelque chose qu'ils ont perdu. »

J'étais ce *quelque chose*. Satisfait de mes renseignements, je cours à la maison Lebel.

A ma gentille pension bourgeoise du boulevard d'Ettlingen tout est en rumeur. La grammaire et la langue française ont été rayées de l'ordre du jour. On y parle dans toutes les langues pour proclamer le grand évènement. Thérèse est partie, Thérèse a été enlevée! « Par un vieux monsieur, » disent les uns; et je suis véhémentement soupçonné d'être le ravisseur. On se rappelle les agaceries de Thérèse à mon égard et nos entretiens secrets dans le petit salon aux sonnettes. Si je reparais aujourd'hui, lorsque depuis douze jours j'étais censément rentré en France, mon but est évidemment de détourner les soupçons.

Jean, qui m'a accompagné à la maison Lebel, pousse des soupirs à faire trembler les vitres. Que devait-il penser de moi, mon Dieu!

Les autres affirment que le séducteur n'est pas aussi vieux qu'on veut bien le dire; il est jeune au contraire, et ce jeune homme n'est autre que Brascassin. Thérèse et lui, le jour de l'enlèvement, on les a vus franchir la porte de Dourlach, en voiture close et les stores abaissés.

Les stores étant abaissés, comment les a-t-on vus? Mais si la médisance ne manquait parfois de logique, elle deviendrait trop redoutable.

Devant les uns et les autres, je tentai de me justifier, et même de justifier Brascassin; je ne l'avais point quitté depuis trois jours, et venais de le laisser à Wildbad.

« C'est cela! bien joué! crie une voix. La porte de Dourlach est justement sur la route de Wildbad. A Wildbad, il aura d'abord laissé Thérèse s'établir seule, pour sauver les apparences, et sera venu l'y rejoindre ensuite. Nous connaissons donc enfin le lieu de leur cachette! Ils sont à Wildbad.

— Ils sont à Wildbad! quelle immoralité! » répètent en chœur tous les habitués de la maison Lebel.

Le dirai-je? Cette supposition invraisemblable, absurde, fit naître en moi non une conviction, mais un doute. Je me rappelai l'air indifférent et désintéressé avec lequel Brascassin, la veille, avait d'abord répondu à mes questions sur Thérèse, puis l'emportement qui s'en était suivi. Évidemment, elle ne lui était pas aussi étrangère qu'il avait essayé de me le faire accroire.

Le temps me manquait pour réfléchir longuement sur ce sujet; je pris à la hâte congé de MM. les grammairiens, en cherchant du coin de l'œil mon vieux Jean. Il n'était plus là. Je le rejoignis à la porte d'entrée, où il se tenait, la tête appuyée contre le mur, gémissant, j'en suis convaincu, de voir son maître mêlé à tant d'intrigues, et devenu un garnement.

J'avais fait quelques pas sur le boulevard lorsque deux voix m'apostrophèrent inopinément :

« Monsieur Canaple, est-il vrai qu'il faut dire *courbatu* et non *coubaturé*?

— Monsieur Canaple, pourquoi le verbe *admonester* ne se trouve-t-il pas dans le dictionnaire? Vaut-il donc mieux dire *admonéter*?

— Dites ce que vous voudrez! » Et je pressai le pas.

Chassée du temple, la pauvre grammaire en était réduite à demander l'aumône aux passants.

Peut-être ai-je un peu sévèrement parlé de la lenteur allemande; je n'ai eu qu'à m'en louer aujourd'hui. En gagnant le chemin de fer, je craignais de me voir forcé d'attendre pendant deux heures un nouveau convoi se dirigeant sur Heidelberg. Dans la gare, j'en trouvai un prêt à partir. C'était celui qui nous avait amenés d'Oos. A la station de Carlsruhe, on donne au voyageur tout le temps nécessaire pour bien dîner.

Je pris deux places de première, ne voulant pas, sitôt après notre réunion, me séparer de mon vieux Jean. Par un sentiment de convenance exagérée, quoique nous fussions seuls dans le wagon, il se tint aussi éloigné de moi qu'il le put et ne desserra pas les lèvres. J'eus donc tout loisir de me livrer à mes méditations.

Je songeais à la réception qu'allait me faire Antoine, au départ inexplicable de Thérèse, au silence de Brascassin à son sujet; je songeais aussi à Madeleine, l'excellente fille, à mes voisins de Marly, à mon jardin dont les iris et les lilas fleurissaient sans moi, à mon chien, qui devait hurler jour et nuit pendant mon absence; puis, j'en revenais à Antoine. Il m'apparaissait en Jupiter tonnant.

Au milieu de mes songeries, mes yeux ne restaient point inactifs. A travers le crépuscule du soir, qui donnait au paysage une teinte mystérieuse, la ville de Dourlach, et son cimetière, où repose le bon Haussman, le boulanger d'Ettlingen, Brouchsal, avec ses charmantes collines boisées, me saluaient en passant; à l'extrémité d'une allée de verdure, une petite église solitaire semblait me suivre du regard; longtemps je l'aperçus voyageant avec moi. Sur ma gauche, s'alignaient de longs peupliers, bordant la route de terre; entre leurs flèches espacées se déroulait une vaste plaine semée de bouquets d'arbres, éclairée à revers par la lune qui semblait se baigner dans le Rhin; figurant des meules de foin ambulantes, de solides charrettes, surchargées des récoltes de l'année précédente, la traversaient avec leur escorte de travailleurs. C'était le dernier labeur de la journée. Plus loin, un pâtre à cheval courait au galop en sonnant du cor pour rappeler ses troupeaux dans l'étable. Tout à coup, débouchant d'un buisson, un chevreuil égaré bondit en entendant souffler la locomotive, et des cigognes, perchées sur leurs longues jambes, nous regardèrent passer d'un air stupéfait.

Elles arrivaient de loin peut-être et n'avaient pas encore vu un chemin de fer.

Pourquoi jusqu'à présent, sinon à Kehl, où une cigogne peinte sert d'enseigne au cabaret dans lequel je me suis arrêté, n'avais-je pu encore rencontrer cet oiseau familier, si commun, m'avait-on dit, en Alsace et dans le grand-duché? A Strasbourg, chaque cheminée devait avoir pour ornement son nid de cigognes; pourquoi n'en ai-je pas découvert un seul?

Le traité de paix et de bonne amitié, passé de temps immémorial entre l'homme et la cigogne, aurait-il été rompu dans ces pays pour infraction à quelque clause importante? La cigogne a-t-elle cessé de manger les vers de terre? ou l'homme, qui songe aujourd'hui à se nourrir même de son cheval, aurait-il commencer à manger des cigognes?

Ces diverses élucubrations de mon cerveau défilaient devant moi au milieu des ombres du soir et peuplaient le paysage, alors presque désert; grâce à elles, grâce à Thérèse, à Brascassin, à Madeleine, grâce aux cigognes, je croyais sortir à peine de Carlsruhe, et j'oubliais Antoine, lorsque les montagnes, graduellement effacées à ma droite, reparurent tout à coup plus hautes, plus rapprochées. Sur la principale d'entre elles, à son point culminant, les rayons de la lune illuminaient une vieille tour; nous arrivions à Heidelberg.

Je me fis indiquer l'hôtel du *Prince Charles*, situé à l'extrémité de la ville. Là, mon juge m'attendait.

Je n'ai jamais pu me défendre de cette autorité magistrale (paternelle, comme il le dit lui-même) qu'Antoine exerce sur moi; l'ai-je jamais essayé? Je me sentais coupable envers lui; je l'étais. Sur mon invitation expresse, il avait consenti à passer avec moi la saison du printemps dans ma maison de Marly; au jour dit, il s'y était présenté, et n'y avait trouvé que mes domestiques. Une seule lettre de moi lui était parvenue, datée de Carlsruhe; elle l'invitait à m'attendre; il m'avait attendu, et vainement, et sans plus recevoir d'autres nouvelles. Des deux autres lettres à lui adressées, la première figurait toujours parmi les notes de mon histoire de Louis-Guillaume, le vainqueur des Turcs; la seconde, écrite de la scierie de *** (forêt Noire), je l'avais encore dans ma poche. Est-ce ainsi qu'un galant homme devait en agir envers son meilleur ami?

A mesure que j'arpentais la longue rue d'Heidelberg, mes torts me parraissaient plus grands; quand j'arrivai devant l'hôtel du *Prince-Charles*, ils étaient irrémissibles. Je connaissais la succeptilité d'Antoine sur tout ce qui touche aux devoirs de l'amitié.

M'arrêtant au seuil de la maison, j'envoyai Jean s'informer si MM. Minorel y étaient descendus. Je me rappelais que Junius l'habitait volontiers durant ses stations à Heidelberg. Jean me rapporta qu'en ce moment ces messieurs étaient à l'hôtel, appartement n° 7, au premier. J'avais espéré une toute autre réponse; j'aurais laissé ma carte ou la lettre restée dans ma poche, et je serais parti.... pour quel pays ? je n'en sais rien... par le premier convoi, n'importe dans quelle direction. Je n'ai pas l'habitude des souffrances morales; j'étais au supplice. O nature pusillanime! Lâche! lâche que je suis! Mais il n'y avait plus à reculer.

Avec un peu de brusquerie, j'ordonnai à Jean de passer le premier; je le suivis à distance. En arrivant sur le palier, je haletais. Un escalier de vingt marches! Il ouvrit la porte du n° 7; je m'arrêtai.

Les deux cousins se tenaient dans un petit salon, devant une table à jeu, ornée de ses bougies. Antoine lisait; Junius faisait une *patience*. Au bruit de la porte qui s'ouvrait, ils ne bougèrent point, croyant sans doute à l'entrée d'un domestique de la maison. Jean, ne sachant trop en quels termes annoncer ma venue, se mit à tousser. Antoine redressa la tête, m'aperçut dans la pénombre de la porte, se leva et vint droit à ma rencontre sans articuler un mot; puis il m'ouvrit ses bras, et longtemps me pressa contre sa poitrine, où je sentis son cœur battre à tout rompre.

« Enfant terrible, va! » Tel est le seul reproche qui soit sorti de sa bouche.

O mon Antoine! mon cher Antoine! que tu es bon! que tu es généreux! J'éprouvais le besoin de pleurer; mais je retenais mes larmes. Qu'aurait pensé Jean? Il aurait cru que je pleurais sur mes fautes.

Junius interrompit sa *patience*, se leva à son tour, après avoir laissé toutefois ses cartes dans l'ordre voulu, et m'aborda en se frisant la moustache; c'était chez lui l'annonce de quelque apostrophe railleuse; mais de celui-là je ne redoutais rien.

« Parbleu! monsieur de Canaple, me dit-il, quel homme étrange faites-vous! au commencement de ce mois j'étais à Heidelberg; vous m'avez forcé d'y interrompre ma cure de petit-lait, pour aller la continuer à Bade, et de Bade me voici contraint de revenir l'achever à Heidelberg, toujours grâce à vous! »

Je le saluai et lui serrai la main. Dans mon trouble d'esprit c'est la seule réponse que je trouvai à lui faire.

De nous quatre, mon vieux Jean était le seul qui gardât encore un maintien grave et sévère. Je crois qu'il n'eût pas été fâché de voir Antoine me gronder un peu vertement.

Quand la parole me fut revenue, j'essayai d'entamer le chapitre de ma justification :

« Plus tard, me dit Antoine; tu parais fatigué; tu vas te coucher. J'ai une chambre à deux lits : le meilleur est pour toi; mais je ferai mettre le verrou à toutes les portes de communication; tu n'aurais qu'à m'échapper encore! »

Enfin, je me couchai, et dans un lit! Depuis trois jours c'était la première fois. Mon sommeil fut calme et heureux; je sentais auprès de moi mon vieux Jean, et mon adorable ami Antoine Minorel. Je dormis quatorze heures ; et voilà comment, le lendemain, je me réveillai à Heidelberg, la montagne aux Myrtilles.

II

Historique de la ville d'Heidelberg. — Historique de mon vieux Jean et de Madeleine, ma cuisinière. — Wolfsbrunnen. — La fontaine de la Louve. — Rencontre avec un écolier. — Molkenkur (la cure au petit-lait). — Une vision.

Je crois devoir sans plus tarder prévenir une erreur grave que pourrait causer l'étymologie du mot « Heidelberg. » Ce mot s'applique à l'emplacement du vieux château bien plus qu'à celui de la ville. La ville d'Heidelberg, quoi qu'en dise sa douce appellation de *montagne aux Myrtilles*, n'est point située sur une hauteur ; elle s'enfonce, au contraire, dans une étroite vallée creusée par le Necker entre le gigantesque Kœnigstuhl et la montagne de tous les Saints (Heiligenberg), qui lui fait face de l'autre côté du fleuve.

Peu de temps après l'ère chrétienne, les Romains, maîtres de la Germanie, avaient visité les bords du Necker, portant d'une main un épi de blé, de l'autre un cep de vigne. Sur les collines, rameaux inférieurs du Kœnigstuhl, ils avaient trouvé de pauvres pâtres conduisant de maigres troupeaux ; dans la vallée, de misérables pêcheurs se nourrissant moins de poissons que de galette de sarrasin : de la plupart ils firent des laboureurs et des vignerons. Avec le vin, avec le blé, la vie facile, l'abondance, le commerce y étaient nés. Vers le troisième siècle, les Romains, qui colonisaient le monde au bénéfice de tous, peu semblables, sous ce rapport, à certaine autre nation colonisatrice, avaient, en faveur de ce commerce naissant, dépierré le Necker, l'avaient endigué, rendu navigable. Sur ses bords, ils élevaient des retranchements ; sur les montagnes qui l'avoisinent, des forts, pour protéger les vallées contre les invasions de ces terribles Allamanni, aujourd'hui refoulés dans les profondeurs de la forêt Noire sous forme de bouviers, de charbonniers, de bûcherons, de fabricants d'horloges en bois et de boîtes à musique.

Les cabanes des vignerons et celles des laboureurs se rapprochaient l'une de l'autre; Heidelberg était là en germe.

Au neuvième siècle, c'était un village carlovingien, que traversa le roi des Français, Louis le Débonnaire; au douzième, Conrad de Hohenstaufen, premier comte palatin du Rhin, s'y créa une résidence. Louis de Bavière vint plus tard, qui l'agrandit et l'embellit. De ce moment Heidelberg fut la capitale du Palatinat. Aujourd'hui, elle n'est comptée qu'au troisième rang parmi les villes du grand-duché; mais combien par la splendeur de ses souvenirs, par sa science, par ses monuments, par ses ruines même, elle efface ses deux pâles et fastidieuses compétitrices, Mannheim et Carlsruhe!

C'est en 1803 qu'Heidelberg, avec le Palatinat du Rhin, devint partie intégrante des États badois.

Junius, de qui je tiens ces détails, ainsi que bien d'autres qui viendront à leur place, pendant ses longues résidences dans ce pays, en a sérieusement étudié l'histoire et la topographie, tout en prenant son petit-lait.

Vu les hautes montagnes qui entourent la ville, le soleil se lève tard à Heidelberg. Lorsque je m'éveillai, il était près de midi; le jour n'avait pas encore pénétré dans ma chambre. Les persiennes étaient fermées il est vrai, et aussi, je crois, les draperies de la fenêtre. Je sonnai; au lieu de Jean, ce fut mon ami Antoine qui entra.

Levé depuis six heures du matin, quoiqu'il eût rendez-vous avec un chimiste de ses amis, Antoine était resté dans le petit salon attenant à notre chambre. La nuit, il m'avait entendu m'agiter en grommelant de confuses paroles; il me croyait enfiévré, et veillait sur mon sommeil comme une mère sur celui de son enfant. O cœur de femme dans une poitrine d'ours! Cher Antoine!

Quand je l'eus rassuré pleinement sur l'état de ma

santé, profitant du moment où nous étions seuls, je voulus reprendre l'explication justificative interrompue par lui la veille, lui prouver que je n'avais voyagé que sous l'impulsion d'une force majeure....

« Lève-toi et allons déjeuner, me dit-il rudement; sais-tu qu'il est midi? »

Junius nous attendait dans le petit salon, où le couvert était mis. Jean, une serviette sous le bras, s'y tenait dans une posture pleine de dignité; il salua lorsque j'entrai, mais ne me demanda même pas des nouvelles de ma santé. Évidemment, il y avait du froid entre nous.

Quelle que soit ma préférence pour les tables d'hôte, je compris cette fois le déjeuner en tête-à-tête; nous avions tant à nous dire! D'ailleurs, je connaissais les délicates susceptibilités de notre diplomate, qui ne se fût point risqué à s'attabler avec des commis voyageurs.

Pendant le repas, une lettre arriva à l'adresse d'Antoine. Il la parcourut et me la passa. C'était la troisième missive quotidienne de Madeleine, ma cuisinière. Je la lus à voix haute. Elle contenait ces mots : « Monsieur n'a pas reparu encore. Que ça dure huit jours de plus et j'aurai perdu ma main à ne faire la cuisine que pour Minet et Toto. Je vais me mettre en quête d'une autre place. »

Jean fit un geste de désespoir; la serviette qu'il tenait à la main, lui échappant, faillit passer à travers la fenêtre. Cependant, il était sans cesse en désaccord et même en querelle avec Madeleine. Selon toute probabilité, ce souvenir lui revint à l'esprit, car presque aussitôt : « Au surplus, monsieur n'aura pas grand'peine à trouver mieux qu'elle, » dit-il.

Les idées de mon vieux Jean, loin de bien emboîter le pas, presque toujours se suivent en se contredisant. Un moment après, comme par remords de conscience, il reprenait : « Quant à son dévouement pour la personne de monsieur, il n'y a rien à dire.

— Il y paraît! lui répliquai-je.

— Ah! dame! c'est que depuis que monsieur a pris le goût des longs voyages, son service n'est pas commode. »

Je fronçai le sourcil; mais alors Jean se tenait derrière ma chaise, et cette fois encore ma démonstration de réprimande resta non avenue pour lui.

Pendant que je suis sur ce chapitre de Jean et de Madeleine, il me semble indispensable d'ajouter ici quelques mots touchants ces deux fidèles serviteurs.

« Aimes-tu ton papa? demandait-on à un charmant petit garçon de ma connaissance.

— Oui, je l'aime, et beaucoup.

— Et pourquoi l'aimes-tu beaucoup?

— Parce qu'il est bien obéissant, » répondit l'enfant.

Si on demandait à Madeleine et à mon vieux Jean pourquoi ils aiment leur maître, ils seraient en droit de faire la même réponse.

Madeleine est Picarde, par conséquent fort vive, puisqu'il est vrai que parmi nos qualités ou nos défauts il en est de terroir, comme il arrive pour le vin et autres produits. Par suite de cette vivacité naturelle, autrefois ma Picarde ne manquait pas de me mettre le marché à la main dès que je m'avisais de faire montre d'autorité envers elle. Dans l'intérêt même de ma dignité personnelle, que mes discussions avec ma cuisinière pouvaient compromettre, je dus donc prendre plus souvent en considération ses raisons que les miennes propres. Peu à peu ses pleins pouvoirs dépassèrent les limites de sa cuisine; rien ne se fit plus au logis sans sa permission; Jean, à son tour, dut se soumettre; il le fit avec moins de bonne grâce que moi. De là, entre eux, des querelles auxquelles j'eus soin de ne pas me mêler. J'avais la paix; Madeleine administrait en bonne ménagère, et ne recevait pas trop mal mes amis; de quoi me serais-je plaint? Si cette paix fut un instant troublée, c'est lors de mon projet de voyage pédestre de Paris à Marly-le-Roi. L'excellente fille semblait avoir la prévision de ce qui devait arriver.

Quant à mon vieux Jean, c'est là un précieux serviteur dont je ne saurais trop me louer. Il est loin d'avoir la vivacité de Madeleine; bien au contraire; après une longue expérience, je crois pouvoir affirmer que la lenteur, et même la paresse, forment le fond essentiel de son caractère. Mais que de résultats heureux cette paresse invétérée n'a-t-elle pas produits pour moi?

Jean m'a habitué tout doucement à la patience, sans laquelle il n'est pas de vrai philosophe pratique; je lui dois de savoir me suffire à moi-même, et, dans la plupart des détails de la vie, « de n'avoir pas besoin, comme a dit Rousseau, de mettre, pour me servir, la main d'un autre au bout de mon bras. » L'exercice est utile à ma santé; Jean me le rend indispensable par la lenteur et la maladresse qu'il met à s'acquitter des commissions dont je le charge. Grâce à lui, j'ai conservé l'élasticité de mes jambes; je n'engraisse pas trop, quoique mon tempérament me pousse un peu vers l'obésité. Si les défauts de Jean m'ont profité, il a tiré aussi bénéfice des miens, ce qui l'a complété et en a fait pour moi un être à part, qu'il me serait impossible de remplacer.

Ce fut de ma curiosité qu'il tira d'abord parti, ensuite de ma vanité. Je me laissai aller trop facilement à écouter ses divagations, ses bavardages sur les uns et sur les autres; c'était l'admettre dans ma familiarité; un grand tort! Il en vint bientôt à me donner des conseils; le droit de conseil entraîne celui de remontrance.... Halte-là!...

Mon vieux Jean avait servi d'abord chez mon père, peu de temps, et seulement en qualité de petit domestique, bon à tout et propre à rien; toutefois ma vanité s'accommodait à voir en lui un de ces anciens serviteurs de la famille qui donnent à une maison certain relief aristocratique. Je répétais volontiers que Jean m'avait connu enfant, ce qui était vrai; il m'appelait son jeune maître, comme je l'appelais mon vieux Jean; plus nous avancions dans la vie l'un et l'autre, plus il avait soin d'antidater son acte de naissance et de rajeunir le mien pour garder devers lui, à défaut d'autre autorité, celle de l'âge. S'il ne me dominait pas encore, il me résistait du moins, n'en prenant qu'à son aise, et alléguant comme excuse les infirmités de la vieillesse qui commençaient pour lui, disait-il.

La vérité est que mon vieux Jean et moi nous sommes nés dans la même année. Or, par une singulière anomalie, il se trouve avoir aujourd'hui cinquante-cinq ans passés, et je n'en ai que quarante-cinq à peine.

Le lustre dont il m'a débarrassé, il l'a gardé pour lui.

Voilà comment, outre quelques qualités utiles, je dois encore à Jean un reste de jeunesse.

Pour compléter le portrait, passons au physique. De taille moyenne, Jean a le cou épais, les épaules rondes, ce qui lui permet d'y appuyer facilement sa tête quand il veut dormir sans qu'il y paraisse, et lui donne en même temps ce petit air vieillard qu'il ambitionne..... Ses cheveux, d'un blond pâle et grisonnant, son nez tout d'une pièce, ses petits yeux gris, ses lèvres épaisses lui composent, après tout, sinon une figure agréable, du moins la figure d'un excellent homme.

Mais j'oublie un détail essentiel. Jean a la prétention d'avoir été un superbe enfant, et pense qu'il lui en reste encore quelque chose. Il a au-dessus de la pommette gauche une petite verrue couverte de poils, et qu'il se plaît à appeler *un grain de beauté*.

Madeleine ayant avancé un jour cet axiome douteux, auquel Polichinelle eût applaudi : « L'homme qui a un grain de beauté sur la figure ne peut jamais être laid, » Jean se l'est tenu pour dit, et depuis ce temps revient à tout propos sur sa bienheureuse verrue. « Tu t'es levé bien tard aujourd'hui, Jean? — Monsieur saura que le barbier m'a entamé avec son rasoir mon grain de beauté; j'ai saigné abondamment; rien ne saigne aussi longtemps qu'un grain de beauté, et je n'aurais osé me présenter devant monsieur en cet état. — Je ne mettrai point mon pardessus aujourd'hui, Jean; il fera beau, le baromètre monte. — Si monsieur veut m'en croire, non-seulement il mettra son pardessus, mais ses socques; mon grain de beauté m'élance. Il pleuvra à coup sûr. »

Ainsi le grain de beauté de Jean joue un rôle important dans sa conversation. Mais assez parlé de Jean et de sa verrue.

Je tenais donc à la main la lettre de Madeleine; je ne la lisais plus, j'en examinais la suscription : le timbre de la poste de Marly-le-Roi exerçait sur moi une puissance fascinatrice. Je ressentais un désir impérieux de revoir mon jardin, mes bons voisins, devenus mes bons amis, et d'aller rassurer ma cuisinière.

De ce désir je fis part à Antoine, en lui proposant de nous mettre en route sur-le-champ.

Antoine, le plus fougueux comme le plus aimé de mes despotes, donna un terrible coup de poing sur la table, puis se tournant vers moi d'un air menaçant ;

« Te moques-tu? Penses-tu donc que j'aurai franchi d'un trait cinq cents kilomètres sans devoir reprendre haleine un instant? Me prends-tu pour un de ces cuistres lancés après un échappé de collége, et qui le ramènent incontinent par les oreilles? Qui te presse tant? est-ce la crainte de perdre ta cuisinière? Calme-toi, jeune homme impétueux; dès hier au soir je lui ai écrit; dans trois jours les cloches de Marly pourront sonner ton retour ; allons, achève de déjeuner, et en route pour les ruines de l'ancien château! Junius assure que j'y trouverai une collection de médailles curieuses, et toi des mauves et des coquelicots de quoi remplir ton herbier. »

Il ordonna à Jean d'aller nous chercher une voiture. Jean, qui pense ne devoir obéissance qu'à son maître, me regarda d'un air interdit, sonna un garçon d'hôtel et le chargea de la commission.

« Je viens de traverser la forêt Noire à pied, dis-je à Antoine; la voiture est-elle bien nécessaire? Me crois-tu encore un Parisien ? »

Il sourit, me prit la main, me tâta le pouls, et dit :

« Ouvrez les barrières! Laissez aller! »

Je proposai à Jean de nous accompagner; il me fit observer que le château était sur une montage; grimper sur les montagnes, c'était bon à mon âge et non au sien. Il préférait aller visiter le marché, qu'on disait très-bien fourni de provisions de toutes sortes.

Jean, l'homme aux indécisions aussi bien qu'aux contradictions, n'alla ni au marché ni au château ; il rentra dans sa chambre, où il passa trois heures à écrire à Madeleine, pour lui faire part de ce qu'il avait vu *à l'étranger*. Dans cette longue épître, Dieu veuille qu'il n'ait pas trop médit de son maître !

Prenant un petit sentier qui, à quelques pas de notre hôtel, s'ouvre dans la montagne, après vingt minutes de marche nous arrivons à Wolfsbrunnen (la fontaine de la Louve), située à mi-côte.

La fontaine de la Louve doit son nom à certaine louve

furieuse qui, là, dit-on, dévora une sorcière. Je ne me paye plus guère de ces histoires faites à plaisir. D'après ce que m'avait appris Junius de l'installation des Romains sur le Kœnigstuhl, j'émis cette opinion que sans doute la louve de Romulus, en pierre ou en bronze avait figuré en cet endroit, d'où le nom de la fontaine. Junius trouva mon hypothèse admissible, quoique discutable ; Antoine s'étonna de me voir répudier un *conte bleu* au bénéfice d'un fait matériel et historique. Il ne connaissait pas encore mes aspirations vers l'histoire.

Wolfsbrunnen est un joli vallon se dessinant sur une des pentes de la montagne, et entouré de hauts taillis ; les chalets qui le décorent seraient d'un charmant effet si, dans le grand-duché, toutes les stations du chemin de fer n'affectaient pas cette même forme helvétique, fort gracieuse, mais trop prodiguée. Sur les chemins de fer prussiens, m'a-t-on dit, au lieu de chalets ce sont des tourelles féodales, et les salles d'attente y semblent remonter au dixième siècle. Le voyageur pourra désormais juger des tendances du peuple qu'il visite rien qu'à l'aspect de ses embarcadères et de ses débarcadères. Bade est pastorale, la Prusse, moyen âge.

Le tort des chalets du Wolfsbrunnen est de rappeler moins la Suisse que les chemins de fer. A Wolfsbrunnen, on vend, en gros et en détail, on assaisonne en matelote ou au vin blanc de délicieuses truites. La truite est le fruit du pays.

Dans de grands bassins où se rassemblent des eaux transparentes, « plus douces que le lait, plus savoureuses que le vin, » a dit un poëte allemand, nagent des milliers de truites. Voulez-vous en déjeuner ? C'est d'un coup de ligne qu'il s'agit ; désirez-vous en faire provision pour le marché ? un coup d'épervier y suffira.

A Wolfsbrunnen, je ne fus pas dévoré par une louve comme la magicienne Jetta, mais j'y fus en butte aux fureurs d'un gamin enragé. J'étais en contemplation devant une de ces pêches miraculeuses ; je reçois un projectile dans le dos, une balle. L'écolier, lancé à la poursuite de sa balle, vient me heurter au moment où je me retourne avec une brusquerie facile à comprendre. Sous le choc, il trébuche, il tombe en poussant des cris affreux. Je le relève, il veut se jeter sur moi, et sans Antoine qui intervient, je ne sais ce qui serait advenu.

A ses cris, était accourue une femme tout éplorée, sa mère.

« Aye ! aye ! il m'àvre pattu ! il m'àvre tonné un grand coup ! » hurlait le jeune monstre, sautant sur une jambe en tenant l'autre repliée sous sa main, et me désignant du geste.

Heureusement, Junius était connu de la mère ; il la rassura, la calma.

« Il est un peu espiègle, » dit alors la dame, souriant la lèvre pincée ; puis, après avoir de nouveau échangé quelques mots avec Junius :

« C'est, égal, monsieur, me dit-elle, en m'honorant d'un semblant de révérence, à votre âge, il n'est pas bien de frapper un enfant. »

J'étais exaspéré.

« Quelle est cette heureuse mère ! demanda Antoine quand elle fut partie.

— Mme Hoël-Jagœrn, la veuve d'un conseiller de cour, » lui répondit Junius.

L'affaire en resta là.

Junius, avant notre visite au château, nous proposa, pour seconde station, Molkenkur, un des points les plus élevés de la montagne que nous contournions. Une voiture débouchait à vide sur la place de Wolfsbrunnen ; nous y montâmes.

Molkenkur signifie *cure au petit-lait.*

C'est ici, c'est à Molkenkur, que Junius venait acquérir, par infusion, par imbibition, ce calme stoïque, indispensable aux diplomates. On n'y voit qu'une maison, c'est un chalet suisse, placé à l'angle d'un grand plateau d'où l'on jouit d'une vue superbe. J'embrassai l'horizon pour essayer d'y découvrir le clocher de Strasbourg ; ne l'y trouvant pas, j'abaissai indifféremment mon regard, et du milieu de la montagne inférieure placée entre Wolfsbrunnen et le Molkenkur, une apparition magique surgit tout à coup devant moi.

Une ville de marbre était là ; des hommes de pierre, ses seuls habitants, les uns tenant encore une épée dans leurs mains, les autres vaincus et renversés dans des fossés poudreux, semblaient prolonger une lutte terrible ; d'immenses amas de débris jonchaient la terre ; des palais s'élevaient debout, mais à travers leurs vastes fenêtres je voyais au loin pointer le feuillage des arbres ; comme d'horribles reptiles, des lierres gigantesques s'enroulaient autour des colonnes brisées. Je crus à une vision d'Herculanum ou de Pompeï.

Je fermai les yeux, j'étendis les bras ; a ma droite, je rencontrai l'épaule de Junius, à ma gauche, celle d'Antoine, et m'appuyant sur mes deux compagnons, je demeurai quelque temps absorbé, silencieux.

« Qu'est-ce que cela? m'écriai-je enfin.

— *Heidelberga deleta!* » murmura Antoine avec un bruit d'orgue plaintif, en répétant ces deux mots sinistres fournis par Boileau pour servir de légende à la médaille frappée en l'honneur de Louis XIV, le destructeur d'Heidelberg.

Et Junius, traduisant à mon intention une strophe d'Uhland, le poëte populaire de l'Allemagne, semblait un écho de ma propre pensée :

« Ce palais merveilleux, sous les rayons du soleil, élance jusqu'aux nues ses tours et ses coupoles ; les statues des héros le peuplent ; des lions de marbre veillent à sa porte ; mais à l'intérieur tout est silencieux et désert, une herbe épaisse tapisse ses riches vestibules ; escaliers et perrons, tout a disparu, et les oiseaux criards le remplissent seuls de bruit en se poursuivant de fenêtre en fenêtre. »

A la strophe d'Uhland, je n'avais répondu que par ce cri : « Aux ruines! aux ruines! »

Quand nous descendîmes de voiture devant l'ancienne demeure des palatins, songeant à ces désastres, je me découvris le front ; Junius, se rappelant qu'elle avait abrité des empereurs, mit ses gants blancs. Quant à Antoine, il en franchit le seuil son chapeau sur la tête et ses mains dans ses poches.

III

Aspect des ruines. — Palais d'Othon-Henri. — Grande discussion historique. — Salomon de Caus, ou de Caux. — Les deux Heidelberg, le mort et le vivant. — Le gros tonneau. — Perkéo le bouffon. — « Francés, pas toujours gentils. »

Tandis que nous roulions en voiture, Junius, le mieux renseigné, le plus désintéressé des cicerones auxquels voyageur ait jamais eu affaire, nous avait donné un précis de l'histoire du château d'Heidelberg, comme déjà il nous avait fourni celui de la ville. Ce précis, je le résumerai en quelques phrases.

A la place occupée aujourd'hui par le château, les Romains avaient construit une forteresse présentant un carré irrégulier. Lors de la dispersion de ces vainqueurs du monde, elle fut respectée, quant à la forme, d'abord par les Francs, puis par Conrad de Hohenstaufen, qui commença à lui donner des apparences palatiales. De la fin du quatorzième au commencement du quinzième siècle, Robert Ier et Robert II reconstruisirent l'ancien manoir de Conrad, en relevant son importance par de nombreuses annexes.

Les électeurs qui leur succédèrent rivalisèrent entre eux pour y en ajouter de nouvelles, plus somptueuses les unes que les autres.

Frédéric Ier, dit le Victorieux, Louis, dit le Pacifique, l'ornèrent de tours, de terrasses; Frédéric IV y éleva un monument, dont les restes attestent la magnificence; d'autres palais s'implantèrent à la suite sur ce sol qu'ils semblaient vouloir écraser, mais aucun, même celui de Frédéric IV, ne put égaler la merveille architecturale qu'Othon-Henri y avait fait construire vers le milieu du seizième siècle.

Selon que le soleil éclairait ou laissait dans l'ombre ces vastes constructions de genres si divers, les unes encore debout, intactes en apparence, parées comme dans leurs beaux jours, de leurs joyaux de marbre, de leurs rosaces, de leurs rinceaux au feuillage finement découpé, de leurs grandes effigies ; les autres gisant sur la terre, écartelées par la mine, éventrées par la bombe, tristement enveloppées, dans leur linceul de mousse ou de lierre, il nous semblait traverser tour à tour des arcs de triomphe, des salles de fête, ou de sombres nécropoles.

La chapelle de Saint-Udalrich, le palais d'Othon-Henri, montrent aujourd'hui avec orgueil leurs façades splendides, où quelques assises ébranlées, disjointes, troublent à peine l'harmonie de l'ensemble. Mais regardez derrière ces fantômes de pierre et de marbre, le corps manque ; c'est leur âme seule qui vous apparaît ; leur âme, c'est-à-dire tout ce que les arts semblaient leur donner d'éternel et d'invincible. Au palais d'Othon-Henri tous les grands artistes du seizième siècle avaient apporté la protection de leur génie ; le vieux Michel-Ange en avait tracé le plan ; sur sa merveilleuse façade, au milieu d'une profusion de bas-relief, d'arabesques, de cariatides, d'écussons de l'Empire, de la Bavière et du Palatinat, on voit s'élever un triple rang de statues colossales ; tout cela est l'œuvre des plus célèbres sculpteurs de cette grande époque de l'art.

Toutefois, il en faut convenir, ces statues présentent un singulier amalgame. Pressé de jouir, il semble que l'électeur Othon-Henri, dit le Magnanime, les ait achetées toutes faites et non sur commande. On voit là Charlemagne figurer près de Jupiter, Tibère près de Brutus ; le saint roi David et une Vénus, non pudique, s'y avoisinent en tout bien tout honneur, je n'en doute pas : mais ces contrastes singuliers détournent forcément les esprits de la gravité religieuse, seule convenable en pareil lieu.

Nous y fûmes bientôt ramenés. En poursuivant notre route, de tous côtés, autour de nous, nous ne rencontrions que ponts écroulés, douves béantes, à moitié comblées de débris ; nous inspectâmes, l'une après l'autre, la tour renversée, fragment cyclopéen, qui en roulant sur une autre tour lui a ouvert les entrailles ; puis la tour ronde, démantelée de haut en bas, et qui, planant sur le Necker, raconte ses misères à toutes les voiles qui passent.

Je l'ai déjà dit, je crois, les œuvres de la nature me trouvent bien plus facile à l'émotion, à l'admiration que celles des hommes. Cependant ce qui reste d'Heidelberg m'impressionnait aussi vivement que les beaux sites de la forêt Noire, que les cascades d'Aller-Heiligen elles-mêmes. C'est tout ce que je puis dire de plus fort en leur honneur.

Un homme debout, dans l'exercice de ses facultés puissantes, n'attire pas notre intérêt comme l'homme abattu qui ne doit point se relever. C'est le même sentiment qui prête aux ruines un attrait tout particulier. On se plaît à les reconstruire dans leur ensemble, en donnant à cet ensemble des proportions, une majesté, qu'il n'a jamais eues peut-être. D'un autre côté, elles éveillent la pitié, le regret; elles parlent au cœur, elles l'émeuvent plus que ne pourrait jamais faire l'édifice le plus remarquable, le plus gigantesque, s'il est intact et bien portant.

Ce qui ajoutait à mon émotion et la rendait plus vive, c'était l'idée qu'un roi de France avait eu la pensée de ce désastre, et qu'un illustre général français l'avait consommé.

Roi Louis XIV, vous n'avez pas encore assez saccagé Heidelberg! Il a grandi, il s'est accru de tout le terrain conquis par ses ruines, et votre Versailles n'offre pas l'aspect grandiose et saisissant de ces restes de palais, qui ne sont plus rien, que des merveilles de l'art!

Tandis qu'en moi-même je fulminais cette sorte de prosopopée, nous arrivions sur la grande terrasse, d'où l'on jouit d'une vue immense sur les vallées du Necker et sur celles du Rhin. Junius, notre précieux cicerone, essayait de détourner nos regards d'Heidelberg le château, pour les reporter sur Heidelberg la ville, étalée au-dessous de nous avec ses rues tortueuses, bordées de boutiques; il nous montrait l'église Saint-Pierre, où Jérôme de Prague prêcha la réforme naissante, et le fameux pont de sept cents pieds de longueur....

Antoine l'écoutait les yeux en l'air, en fumant une

cigarette; moi, les yeux fermés, je méditais sur une découverte historique que je venais de faire à l'instant même, par le seul rapprochement de deux mots.

Interrompant brusquement Junius au milieu de sa description :

« Savez-vous, lui dis-je, quelle est la cause vraie, la cause unique, la cause patente de la destruction du château d'Heidelberg ? »

Surpris de l'apostrophe, et surtout du ton assuré, ton qui ne m'était guère habituel, que je prenais en la lui lançant, Junius laissa là Jérôme de Prague et le fameux pont de sept cents pieds, fit un demi-tour de mon côté, rajusta sa cravate blanche, et, après avoir fermé les yeux à son tour :

« La question est grave, dit-il. Quelle est, demandez-vous, la cause vraie de la destruction d'Heidelberg ?

— Du château spécialement !

— Mais.... la politique.... peut-être la religion....

— Vous n'y êtes pas ! Ce ne fut ni le dévot ni le politique qui consomma cette œuvre de vandalisme, ce fut le constructeur. Louis XIV achevait Versailles ; il venait de disgracier son surintendant Fouquet, vu les magnificences ultra-royales du château de Vaux ; dans le château d'Heidelberg Versailles avait un rival bien autrement redoutable. De là, l'ordre d'extermination. Voilà la cause, la cause vraie, la cause patente !...

— Permettez, permettez....

— Bravo ! Augustin, » cria Antoine de sa grosse voix ; et jetant le bout de sa cigarette dans un fossé où d'autre débris plus importants se trouvaient déjà amoncelés :

« Oui, Augustin a raison ; le saccage fut un fait odieux émanant de la volonté personnelle du roi ; en voici la preuve, la preuve irrécusable aux yeux de tout vrai numismate. Au recto de la médaille déjà citée par moi, on voit le château d'Heidelberg dévoré par les flammes, et l'exergue porte cette phrase latine, toujours du même poëte Boileau :

Rex dixit et factum est.

De quoi les poëtes se mêlent-ils ? Mais pourquoi le château en flammes est-il représenté là comme l'emblème du Palatinat? Pourquoi n'est-ce point Mannheim, sa capitale? Je suis de l'avis d'Augustin ; le château d'Heidelberg a été offert en immolation au château de Versailles, et c'est à Versailles que son arrêt de mort fut signé! »

Junius n'était pas homme à rester court devant une médaille. Il aimait Louis XIV *jusque dans ses verrues,* comme Montaigne aimait Paris. Il le défendit ; nous ripostâmes ; Antoine s'emporta jusqu'à traiter le grand roi de *drôle*, ce qui, je l'avoue, me parut passer les bornes ; mais mon cher Antoine, le plus inoffensif des êtres, est généralement d'une grande sévérité envers les rois, comme envers ses amis, du reste.

Soit un effet de ses cures au petit-lait et au jus d'herbes, soit qu'aimant la discussion il la voie venir avec plus de calme, Junius garda mieux son sang-froid. Quand il nous eut laissé jeter notre feu sur Louis XIV, sur Louvois et même sur Turenne, l'incendiaire du Palatinat :

« Messieurs, nous dit-il, de grâce, n'aidons pas l'étranger à calomnier notre pays, comme l'ont fait étourdiment, je veux le croire, tous les auteurs des guides et des itinéraires de Bade et des bords du Rhin. Sans se donner la peine de recourir aux sources historiques, ils ont répété, ils ont amplifié même, sous couleur de philanthropie, les malédictions que les Allemands seuls, comme vaincus, comme victimes, si vous voulez, avaient le droit de proférer contre la France. Aussi sincèrement qu'un autre, je déplore les excès commis ; mais ces excès n'ont-ils été motivés que par une fantaisie belliqueuse? La courtisanerie d'un ministre essayait-elle par cette guerre, comme on l'a dit, de distraire le roi de son oisiveté? Le roi n'était pas oisif alors, messieurs ; une ligue formidable le menaçait, et l'électeur palatin, Charles-Louis, qui lui devait tant, après lui avoir promis son alliance, passait du côté de l'Empereur. De là, première invasion du Palatinat. Invasion légitimée par les circonstances, par la nécessité politique. J'ai d'abord prononcé, je crois, le mot religion. Je ne le retire pas, messieurs. La réforme se propageait dans le Palatinat, gagnait Bade. Si elle atteignait Strasbourg, c'en était fait pour la France de sa récente et précieuse conquête. Il était temps que la voix du canon fît taire celle du prêcheur et prouvât à

Charles-Louis qu'on ne se joue pas impunément de la France. Et de quel côté se manifestèrent d'abord les excès? Ce ne fut pas du nôtre, messieurs! Les paysans avaient traqué quelques faibles détachements de nos soldats, égarés dans les montagnes; de leurs prisonniers, les uns, égorgés par eux sur-le-champ, furent les moins à plaindre; les autres, mutilés, crucifiés, suspendus aux arbres, leur servirent de cible, comme au tir de l'arquebuse. Au cri d'indignation poussé par la France, répondit bientôt le cri d'agonisant du Palatinat. Turenne venait de le traverser comme une trombe, détruisant sur sa route cinq villes et vingt-cinq villages. C'était le devoir de la politique, c'était un droit : il fallait frapper un coup de terreur!

— Sapristi! Il ne fallait pas frapper si fort, » grommela Antoine, en dégustant une seconde cigarette; et il ajouta : « Il parle bien, mon cousin Junius! un peu comme nos orateurs de la Chambre; c'est égal, ce qu'il dit n'est pas dépourvu de sens.

— Mais, le château, m'écriai-je, Turenne l'eût respecté s'il n'avait reçu les ordres positifs....

— Permettez, permettez! répéta Junius en se frisant la moustache; nous faisons ici confusion, cher monsieur Canaple; la destruction de la forteresse d'Heidelberg ne fut accomplie que quinze ans après la mort de Turenne, dans l'hiver de 1689, si j'ai bonne mémoire.

— Turenne ou un autre, qu'importe? répliquai-je assez vivement; il n'en est pas moins vrai que le palais d'Othon-Henri, l'œuvre de Michel-Ange, cette merveille des arts, a été sacrifié au palais de Versailles!

— Pardon, pardon encore, cher monsieur, poursuivit le blond diplomate avec son même ton railleur. Le géral comte de Mélac, fort peu connu en France aujourd'hui, trop connu en Allemagne, car il a dépassé Turenne dans ses dévastations, s'est contenté cependant de démanteler Heidelberg; quant au palais d'Othon-Henri, il l'a laissé à peu près intact, si bien que, plus tard, les électeurs Jean-Guillaume, Charles-Philippe, Charles-Théodore, purent, tour à tour, y fixer leur résidence. Ce ne fut qu'en 1764, par conséquent à une époque où le roi Louis XIV habitait depuis près d'un demi-siècle la basilique de Saint-Denis, et non plus son château de Versailles, qu'un orage furieux s'abattit sur le corps principal du palais d'Othon et l'incendia, ne laissant que cette magnifique façade, que nous venons d'admirer ensemble. Votre hypothèse touchant le château de Versailles et celui d'Heidelberg était fort ingénieuse sans doute; mais, vous le voyez, elle ne tient pas contre les dates, qui sont des faits.

— Augustin! Augustin! murmura sourdement Antoine, en tournant vers moi ses yeux chargés de sombres éclairs, qu'es-tu donc venu nous conter? Des rêves? encore des rêves! Mais, poëte que tu es, tu as failli compromettre la Numismatique, sais-tu? »

Revenant à sa thèse, Junius essaya ensuite de nous prouver que, malgré Turenne, Mélac et de Lorges, tout n'était pas mort dans la vieil Heidelberg, qu'une pulsation de vie s'y faisait sentir encore dans quelques-unes de ses artères; il nous parla de ses jardins, toujours bien entretenus, et fréquentés par les promeneurs de la ville; de sa population, non seulement composée de chouettes et de couleuvres, mais aussi d'un assez bon nombre de locataires bourgeois, outre les personnes des deux sexes attachées à l'établissement.

Comme il parlait, le long d'une galerie en ogive, une servante passa portant un plat de choucroute, signe de vie irrécusable.

A la tour de Ruprecht, qui date du temps de Louis le Débonnaire, et hantée, dit-on, par le diable depuis les aventures d'une certaine Léonore de Luzelstein, nous entendîmes les sons d'un piano.

Près de là, une autre tour, à moitié écroulée, montrait ses fenêtres garnies de vitres non plombées; derrière ces vitres, pendaient de petits rideaux blancs; une cage de serins était accrochée au balcon gothique.

Signes de vie, très-bien, mais, je le déclare, serins, piano et choucroute déparaient un peu pour moi le vieux géant mutilé, couché au milieu de ses débris.

Dans la tour de la Bibliothèque (car tout procède par tours et tourelles dans cet antique manoir des Palatins) on trouve peu de livres, mais on y voit un personnel complet, un mobilier considérable, un musée composé des objets se rattachant aux souvenirs de l'ancien château. Ce sont des trophées d'armes, des porcelaines, des tableaux, des gravures, des médailles romaines, des boulets et des éclats d'obus.

Antoine s'arrêta devant les médailles, moi devant les tableaux. Un d'eux surtout attira mon attention. C'est le portrait du célèbre Salomon de Caus, auquel aujourd'hui on s'obstine à attribuer l'invention de la vapeur, et que Richelieu, dit-on, étouffa avec son secret au fond d'un cachot.

J'ai vu son nom sur une locomotive et sur une liste des bienfaiteurs de l'humanité ; on lui a voté une statue, sans savoir où on la placerait, ignorant le lieu de sa naissance.

Or, Salomon de Caus, ou plutôt de Caux, car il était Normand, remplissait à Heidelberg, sous l'électeur Maximilien de Bavière, les fonctions d'ingénieur et d'architecte, avec le titre de directeur des jardins et bâtiments ; il n'a jamais rien inventé, et termina tranquillement ses jours dans son pays natal, où il était allé jouir des bienfaits de Maximilien.

Pour cette nouvelle trouvaille historique, Junius ne viendra pas me contredire, je l'espère ; c'est de lui que je la tiens.

A Heidelberg, il nous restait à voir le gros tonneau, aussi extraordinaire dans son genre que le château lui-même.

Sous la conduite de notre jeune diplomate, nous nous dirigeons vers un angle formé par les palais de Frédéric IV et de Frédéric V, et nous descendons dans la cave électorale.

Au lieu d'un, nous trouvons trois tonneaux.

Comparé à une de nos grosses futailles, le moindre des trois paraît énorme ; placé près de ses frères, il semble n'être plus qu'un petit baril d'anchois ou d'huîtres marinées. Une image de la Vierge, sculptée sur son bondon, le décore. La dame officielle, notre guide dans la visite aux caves, nous en expliqua la raison ; mais, préoccupé alors d'Othon-Henri, de Louis XIV, de Turenne et de Salomon de Caux, je n'y compris rien.

Le maître tonneau d'Heidelberg reste en grand honneur dans toute l'Allemagne vineuse, le buveur, à sa première rasade du matin, s'oriente vers lui comme le musulman vers la Mecque, le Parsi vers le soleil.

Pour l'acquit de leur dîme, les vignerons du Palatinat devaient le remplir chaque année; mais il subit nécessairement le sort du château : l'un fut pillé, l'autre fut vidé. Les Français, les Bavarois, les Impériaux, Barberousse, Turenne et Mélac passèrent par là, buvant à même, et brisant le vase après en avoir épuisé le contenu. L'ennemi en retraite, l'Électeur le faisait reconstruire, et dans des proportions de plus en plus vastes, ce qui augmentait l'étonnement et l'admiration des amateurs de grosses futailles, mais augmentait aussi, du même coup, l'impôt prélevé sur les vignerons.

Le plus colossal des tonneaux qui aient jamais été construits à Heidelberg, et probablement dans le monde entier, est celui qu'on y voit aujourd'hui, Il a vingt-quatre mètres de circonférence sur onze de longueur; il contient, ou plutôt a contenu deux cent quatre-vingt-trois mille deux cents bouteilles.

Rappelant par sa forme arrondie et massive un brick hollandais assis sur son chantier, il repose majestueusement sur de solides supports, décoré à son gaillard d'avant comme à son gaillard d'arrière de sculpures représentant les armoiries de l'électorat, et un Bacchus entouré d'Égypans. Un double escalier lui contourne le flanc, et permet aux curieux, après avoir admiré sa carène, d'aller se promener sur son pont.

Sur ce pont, un bal a été donné en l'honneur d'une heureuse vendange, et l'Électeur y dansa avec toute sa cour.

Les sept merveilles de l'ancien monde ont fait leur temps; le colosse de Rhodes est tombé, les jardins de Babylone ont disparu, la muraille de la Chine s'écroule, le sable du désert envahit les pyramides; Heidelberg aura eu l'honneur de fournir deux merveilles à l'ère nouvelle : son château et son tonneau.

Ce tonneau, ce mastodonte, ce mammouth des caves, construit en 1751 par Engler, tonnelier-ingénieur de l'électeur Charles-Théodore, a été rempli trois fois. Si la vendange trompait l'espoir du vigneron, Charles-Théodore, en bon prince, daignait réduire l'impôt à la contenance de son moyen tonneau, jaugeant cent cinquante mille litres ; venait-elle à faire défaut tout à fait, il voulait bien se contenter du petit baril à la Vierge, qui ne contenait que trente mille bouteilles.

Dans la cave d'Heidelberg, outre les trois tonneaux, on voit une petite statue en bois, une espèce de mannequin, en culottes courtes, en habit de soie, portant perruque, et la canne à la main.

Quel est ce magot?

A la cour de Charles-Théodore existait un homme, un petit homme, Clément Perkéo, son bouffon, qui, tout autant qu'Engler, le tonnelier-ingénieur, surveillait les tonneaux avec amour.

S'il restait au château, on le voyait se promener plus souvent dans les caves que dans les jardins ; s'il en sortait, il ne dirigeait sa marche que vers les coteaux tapissés de vignes. Rentrait-il soucieux :

« La récolte menace, disait-on. Quelles nouvelles, Perkéo ?

— Médiocres, répondait-il, moyen tonneau. »

Se montrait-il tout à fait abattu, on pressentait le tonneau à la Vierge.

Pour le guérir de ses humeurs noires, Charles-Théodore, sur sa parole de palatin, s'engagea à le laisser lui-même régler sa pitance de vin, quelque fût le résultat de la vendange, y mettant toutefois cette restriction que s'il lui arrivait de s'enivrer, il serait fustigé d'importance.

Jamais Perkéo n'encourut cette honte. Cependant, il absorbait régulièrement par jour quinze à dix-huit bouteilles de Markgrafter ; il n'était point gris, il était gai, ce qui ne pouvait que convenir parfaitement à son état de bouffon.

Son maître l'interrogeant pour savoir quel avait été, selon lui, le plus grand homme de l'Allemagne, il nomma sans hésiter l'empereur Venceslas, qui, dépossédé du trône, n'avait rien réclamé que son droit de dîme sur le vin du Rheingau.

Par son testament, Perkéo demanda à être enterré sous le gros tonneau. Peut-être espérait-il que, grâce à quelque fissure, le colosse serait encore son tributaire. On ne put satisfaire à cette dernière volonté du joyeux ivrogne, mais, par décret spécial de l'électeur, il fut ordonné que, même après sa mort, Clément Perkéo resterait gardien des caves.

Voilà pourquoi y figure encore ce mannequin de bois et d'étoupe, représentant exactement, assure-t-on, la taille, le costume et les traits du personnage.

Près de ce simulacre en culottes courtes, est une petite horloge, ouvrage de Perkéo. Sur un des côtés de l'horloge pend un cordon de soie; sans doute, il aidait à faire sonner l'heure, avec accompagnement de musique.

Comme Antoine, se préparant au départ, roulait une cigarette, que Junius inspectait les voûtes du caveau, je tirai le cordon; un bruit de rouages se fit entendre, un battant de l'horloge s'ouvrit, et je reçus dans la figure une longue queue de renard.... sans musique.

C'est la seule plaisanterie que se permette aujourd'hui le bouffon de Charles-Théodore.

La dame officielle nous proposa une dernière visite à la salle des armures, collection de piques et de cuirasses assez peu curieuse et en fort mauvais état.

Avant de nous en ouvrir la porte, elle s'arrêta; à travers deux murs écroulés qui se faisaient face, les deux Heidelberg, le mort et le vivant, nous apparurent dans tout leur contraste : d'un côté apparaissait le délicieux jardin situé derrière la tour renversée, avec ses frais ombrages, ses routes sablées, ses jets d'eau, ses promeneurs; de l'autre, tout n'était que ruines, décombres, silence, immobilité.

La dame étendit la main vers ce dernier et désolant tableau, puis, d'un ton moitié de reproche, moitié badin :
« Francés, pas toujours gentils, » nous dit-elle.

Vous avez raison, madame, *Francés pas toujours gentils*. Cette réflexion, depuis le Molkenkur, elle assombrit ma pensée. Comme poëte, comme artiste, j'aime les ruines; je suis convaincu qu'il est tels vieux châteaux, même telle construction nouvelle, insignifiants debout, qui, au point de vue pittoresque, gagneraient beaucoup à être renversés; mais quand je songe à tout le pittoresque laissé derrière eux par mes compatriotes dans le grand-duché, à Bade, à Brouchsal, à Heidelberg, sur les bords de l'Oosbach, aussi bien que sur ceux du Necker et du Rhin, il me semble, dans chacun des habitants de ces belles contrées, devoir, en ma qualité de Français, trouver un ennemi acharné. Cet écolier furibond, ce jeune Hoël-Jagœrn lui-même, n'est-ce pas ma nationalité qui l'a ainsi irrité contre moi?

En rentrant au *Prince Charles,* je dis à mon vieux Jean d'aller me chercher un barbier. Quand le garçon de l'hôtel eut satisfait à ma demande, quand ledit barbier se présenta, lui trouvant le regard inquiet, quelque peu hagard, je le renvoyai incontinent. Je craignais qu'il ne me coupât la gorge!

IV

Je parviens enfin à raconter à Antoine mes aventures de voyage. — Un nid de serpents. — Je renonce à écrire l'histoire du grand margrave. — Un accès de somnambulisme. — Retour à la légende. — Comment j'entre en collaboration avec le jeune Hoël-Jagœrn.

« Mon maître est pur comme l'enfant qui vient de naître, mais les voyages l'ont rendu profondément vicieux. »

« Sais-tu; me dit Antoine après cette citation, quel est l'auteur de la sentence et à qui s'adresse l'apostrophe? »

A cette double proposition, formant un attelage boiteux, je reconnus la logique ordinaire de mon fidèle serviteur. « Oui, poursuivit Antoine, voilà en quels termes, ce matin, ton vieux Jean appréciait tes vertus; il m'affirmait que, follement épris d'une servante d'auberge, tu l'as enlevée. Si je dois croire à ses almanachs, cet homme pur comme l'enfant qui vient de naître, outre bien d'autres méfaits, est coupable d'un rapt, du rapt d'une servante d'auberge! »

Le moment était venu de mettre en avant ma justification. A la suite de notre visite aux ruines, mon terrible ami et moi, nous étions seuls dans notre chambre commune. Cette histoire que déjà j'avais contée, sommairement il est vrai, à mon Sicambre du pont de Kehl, à mon boutiquier, à l'inspecteur du parc de Carlsruhe, au conducteur de ma chaise de poste, et, depuis, un peu à Thérèse, un peu à Junius, un peu à Athanase, un peu à Brascassin, il me fallut la reprendre en sous-œuvre et dans tout son développement depuis mon départ de Paris.

Tous les détails de ma longue odyssée, le récit de mon séjour à Carlsruhe, où j'avais retrouvé Thérèse Ferrière; à Bade, où j'avais résolu d'écrire l'histoire du grand margrave; même les aventures de mon chapeau, de ma montre, de mon parapluie, de ma boîte de fer-blanc, Antoine entendit tout, écouta tout avec une attention qui me surprit. Je revins alors sur la pensée que j'avais d'écrire l'histoire de Louis-Guillaume, et, prenant parmi mes notes de voyage certaine lettre datée de Bade, je la lui présentai.

Elle était à son adresse. Tandis qu'il la parcourait, je tirai de ma poche, où je l'avais oubliée pendant vingt-quatre heures, celle que je lui avais écrite de la scierie du village de ***. Il regarda la suscription et fit un mouvement :

« Tu m'écrivais donc tous les jours? Et pendant ce temps, je restais sans nouvelles de toi! Tu fais collection de tes autographes, à ce qu'il paraît? »

Puis il sembla se recueillir. J'attendis ma sentence.

Après quelques instants de méditation :

« Voici, mon opinion, me dit-il : à Épernay tu t'es assis sur un nid de serpents : tu es tombé en plein au milieu de ce temple de la *Pure Vérité* dont Ernest Forestier m'a parlé autrefois et qui n'est autre chose qu'une protestation burlesque contre la *raison pure* de l'école philosophique. Ton ingénieur à Noisy-le-Sec, comme sur le pont du Rhin, ton soi-disant Athanase à Épernay, comme sur les routes de la forêt Noire, ce charmant M. Brascassin lui-même, aussi bien que le petit bossu, tous ces gens-là se sont moqués de toi. As-tu été leur dupe? je n'oserais le dire ; leur jouet? je l'affirme. Un bonhomme courait la pretantaine, facile à l'amorce, assez joyeux compagnons le rencontrant sur leur chemin, ils l'ont attiré dans leur orbite, comme ces astres errants qui, en décrivant leur parabole, entraînent après eux de petits météores vagabonds. Ils se rendaient à leurs affaires ou à leurs plaisirs, et toi, sous leur impulsion, tu te trouvais à Strasbourg quand tu croyais retourner à Noisy-le-Sec, et à Wildbad quand tu croyais retourner à Strasbourg. C'était une partie de volant, et tu n'étais pas la raquette, respectable étourdi !

— En tous cas, lui dis-je, je ne sais rougir que de mes torts, non de ceux des autres.

— Arrivons au chapitre important, reprit Antoine, à ton margrave Louis-Guillaume. Tu veux être historien ! As-tu réfléchi aux exigences de la tâche ? es-tu bien décidé à y satisfaire résolûment !

— Résolûment ! lui répondis-je la tête haute et la main levée, comme prêt à m'engager par un serment.

— A la bonne heure ! Vivat ! s'écria-t-il en venant à moi les bras ouverts. Voilà une bonne résolution. Dans mon estime, Augustin, tu viens de grandir de dix coudées.... Mais que dira Madeleine ?

— Quoi ! Madeleine !...

— Ton héros est allemand, les principaux documents dont tu auras besoin sont écrits en allemand ; il te faut donc, avant tout, songer à apprendre cette langue. Où le peux-tu mieux faire qu'en Allemagne ? Puisque t'y voilà, restes-y. C'est l'affaire de trois ou quatre ans au plus. Moi, je te promets de venir chaque année passer un mois avec toi ; maintenant Madeleine consentira-t-elle à s'expatrier ? »

Un peu étourdi de la conclusion, je baissai la tête et murmurai :

« Est-il donc indispensable de savoir l'allemand ? Antoine fit un mouvement de recul, fronça les sourcils, divisa sa barbe en deux parties, comme lorsqu'il prenait ses grands airs olympiens, et me foudroyant du regard :

« S'il est indispensable de savoir l'allemand pour écrire une histoire allemande ? Est-ce ainsi que vous prétendez connaître les exigences de votre rôle ? Halte-là monsieur ; vous ne voulez pas, j'espère, comme certains habiles que nous connaissons, vous faire le rhabilleur d'ouvrages déjà publiés, en prendre le plan, la marche des événements, le développement des idées, en accommodant le tout, tant bien que mal, à la sauce de votre style? C'est là piller les historiens, mais non écrire l'histoire. Ce métier de corsaire n'est pas digne de toi, mon Angustin. Aie la force de te résigner à quatre ans d'Allemagne ou renonce à ton héros thurcophage. Poëte, retourne à tes contes bleus! Je le préfère mille fois.

O déesse Raison, en t'adressant à moi empruntes-tu de préférence la grosse voix d'Antoine Minorel; ou cette grosse voix elle-même, avec son souffle puissant, aide-t-elle à faire entrer plus rapidement et plus profondément la conviction dans mon esprit? Je ne sais; mais il se fit tout à coup un revirement dans mes idées; en cessant de vouloir planer trop haut, en rétrécissant leur vol, elles me semblèrent se caser plus à l'aise sous la boîte osseuse de mon cerveau; je reconnus qu'Antoine était dans le vrai, disait vrai; j'acceptai son ultimatum et, sans hésitation, je donnai congé au margrave. Quatre ans d'Allemagne, et surtout de langue allemande, me paraissaient trop lourds à porter.

Je n'étais plus historien; j'avais le droit de revenir légendaire. A quoi bon ce droit, quand le temps allait me manquer, quand je touchais à l'heure de ma rentrée en France?

Qui l'eût prévu? avant la fin de cette même journée, déjà aux trois quarts de son cours, une belle légende allait venir me trouver à mon domicile, et au milieu de circonstances étranges, inespérées. Je n'aurais pas manqué d'en remercier la Providence, si la Providence ne me l'avait fait acheter à des condidions singulièrement humiliantes.

Pendant notre diner on nous distribua le pain en portions tout à fait minimes; nous aurions pu nous croire à Londres. « *Le repas sans pain*, nous dit Junius, est une tradition historique d'Heidelberg. » Ce mot semblait annoncer une légende; je me sentais sur une piste. Cependant je n'osais interroger; je craignais qu'Antoine ne me trouvât bien prompt à retourner à mes anciennes idoles.

Au dessert, il nous quitta pour ce chimiste auquel il avait manqué de parole le matin.

Resté seul sur la table avec Junius, je le remis sur le chapitre du repas sans pain. Ce repas dont on ne conserve que trop bien la tradition dans le pays, avait été donné par l'électeur Frédéric le Victorieux; mais Junius ne savait rien de plus de lui, sinon que le tombeau dudit électeur se voit encore à Heildelberg, dans l'église neuve des jésuites, autrefois des récollets, et que sur la route de Manheim on montre la place signalée par sa dernière grande victoire.

Cette réponse m'attrista. L'électeur Frédéric me convenait à merveille. Passé de la grande histoire à la légende historique, et du vainqueur des Turcs à cet autre victorieux, c'était déchoir à peine. Mais qui pouvait me venir en aide si Junius, cette encyclopédie vivante du grand-duché, se déclarait impuissant?

« Attendez donc! me dit alors celui-ci en se touchant le front.... ce serait fort singulier! »

Et je le vis sourire.

« Vous rappelleriez-vous! lui dis-je.

— Je me rappelle Mme Hoël-Jagœrn, me répondit-il en m'interrompant; vous savez, cette excellente femme qui pense que vous avez tort de battre les enfants? »

Jean, qui nous servait le café, poussa un cri d'horreur et se voila la figure.

« Eh bien? dis-je à Junius.

— Eh bien, Mme Jagœrn a un fils...

— Je sais, je sais....

— Ce fils s'occupe de l'étude de la langue française, comme vous avez été à même de vous en apercevoir. »

Je haussai les épaules d'un air de pitié et de dédain.

« Ce matin même, continua Junius, j'ai promis à sa mère de lire une composition assez importante du jeune Fritz, pour lui en signaler les fautes trop grossières. Le paquet était déjà à l'hôtel avant notre retour. J'en ai parcouru quelques lignes à peine; c'est une traduction en français d'un historien allemand, et, si je ne me trompe, le héros est un comte palatin du nom de Frédéric. Est-ce Frédéric Ier? je l'ignore; si vous voulez vous charger de vérifier le fait?

— Fi! abomination! m'écriai-je, moi entrer en relation quelconque avec ce petit misérable? Jamais!

— Ainsi soit-il! » dit Junius, achevant de tremper l'extrémité de ses doigts dans son rince-bouche.

Et il sortit en se frisant la moustache.

Jean me regardait avec stupéfaction. Je lui dis d'allumer les flambeaux, et que je le laissais libre de son temps pour le reste de la soirée.

« Monsieur attend quelqu'un? me dit-il d'un air navré.

— Qui veux-tu que j'attende? Je ne connais personne dans ce pays. »

Il hocha la tête d'un air de doute. Sa confiance en moi était bien altérée depuis qu'il me savait si profondément vicieux.

Lorsqu'enfin il se décida à me laisser seul, je l'entendis qui murmurait le long des escaliers : « Battre un enfant! mon maître!... ah! »

Lui parti, j'allume les flambeaux, ce que, dans son trouble, Jean avait négligé de faire; je songe à prendre note de tout ce que Wolfsbrunnen, Molkenkur et le château m'avaient offert de curieux à enregistrer; je m'assieds à ma table, je trempe ma plume dans l'encre; mais au bord des eaux de Wolfsbrunnen, sur la plateforme de Molkenkur, au milieu des ruines d'Heidelberg, je ne vois plus rien qu'un affreux petit diable qui court ou sautille sur une jambe en poussant des cris lamentables. Ma pensée se fixe obstinément sur lui; je me demande ce que peut être l'œuvre de cet écolier furibond; je regrette de ne point avoir accepté l'offre de Junius. Il n'est plus temps, après un refus aussi formel. D'ailleurs, cette traduction prétendue est restée dans la chambre de Junius; y pénétrer en son absence et sans son atorisation constituerait sinon un fait d'indélicatesse, du moins un manque de savoir-vivre.

Tout en faisant ces réflexions, j'avais pris une des bougies placées sur ma table, j'avais ouvert la porte de Junius et je rôdais dans sa chambre, semblable à un somnambule qui, sans conscience de ses actes, agit par des mouvements purement automatiques.

Sur la commode un cahier de papier, déprisonné de son cordon de soie, s'étalait. La couverture, d'un jaune sale, illustrée de hachures à la plume, de nez, de bouches, de parafes, de bonshommes, de maisons, dénotait l'œuvre d'un écolier plutôt que celle d'un diplomate. On pouvait s'y tromper cependant. Plus d'un illustre s'est exercé dans ce genre. Je possède deux dessins autographes : l'un représentant un bohémien grotesque, exécuté par M. Victor Hugo à une séance de la chambre des pairs ; l'autre, un âne regimbant, sur papier de chancellerie, et dû à la plume princière de M. Talleyrand de Périgord, durant le congrès de Vienne.

A la rigueur, je pouvais donc m'y tromper. Peu curieux de violer les secrets de l'État, je soulevai d'une main discrète le premier feuillet ; le nom de Fritz Hoël-Jagœrn frappa mon regard. Le doute ne m'était plus permis.

Le début m'apprit que c'était bien à Frédéric le Victorieux que j'avais affaire ; mais plus j'avançais dans ce grimoire, plus je n'entrevoyais qu'une biographie sèche, aride ; du repas sans pain, il n'en était point question ; la légende semblait complètement absente de cet insipide récit où les germanismes et les barbarismes gallicans se heurtaient l'un contre l'autre aussi bien que les armées belligérantes, où rien ne s'adressait à l'imagination. Découragé, j'allais jeter là le manuscrit, que je ne consultais plus que du pouce, lorsque, comme un point lumineux, le nom de Claire de Tettingen se détacha d'une des pages et m'apparut !

Je tenais ma *légende*.

La propriété littéraire jouissant aujourd'hui, dans leur plénitude, de ses droits internationaux, je me vois contraint, à ma profonde humiliation, de reconnaître ici pour mon collaborateur M. Fritz Hoël-Jagœrn, cet affreux gamin enragé que l'on sait.

Si des erreurs de faits ou de chronologie déparent ce récit, c'est à lui, à lui seul, qu'on devra les attribuer.

V

Claire de Tettingen.

Un jour, du côté d'Heidelberg, dans cette partie de la forêt Noire qui, alors, descendait jusqu'au Necker, des valets de vénerie, après avoir exercé leurs chiens, leur distribuaient la pitance. Un de ces chiens, braque énorme, au râble épais, aux crocs acérés, s'était écarté des autres pour n'être point troublé dans son repas, ou pour l'enfouir dans quelque terrier.

Les valets l'entendirent bientôt pousser des aboiements furieux ; courant au bruit, ils le trouvèrent aux prises avec une jeune fille qui, quoique mordue et déjà tout ensanglantée, lui disputait obstinément sa miche de pain noir.

Depuis plusieurs jours, la malheureuse enfant n'avait eu d'autre refuge que les roches buissonneuses de la forêt, d'autre nourriture que des fruits sauvages ; ses vêtements, maculés de fange, tombaient en lambeaux. Les valets la conduisirent devant le maître chasseur, qui arrivait en ce moment, suivi d'une escorte.

« Qui es-tu ? lui dit celui-ci.

—Je me nomme Claire ; mon pays est la Souabe ; j'habitais notre métairie de Tettingen avec ma mère, lorsque, tour à tour, les bandes armées de l'évêque de Metz, du duc des Deux-Ponts et les archers de Lutzelstein vinrent s'y établir. Ils ont tout brûlé, tout saccagé. Un fidèle serviteur nous restait ; ils l'ont emmené avec eux. Forcées de fuir, nous avons essayé de gagner le Palatinat ; mais de la Souabe aux rives du Necker, notre route n'a été qu'un désert semé de ruines fumantes ; la guerre avait passé par là ; maudite soit la guerre !... En traversant cette forêt, ma mère est tombée, épuisée de forces.... Ma mère a faim.... ma mère se meurt faute d'un morceau de pain... Pourquoi les chiens de tes meutes mangent-ils du pain alors que ma mère en manque? »

Tandis qu'elle parlait ainsi, la poitrine haletante, la voix entrecoupée, le chasseur attachait sur elle un regard profond et sombre. Après avoir écarté d'un geste les gens de son entourage :

« Jeune fille, lui dit-il, te sentirais-tu capable d'un grand dévouement envers celui qui assurerait à ta mère l'aisance et le repos?

— Je lui donnerais ma vie! s'écria Claire.

— C'est justement le sacrifice de ta vie qu'il me faut. Seras-tu prête à mourir quand je l'exigerai?

— Je le jure! »

Ce chasseur n'était autre que Frédéric Ier.

Frère du dernier palatin, il avait d'abord gouverné l'électorat en qualité de régent pendant la minorité de son neveu Philippe. Encouragé dans ses idées d'ambition par d'heureux pronostics puisés dans des livres de cabale dont il faisait son étude favorite, il usurpa le sceptre électoral, s'engageant toutefois à reconnaître pour unique héritier le fils de son frère, Philippe, encore enfant.

Une première ligue de princes allemands s'était formée contre lui; il en triompha dans les champs de Phedersheim, et mérita là ce surnom de Victorieux, qui devait lui rester. De nouveau, une coalition formidable venait d'envahir ses États. Au nombre de ses ennemis, cette fois, figuraient non-seulement l'évêque de Metz, le margrave de Bade, Louis le Noir, duc des Deux-Ponts, son propre cousin, mais les ducs de Wurtemberg, de Lutzelstein, de Bavière, le pape Pie II lui-même, et jusqu'à l'empereur Frédéric IV.

Le 14 juin 1461, Frédéric Ier les battit tous complétement à Seckenheim, près d'Heidelberg.

La fortune lui restait donc fidèle; le peuple l'acclamait comme son libérateur; ses soldats en avaient fait leur idole; ses ennemis, humiliés, abattus, étaient pour la plupart devenus ses captifs.

Pourquoi alors une sombre pensée fixait-elle sur ses traits, naguère souriants, épanouis, le masque de la désolation?

Selon les uns, depuis son usurpation, son bon ange

l'avait abandonné, le laissant seul chercher ses inspirations dans ses grimoires cabalistiques; selon les autres, la vue du Palatinat ravagé par les soldats de Bade, du Wurtemberg, de la Bavière, la famine qui menaçait de devenir générale, telle était la cause de ses tristesses.

Les uns et les autres pouvaient avoir raison, et cependant une souffrance plus personnelle, plus terrible, se mêlait à celles-là.

Une maladie, rare alors, et qui ne s'attaque guère aux princes et aux victorieux, l'idée du suicide tourmentait ses jours et surtout ses nuits. Aux approches du soir, il ne longeait pas une rivière, un lac, sans que le démon du vertige l'appelât impérieusement à lui.

A Manheim, où il avait fixé sa résidence, à travers les ténèbres, il s'aventurait parfois sur le vieux pont de bois, dont les hautes palissades en garde-fous semblaient devoir mettre obstacle à toute tentative désespérée. Là il essayait d'habituer son regard à ce miroitement de l'eau, image de ses propres pensées, pleines de trouble et de confusion. Parfois aussi il allait s'asseoir non loin des bords du Necker, sur un tronc d'arbre renversé, se retenant aux branches, tentant l'épreuve, espérant d'en sortir vainqueur comme de ses autres luttes. Vain espoir! Peu à peu ses doigts se détachaient de la branche à laquelle ils se tenaient, crispés; il se levait; mû par une force irrésistible, il se dirigeait vers le fleuve.... mais de fidèles serviteurs veillaient sur toutes ses escapades nocturnes, et se trouvaient là à temps pour lui barrer le passage et le ramener au palais.

Il avait beau faire, le Victorieux, dans sa lutte contre le démon qui l'obsédait, il se sentait vaincu.

Or, à cette époque, il n'était bruit en Allemagne que du moine magicien Siegfried, aussi versé dans les sciences occultes qu'Albert le Grand, et jouissant, comme celui-ci, d'une haute réputation de sainteté.

Frédéric l'appela à sa cour; il en fit à la fois son astrologue et son confesseur.

L'astrologue lui prédit sa prochaine victoire de Seckenheim; le confesseur reçut l'aveu de ses fautes et de ses terribles tentations. Il lui imposa une pénitence pour les unes et lui indiqua un remède contre les autres. Mais ce remède, malgré le caractère sacré dont semblait se revêtir le moine magicien, aurait pu passer moins pour une inspiration du ciel que de l'enfer. Il fallait qu'une jeune fille se dévouât à la place du palatin et donnât au démon des eaux la victime qu'il réclamait.

Ce sacrifice expiatoire, quoique renouvelé des Grecs, tenait surtout aux anciennes coutumes de la vieille Germanie, à laquelle les Iphigénies n'ont pas manqué.

Frédéric venait de trouver la victime volontaire.

Toutefois, craignant que Claire ne revînt sur cette parole donnée dans un accès de désespoir et presque d'égarement, il la conduisit, vêtue de blanc, à l'église des récollets d'Heidelberg, où, après avoir communié, elle renouvela entre les mains de Siegfried son serment de mourir, dès que le prince lui en intimerait l'ordre.

Comme ils rentraient au château : « Êtes-vous bien sûr qu'elle vous aime? dit le moine à Frédéric.

— Est-il donc besoin qu'elle m'aime? répliqua celui-ci avec un mouvement de surprise.

— C'est là une condition indispensable au succès. Ne vous ai-je point parlé d'un dévouement? Qui dit dévouement dit amour. Qu'elle vous aime, et, en même temps que l'amour, le démon qui est en vous passera en elle.

— Puisqu'il le faut, elle m'aimera, » répondit l'orgueilleux palatin.

Bien des femmes l'avaient aimé à l'époque de sa verte jeunesse; au milieu de sa gloire rayonnante; s'il daignait aujourd'hui tourner vers la pauvre fille son front désassombri, l'amour viendrait de lui-même.

Les choses ne devaient pas aller aussi vite qu'il le supposait.

Il fit donner à Claire un emploi à sa cour, et feignit de se plaire dans son entretien. Quoiqu'on en glosât à Heidelberg, dans ses courses du matin il se faisait accompagner par elle, lui contant ses chagrins passés, ses espérances pour l'avenir. Flattée de cette haute confiance, Claire lui prêtait toute son attention; cependant, malgré elle, sa pensée parfois se détournait ailleurs. Elle songeait à sa mère; elle se demandait quel besoin le palatin avait du sacrifice de sa vie, et pourquoi, après lui avoir fait jurer qu'elle mourrait à son commandement, il ne semblait plus s'occuper qu'à lui rendre la vie facile et douce :

Un jour qu'il avait chassé à l'oiseau dans ses domaines du Rhin, la nuit vint et les trouva tous deux errants dans les bois. Les compagnons du prince avaient cru devoir s'éloigner, par discrétion peut-être. Sous un rayon de la lune, Frédéric vit, à mi-côte, se dessiner le château de Vautsberg, dans lequel il avait été élevé. Quoique l'heure fût celle du danger, quoique le Rhin large et profond, se plaçât entre lui et le château, il marcha en avant et, s'appuyant sur une balustrade placée près du gouffre, il resta quelques instants immobile, les yeux fixés sur le vieux manoir. Mais bientôt ses yeux, en s'abaissant, rencontrèrent le fleuve, dont chaque flot semblait l'appeler sourdement, dont chaque remous semblait creuser devant lui le chemin qu'il devait suivre. Il tressaillit dans tous ses membres et poussa un cri. Effrayée, Claire s'élança vers lui et se suspendit instinctivement à son bras.

« Voici le moment venu, lui murmura-t-il à l'oreille. Claire, m'aimez-vous? »

Elle fit un pas en arrière; il la retint : « M'aimes-tu? répéta Frédéric.

— Monseigneur, ma reconnaissance vous est acquise. J'ai promis de mourir quand vous l'exigeriez, rien de plus. Je n'aime et n'ai jamais aimé que celle-là que votre générosité a rétablie dans son manoir de Tettingen. »

Sinon à la guerre, le palatin se décourageait facilement devant l'obstacle. D'ailleurs, cette fille de Souabe, il la revoyait toujours telle qu'elle lui était apparue la première fois, avec ses vêtements délabrés et son regard fiévreux, et dans sa galanterie il avait dû près d'elle manquer forcément de franchise et de bien joué. Puis, quel lien de tendre affection pouvait rattacher la victime au bourreau?

Se tournant d'autre part, il résolut, dans ses nouvelles visées, de se faire aimer d'abord, et de n'exiger l'abnégation et le sacrifice que comme preuve corroborante de la sincérité de cet amour. Cette marche lui parut plus logique que la première; elle l'était en effet.

Sans chercher ni loin ni longtemps, il trouva à Manheim, comme à Heidelberg, des jeunes femmes, coquettes ou ambitieuses, qui à son premier mot d'amour répondirent par un cri de joie; mais essayait-il de poser ses conditions de dévouement, elles se sauvaient épouvantées, le croyant fou, à moins qu'elles n'éclatassent de rire, le supposant seulement dans son jour de belle humeur.

Frédéric était plus que jamais retombé dans ses idées noires; un incident vint le distraire, en caressant son juste orgueil de triomphateur.

Curieuse de voir de près ce glorieux batailleur dont les coups avaient porté jusqu'à Rome, une princesse italienne de grand renom et de grande beauté fit un matin son entrée à Heidelberg. Frédéric la reçut comme Salomon la reine de Saba, se déclarant son vassal, et l'accompagnant partout où il lui plaisait d'aller. A première vue, la princesse avait pris Claire en affection; il la lui donna pour suivante, et la pauvre enfant subit cette mortification de les escorter humblement tous deux dans ces mêmes bois, dans ces mêmes promenades où naguère Frédéric l'entretenait de ses soucis, de ses espérances, entre-mêlant le tout de quelques mots de galanterie, qu'elle l'entendait aujourd'hui prodiguer à une autre.

La noble Italienne n'avait garde de s'effaroucher des tendres propos du palatin, et même de dissimuler le plaisir qu'elle en éprouvait. Elle partit cependant avant qu'il eût osé lui proposer de se jeter à l'eau en son lieu et place. Ce ne sont pas là des propositions à faire à une princesse.

Peu de temps après, il consulta de nouveau son moine astrologue :

« J'ai passé l'âge où l'on trouve des femmes enamourées jusqu'à l'immolation; le même vertige me poursuit de plus en plus. Pensez-vous que les voyages me seraient un préservatif? Peut-être le démon qui m'attire n'habite-t-il que les eaux du Rhin et du Necker.

— Vous voulez essayer des fleuves d'Italie, lui répondit Siegfried, lisant dans sa pensée; autant que le démon des eaux le démon du mariage vous tente aujourd'hui. Eh bien, je vous le prédis, dans quatre mois vous serez marié. Bonne chance! Fermez les yeux en longeant le bord des rivières et des torrents, et emmenez avec vous la fille de Souabe; votre salut pourrait bien venir de ce côté. »

Sous prétexte d'aller faire sa paix avec le pape, Frédéric prit route en petit équipage, côtoyant incognito la Bavière pour gagner le Tyrol. Comme sa chevauchée traversait de nuit le duché des Deux-Ponts, un homme s'approcha secrètement de Claire, restée en arrière de l'escorte. C'était un ancien serviteur de la métairie de Tettingen, forcément enrôlé parmi les bandouliers. Poussé par un bon sentiment à la vue de sa jeune maîtresse :

« Demoiselle, lui dit-il, vite, pied à terre !... les archers de Louis le Noir, ceux de Lutelstein ont éventé le passage du palatin; ils comptent lui faire racheter sa liberté au prix de celle de ses captifs de Seckenheim. Il va y avoir grand'mêlée, coups donnés et rendus; les traits et les arquebusades ne choisissent pas au milieu de la bagarre; vite, retraiez-vous dans un fourré, et restez coite !... »

Sans tenir compte du bon avis, Claire avait déjà rejoint l'escorte, prévenu Frédéric du péril, et celui-ci, apercevant en effet une troupe d'hommes qui faisait mine de vouloir l'envelopper, piquant des deux, disparaissait dans les ténèbres.

Remis de sa panique, lorsqu'il regarda autour de lui, seule, Claire l'accompagnait encore. Le reste de l'escorte, dispersé de gauche et de droite, ne rejoignit que plus tard.

Il se souvint alors du bon avis de son astrologue.

Dans cette fuite à deux, Claire de Tettingen avait eu le bras percé d'une flèche. Le prince s'entendait à soigner les blessures faites par des armes de guerre; il voulut la panser lui-même. Ce fut sa première et sa dernière préoccupation de chaque jour. Grâce à son habileté, la blessure de Claire s'était cicatrisée avant la fin du voyage.

Jusque-là, Frédéric avait soigneusement évité tous les grands cours d'eau; mais une fois en Italie, de tous les côtés, à droite, à gauche, par devant, par derrière, les fleuves et les torrents semblaient d'eux-mêmes venir à sa rencontre. Il ferma les yeux aussi bien, aussi hermétiquement qu'il put; mais une fois à Milan, dans les États de la princesse, force lui fut de les tenir grands ouverts, ne fût-ce que pour admirer celle qu'il était venu chercher à travers une longue route.

En l'honneur du nouvel arrivant, de nombreuses fêtes furent ordonnées, fêtes nautiques, à son grand dépit, courses de bateaux, à la rame ou à la voile, luttes sur l'eau, régates, exercices des nageurs et des plongeurs les plus célèbres ; tous les tritons du rivage vinrent tour à tour faire assaut devant lui. Ses promenades avec la princesse, ses parties de plaisir avaient immanquablement lieu sur des rivières ou sur des lacs ; le conviait-elle à visiter ses arsenaux, ses forteresses ? il lui fallait traverser d'abord le Pô, l'Oglio ou l'Adda; Frédéric eût préféré se trouver en plein champ de bataille; le choc des escadrons de guerre lui paraissait plus facile à supporter que le léger choc des flots contre sa barque; la vue d'une forêt de lances et de pertuisanes l'eût moins intimidé que ces longues files de roseaux qui, se courbant devant lui, semblaient murmurer des paroles ironiques sur son passage.

Un soir, après avoir dîné avec la princesse dans son palais de Côme, un léger esquif vint les prendre tous deux au bas de la terrasse. C'était l'heure fatale entre toutes, l'heure des sombres vertiges : la lune, alors dans son plein, éclairait les flots jusqu'au fond des abîmes ; et cependant, Frédéric n'éprouva que de faibles attractions vers le gouffre. Les tiraillements de son démon ne suffirent pas même à interrompre les tendres propos débités par lui à la reine de tous ces fleuves, de tous ces lacs, de tous ces golfes. Une joie triomphale, telle qu'il n'en avait pas ressentie après ses plus grandes victoires, lui épanouit le cœur. Son dernier ennemi était vaincu. Comme il l'avait pressenti, le Rhin, le Necker et leurs affluents possédaient seuls le pouvoir de l'attirer à eux.

Sa pensée n'alla pas plus loin.

A dater de ce jour, il fut le premier à courir au-devant des fêtes nautiques. Dans une longue promenade que la princesse et lui firent sur le lac, la barque ducale portait, au grand étonnement, à la grande joie de tous, les pavillons d'Allemagne et d'Italie, et, flottantes l'une près de l'autre, les bannières armoriées de Parme et du Palatinat. De la rive, garnie de peuple, on entendait s'élever des acclamations. Le populaire saluait à l'avance l'événement qui allait lui donner pour souverain Frédéric le Victorieux.

Comme contraste à cette ivresse générale, la fille de Souabe, Claire de Tettingen, mêlée aux femmes de la suite paraissait rêveuse, pis que rêveuse. Elle fixait sur le lac ses regards terrifiés, et des tressaillements étranges faisaient sursauter son corps. Un instant le bruit se répandit même que, prise d'un mal subit, elle s'était laissée choir hors de la barque. Ce bruit ne parvint pas jusqu'à Frédéric, et ne put le troubler dans sa joie.... Sa joie devait être de courte durée.

Le lendemain, à la suite d'une explication assez vive avec la princesse, il quittait le Milanais, et reprenait sa route vers l'Allemagne.

En traversant le Tyrol, dans une gorge profonde où un rameau de l'Adige se perd à travers des roches, il longeait à dos de mulet une longue estacade, lorsqu'il vit la fille de Souabe faire le signe de la croix et défaillir tout à coup du côté du torrent. Il allait s'élancer.... Un des guides l'avait prévenu. Frédéric crut à un faux pas de la mule ; mais les jours suivants, dans des circonstances identiques, ces mêmes incidents se renouvelèrent. A la vue de l'eau, prise d'une subite émotion, Claire ne paraissait plus maîtresse ni de sa pensée ni de ses mouvements. Le prince reconnut ces troubles d'esprit, ces attractions vertigineuses auxquels lui-même se trouvait en proie naguère. Il se souvint des paroles du moine : « Qn'elle vienne à vous aimer, et le démon qui est en vous passera en elle. »

Il n'avait donc plus qu'à la laisser faire et sa rançon fatale était payée. Cependant, comme il en avait usé pour lui-même au début du voyage, il renouvela l'ordre d'éviter désormais les grands cours d'eau.

Plusieurs jours s'étaient passés sans malencontre, un soir, précédant leur escorte, ils traversaient un pont étroit jeté sur l'Elzbach, petite rivière torrentueuse, qui sépare la Bavière du Palatinat; Claire poussa un cri lamentable.

et lui montrant du doigt une des rives escarpées : « Le voyez-vous? le voilà! s'écria-t-elle; il m'appelle à lui! »

Et Frédéric, glacé de terreur, vit à travers la vapeur des eaux grondantes apparaître une forme humaine qui étendait ses bras vers eux.

C'était le démon du suicide.

Il retint Claire par le bras et, le pont laissé loin derrière eux, il l'aida à descendre de cheval. Elle s'assit à terre, encore palpitante d'émotion. Quand le calme lui fut revenu :

« Claire, vous m'aimez, lui dit-il.

— Oui, monseigneur, » lui répondit-elle sans hésiter et sans que sa pudeur de jeune fille se révoltât. Cet aveu d'amour, elle le comprenait, par inspiration, devait se retourner contre elle comme un arrêt de mort.

Ils restaient là muets et pensifs tous deux, quand une troupe de pèlerins mendiants les aborda. Frédéric leur ayant distribué de l'argent :

« Nous prierons Dieu pour vous, noble seigneur, s'écrièrent-ils en se prosternant devant lui.

— Priez Dieu pour elle, » leur dit-il en étendant sa main vers Claire.

A mesure qu'il avançait dans ses États, de nouvelles bandes quémandeuses se multipliaient devant lui, errantes et affamées; dans les villages qu'il traversait, on eût dit que la dévastation avait passé la veille; à peine si quelques rares laboureurs se montraient dans les champs, et, quoique on atteignît aux premiers jours d'octobre, pas une grappe ne pendait à travers les ceps de vigne, envahis par des ronces et des chardons.

Frédéric se reprochait d'avoir quitté le pays un peu brusquement, et sans songer d'abord à y conjurer les fléaux apportés par la guerre.

Le cœur contristé, il se rendit, non à son palais d'Heidelberg, il ne l'eût osé, mais à une de ses résidences du Rhin, qu'occupait alors son moine magicien, Siegfried.

« Vos prédictions n'ont pas toujours été exactes, lui dit Frédéric en l'abordant; mon mariage avec la princesse est à jamais rompu !

— Je le sais; après un parfait accueil, elle a refusé l'offre de votre main, dès que vous-même lui avez appris que votre neveu Philippe doit vous succéder au trône des palatins. Elle n'a pas voulu pour mari d'un souverain en viager.

— Ne m'aviez-vous pas affirmé qu'avant quatre mois j'aurais pris femme ?

— Oui ! sans prononcer un nom toutefois ! Monseigneur, huit jours vous restent encore ! Donnez à la prédiction le temps de s'accomplir. Au surplus, votre but principal n'a-t-il pas été atteint ? Le démon du suicide a cessé de vous harceler ; Claire vous aime enfin !

— Oui, dit le prince, et vous qui savez tant de choses, Siegfried, me direz-vous pourquoi cette fille, restée de glace sous mes propos d'amour, s'est éprise tout à coup alors que je ne songeais plus à elle ?

— A elle vous songiez, monseigneur, quand vous entouriez de bandelettes son bras saignant. Maintenant, vous pouvez ordonner ; avec joie elle va mourir pour vous.

— Malédiction sur ma tête s'il en était ainsi ! s'écria Frédéric. Ignorez-vous donc que je lui dois la liberté, la vie peut-être ?

— La vie, vous ne la lui devrez qu'après son sacrifice accompli. *Le démon qui est en elle maintenant peut revenir en vous !*

— Eh ! que m'importe ? Pour moi est-il si doux de vivre ? Mes victoires n'ont fait qu'attirer sur mes peuples les angoisses de la faim et de la misère ! au milieu de mes désillusions de toutes sortes, une femme, une seule, m'est venue en aide par son affection, et il faut qu'elle meure ! et qu'elle meure sur mon ordre !

— Oui, monseigneur, il le faut.

— Moine, est-ce au nom de Dieu que tu viens de parler ?

— C'est au nom du pays, c'est au nom du devoir ! Le pain est rare dans le Palatinat. Vivez pour réparer les désastres de la guerre. Vous étiez le Victorieux, devenez le Nourricier ! »

Deux jours après, le bruit se répandit qu'une jeune fille, pour l'accomplissement d'un vœu, devait chercher une mort volontaire dans un des gouffres du Rhin, et de tous côtés la foule accourut pour participer à l'émotion du spectacle.

Au moment de faire le sacrifice de sa vie, Claire demanda à se confesser au curé de Tettingen ; il l'avait connue enfant ; elle demanda aussi que son corps, retiré des eaux, fût rendu à la terre ; elle exigea même que, devant elle, fût creusée la fosse où elle devait reposer jusqu'au jugement dernier. Ces tristes préparatifs achevés, elle fit ses adieux à la foule qui l'entourait, et, au milieu des cris et des sanglots de la multitude, sous les bénédictions du prêtre, elle se précipita dans le gouffre.

Durant quelques instants, on entendit la victime jeter, de vague en vague, le nom de Jésus et un autre nom, celui de sa mère sans doute. Elle disparut comme elle approchait de quelques bateaux, qui, en aval, barraient le fleuve. De l'un de ces bateaux un homme s'élança, qui plongea à plusieurs reprises. On supposa une tentative de sauvetage qui fut généralement désapprouvée, puisqu'il s'agissait de l'accomplissement d'un vœu, d'une expiation volontaire, à laquelle les autorités du pays avaient donné leur assentiment. Des murmures s'élevaient déjà parmi cette foule, encore attendrie cependant ; quelques gens plus rassis, ou mieux renseignés, firent observer qu'on était à la recherche du corps, pour le rendre à la terre, ainsi qu'il avait été dit.

Au château d'Heidelberg, dans la journée du lendemain, par un brillant soleil d'automne, sur l'invitation du prince, un grand repas réunissait les plus illustres de ses prisonniers, Ulric, duc de Wurtemberg, le margrave Charles de Bade, Georges de Bade, son frère, évêque de Metz ; le duc des Deux-Ponts, Louis le Noir, et dix autres, ainsi qu'eux, vaincus et faits captifs à Seckenheim. Il s'agissait de régler les conditions de leur mise en liberté.

Soumis depuis longtemps à un dur régime alimentaire, les nobles convives s'ébaudissaient en prenant place à ce festin, auquel rien ne devait manquer. Ils le pensaient du moins. Cependant, dès le début du repas, quelques-uns parmi eux, agitant leur tête de droite et de gauche, semblaient à la recherche de certaine chose qui leur faisait défaut ; ils en rirent d'abord, tout en s'en communiquant l'observation entre eux, à voix basse.

Plusieurs, élevant la voix, s'adressèrent aux officiers de service, qui ne bougèrent pas. Un des plus impatients (c'était Louis le Noir) saisit un valet au passage et lui formula sa demande, tout en le secouant avec rudesse. Le valet se dégagea, et on ne le revit plus.

Alors une clameur unanime, retentissante, fit le tour de la table : « Du pain! du pain! du pain! »

Tour à tour, chaque convive apostropha Frédéric, lui demandant si dans son pays il était d'usage de se passer de pain.

« Dans mon pays, messires, leur dit Frédéric d'une voix sombre, vos hommes ont si bien pillé les réserves, si cruellement maltraité la terre sur laquelle achevait de mûrir la moisson, que le pain manque à tous. Il manquera même pour vous aujourd'hui, messires. Que ce repas sans pain vous reste en mémoire, pour vous rappeler les souffrances, les misères dont vous êtes la cause! Ces souffrances, j'aurais pu, j'aurais dû peut-être, vous les faire durement expier; car, sachez-le, la femme aimée dont j'ai résolu de faire ma compagne, celle qui, ce matin même, vient de recevoir mon anneau de fiançailles, elle a failli, par votre fait, mourir faute d'un morceau de pain! Rassurez-vous, messires, ajouta Frédéric d'un ton tout à coup radouci; pour le moment j'ai de plus douces visées, et ne songe qu'à vous présenter la future souveraine du Palatinat. »

Sur un geste du prince, les portes s'ouvrirent; Claire, en riches habits, mais pâle encore de tant d'épreuves subies, entra dans la salle, appuyée sur deux dames d'honneur.

Déjà mortifiés de la leçon, les captifs se regardaient entre eux d'un air ironique, se demandant quelle était cette étrangère appelée à de si hautes destinées. Le plus arrogant de la bande, Louis le Noir, prit la parole, et s'adressant à Frédéric, le sourire aux lèvres et le poing sur la hanche :

« Beau cousin, lui dit-il, en qualité de parent, puis-je savoir de quelle famille princière est issue votre noble fiancée, et quel riche apanage elle apporte en vous épousant?

— Elle m'apporte cent mille écus d'or, dont j'ai grand

besoin pour m'approvisionner de blé, » lui répliqua Frédéric ; et promenant sur tous un regard hautain : « La somme, sans doute, vous semblera suffisante, messires ; car, cette dot, c'est vous qui la fournirez. »

Frédéric le Victorieux épousa Claire de Tettingen dans l'église cathédrale d'Heidelberg, au milieu d'un grand concours de peuple. Ulric de Wurtemberg et Charles de Bade servirent de témoins à la mariée ; Louis le Noir fut son chevalier d'honneur ; le prince archevêque de Cologne et l'évêque de Metz officièrent.

Quelques éclaircissements sont-ils nécessaires encore à cette histoire ?

L'homme qui s'était élancé du bateau au secours de Claire, c'était Frédéric. Le démon des eaux avait eu sa proie ; il l'avait laissée échapper et restait sans droits sur elle.

Quant au moine Siegfried, on n'entendit plus parler de lui. En réfléchissant sur divers incidents de ce récit, il m'est venu en idée que ce magicien capuchonné, cette apparence de diable, pouvait bien n'être autre que le bon ange du palatin, revenu vers lui sous cette forme étrange.

VI

L'Université d'Heidelberg. — Du duel parmi les étudiants. — Les balafrés. — Encore une initiation. — Mort aux Philistins ! — La chaire de philosophie. — De Kant à Feuerbach. — La bibliothèque. — Le laboratoire de chimie, et qui j'y trouvai en tablier de cuisine.

Y eut-il jamais rien de moins logique, par conséquent de plus sot que le duel ? Risquer sa propre vie, que, généralement et non sans raison, on estime chose fort précieuse, puisque sans elle on n'est guère à même d'apprécier les autres bonnes choses de ce monde, la risquer contre la vie d'un autre, qu'on n'estime rien, dont on ne peut rien faire, n'est-ce point là un calcul insensé? Je comprends le duel au moyen âge; c'était le jugement de Dieu; alors, Dieu combattait avec le juste contre l'injuste, avec le bon contre le méchant; on en avait la ferme conviction. Aujourd'hui que le tribunal de Dieu est clos pour ces sortes d'affaires, pourquoi nos tribunaux ordinaires ne suffiraient-ils pas à les régler? pourquoi s'en remettre au hasard de l'épée ou du pistolet, souvent plus favorables à l'habileté qu'au bon droit? Un arrêt est toujours moins dangereux qu'une balle de plomb, et d'ailleurs on en peut appeler.

« Mais il est des offenses qu'on doit craindre d'ébruiter, nous dit-on; dame Justice, même à huis clos, incline quelque peu au bavardage, comme ses honorables interprètes messieurs les avocats. »

Ah! que voilà une bonne raison qui me touche peu! Quoi! vous vous souffletez publiquement, vous choisissez quatre témoins qu'il faut d'abord mettre au courant du fait; vos quatre témoins ont des amis intimes qu'ils ne manquent pas de consulter sur la gravité du cas; il y a des pourparlers, des explications, puis le tapage des armes à feu; après quoi, les journaux et même les tribunaux se mêlent de votre affaire secrète, quand déjà il y a mort d'homme ou quelque membre fracturé. Le beau résultat! Je le répète donc, de toutes les folies d'ici-bas, le duel est aujourd'hui la plus illogique et la plus stupide; eh bien, à Heidelberg, je me suis presque réconcilié avec le duel.

Les étudiants de cette ville, fort susceptibles sur tout ce qui touche au point d'honneur, à la suite d'une querelle, d'un démenti, d'une rivalité d'amour, endossent tout d'abord leur habit de combat. Cet habit de combat rappelle assez bien l'armure des anciens chevaliers, sauf qu'au lieu de fer on y emploie la laine, la carde, la bourre et la filasse; on les plastronne, on les capitonne du haut en bas; on leur met des brassards et des cuissards d'étoupe, du coton dans les oreilles, et par-dessus les oreilles, ne laissant à découvert qu'une petite partie de la joue gauche ou de la joue droite, à leur choix. Ainsi caparaçonnés, on arme les deux adversaires d'un sabre épointé et chacun s'escrime de son mieux à qui fera à l'autre une légère entaille, joue gauche ou joue droite.

Ramenée à ces règles de modération et de savoir-vivre, la lutte, je l'avoue, ne m'inspire plus la même horreur. C'est simplement le duel de deux matelas entre eux.

Fondée en 1346, par le palatin Rodolphe, dit l'Aveugle, réorganisée en 1803 par le margrave Charles-Frédéric, dans l'heureuse main duquel se sont réunies les principautés de Bade-Dourlach, de Bade-Baden et du Palatinat, l'Université d'Heidelberg jouit dans toute l'Allemagne savante d'une réputation certes bien méritée, si on a trouvé moyen d'y simplifier toutes les sciences à l'égal de celle de l'escrime.

Je me sentais désireux de la visiter, désireux surtout de voir ses étudiants, tous légèrement balafrés. En pouvait-il être autrement?

Toujours à cause de ce paresseux soleil d'Heidelberg, je m'étais levé tard. Antoine courait déjà la ville; Junius consentit à m'accompagner au café où ces messieurs se réunissent d'ordinaire. Les *philistins* n'y étaient point admis ce jour-là; les *philistins*, c'est-à-dire les profanes, les bourgeois, les perruques. On y procédait à des initiations. Mon désir de voir n'en devenait que plus vif. Junius, à qui tout Heidelberg est connu, me fit entrer par des jardins, communiquant à une maison située derrière le café. Du second étage de cette maison on pouvait inspecter ce qui se passait dans la grande salle, dont une des fenêtres était restée ouverte. Une fois installé, j'inspectai donc et pris mes notes.

Les étudiants d'Heidelberg, Badois, Autrichiens, Prussiens, Saxons, Bavarois, Hessois, Wurtembergeois ou Hambourgeois, sous prétexte de constater leur nationalité, portent en sautoir, entre le gilet et la chemise, de jolis rubans de diverses couleurs, ce qui leur donne un faux air de francs-maçons, ou de hauts dignitaires d'un ordre quelconque. Sous le nom peu euphonique de *Landmannschaften*, ils forment entre eux différentes associations. J'avais alors sous les yeux les membres d'une *Landmannschaft*, avec le costume de rigueur, la redingote à brandebourgs, les grandes bottes et la petite casquette à visière imperceptible; mais portaient-ils la cicatrice voulue? J'étais à trop grande distance pour vérifier le fait. En attendant l'heure de l'initiation, les uns buvaient leur chope de bière, les autres chantaient le *Gaudeamus*; ceux-ci s'escrimaient au fleuret moucheté, ceux-là semblaient déclamer des vers ou argumenter sur une thèse de philosophie. Tous fumaient.

Bientôt mon attention se concentra tout entière sur un visage de connaissance. C'était mon élève en pharmacie, l'homme au mouron, l'homme à la pluie d'argent. Évidemment, il jouissait d'une certaine considération parmi ses jeunes confrères, qui ne l'abordaient que d'un air circonspect et faisaient volontiers cercle autour de lui.

Tandis qu'avec un surcroît de curiosité j'examinais ce pharmacien mystérieux, un grand mouvement se fit dans la salle, on démasqua la muraille principale, où figurait en relief un semblant de temple grec; une chaise fut placée sur une table, comme un trône sur une estrade. Un des plus âgés de la bande, un étudiant de dixième année, je suppose, y prit place en qualité de président. La cérémonie allait commencer, et je m'applaudissais de pouvoir, à Heidelberg, aussi bien qu'à Épernay, jouir d'un spectacle interdit aux profanes, quand un *frère terrible* s'avança vers la croisée qui nous faisait face! Fronçant le sourcil, et m'adressant un regard provocateur : « Mort aux philistins! » s'écria-t-il; et la fenêtre refermée avec fracas nous ramena, Junius et moi, au simple tête-à-tête.

Chassés du temple ou plutôt de l'estaminet, nous poursuivons notre course vers la place de Louis, devant laquelle s'élèvent les bâtiments de l'Université. Nous ne pouvions pénétrer dans le sanctuaire sans un guide. Notre guide était un sous-portier, grand garçon maigre de vingt-cinq à vingt-six ans, portant une chemise de couleur et une cravate rouge; pour le reste, tout vêtu de noir jusqu'au bout des ongles.

L'Université d'Heidelberg se divise en six facultés : la théologie, la jurisprudence, l'économie politique, la médecine, la philosophie, et les beaux-arts, fils d'Apollon, comme nous le dit notre sous-portier.

A vrai dire, la philosophie et la théologie, en guerre ouverte l'une contre l'autre, s'annihilant l'une par l'autre, on ne devrait plus compter que quatre facultés à Heidelberg. Cependant les théologiens ont eu beau lancer les foudres de leurs Églises sur la tête des philosophes, les philosophes faire éclater leurs négations incendiaires sous les pieds des théologiens, les deux chaires, quoique un peu fracassées, restent debout.

C'est dans la chaire vide qui se dressait devant nous que l'incrédulité avait été prêchée publiquement avec autorisation de M. le maire.

Junius, me sachant peu versé dans ces matières, crut devoir m'expliquer comment, vers la fin du dernier siècle, quelques hardis novateurs s'étaient déclarés disciples de Voltaire; mais ainsi que l'âne imitant les gentillesses du chien, avec leur pesanteur allemande, ils brisèrent ce que le maître n'avait fait qu'écorner. Déroulant alors devant moi la grande *Genèse* philosophique de l'Allemagne, il me dit comment Kant, auteur du rationalisme, engendra Fichte, auteur du panthéisme, qui engendra Schelling, et le naturalisme, qui engendra Hegel, et l'athéisme, qui engendra enfin Feuerbach, le diable en personne.

Effrayés de leur propre audace, d'abord obscurs et inintelligibles à dessein, ces inspirés de l'enfer ne sortaient de leur nuage que devant leurs adeptes. Durant cette première période, la démoralisation, résultant de leurs doctrines, ne descendit pas vers le peuple; elle remonta vers les lettrés, et jusqu'aux princes, dont la politique s'en ressentit fatalement; aujourd'hui, le mal est partout.

Je savais Junius peu bienveillant envers les philosophes. Plus effrayé que convaincu, et ne pouvant admettre que ces braves buveurs de bière, si calmes, de mœurs si douces en apparence, fussent tous des réprouvés, j'espérais que notre jeune sous-portier, dont l'œil ne manquait pas d'intelligence et qui avait paru écouter Junius avec une grande attention, allait protester contre l'anathème lancé sur son pays. Loin de là, par un hochement de tête approbatif, il semblait l'encourager à poursuivre. Celui-ci n'y manqua pas, et, toujours dans l'intérêt de son avenir, prolongeant ses exercices oratoires, il finit par conclure que l'Allemagne, aujourd'hui réduite à un état morbide, incurable, par défaut de croyances, reniant toute autorité légitime sur la terre comme dans le ciel, n'était plus, selon l'expression d'un de ses philosophes repentis, qu'un grand *Hôtel-Dieu, sans Dieu.*

« Eh bien ! cher monsieur Canaple, me dit ensuite Junius, ne vaut-il pas mieux s'agenouiller devant le calvaire grotesque du vieux cimetière de Bade, que de mettre sa foi en de pareils apôtres ? »

Engourdi, attristé par cette dissertation aussi maussade que grave, j'hésitais à lui répondre, lorsqu'un chœur, entonné à demi-voix, sur un rhythme plein de franchise, glissa le long des murs et arriva jusqu'à nous, semblable à ces souffles rafraîchissants qui, au matin, nettoient la face nuageuse du ciel.

Presque aussitôt une bande d'étudiants traversa la salle que nous occupions. Distrait par l'interrogation de Junius, par mes propres pensées, je ne songeai point à passer en revue les joues plus ou moins cicatrisées qui défilèrent alors devant moi. Les étudiants avaient disparu, mais leur refrain mélodique résonnait de nouveau sous les hautes voûtes des corridors. J'en demandai la traduction au jeune homme maigre, notre guide :

« Qui n'aime ni le vin, ni l'amour, ni le chant,
Celui-là n'est qu'un sot, pis encore, un méchant !

me répondit-il.

— Et quel est l'auteur de ce joyeux distique ?

— Maître Martin Luther, » me dit le sous-portier, après s'être incliné révérencieusement.

Pour cette fois, je donnai le pas aux théologiens sur les philosophes.

A Paris, s'il m'arrive de visiter la bibliothèque de l'Arsenal ou celle de la rue de Richelieu, une sensation étrange s'empare de moi. Au milieu de ces amas innombrables de livres, respirant cette atmosphère poudreuse, où flottent, sous forme corpusculaire, les éléments épars de toutes les connaissances humaines, il me semble qu'autour de moi des mots se croisent, des pensées s'entre-choquent. Parfois même, si à travers les volets mal clos des hautes salles se projette une fusée de lumière, j'y vois de purs esprits microscopiques monter et descendre, une petite flamme au front. Je tressaille aux attouchements de cette foule de génies illustres qui m'environnent ; la science me pénètre par les pores, et quand je sors de là, à coup sûr, j'y ai gagné quelque chose par absorption ; certains lobes de mon cerveau se sont élargis ; je me sens plus lucide, moins ignorant que lorsque j'y suis entré.

Rien de pareil ne m'est arrivé en visitant la bibliothèque de l'université d'Heidelberg, la fameuse bibliothèque palatine. Tous les livres que j'y ai vus alignés portent un titre allemand.

« Nous serait-il possible d'assister à quelque cours, à quelque conférence d'étudiants ? demandai-je à notre guide.

— Les uns sont déjà fermés, les autres ne sont pas encore ouverts. »

Telle fut sa réponse.

Les étudiants d'Heidelberg ne sont décidément visibles qu'au café.

Cependant j'entendais remuer, j'entendais parler dans une salle voisine. La porte en était entr'ouverte, j'entrai. C'était le laboratoire de physique et de chimie. Pas un élève ne s'y montrait; mais un homme en lunettes vertes avec coquilles de soie noire, vêtu d'une blouse de roulier et portant des souliers vernis, était en train de monter une grande machine de cuivre, aidé dans sa besogne par un jeune homme blond. Un troisième, en manches de chemise, avec un tablier de cuisinière autour des reins, courbé sur un fourneau, soufflait le feu avec sa bouche, tout en distribuant des charbons à la main. Nous allions battre en retraite, par respect pour la science ; l'homme au tablier de cuisine se redressa, se tourna vers nous et poussa un cri de surprise.

C'était Antoine, notre ami et cousin Antoine Minorel, qui n'avait déserté le *Prince Charles* de si bon matin que pour rejoindre son collaborateur, M. Hunter, professeur de physique à l'Université.

« Tiens ! nous dit-il, déjà levés ?

— Il est onze heures bientôt, lui répliquai-je.

— Pas possible ! Comme le temps passe vite à souffler

le feu ! mais attendez-moi. Et se tournant vers l'homme aux lunettes vertes : Hunter, je compte sur vous pour les préparations convenues. A ce soir les grandes expériences.

— Comment m'écriai-je ; mais ce soir nous quittons Heidelberg, n'est-ce pas décidé ?

— Quand il s'agit d'élucider un grand problème qui tient le monde savant suspendu sur un abîme de doutes, reprit Antoine de son ton le plus grave, vas-tu donc me marchander quelques heures de plus ou de moins ? Sais-tu, homme frivole, que le prisme, à qui jusqu'à présent on avait accordé les sept couleurs primitives, et même plus, n'en contient en réalité que trois ? Nous sommes en train de le prouver.

— Cela m'importe peu !

— Quoi ! cela t'importe peu ? mais, bourgeois barbare, si le succès répond à nos espérances, nous prouvons du même coup que, depuis les premiers jours du monde, l'arc-en-ciel et le sceptre solaire ont arboré le drapeau tricolore ? Voyons, es-tu patriote ou ne l'es-tu pas ? »

Tout en parlant, Antoine s'était lavé les mains et le visage, avait ôté son tablier, passé son paletot. Nous prenions congé de M. Hunter lorsque, semblables à une volée d'oiseaux, quelques étudiants traversèrent bruyamment le corridor ; cette fois encore, il me fut impossible de résoudre mon problème, à moi, celui des joues balafrées.

Je m'en dépitais. Arrivé à la porte de sortie, au moment de donner le trinckgeld à notre guide, examinant avec plus d'attention sa physionomie humble et presque théologique, à ma profonde surprise, je découvris à la hauteur de sa pommette gauche une petite cicatrice, s'y dessinant en ligne bleuâtre.

« Qui vous a fait cela ? lui dis-je ; les concierges de l'Université se battent-ils donc au sabre épointé, ainsi que messieurs les étudiants ?

— Je suis un pauvre étudiant d'Heidelberg, » me répondit-il.

XII

Bords du Necker. — Excentricités d'un Yankee. — Voyage à la longue-vue. — Ce qui peut résulter d'une phrase de portefeuille.

Antoine avait proposé de déjeuner à la salle commune. Selon lui, nos repas à huis clos devenaient maussades; nous n'avions plus rien d'intime à nous communiquer. J'appuyai sa proposition, bien entendu, et devant notre majorité des deux tiers Junius n'osa faire d'opposition.

En même temps qu'au menu, nous songions à l'emploi de nos instants. La tête remplie encore des hauts faits de Frédéric le Victorieux, je mis en avant une visite au champ de bataille de Seckenheim; Junius consentit. La visite à Seckenheim entraînait forcément une promenade sur les bords du Necker, bords fort accidentés et parsemés de jolis villages; Antoine proposa de la faire en bateau; il obtint l'unanimité des suffrages.

A une petite table, voisine de celle que nous occupions, se tenait un jeune homme d'une trentaine d'années, vêtu d'une longue redingote blanche, cravaté haut, le teint rougeaud et bourgeonné, portant des bagues à tous ses doigts; de son cou à la poche de son gilet une grosse chaîne d'or massive descendait. Il prenait un thé, son chapeau sur la tête et sa canne entre les jambes.

Nous avisions aux moyens de nous procurer le bateau, quand se tournant vers nous, sans que le plus petit geste de sa main vers son chapeau pût trahir chez lui la moindre intention de nous adresser un salut : « Messieurs, nous dit-il d'une voix plutôt gutturale qu'harmonieuse, moi aussi je désire faire une promenade sur l'eau; je suis gentleman, et si ma société vous agrée?...

— Pourquoi pas? lui répondit instantanément Antoine, sans qu'on eût délibéré cette fois.

— Il est bien entendu, reprit le gentleman, que nous

coupons le bateau et le batelier en quatre, et que je paye mon quart?

— Accordé!

— Alors, dit-il en se levant, tandis que vous déjeunez, vous autres, je vais donner des ordres. Dans une demi-heure, vous trouverez le bateau amarré à la droite du grand pont. »

Il sortit. Nous nous regardâmes tous trois.

« Quelle idée t'est venue, dit Junius à Antoine, de nous adjoindre ce monsieur?

— Bah! il nous amusera. Vous autres, comme il dit, je vous sais par cœur. Il fallait une quatrième aile au moulin pour qu'il tournât. J'aime assez les figures nouvelles en voyage. »

Junius appela le keller :

« Charles, quelle est cette redingote blanche qui prenait son thé près de nous?

— M. de Minorel, répondit le garçon, c'est un Anglo-Américain, dont la famille est belge, et qui se nomme Van Reben.

— Mais que fait-il? quel est son état?

— Ah! dame, je ne sais pas au juste; il sonne de la trompe, il tire aux hirondelles; arrivé ici il y a huit jours avec un grand attirail de lignes et de filets, tous les matins, après son thé, il prend un bateau.

— Ah! le brigand! s'écria Antoine, il a trouvé moyen aujourd'hui de nous faire payer les trois quarts de ses frais! Que je te reconnais bien là, ô race anglo-américaine!

— Eh bien, cousin, lui dit Junius, es-tu encore ravi de t'être fait le compagnon de ce Yankee?

— Toujours! Un homme qui a quitté l'Amérique pour tirer des hirondelles sur les bords du Necker! évidemment ce doit être un original. »

Nous nous mîmes en marche vers le fameux pont d'Heidelberg; un bateau à double banquette, avec gouvernail à la poupe, y stationnait; deux bateliers l'occupaient, l'un en large pantalon de toile grise lui montant jusque sous les aisselles et l'habillant complétement; l'autre vêtu d'un bourgeron de laine, à bandes de couleur, et coiffé d'un bonnet de même étoffe. N'y apercevant pas la redingote blanche, nous allions poursuivre notre route quand une voix nous héla.

« Eh! là-bas!... vous ne voyez donc pas clair? C'est moi! »

En effet, l'homme au bourgeron de laine, c'était notre Anglo-Américain, complétement métamorphosé sous le rapport du costume. A lui aussi on aurait pu dire : « Sans votre visage, monsieur, je ne vous aurais pas reconnu. »

« Vous comprenez bien, nous dit-il, tandis que nous descendions dans le bateau, que pour aller en rivière on ne se met pas à la mode de Paris. Je connais le *cant*, la *fashion*, le *high life* tout aussi bien qu'un autre ; je suis gentleman ; mais la cravate blanche et les gants beurre frais sont déplacés ici, où on peut avoir besoin de mettre la main à la rame ou au gouvernail. N'est-il pas vrai, monsieur ? » ajouta-t-il en s'adressant directement à Junius.

Junius ajusta son lorgnon sur son œil et l'examina effrontément de la tête aux pieds sans lui répondre un mot.

Le Yankee ne parut pas s'en émouvoir le moins du monde.

Comme nous démarrions, jetant un coup d'œil sur le petit pont du gouvernail, j'y vis étendus un revolver à six coups, une cartouchière, des lignes et des filets en nombre. Le keller ne nous avait pas trompés, notre homme était à la fois chasseur et pêcheur. Un cor de chasse complétait l'attirail. J'aime assez le bruit de cet instrument, surtout répété par l'écho des rivages et des montagnes, et l'idée d'être témoin d'une pêche ne me déplaisait pas ; enfin, malgré la froideur du début, j'espérais que notre excursion sur le Necker tournerait à la satisfaction générale.

Mais presque aussitôt une odeur infecte se répandit autour de nous. Je crus d'abord à la présence d'une eau croupie sous le plancher du bateau ; je mis mon mouchoir sous mon nez, Antoine roula une cigarette, Junius tira de sa poche un flacon de sels et dit : « Quelle est cette horreur?

— Ne faites pas attention, répondit notre compagnon ; ce sont mes amorces de pêche, et il nous montra un seau à moitié rempli de petits vers grouillant dans du sang coagulé.

— Est-ce que vous allez nous condamner à voyager longtemps avec ces immondices? lui dit Antoine.

— Est-ce que vous allez me priver de mon droit de pêche? Chacun chez soi, chacun pour soi! Je payerai mon quart comme vous. J'appartiens à une nation libre, moi, lui répliqua l'Anglo-Américain.

— Respectez la liberté des autres, alors!

— Est-ce que je vous empêche de faire ce que bon vous semble? Chantez, dansez, jetez-vous à l'eau une pierre au cou, est-ce que je m'y opposerai, moi?

— Mais si je mettais le feu à ce bateau comme vous y mettez la peste!

- A votre aise; le bateau n'est pas à moi, et je sais nager. »

L'orage commençait à gronder entre nous.

Le batelier seul, quoique l'existence de son bateau fût en jeu, ne semblait prendre aucun intérêt à ce débat et continuait de ramer paisiblement.

« Le trouves-tu aussi aimable que tu l'espérais? dit Junius à l'oreille d'Antoine.

— Pouh! fit celui-ci; il faut voir. »

Cependant, soit qu'il tînt à justifier de ce titre de gentleman dont il s'était décoré, soit que la grosse voix d'Antoine lui inspirât quelque respect, le Yankee jeta sur le seau aux amorces un linge mouillé qui en intercepta quelque peu les émanations fétides.

J'allais l'en remercier, mais il avait pris son cor de chasse et sonnait une fanfare, ce qui mettait obstacle à toute conversation possible. Je l'ai dit, j'aime le son de cet instrument dans les circonstances où nous nous trouvions, et quoiqu'il écorchât horriblement cette éternelle et bruyante mélodie du roi Dagobert, exécutée, je crois, par tous les cors de chasse du monde civilisé ou non civilisé, j'écoutai avec assez de patience cette fanfare infiniment trop prolongée. Quant à Antoine, il fumait deux cigarettes à la fois, et Junius, la tête basse, se bouchait les oreilles de son mieux.

Le batelier, calme et placide, ramait toujours.

Tout à coup, ce dernier interrompit sa manœuvre, ralentit sa marche, vira de droite en se rapprochant de quelques-unes de ces roches vives dont le lit du Necker est parsemé. Il y avait là des lignes de fond, tendues depuis la veille. L'Américain les retira avec une grande habileté, mais avec peu de succès. Il ne s'y était pris que deux barbillons et une carpe de moyenne grosseur. Je ne lui fis pas moins mon compliment, auquel il se montra peu sensible.

Tandis qu'il les replaçait, qu'il amorçait, je lui fis remarquer sur un bateau couvert, qui avait marché presque de conserve avec le nôtre, une jeune fille assez jolie tenant l'aviron. J'essayais lâchement de tous les moyens possibles pour apprivoiser ce lycanthrope. Il regarda la jeune batelière :

« Ah! les coquines! dit-il; si je les tenais toutes au fond de mon filet, le diable m'emporte si je les retirerais de l'eau! »

Dans ce propos brutal, je ne voulus voir d'abord que l'expression rancunière d'un amour repoussé ou trahi. Je le lui fis entendre.

« Il s'agit bien d'amour, me répondit-il brusquement ; il s'agit de l'héritage de ma tante. Au surplus, mêlez-vous donc de vos affaires, vous! »

Le bateau avait repris sa marche; je portais toute mon attention sur le rivage, bordé en cet endroit de riantes collines; sur un village dont les maisons blanches et la petite église rustique se miraient dans le Necker ; je regardais aussi les carpes sauter hors de l'eau, ce qui me divertissait beaucoup, quand un jet de flamme, suivi d'une forte explosion, me fit sauter à mon tour.

C'était encore notre Yankee; il tirait les carpes au vol, à coups de revolver.

« Sapristi! gentleman, lui cria Antoine en se levant de sa banquette, vous êtes insupportable à la fin!

— Allez-vous m'interdire la chasse comme vous avez voulu m'interdire la pêche? Je suis un citoyen libre de la libre Amérique ; j'ai le droit de pêcher, de chasser, et même de chanter, si telle est ma volonté, et il se mit à entonner à pleins poumons une de ces chansons qu'en langage d'atelier on nomme chez nous des *scies*; seulement sa scie était de fabrique anglaise :

> What comes there from the hill?
> What comes there from the leathery hill?
> Sa! Sa!
> Leathhery hill!
> What comes there from the hill?
> It is a postilion!
> It is a postilion!
> It is a leathery postilion;
> Sa! Sa!
> Postilion!
> It is a postilion!
> What brings the postilion?
> Etc., etc., etc., etc. »

Dans la poétique du genre, la chanson, toujours revenant sur elle-même, grâce à une inexorable reprise qui relie la fin du couplet à son commencement, rappelle cette célèbre cantilène française :

> Ils étaient quatre
> Qui voulaient se battre;
> Y en avait trois
> Qui n'le voulaient pas;
> Le quatrièm' dit :
> « Moi je n' m'en mêl' pas; »
> Mais ça n'empêche pas
> Qu'ils étaient quatre
> Qui voulaient se battre;
> Y en avait trois
> Qui n' le voulaient pas;
> Le quatrième, etc., etc.

Je cite ce morceau de poésie pour faire comprendre ce que l'égrènement de cet interminable chapelet musical, monotone, monochrome, monocorde, monophone, toujours se renouvelant sans varier jamais, et qui pourrait se prolonger durant l'éternité, cause d'agacement et d'irritation à quiconque est doué de quelque sensibilité nerveuse. Junius, dès la quinzième reprise de *It is a postilion*, s'agitait sur place, s'éventait avec son mouchoir et n'en suait pas moins à grosses gouttes; Antoine, après avoir caressé longuement sa barbe, l'avait divisée en deux pointes aiguës; fermant les yeux, de ses deux mains crispées il se retenait à sa banquette, comme dans la crainte de faire un mauvais coup ; moi, j'avais tenté de me distraire par le spectacle que nous offrait le rivage fuyant devant nous ; mais je ne voyais plus clair, le sommeil me gagnait, et malgré moi, je répétais tout bas :

> It is a postilion !
> It is a leathery postilion !
>   Sa ! Sa !

« T'amuse-t-il toujours? demanda Junius à Antoine,
— Beaucoup moins, » répondit celui-ci d'une voix lugubre.

Le batelier, calme et placide, seul conservait sa même physionomie et ramait en mesure.

Tous trois, immobiles, tournant le dos au chanteur, nous apercevions à distance, sur notre droite, la ville de Ladenbourg, avec ses vieilles murailles flanquées de tourelles; sur notre gauche, au sein même de la rivière, un bloc de rocailles se montrait surmonté d'une sorte de petit monolithe avec une niche vide. Autrefois, cette niche abritait une madone, que les premiers réformateurs avaient fait disparaître. Je savais par Junius que ce monument votif signalait le voisinage du champ de bataille de Seckenhein; mais je n'avais plus conscience de moi-même : Frédéric le Victorieux ne m'était plus de rien, et mon esprit somnolent, aux sons de cette mélopée abrutissante de *It is a postilion*, se perdait dans les nuages, quand tout à coup le chanteur s'interrompit.

Tous trois, par un même mouvement de surprise mêlée de bien-être, nous tournâmes la tête vers lui. De ce côté, une autre surprise nous attendait.

Complétement dépouillé de ses vêtements de matelot, nu de la tête aux pieds, le corps droit et allongé, les bras en l'air, les mains rassemblées, notre Américain se tenait sur la pointe du bateau, prêt à donner une tête dans la rivière.

Junius jeta un petit cri pudique et se voila le visage de son mouchoir.

Moi, je restai interdit devant ce manque de savoir-vivre, qui me parut combler la mesure.

« Batelier, cria Antoine d'une voix de trombone et en se levant de toute sa hauteur, débarrassez nous de ce sauvage et déposez-le dans la première île deserte venue, s'il s'en trouve une dans le Necker.

— Vous êtes gai, dit le Yankee sans quitter sa postion verticale et allongée; vous n'en avez pas l'air, mais vous êtes gai. »

Et il fit son plongeon.

Bientôt longeant le bateau en nageant :

« Je suis citoyen d'un pays libre... Est-ce que je n'ai pas le droit de nager?... Je paye mon quart aussi bien que vous. Je le maintiens, je suis....

— Un manant! voilà ce que vous êtes! » Et, après lui avoir jeté cette épithète parfaitement méritée, mais un peu vive, Antoine, qui, cette fois, venait de passer à la colère sérieuse, comme son front pâle me l'indiquait suffisamment, arracha les rames aux mains du batelier.

Vers sa vingtième année, Antoine avait été une des gloires de la marine d'Asnières; grâce à sa vigueur naturelle, doublée encore par son irritation, tirant à gauche, il eut bientôt dépassé le petit monolithe et abordé le rivage sans paraître, malgré toutes mes supplications, se soucier le moins du monde de ce que devenait le nageur.

Cette journée devait être une des plus incidentées et des plus émouvantes de mon voyage. Je ne m'arrêterai point à dire quelles furent nos réflexions lorsque, rendus à nous-mêmes, nous nous sentîmes enfin débarrassés de notre cauchemar américain.

Nous avions mis pied à terre près d'une petite montagne appelée l'Observatoire de Gespell. Nous décidâmes de la gravir pour explorer le magnifique point de vue dont on jouit de son sommet. Un homme se tenait là avec une longue vue; avant d'user de ce précieux instrument, nous parcourûmes d'abord des yeux le cours de la rivière et les gracieuses collines qui nous faisaient face. Sur la rivière, nous revîmes notre bateau et notre batelier; le Yankee, réinstallé à son poste, dans son costume de matelot, se disposait à jeter l'épervier, ce qui nous rassura complètement sur son sort. Au pied des collines se groupaient de charmants villages.

Au moyen de la longue-vue, notre inspection s'étendit

bien au delà. A quinze ou vingt kilomètres, à notre gauche, je pus nettement parcourir du regard la jolie ville de Weinheim, célèbre par ses vins; au-dessus de Weinheim, s'élevait la tour cylindrique de Windeck, posée sur sa montagne en cône comme un phare éteint, et restée seule debout au milieu des ruines d'un ancien château que le douzième siècle avait vu dans sa splendeur. Au delà encore, sous une légère vibration de la longue lunette, mon regard franchissait le duché de Bade pour entrer dans celui de Hesse-Darmstadt. Les vallées plantureuses de Birkenau, peuplées d'immenses troupeaux de vaches et de moutons, m'apparaissaient au dernier plan.

Imprimant alors de gauche à droite un brusque mouvement de rotation à l'instrument, je repris la route que nous venions de parcourir; je remontai le Necker de Ladenburg à Heidelberg. Modérant mon essor, je me contentai de suivre la ligne du Necker; j'y exerçai mon droit de visite sur les passagers qui traversaient la rivière dans les longues barques du pays, à quatre rameurs : j'y assistai à tous les détails du labeur champêtre; j'y étudiai le système pratique des laboureurs et des batteurs en grange de l'ancien Palatinat, comme si j'y eusse été dépêché officiellement par un de nos comices agricoles. Charmant voyage, où, sans fatigue, je pus descendre au fond des vallées, escalader les montagnes, franchir des espaces qui eussent épuisé les forces d'un touriste de vingt-cinq ans, le tout, sans bouger de place, et moyennant la somme de quelques misérables kreutzers.

D'autres tableaux, plus agréables encore, captivèrent bientôt mon attention. Sans escalade ni bris de clôture, je pénétrai dans une chambre où, les doigts entrelacés, se tenait un couple d'amoureux, *verlobtes* ou non. Un instant après, à la hauteur d'Heidelberg, dans un beau site, sur une verte pelouse, derrière laquelle s'élevait l'abbaye de Neuberg, j'apercevais une femme charmante, en élégant costume de ville. Rarement figure me fut plus sympathique; je restai longtemps à la contempler; plus qu'il n'était convenable, peut-être; mais elle s'en doutait si peu! Et quand Antoine, étonné de ma longue station sur un même point, voulut prendre ma place, j'abaissai l'objectif.

« Je ne vois que des canards barbotant dans une mare, me dit-il.

— C'est cela, » lui répondis-je.

En quittant l'Observatoire, nous jetâmes un dernier regard sur la rivière; du bateau et de ses occupants rien n'apparaissait plus. Tout en descendant la petite montagne, les deux cousins s'évertuaient à qui mieux mieux sur le compte du Yankee. « Décidément, disait Junius, je ne sais que penser de la liberté américaine, surtout dans ses États à esclaves; quant à son égalité, elle pourrait bien n'être que l'abaissement à niveau du sens moral et intellectuel, si j'en juge d'après ce monsieur. »

J'eus la fâcheuse idée de vouloir entrer dans leur conversation par un petit discours prémédité; je n'étais pas fâché de prouver à notre diplomate que moi aussi je pouvais atteindre à la phrase de portefeuille.

De ce ton qui commande l'attention, et sans prévoir ce qui devait s'ensuivre :

« Je ne suis guère bien disposé envers John Bull leur dis-je; il manque généralement d'aménité; quant à son frère Jonathan, dont nous venons d'avoir un si triste échantillon sous les yeux, je le déclare, il m'est complétement antipathique. C'est un sauvage! Qu'il soit greffé sur souche anglaise, française ou allemande, qu'il ait puisé sa sève première à Paris, à Londres ou à Bruxelles, peu importe, il fleurit mohican. Si jamais la barbarie disparaissait du monde, ce n'est plus par le nord qu'elle nous reviendrait; nous la verrions sortir de ces républiques de Lynch, du sein même de cette prétendue civilisation des États-Unis. »

J'étais assez content de la forme rhétoricienne donnée à ma pensée; j'en étudiais complaisamment l'effet sur le visage de mes compagnons, quand tout à coup, au détour du chemin de Seckenheim, un homme parut, hérissé, menaçant. C'était notre Yankee.

« Monsieur, vous m'avez traité de manant, de sauvage et d'*échantillon*.... de plus, vous venez d'insulter à la libre Amérique, dont je suis un des citoyens, et....

— Voyons! que voulez-vous encore? s'écria Antoine

en l'interrompant avec sa rudesse des grands jours. D'abord, en parlant de votre libre Amérique, monsieur n'a été que l'écho de mes propres paroles, et ce n'est pas lui qui vous a traité de manant, c'est moi! »

Sans tenir compte des paroles d'Antoine, le Yankee, les yeux toujours fixés de mon côté, répéta :

« Vous venez d'insulter à la libre Amérique! Si j'avais mon revolver, votre compte serait déjà réglé! Nous nous reverrons, monsieur. »

Et il s'éloigna.

En vérité, le séjour d'Heidelberg me portait malheur; la veille, un garnement d'écolier s'acharnait après moi sans rime ni raison; aujourd'hui, c'était le tour d'un autre malappris, moins excusable encore.

Tous trois silencieux, comme nous nous dirigions vers Seckenheim, qui n'était plus qu'à quelques centaines de pas de nous, Junius, s'épointant la moustache, dit à Antoine :

« Décidément il n'est pas aimable.

— Non. »

Moi, je songeais au duel quasi inoffensif des étudiants d'Heidelberg; je crois que je me serais résigné à en passer par là.

A Seckenheim, la place illustrée par la victoire du Palatin porte encore le nom de *Fiedrichs-Feld* (le champ de Frédéric). C'est aujourd'hui un champ de luzerne et de betteraves, d'apparence assez maigre. Une grande bataille ne suffit pas à féconder indéfiniment la terre.

Les chemins de fer de Mannheim et d'Heidelberg s'embranchent à Seckenheim; un train se préparait à partir pour cette dernière ville; nous y montâmes; vingt minutes après nous étions de retour à l'hôtel du *Prince Charles.*

VIII

Conciliabule. — Autres renseignements sur le Yankee. — Trois duels. — Départ précipité. — SCHWETZINGEN. — Incidents inattendus. — J'encours de nouveau les mépris de Jean.

« Prépare le paquet de ton maître et le tien, dit Antoine à Jean, qui, comme toujours se tenait à la porte de l'hôtel, observant les mœurs de l'étranger

— Mais le train du soir ne part qu'à huit heures, lui fis-je observer, et il en est quatre à peine.

— Qu'importe! il est bon de se mettre en mesure à l'avance.

— Non, non! repris-je avec fermeté; je partirai à huit heures, pas une minute avant. Je devine ta pensée, mon bon Antoine, mais je ne veux pas avoir l'air de fuir devant cet homme! »

Junius appela le keller qui nous avait déjà renseignés sur l'Américain; tous quatre nous montâmes à notre numéro 7, tandis que mon fidèle Jean, demeuré immobile, semblait enfanter des suppositions plus terribles les unes que les autres.

« Charles, dit Junius au keller, qu'il avait connu autrefois à Paris, garçon au café Cardinal, vous nous avez renseignés ce matin sur les goûts de ce Van Reben touchant la chasse et la pêche; nous savons maintenant ce qu'il vaut du côté du chant et de la natation ; mais ne sauriez-vous rien de son caractère intime, de ses habitudes de gentleman, ainsi qu'il se plaît à se désigner lui-même? »

Le keller interpellé mit un doigt sur sa bouche, puis, après avoir jeté un coup d'œil du côté de la porte, se rapprochant de Junius : » Entre nous, monsieur de Minorel, lui dit-il à demi-voix, je crois que le caractère de l'Américain n'est pas des meilleurs. On parle d'une jeune fille méchamment compromise par lui....

— Je lui passe ses galanteries, dit Antoine ; mais il est colère, querelleur, n'est-il pas vrai ?

— Affreusement querelleur, répliqua le keller. On parle aussi de trois duels dans une même journée avec un même adversaire ?

— Diable ! Se sont-ils battus à la mode d'Heidelberg ?

— Non pas ! L'affaire s'est passée à Strasbourg, il y a comme qui dirait une huitaine ; ils se sont d'abord battus à l'épée ; l'autre, qui est un malin, l'a désarmé ; ils ont continué au pistolet, à vingt-cinq pas, en s'avançant à volonté. L'Américain a tiré le premier et a manqué son coup ; l'autre, qui avait ménagé son feu, est arrivé jusqu'à lui, en le sommant de faire je ne sais quelle déclaration, sans quoi il allait l'abattre comme un chien. L'Américain a refusé.

— Ah çà ! il est donc brave, ce brigand-là ? s'écria Antoine. Ensuite ?

— Ensuite, reprit le keller, l'autre, qui est non moins brave, et plus bon enfant que lui, n'a pas voulu le tuer à bout portant, et comme il tenait toujours à avoir sa déclaration, il lui a proposé une troisième manière de duel.

— Au sabre, alors ?

— Au fusil ?

— Non, messieurs ; aux dominos. Le perdant devait se brûler la cervelle lui-même. La partie était en deux manches. Le bon enfant, qui est un fin joueur, a gagné la première ; M. Van Reben, qui s'y entend aussi, a gagné la seconde ; mais à la belle, il a été fait gribouille. Cependant il ne s'est rien brûlé du tout. Il faut croire qu'il a mis les pouces puisque M. Brascassin s'est déclaré satisfait.

— Brascassin ! nous écriâmes-nous tous trois à la fois.

— Oui, c'est avec M. Brascassin, notre marchand de vin de Champagne, que l'Américain a eu ses trois affaires, et il pourrait bien y en avoir une quatrième, car aujourd'hui on a rencontré M. Brascassin à Heidelberg, en compagnie d'une dame, dit-on.... »

Une voix, montant du bas de l'escalier, appela Charles, qui nous quitta brusquement en poussant un cri tudesque répondant sans doute au : *Voilà! voilà!* de nos kellers parisiens.

Dès que nous fûmes seuls : « Tu vas partir, et sur-le-champ, me dit Antoine. Et comme je refusais de partir sans lui : C'est pour le coup, ajouta-t-il, que cela aurait l'air d'une fuite, d'une débâcle générale. Sois tranquille, Junius et moi nous apaiserons le monstre. Pars en paix, je n'ai nullement envie de risquer une vie aussi précieuse que la mienne, de retarder le progrès des sciences d'un siècle peut-être, pour le vain plaisir de suspendre à ma ceinture de guerre la chevelure de ce Mohican.

— Mais où veux-tu que j'aille, à cette heure ?

— Allez à Schwetzingen, me dit Junius. Si le château d'Heidelberg est l'Allhambra de l'Allemagne, celui de Schwetzingen en est le Versailles. On ne vient point ici sans le visiter. »

Je résistais encore, quoique fort troublé, je l'avoue, à l'idée de ce farouche Van Reben qui pouvait faire retour d'un instant à l'autre, quant la porte s'ouvrit comme sous un ouragan. Mon vieux Jean, un paquet sous chacun de ses bras, le bridon de ma boîte de fer-blanc passé autour de son cou, pâle et le visage décomposé, entra tout à coup :

« La voiture est en bas ; partons ? partons ? il n'y a pas un moment à perdre ? s'écria-t-il.

— Et qui nous presse tant ? lui dis-je.

— Monsieur ? monsieur ? voulez-vous donc nous faire massacrer par la populace ? »

Je jugeai le péril bien grand, puisque mon vieux serviteur, en s'adressant à moi, avait négligé l'emploi de la troisième personne.

Antoine me poussait vers l'escalier, une voiture stationnait devant l'hôtel, et je ne savais encore comment je m'y trouvais installé, quand j'entendis Junius crier au cocher : « A Schwetzingen! »

Nous roulions depuis une demi-heure Jean et moi, tous deux absorbés dans nos pensées, lorsque, m'apostrophant d'une voix pleine d'émotion, les yeux larmoyants et la poitrine gonflée de soupirs :

« C'est donc bien vrai, me dit-il, monsieur l'a tué ?

— Qui ai-je tué, vieux fou ? lui criai-je.
— Oh ! que monsieur n'essaye pas de le nier, je sais tout. Monsieur est rentré à l'hôtel avec un visage trop je ne sais quoi, pour qu'il n'ait pas été de mon devoir d'écouter à la porte quand il s'est enfermé avec ces messieurs Minorel. Vous parliez d'une querelle avec cet Américain, de combat à l'épée, au pistolet. Aussi quelle idée d'aller s'attaquer à un Américain ?... Monsieur n'est cependant pas sans savoir qu'il y a de ces gens-là qui sont anthropophages. Enfin, il est mort ; et nous voilà forcés de fuir pour éviter la justice ; et tout cela, encore des histoires de femmes, j'en suis bien sûr.... »

J'imposai silence à Jean ; mais des larmes coulaient le long de ses joues, et son grain de beauté rutilait d'un éclat extraordinaire. Quoiqu'il ne soit pas d'usage de présenter sa justification à son domestique, il est des cas où le cœur autorise ce que la règle interdit. Pour mettre fin à toutes ses angoisses, à ses lamentables suppositions, je l'instruisis des principales péripéties de mon voyage. Encore un à qui je contai mon histoire ! Non sans peine, je vins à bout de le persuader que je n'avais été ni un joueur, ni un séducteur, ni un spadassin ; que si Thérèse Ferrière avait été séduite, enlevée, soit par un jeune, soit par un vieux, je n'étais ni ce vieux, ni ce jeune ; quant à l'Américain, s'il s'était battu à l'épée, au pistolet, et même aux dominos, ce n'était point avec moi ; enfin, je me justifiai si bien, que Jean m'avait rendu son estime lorsque nous arrivâmes à Schwetzingen. (Prononcez *Chouettzinng*.)

Des rochers, des grottes sauvages, des ruines romaines, des temples grecs, une mosquée turque, un peuple de statues en marbre de Carrare ou en grès rouge, en bronze et même en plomb ; de magnifiques allées, des parterres, des labyrinthes, des boulingrins, des jets d'eau, des cascades, de grandes pelouses et un petit lac, tel est Chouettzinng. (Écrivez *Schwetzingen*.)

Mais toutes ces belles choses n'avaient pas le pouvoir d'éveiller en moi le moindre sentiment d'admiration ; je songeais à mon cher Antoine, je songeais au Yankee, tous deux peut-être aux prises en ce moment.

Tandis que Jean restait en extase devant une grande

volière où des oiseaux de toute sortes, perchés sur des branches, jetaient l'eau par leur bec entr'ouvert, dirigeant leur commune aspersion contre un énorme hibou, qui, ramassé sur lui-même au milieu d'un bassin, leur renvoyait, de bas en haut, tout autant de liquide qu'il en recevait d'eux de haut en bas, j'étais entré dans une charmante habitation, située du même côté, et appelée, je crois, *la maison des Bains*. J'en franchissais le péristyle, lorsque j'entendis une exclamation ; un homme se dirigeait de mon côté, la figure rayonnante et la main tendue. Cet homme, c'était Brascassin !

Je fis un mouvement de surprise et même de recul. Je me rappelais ses torts à mon égard, notre égarement prémédité à travers la forêt Noire.

« Cher monsieur Canaple, me dit-il, mille fois soit bénie cette rencontre ; j'ai un grand service à vous demander. Le temps me presse ; voici le fait. Je viens d'arriver ici avec une jeune dame, laquelle se dispose à se rendre ce soir même à Francfort. Elle ne peut convenablement voyager seule, surtout la nuit, cela est impossible. Quant à moi, une affaire importante, très-importante ! me rappelle à Heidelberg.... Vous avez sans doute l'intention de visiter Francfort ? »

Et, sans plus de façon, Brascassin me proposa de devenir le cavalier servant de sa dame, une dame fort honorable, disait-il. Sur ce dernier point, je doutais fort. Dans ma conviction, son honorable compagne, c'était Thérèse, Thérèse qu'il voulait momentanément confier à ma garde. Cette idée me révoltait ; quel rôle prétendait-il donc me faire jouer ? Tandis qu'il parlait, un refus net, formel, brutal, me montait aux lèvres ; et cependant déjà ma main avait pressé la sienne et, sous l'empire d'une seule pensée, mon refus brutal se métamorphosait en une acceptation complète.

C'est que je voyais en Brascassin le vainqueur du farouche Van Reben ; c'est que moi aussi j'allais avoir un service à lui demander ; il retournait à Heidelberg, il fallait qu'il me repondît de la sûreté d'Antoine. Puis, qui sait ? grâce à mon intervention providentielle, peut-être la fille de mon ami Ferrière pouvait-elle encore être sauvée !... Enfin, l'avouerai-je ? à ces idées généreuses s'en mêlait une d'un ordre moins élevé. Pendant la route, Thérèse ne pouvait manquer de me prendre pour confident, et tous les mystères de la maison Lebel allaient se dévoiler pour moi.

Nos propositions mutuelles faites et acceptées, solennellement ratifiées par une nouvelle poignée de main, une femme charmante, en élégant costume de voyage, entra dans la pièce où nous nous tenions. J'avais peine à en croire mes yeux ; c'était la belle personne que, du haut de l'Observatoire de Gespell, quelques heures auparavant, j'avais vue se promener sur les pelouses de Neuberg. A ma surprise de la retrouver à Schwetzingen, une bien autre surprise devait s'ajouter : Brascassin alla à sa rencontre et me présenta à elle en qualité de son futur compagnon de voyage jusqu'à Francfort.

Toutes mes suppositions sur Thérèse étaient à vau-l'eau. Moi, par excellence, l'homme timide et maladroit avec les femmes, je m'étais fait le vassal, le guide, le protecteur de cette imposante étrangère, que je n'avais jamais aperçue qu'à travers un télescope. Ah! si j'avais pu rétracter mon engagement! Il n'était plus temps. L'heure pressait; pour commencer mon rôle de cavalier servant, je dus offrir mon bras à la belle dame.

Nous descendions les quelques marches d'un portique corinthien pour regagner le parc, quand je vis devant moi un homme pétrifié, la bouche grande ouverte et les bras étendus en croix. C'était mon vieux Jean. Je lui fis signe de nous suivre ; il nous suivit, mais de loin, et me voyant monter en voiture avec l'étrangère, le front chargé de nuages, il prit place auprès du cocher.

A la station du chemin de fer, peu soucieux de notre compagnie, il se casa dans un wagon de seconde classe.

Vers neuf heures du soir, ma jolie compagne et moi nous faisions notre entrée à Francfort par la porte du Taunus, et nous nous installions dans un même hôtel, sur la place de la Parade.

Ainsi se termina cette longue journée aux aventures. Mais de nouveau j'avais perdu la confiance de Jean; de nouveau il me voyait replongé dans des intrigues de femmes, et cette fois il ne m'était plus permis de le désabuser! C'était le secret de Brascassin, non le mien;

si peu le mien, qu'à ce secret je ne comprenais rien encore.

IX

Francfort. — Le gué des Francs. — Hans du Sansonnet. — Les millionnaires. — La Judengasse. — La mère des quatre Rothschild. — La maison de Gœthe. — Rencontre avec Méphistophélès. — Lili et Bettina. — Visite au Rœmer.

Vers la fin du huitième siècle, par une belle et fraîche matinée de juin, un jeune garçon, sabotier de son état, pour le moment oiseleur par amour, avait étendu ses filets et fixé ses gluaux le long de la rive droite du Mein. En face de lui, de l'autre côté de la rivière, s'étendait cette immense forêt hercynienne dont la traversée, au dire de César, exigeait soixante journées de marche. Abrité derrière une roche, notre adolescent sifflait, pipait, imitant de son mieux le chant des oiseaux qu'il espérait attirer dans ses pièges, soit de la plaine, soit de la forêt. A sa blonde fiancée il avait promis de rapporter un rossignol, ou tout au moins un sansonnet. Mais rien ne répondait à ses appels. Il s'étonnait, il s'irritait de ce silence complet, continu, inaccoutumé, quand un léger gazouillis s'éleva des buissons de la plaine et des roseaux du fleuve. A ce gazouillis, des lisières de la forêt répondit le roucoulement des ramiers ; notre oiseleur se frotta les mains, mais au chant des oiseaux venait de succéder un bruit sourd et profond, semblable à celui que fait le vent s'engouffrant dans les hautes futaies. Cependant pas une feuille ne bougeait aux arbres. Sous les buissons comme sous les roseaux, tout était redevenu muet, et, au lieu de rossignols et de sansonnets, des milliers d'oiseaux de proie volaient éperdus sur la cime des chênes et des sapins. Tout à coup, des hurlements, des vagissements, des bramements retentirent en cris de détresse.

Notre oiseleur-sabotier, chrétien depuis un an à peine, et non déshabitué de ses anciennes croyances, pensa que le dieu Thor, armé de sa lourde massue de fer, venait de se mettre en chasse. Il releva ses filets en toute hâte, et s'enfuit. Mais le jeune homme était curieux (je ne l'en blâme pas); parvenu au sommet d'une colline, il fit taire un instant sa frayeur et se retourna.

La vieille Hercynie, prise d'un haut-le-cœur, semblait vomir à la fois tout ce que dans ses vastes enceintes elle contenait de cerfs, de loups, de lynx, de sangliers, d'ours et de taureaux sauvages. Il put les voir, inoffensifs les uns envers les autres, ralliés par une terreur commune, errer pêle-mêle aux abords de la forêt. Les lièvres, les renards, les putois leur trottaient entre les jambes sans exciter leur colère ni même leur attention. Puis, tous rentraient sous les hauts taillis, pour en ressortir aussitôt en recommençant leur effroyable symphonie.

Plus expérimentée qu'eux, plus effrayée peut-être, une biche, au pelage fauve, l'œil inquiet, la narine ouverte, l'oreille au vent, au lieu de retourner sur ses pas, s'avança jusqu'aux bords du fleuve. Après l'avoir interrogé du bout de ses fuseaux, elle le franchit, non à la nage, mais à gué, car sur ce point existait un gué, qui non-seulement aida le pauvre animal à mettre les flots du Mein entre lui et le danger, mais, par voie d'imitation, rendit le même service à un grand nombre de personnages bien autrement importants.

Du haut de son éminence, l'oiseleur-sabotier, qui ne songeait plus guère alors ni aux rossignols ni aux sansonnets, ni peut-être à sa blonde fiancée, vit, à travers les branchages, apparaître une foule de figures plus hideuses encore que celles des ours et des sangliers. Il crut à une invasion de l'Olympe scandinave. Ses anciens dieux, par lui récemment désertés, venaient lui demander compte de son apostasie.

Ces dieux vengeurs n'étaient autres que de pauvres soldats francs mis en déroute par un ennemi supérieur en nombre, comme on disait déjà au huitième siècle. Avant de marcher au combat, dans la louable intention d'inspirer la terreur à leurs ennemis, ils s'étaient revêtus de la peau de toutes sortes de bêtes féroces, moyen qui leur avait peu réussi cette fois, et, serrés de près par un vainqueur acharné et impitoyable, ils prévoyaient tristement que le Mein allait leur servir à tous de tombeau, quand le passage de la biche au pelage fauve signala une voie de salut.

Ils franchirent le gué à leur tour, d'abord au nombre de cent, puis de mille, puis de dix mille. Et quand ils furent réunis en ordre dans la plaine, un homme haut de six pieds, qui semblait les dépasser par son autorité aussi bien que par sa taille, s'avança au milieu d'eux et tomba à genoux après avoir fait le signe de la croix, mouvement aussitôt imité par ses dix mille compagnons.

Le jeune oiseleur-sabotier, comprenant qu'il avait affaire à des chrétiens, descendit de sa colline, mais s'arrêta à mi-côte en voyant l'homme de six pieds agiter en l'air sa longue lance, l'implanter dans le sol d'une main vigoureuse, et adresser à ses soldats quelques mots dont ces derniers seuls parvinrent à son oreille.

« Franken-Furth ! »

Cet homme de six pieds, c'était l'empereur Charlemagne.

Tombé dans une embuscade de Witikind, cerné par la double armée des Saxons et des Danois, il rendait grâce à Dieu de sa délivrance inespérée, et prenait devant lui l'engagement d'établir là une forteresse qui porterait le nom de Franken-Furth, *le gué des Francs*.

Nul ne paraissait plus songer à la biche au pelage fauve, et sans elle, cependant, c'en était fait du grand empire carlovingien, et même de la religion chrétienne en Allemagne.

Je sais bien que l'histoire est pleine de biches qui frayent ainsi la route devant des armées conquérantes ou fugitives, demandez à M. Michelet ; mais la biche de Franken-Furth est une biche authentiquement historique.

Autour de la lance de Charlemagne s'était élevée la forteresse du Franken-Furth ; autour de la forteresse, et sous sa protection, les maisons et les cabanes vinrent se grouper; plus tard, autour des maisons et des cabanes, des fortifications se dressèrent.

Ainsi naquit Francfort, *le gué des Francs*. Cette ville, née française, comme bien d'autres villes en deçà et au delà du Rhin, eut une croissance tellement rapide, que notre jeune oiseleur-sabotier y demeurait déjà avec sa femme dès leur second enfant. On le nommait Hans du Sansonnet, parce que devant sa porte se tenait dans sa cage un sansonnet très-intelligent, qui disait : *Bonjour, monsieur* (guten morgen, mein herr), à tous les passants, hommes ou femmes. A son neuvième enfant, Hans était un des notables de l'endroit. Alors, les sabotiers jouaient un rôle à Francfort, où tout le monde portait des sabots. Aujourd'hui, les banquiers et les libraires y ont le pas sur les sabotiers.

Francfort est une république non démocratique, une république *sui generis*, et Lycurgue y serait le très mal venu. Le peuple s'y divise en deux classes. Dans la première sont les millionnaires; dans la seconde, ceux qui sont en train de le devenir. J'y ai parcouru la rue des Millionnaires, le boulevard des Millionnaires, promenade délicieuse, édifiée sur les ruines des anciennes fortifications de la ville. La Zeil est la rue où s'étalent les boutiques les plus splendides, les plus riches de Francfort; si ce n'est pas la rue des Millionnaires, c'est du moins celle des millions.

Je lui préfère cependant la *Judengasse*, la rue des Juifs, sa voisine, une rue de millionnaires encore, mais où les millions se cachent sous des haillons, et d'un petit air piteux semblant demander l'aumône. Autrefois c'était une longue rue noire, étroite, tortueuse; l'air et la lumière y pénétraient à peine; les logis, bas et serrés, semblables à des alvéoles dans une ruche d'abeilles, se pressaient poltronnement comme pour se prêter une assistance mutuelle. Là régnait l'activité de cette forte race indomptée, invincible, endurcie au martyre, qu'une loi stupide, en lui interdisant la propriété du sol et de tous biens immeubles, condamnait à accumuler des trésors et à les cacher; là, chaque maison était à la fois un magasin et une forteresse.

L'histoire seule de la Judengasse de Francfort, avec les

pillages, les tortures, les meurtres dont elle a été témoin, serait l'histoire entière des Juifs au moyen âge et bien plus tard encore. Aujourd'hui, elle est plus large, aérée, malgré ses allures décrépites et chancelantes.

Ce qui me toucha à l'aspect de la Judengasse, c'est qu'elle dut sa transformation aux saintes vertus de la famille, à la religion du souvenir d'une part, à l'amour filial de l'autre. Les quatre Rothschild y sont nés dans cette maison étroite et longue qui porte le n° 153. Aussi puissants que des rois, quand ils habitaient des palais à Vienne, à Londres, à Paris, à Francfort, leur mère s'obstinait à rester dans cette bicoque, où elle avait fermé les yeux à son père, à son mari, où quatre fois elle était devenue mère. Ne pouvant vaincre cette humble et tenace résolution, n'osant même toucher à cette relique de bois et de moellons pour la solidifier ou l'embellir, sous peine de profanation, à la digne fille d'Israël ses fils donnèrent la seule chose qu'elle ne pût les empêcher de lui donner, de la lumière et de l'espace. Ils achetèrent une partie de la rue, firent abattre les constructions qui lui faisaient ombre, et trente maisons tombèrent et des sommes énormes furent dépensées pour régaler leur mère d'un rayon de soleil.

Voilà comment la Judengasse d'aujourd'hui n'est plus tout à fait semblable à celle d'autrefois.

On a assez exalté les vertus des pauvres gens, ma foi ! il ne me déplaît pas d'avoir en passant à glorifier celles d'une famille de millionnaires, à laquelle, du reste, je m'engage à ne jamais faire un emprunt, engagement que bien des souverains n'oseraient prendre.

Tout voyageur en traversant un pays a sa visée qui lui est propre ; le minéralogiste y cherche des roches et des cristallisations ; le peintre, des tableaux. Hier, dans ce même compartiment du chemin de fer où nous étions installés l'un vis-à-vis de l'autre, la belle dame et moi, se trouvait un monsieur à la figure grave et méditatrice ; je l'aurais pris pour un magistrat. Il paraissait connaître parfaitement le pays ; en passant devant Manheim, je lui demandai ce qu'il y avait de curieux à voir dans cette ville :

« Un orchestre sans chef d'orchestre, » me répondit-il.

A la station de Darmstadt, de lui-même il me renseigna :

« C'est ici que sous la direction de l'abbé Vogler se sont formés les illustres maîtres Weber et Meyerbeer. »

Évidemment, ce prétendu magistrat était un musicien. Quant à moi, poëte, botaniste et légendaire, j'avais trois visées différentes, et, à Francfort toutes trois convergeaient à la fois vers une même individualité, le célèbre Wolfgang Gœthe, l'auteur de *Werther*, de *Wilhem Meister*, de *Faust*, de *Goëtz de Berlichingen* et du *Roi des Aunes*; tout le monde connaît Gœthe, Gœthe le classique, le romantique, l'olympien, le grec, le païen, le Protée; mais le grand poëte, le grand romancier était aussi un grand botaniste, ce dont ses nombreux biographes n'ont pas paru se douter.

En 1789, âgé de quarante ans alors, il publia la *Métamorphose des plantes*, ouvrage qui devait faire révolution dans la science. Pourtant, à l'époque de sa publication, les savants, à qui il s'adressait spécialement, n'y voulurent voir que l'œuvre d'un poëte et détournèrent les yeux; les lecteurs ordinaires du poëte, l'examinant sous son côté purement littéraire, se dirent tout bas que le grand Wolfgang baissait, et jetèrent le livre loin d'eux. En France, Laurent de Jussieu le ramassa; un demi-siècle plus tard, il servait de point de départ à la *Morphologie végétale* d'Auguste de Saint-Hilaire.

Voilà comment Gœthe m'attirait de trois points à la fois.

Levé de bon matin, je demandai au keller de l'hôtel de m'indiquer la maison de Gœthe. Il me conseilla d'aller plutôt voir celle de M. Bethmann le banquier, celle de M. Rothschild, ou une maison toute neuve qu'on venait de bâtir dans la Zeil; toutes trois, selon lui, bien plus belles que celle de M. Gœthe, déjà vieille et sentant mauvais, vu son voisinage du marché aux Herbes.

Je me rendis au marché aux Herbes, en décrivant une courbe du côté de la Zeil et de la rue des Juifs, et je m'arrêtai d'abord à la poste aux lettres. Brascassin s'était engagé à me donner des nouvelles d'Antoine et de l'Américain par le plus prochain convoi; à la poste, les bureaux étaient fermés; on me dit de repasser dans deux heures.

La maison de Gœthe, d'assez belle apparence, avec

son rez-de-chaussée, ses deux étages et sa double mansarde, porte cette inscription sur un tableau de marbre blanc : *Ici naquit Jean Wolfgang Gœthe, le 28 août* 1749.

J'essayais de déchiffrer l'inscription, quand une voix, qui semblait sortir de dessous terre, me la traduisit littéralement en bon français. Je me retournai ; je vis près de moi un petit homme boiteux, carré, trapu, appuyé sur une béquille ; il portait un tablier de cuir, son teint était d'un rouge de brique, son œil noir brillait d'un éclat étrange, et ses sourcils, avec leurs deux pointes retroussées, se dessinaient sur son front comme un paraphe renversé. J'aurais pu le prendre pour Asmodée, le diable boiteux, si le lieu de la scène ne m'avait plutôt rappelé un autre diable, Méphistophélès.

Du bout de sa béquille il me montra en ricanant trois petites lyres sculptées dans l'encadrement de la porte, et sans que j'eusse en rien provoqué ses confidences :

« Les badauds de Francfort, me dit-il, répètent à qui veut l'entendre que le père futur de Wolfgang, prévoyant qu'un jour un grand poëte devait naître de lui, fit placer là, comme emblème prophétique, ces trois lyres surmontées d'une étoile. Ah ! la bonne farce ! monsieur, la bonne farce ! La vérité est que le grand-père Gœthe, celui qui fit construire cette maison, était maréchal ferrant; le bonhomme ne rougissait pas du métier qui l'avait enrichi ; il décora sa construction nouvelle de trois fers à cheval comme armes parlantes. Pris de vanité lors de son mariage avec la fille du sénateur Textor, son petit-fils, le père futur de Wolfgang, avocat conseiller, rentrant chez lui avec sa femme, fut tout à coup saisi de honte à la vue de ces armes parlantes, qui lui rappelaient son origine plébéienne. Craignant les brocards du marché aux Herbes, lesquels brocards pouvaient même prendre la forme de trognons de choux, s'il faisait complétement disparaître l'enseigne de son grand-père le maréchal ferrant, à ses fers à cheval, l'avocat conseiller mit des cordes, et il en fit des lyres, sans songer le moins du monde à monsieur son fils, encore à naître ; voilà la vérité, monsieur. Ah ! la bonne farce ! la bonne farce ! »

Le trouvant si bien renseigné, je demandai à Méphistophélès si Gœthe n'avait pas composé quelqu'un de ses ouvrages dans cette maison.

« Werther! monsieur, Werther! l'histoire de ses premières amours.

— Vous vous trompez, lui dis-je; on m'a cité comme le héros vrai du roman un jeune homme portant le nom de Jérusalem, un juif sans doute.

— Ah! la bonne farce! encore un conte, monsieur, encore un conte! Lorsque Wolfgang étudiait le droit à Strasbourg, il fit la connaissance d'une belle alsacienne, la fille aînée du pasteur Brion, une digne personne! chaque soir il allait la visiter au village de Sesenheim, où il la trouvait occupée à débarbouiller ses petits frères et ses petites sœurs; elle écoutait ses doléances tout en raccommodant leurs nippes, et en pensant à un autre beau garçon qu'elle allait épouser, car elle avait vingt-cinq ans, monsieur, et Wolfgang seize ou dix-sept au plus. Le beau galant pour une fille majeure! Il ne faillit pas moins la compromettre et troubler son ménage. De retour à Francfort, de ses désespoirs amoureux, il fit un livre; le livre fait, et sa passion étalée sur les pages, comme de la confiture sur des tartines de pain, l'Alsacienne ne figura plus que parmi ses œuvres, en un joli volume relié et doré sur tranche; son amour, c'est comme s'il l'avait inhumé de ses propres mains, après embaumement. Ah! la bonne farce! la bonne farce! »

Et Méphistophélès, pivotant sur sa béquille avec une gambade, fit entendre un petit rire chevrotant. Je tournai les yeux de son côté; il avait disparu.

D'où était sorti ce béquillard, à qui il ne manquait que des cornes pour avoir l'air d'un vrai diable, car du diable il avait l'esprit et la malice? J'appris d'un voisin que, d'origine française, il se nommait Brion, et n'était rien moins que le petit-neveu de la Charlotte de Werther. Je compris alors sa rancune contre MM. Gœthe, père et fils, en sa qualité de neveux et de quasi maréchal ferrant.

Je me présentai à la maison du poëte. La personne qui vint m'ouvrir la porte, après une profonde révérence, m'invita à repasser dans deux heures, absolument comme à la poste restante. Partout j'étais en avance.

Gagnant une allée d'arbres, qui de la place du marché

s'étend jusqu'au théâtre, et au milieu de laquelle s'élève la statue de Gœthe, je me sentis enlever de terre par Faust Wolfgang et par Méphisthophélès Brion. Je songeai à toutes ces touchantes Marguerites qui avaient aimé cet homme, comme son Faust, moins tourmenté d'amour que du désir de connaître. Je me rappelai les intéressantes conversations que j'avais eues à Paris dans ma petite maison de la rue Vendôme avec M. Henri Blaze et mon aimable et savant ami Sébastien Albin, l'un et l'autre si bien renseignés sur toutes les gloires de l'Allemagne. Gœthe n'était ni cruel ni insensible, mais il était le fanatique de l'art; à l'art il immolait tout. Ses sentiments, ses passions se transformaient en études philosophiques et littéraires. Il avait besoin d'aimer, mais son amour n'était que l'humble pourvoyeur de son génie; il aimait pour s'écouter souffrir et pour voir souffrir en face de lui; pour analyser dans une âme double ces tumultes, ces transitions subites de l'espérance au découragement, de la joie au désespoir. Semblable au sacrificateur antique, c'est dans le flanc de sa victime qu'il cherchait la vérité que le ciel lui dérobait.

J'en appelle à vous, ombres charmantes de Lili et de Bettina. Lili, jeune fille rieuse, jolie, adorable, appartenait à une des familles les plus millionnaires de Francfort. Elle et Wolfgang se virent, s'aimèrent, et celui-ci se laissa transporter par elle dans les plus hautes régions de l'extase amoureuse. Ses vers coulaient d'eux-mêmes pour Lili; elle lui donnait à la fois le sujet et l'inspiration. Le mot mariage fut prononcé; les millions résistèrent d'abord; puis, ils cédèrent. Ce fut alors la poésie qui recula. Le poëte craignit que les devoirs de la famille ne prissent une trop grande part de ses heures de travail, que son génie ne se délayât dans les joies vulgaires de la paternité et du bonheur domestique. Fidèle à l'art, à l'art seul, il se raidit contre ce bonheur que tout lui promettait, brisa le cœur de Lili, le sien propre, et redevint calme, froid, impassible, comme sa statue de bronze, qui se dressait là, sous mes yeux, une couronne de laurier à la main.

Ah! vraiment, monsieur de Gœthe, c'était payer la gloire plus qu'elle ne vaut!

Quant à Bettina Brentano, cette autre Francfortoise, encore enfant, éblouie par la réputation rayonnante du grand homme, elle prit pour de l'amour un mélange confus de sentiments exaltés, éveillés pour lui dans son cœur. Elle avait seize ans, il en avait soixante, et il la laissa faire, et il réchauffa son âme de glace à ce joyeux soleil de printemps, toujours en vue de l'art et dans l'intérêt de ses études expérimentales sur le cœur humain.

Assis sur un banc de la place de Gœthe, dans l'allée de Gœthe, devant la statue de Gœthe, comme je me livrais à ces divagations rétrospectives dont je n'avais pu calculer la durée, l'horloge sonna. Avec terreur je comptai neuf coups, puis dix, puis douze, puis quatorze, puis seize!... j'aurais pu me croire dans une ville d'Italie.

On ne s'apitoie généralement pas assez sur le sort des voyageurs qui ont eu leur montre écrasée sous la roue d'une locomotive. Depuis ce fatal accident, il semblait que quelque chose en moi se fût détraqué; je manquais de prévoyance et de résolution; je n'étais plus apte à me rendre compte de mes instants. Dans mon ignorance de l'heure des repas, j'avais des appétits déréglés. Faute d'une montre, à Heidelberg, je me levais trop tard; faute d'une montre, aujourd'hui même à Francfort, je m'étais levé trop tôt. J'avais déjà parcouru toute la ville, et il était huit heures du matin. Évidemment, les seize coups sonnés, deux horloges s'étaient cotisées pour me les fournir.

Avant l'ouverture de la poste aux lettres, j'avais encore une heure à dépenser. J'en eus bientôt trouvé l'emploi.

Francfort n'est pas seulement une ville libre, *l'Académie des Muses et le trésor général de la librairie*, ainsi que le disait déjà Henri Estienne dans son temps; si elle ne possède pas le privilége exclusif de faire des millionnaires, quoique république, elle eut seule autrefois celui de faire des empereurs; c'est à Francfort qu'ils étaient élus et couronnés, dans le vieux palais de Charlemagne, le Rœmer, aujourd'hui l'hôtel de ville.

En toute hâte je me dirigeai de ce côté.

D'un gothique modéré, entouré de diverses constructions historiques assez remarquables, le Rœmer, comme un paladin au milieu de ses écuyers et de ses pages, se présente avec un certain air de majesté aux regards du visiteur.

En sa qualité d'hôtel de ville, je pensai que l'entrée en était facile à toute heure; je me trompais; la porte était fermée, comme celle de la maison de Gœthe, comme celle du bureau de la poste aux lettres.

Un individu en blouse et en casquette de toile, lequel, selon toute apparence, quoique Francfortois, n'était pas encore venu à bout d'amasser son million, se promenait sur la place, fumant sa pipe, le nez en l'air et les bras croisés derirère le dos. Pour dissimuler mon désappointement, j'examinais les fines sculptures d'une jolie fontaine placée près du Rœmer, quand il vint s'y laver les mains, ce qui témoignait de ses bonnes habitudes. Je lui demandai s'il y avait moyen, pour un étranger, de se faire ouvrir cette porte close. Il ne me répondit qu'en ôtant sa pipe de sa bouche et en l'y remettant aussitôt; après quoi, d'un pas délibéré, il alla tirer une mince chaînette de fer, que je voyais et dont j'appréciais l'usage tout aussi bien que lui. Un son de cloche se fit entendre, la porte s'ouvrit, mais devant cette porte l'homme à la blouse se plaça et me tendit sa main encore mouillée. Dans cette main, je déposai, du bout des doigts, une petite pièce d'argent. Pouvais-je me montrer ingrat, après le service signalé qu'il venait de me rendre?

Entré sous une voûte sombre, je m'arrête en entendant une voix me crier : « Qu'est-ce que foulez-fous?

— Je voudrais visiter la salle des Empereurs.

— Bas encore ouferte. »

Alors la voix prend un corps, ce corps passe sa tête par une lucarne; cette tête était surmontée d'un bonnet de coton, autant que j'en pus juger à travers l'obscurité de la voûte :

« On ne déranche bas les tames de si pon matin, » reprend la voix.

Malgré le bonnet de coton, malgré l'ampleur et la sonorité de l'organe, convaincu que j'ai affaire à une femme

« Pardon, madame, lui dis-je, mais je suis étranger....
— Étranger?
— Oui, madame, et devant bientôt reprendre le chemin de fer, le temps me presse.
— Alors, fous êtes bressé?
— Oui, madame. »

Je multipliais ainsi ce malencontreux qualificatif, quand au beau milieu de la figure placée sous le bonnet de coton, la vive lueur d'une pipe resplendit, découvrant à mon regard une barbe touffue, d'épais sourcils et de longues moustaches.

C'était le concierge du Rœmer.

Un instant après, il était près de moi; une toque à galons d'argent avait remplacé le bonnet de coton.

« Ce n'être bas moi que che chuis la tame, » me dit-il.

Je commençais à m'en douter.

Il poursuivit : « La tame, qui faire foir le Kaisersaal n'être bas brête, mais meinherr être bressé.... »

Et d'une voix vibrante il appela Ketha.

A ce nom, une petite fille, du type allemand le plus prononcé, ses longs cheveux blonds en désordre, et mordant à même dans une longue tartine de fromage à la pie, parut sortir soudainement de derrière un pilastre comme d'une boîte à surprise. Il la chargea du message auprès de la dame officielle, en ajoutant : « Tis lui que meinherr, être étranger, être bressé, et qu'il saura reconnaître.... »

Il n'acheva pas la phrase, mais j'avais compris.

Pendant que Ketha s'acquittait de sa commission en continuant de mordre dans sa tartine, le concierge eut la complaisance de me faire parcourir quelques salles basses du rez-de-chaussée, destinées aux ventes publiques et parfaitement insignifiantes. Il me montra même, appendus à la muraille, le long d'un large escalier tournant, style Louis XIII, quelques tableaux médiocres, sans cadre, de divers genres, de diverses manières, et qu'il m'affirma être tous du célèbre Albert Durer.

Albert Durer a un culte à Francfort; pas une salle d'hôtel qui ne soit décorée de son portrait, et même du portrait de la maison où il est né, à Nuremberg.

J'examinais ainsi les parois du grand escalier, quand je vis Ketha, ou Catherine, du premier étage, me faisant signe de monter, tout en achevant sa tartine. Je pris aussitôt congé du concierge, en lui prouvant que je savais reconnaître....

Sur le palier du premier étage, je rejoignis la petite Ketha, en train alors de sauter à cloche-pied, en léchant ses doigts, sur lesquels le fromage à la pie avait laissé trace. Elle était seule, mais elle me fit comprendre par gestes que la dame officielle n'allait pas tarder à descendre. Elle eut de plus la complaisance de m'indiquer elle-même la porte du *Kaisersaal*, ou salle des Empereurs, placée justement devant nous, avec son titre inscrit en lettres majuscules et flamboyantes à vous crever les yeux. Après quoi elle essuya ses doigts à sa robe et prit tout à coup un petit air quémandeur. Avec elle aussi je sus reconnaître....

Mais de compte fait, c'était le troisième trinkgeldt que me coûtait le Rœmer, et je n'y avais rien vu autre chose que des tableaux d'Albert Durer, qui ne sont pas de lui.

J'entendis alors un frôlement d'étoffes venir à moi du haut de l'escalier. C'était la dame cicérone, encore en peignoir, en coiffe de nuit. J'étais vraiment confus d'avoir, en me levant de si bon matin, jeté ainsi le désordre dans ce vieux palais des rois francs. Enfin, la porte du Kaisersaal s'ouvrit.

Chose étrange qui, ainsi que bien d'autres, tendrait à faire du hasard l'agent de la fatalité, l'architecte constructeur du Kaisersaal, pour la régularité de son œuvre, avait tracé, à partir de la voûte, trente-deux nervures symétriques, aboutissant par le bas à trente-deux encadrements, dont chacun devait renfermer le portrait en pied d'un empereur d'Allemagne, et quand, après des siècles, ces trente deux cases ont été remplies, il n'y eut plus d'empire allemand. François II, beau-père de Napoléon, est mort simplement empereur d'Autriche, par le fait même de son illustre gendre.

De Conrad à François II, j'examinai rapidement les trente-deux personnages, désirant au plus tôt laisser à la dame la liberté d'achever sa toilette. Il ne me fallut pas moins reconnaître....

En me quittant, elle me recommanda de visiter les archives. Aux archives, je payai d'abord mon droit d'entrée, six kreutzers; j'eus alors l'autorisation d'examiner, à travers un vitrage, la célèbre *bulle d'or,* « loi fondamentale de l'empire allemand. » On eut même la galanterie de m'offrir un petit papier, représentant, gravé, le sceau de ladite bulle. Au dessous était une note explicative en français pour les Français, en allemand pour les Allemands, et au bas de la note, ce mot expressif adressé aux Allemands comme aux Français : 12 *kreutzers.*

Un employé des archives me fit signe de le suivre. Je le suivis, pensant qu'il allait m'indiquer une porte de sortie ; il me mena à la *salle des Élections.*

C'est là que se décidaient jadis le sort des candidats à l'empire ; c'est là que se tiennent aujourd'hui les séances de la Diète, et celles du sénat de Francfort. Pour le moment, on y faisait des réparations importantes ; au lieu de sénateurs je n'y vis que des maçons. Il ne m'en fallut pas moins reconnaître....

J'en avais assez, j'en avais trop de ces contributions successives. Craignant qu'il ne me restât quelque chose à visiter, je faussai brusquement compagnie à mon guide, m'orientant au plus vite vers l'escalier Louis XIII et la grande porte alors ouverte à deux battants.

Cinq minutes après, je me présentais de nouveau à la poste restante. Une lettre de Brascassin m'y attendait.

X

Nouvelles d'Heidelberg. — Je sors de la ville avec Mme de X.... — Visite au vieux cimetière. — Chambre des morts. — L'Ariane de Danecker. — Comme quoi la Vénus de Milo n'est pas une Vénus. — Départ de Francfort.

Tout s'était bien passé à Heidelberg; le Van Reben s'était adouci ; redevenu un gentleman, il avait demandé de mes nouvelles et sans rugir.

Brascassin, qui paraissait le connaître à fond, ne le regardait pas moins comme un homme dangereux, d'une nature perverse. Il terminait en me remerciant d'avoir servi de protecteur à sa belle amie. « Par cet acte chevaleresque, insignifiant en apparence, m'écrivait-il, vous venez d'assurer la réussite de l'événement le plus important de ma vie. »

Tout en relisant sa lettre, en la commentant, je traversais la place de la Parade pour regagner l'hôtel, lorsqu'une exclamation se fit entendre près de moi. C'était Jean poursuivant le cours de ses étonnements successifs; Jean me regardait avec des yeux démesurés et stupéfaits.

« Mais c'est bien monsieur!... monsieur est donc sorti... Je viens de me présenter chez monsieur, monsieur n'y était pas.

— Alors, d'où vient ton étonnement de me trouver dehors? »

Jean baissa les yeux, et de son air le plus puritain :
« Je croyais monsieur chez madame, » me répondit-il.

Je haussai les épaules et montai dans ma chambre pour y procéder à ma toilette du matin.

J'avais décidé de retourner à Heidelberg, de donner encore cette journée à Antoine pour l'achèvement de ses travaux sur les sept couleurs prismatiques, bien résolu, si ce temps ne lui suffisait pas, à continuer seul ma route vers Paris. Mais pouvais-je quitter Francfort sans prendre congé de Mme X...?

Ma barbe faite, je me présentai chez elle, et la trouvai en train de déjeuner.

Elle me força de déjeuner avec elle; un tête-à-tête complet; car la *kellerinn* chargée de son service n'apparaissait que pour disparaître aussitôt.

« Monsieur Canaple, me dit Mme de X.... avec le sourire le plus affable, vous voilà quitte de la corvée que M. Brascassin vous a imposée malgré moi, mais qui ne vous en vaudra pas moins ma gratitude, et mon amitié bien sincère. Je n'ai plus qu'une heure de route à faire, en plein jour! Je me sens assez brave pour me passer de cavalier.... Et vous, monsieur Canaple, reprit-elle, comptez-vous prolonger votre séjour à Francfort.

— Francfort n'a plus de secrets pour moi! » lui répondis-je. Quand je lui eus raconté les diverses stations de ma matinée :

« Mais vous n'avez rien vu, mon cher monsieur! rien, absolument rien! s'écria-t-elle; et me montrant une brochure jetée sur un fauteuil : N'avez-vous donc pas un *Joanne*, le guide infaillible pour tout Français qui met le pied en Allemagne? Eh bien, si vous le voulez, sous l'inspiration de Joanne, bien entendu, c'est moi qui serai votre guide, et, quoique je compte vous faire franchir les barrières de la ville et presque les frontières de la république, je ne vous demande pas plus de deux heures pour vous faire voir ce qu'elle peut offrir de plus intéressant. Nous serons de retour à temps pour prendre, vous, le chemin de fer de Francfort à Heidelberg, moi, celui de Francfort à Mayence. »

J'acceptai l'offre avec ravissement; une voiture était là, sur la place; en y montant : « Au vieux cimetière! » dit Mme de X.... au cocher.

Je ne divinais pas ce que nous pouvions aller chercher au vieux cimetière ; mais j'avais accepté la gracieuse tutelle de ma jolie compagne; je me laissai conduire. Après avoir jeté un coup d'œil sur la porte d'Eschenheim, la seule qui soit restée du vieux Francfort, nous gagnâmes la campagne. Mme de X.... était devenue rêveuse. N'ayant pas assez de fatuité pour me croire la cause de cette rêverie subite, je lui demandai si le vieux cimetière ne renfermait pas quelqu'un de ses proches.

« Nullement, me répondit-elle, je n'y suis attirée que par une curiosité d'artiste; nous trouverons là des bas-reliefs de Thorwaldsen. Pour Thorwaldsen, on peut bien entreprendre un voyage de quinze minutes, n'est-il pas vrai? »

Je m'inclinai.

« D'ailleurs, reprit-elle, la vue d'un champ de repos n'a rien qui me déplaise. L'idée de la mort ne doit-elle pas forcément se mêler parfois à nos idées les plus riantes? Tenez, le voyage que j'entreprends aujourd'hui a pour but un mariage, un mariage que Dieu bénira, je l'espère; eh bien, ce qui m'attire avec non moins de force vers le pays où je me rends, c'est encore un cimetière! »

Et un nuage passa de nouveau sur son front.

Cette confidence de ses projets de mariage mise en regard avec le passage de la lettre où Brascassin me parlait de « l'événement le plus important de sa vie » ne me laissa plus de doute sur l'union près de se conclure. Lors de notre traversée de Schwetzingen à Francfort, déjà j'avais trouvé moyen d'interroger adroitement Mme de X.... sur la nature de ses sentiments à l'égard de Brascassin; comme Thérèse Ferrière dans une circonstance à peu près semblable, elle m'avait répondu par un éloge enthousiaste du personnage, me déclarant que pour lui elle se jetterait au feu. Ce diable de Brascassin jouissait donc du double privilége de se moquer impunément de tous les hommes et de se faire adorer de toutes les femmes? Pauvre Thérèse! quel avait été son rôle dans tout cela? Celui d'une rivale sacrifiée peut-être; peut-être dans un désespoir d'amour causé par Brascassin avait-elle consenti à se faire enlever par un autre? En fait de sentiments, les femmes ont parfois une si singulière logique! Cet autre, pourquoi ne serait-ce pas Van Reben, mon affreux Américain! De là, le duel entre lui et Brascassin. Pauvre Thérèse! pauvre Thérèse!... Mais ce duel, il avait précédé l'enlèvement, et le Yankee vivait seul à Heidelberg....

Je me perdais au milieu de ces complications, lorsque nous arrivâmes au vieux cimetière.

L'homme qui vint nous aider à descendre de voiture, nous demanda s'il était dans notre intention de voir la *chambre des morts.*

A cette question, je frissonnai et regardai ma compagne. Après avoir ri de mon air quelque peu terrifié, elle tira son *Joanne* de sa poche et me lut le passage suivant : « Il faut se faire montrer la chambre des morts, créée dans le but de prévenir les inhumations précipitées qui mettent au cercueil la léthargie prise pour le trépas. C'est un corps de bâtiment dans lequel dix cellules, consacrées aux morts, sont disposées autour d'une petite salle habitée par un veilleur. On laisse le cadavre dans son cercueil, que l'on place sur un châssis de fer. Au-dessus de l'endroit où l'on pose le cercueil, pendent, attachés à des fils légers, dix dés de cuivre; on fait entrer dans ces dés les cinq doigts de chaque main du mort; au moindre mouvement qui fait remuer le fil, la sonnette avertit le veilleur, qu'un ingénieux mécanisme force de ne pas dormir, sous peine de perdre sa place. Chaque cellule est chauffée par un poêle et aérée par le haut. »

« Oh! que voilà une sage institution ! » m'écriai-je. Moi, Parisien, moi, liseur assidu des journaux, à même de juger par leurs rapports véridiques, consignés aux faits divers, combien de malheureux sont quotidiennement enterrés vifs; moi qui ne redoute rien plus au monde que de me réveiller un beau jour entre quatre planches, avec six pieds de terre par-dessus la tête, pouvais-je trop admirer la prévoyance vraiment philanthropique de la république de Francfort? Pourquoi dans nos quatre-vingt-six départements chaque ville, chaque village n'ont-ils pas leur chambre des morts, avec leur dix dés de cuivre, leur sonnette, leur poêle chauffé et leur veilleur? J'aurais demandé de plus un médecin, toujours sur place, toujours prêt à aider à l'œuvre de résurrection.

Mme de X.... devina quelle curiosité me poignait :

« La chambre des morts vous tente, me dit-elle; moi, je préfère Thorwaldsen, » et pressant le pas, elle franchit le péristyle de l'établissement pour entrer dans le vieux cimetière.

Je n'étais pas aussi décidé qu'elle paraissait le croire. Ma curiosité native me poussait en avant; une terreur secrète me retenait sur place. Je n'ai guère eu occasion de voir des morts qu'en peinture ou au théâtre ; et ces derniers, à l'appel du public, ne manquent pas de se redresser sur leurs jambes pour le salut d'usage. Mais qui sait si je ne vais pas assister à une scène à peu près semblable? Peut-être vais-je avoir cette chance heureuse d'entendre tinter la sonnette macabre? Cependant j'hésitais encore; une jeune fille blonde et rose s'offrit pour me conduire. J'eus honte de reculer devant un spectacle qu'elle affrontait chaque jour. Je la suivis, le cœur troublé, les jambes quelque peu flageolantes.

Sur les dix cellules, trois avaient leur locataire, et

les portes en étaient closes et strictement interdites au public. L'idée de les crocheter et de violer la consigne ne me vint pas un moment à l'esprit. Je visitai les autres, fort bien tenues et non chauffées: leur simple mobilier était exactement tel que Joanne l'a décrit. Je vis aussi le veilleur. Je m'attendais, d'après le programme, à le trouver assis sur un coussin rembourré de clous, la pointe en dehors, afin qu'il ne pût s'abandonner au sommeil. Étendu dans un bon fauteuil de cuir, il fumait sa pipe en confectionnant des couronnes funéraires de l'air le plus jovial du monde.

Pendant cinq minutes, et avec une vive émotion, j'examinai la fameuse sonnette; elle ne bougea pas.

La jeune fille rose me conduisit enfin dans une pièce toute meublée de fioles pharmaceutiques, de flacons remplis de vinaigres anglais et des essences les plus revivifiantes. Elle m'ouvrit des armoires pleines de couvertures de laine, de flanelles, de brosses à frictions; le tout au service des morts qui en rappellent, et dans un si parfait état d'entretien, qu'on eût pu les croire entièrement neufs. Au moment de prendre congé, après l'avoir remerciée selon le tarif :

« Mademoiselle, lui demandai-je, bon an mal an, combien de vos pensionnaires reviennent-ils à la vie ?

— Jusqu'à présent, pas un, me répondit-elle.

— Comment, pas un ! Mais je comprends ; vous êtes bien jeune encore, et depuis peu dans l'emploi, sans doute?

—Monsieur, reprit-elle, depuis trente-quatre ans que cette chambre mortuaire a été établie à Francfort, mon grand-oncle et mon père y ont tour à tour exercé l'état de veilleur, et depuis trente-quatre ans la clochette ne s'y est fait entendre qu'une seule fois.

— Ah !... une fois du moins !

— Oui, monsieur ; et la cause de cette sonnerie unique était une chauve-souris qui avait trouvé moyen de s'introduire par les corridors. »

Fiez-vous donc aux journaux !

En quittant la chambre des morts, je me sentis tout joyeux et vraiment enchanté de ma visite au vieux cimetière.

Avec Mme de X...., toujours sous sa direction, je visitai le musée Bethmann, le musée Stœdel, la cathédrale, la Bourse et le pont du Mein.

Au pont du Mein, nous eûmes la représentation d'un Charlemagne en grès rouge, haut de douze pieds, et Mme de X.... rit beaucoup de ses mollets monstrueux. A la cathédrale, qui attira spécialement son attention, ce fut une boiserie ouvragée de la fin du treizième siècle, qu'elle déclara charmante, et que je trouvai affreuse; à la Bourse, cinq grandes dames de pierre figurent l'Europe, l'Asie, l'Afrique, l'Amérique, l'Australie; en cinq minutes nous eûmes visité les cinq parties du monde; au musée Stœdel, un buste d'Albert Durer et la reproduction en plâtre des portes du baptistère de Florence, attirèrent surtout son attention.

Je m'étais arrêté devant une statue de Gœthe, non en bronze cette fois et une couronne à la main, mais en plâtre, et les bras croisés derrière le dos, à la Napoléon. C'est une copie en diminutif de celle de Weimar. Mme de X.... l'examina un instant, trouva la face puissante : « Mais, dit-elle, on n'accusera pas celui-là d'être costumé à l'antique; on jurerait qu'il vient de se faire habiller dans une maison de confection. »

Évidemment, ma belle compagne, qu'à bon droit je soupçonnais déjà d'être artiste, devait s'occuper de sculpture. Comme mon musicien de la veille, comme moi-même, relativement à Gœthe, elle ne trouvait digne d'attention dans une ville que ce qui lui parlait de son art favori. Voilà pourquoi, selon elle, je n'avais encore rien vu à Francfort. Si j'avais pu conserver un doute sur la noble profession embrassée par Mme de X...., la conviction m'en serait venue au musée Bethmann.

Là se trouve la fameuse Ariane de Danecker, sorte de Vénus marmoréenne étendue, les jambes croisées, sur la panthère antique. La belle Ariane, abandonnée par Thésée, puis consolée par Bacchus, présente un sens symbolique facile à pénétrer. Tout porte à croire que cette auguste princesse, à la suite d'un désespoir d'amour, s'était jetée dans l'ivrognerie, et cette supposition ne la poétise guère, il faut en convenir.

Danecker, en artiste habile, s'est bien gardé de trop rappeler le symbole. Il a évité de même une grande difficulté par la pose horizontale de son sujet. Debout, si elle se fût tenue sur une ligne correctement verticale, elle n'appartenait plus à Bacchus, c'était une nymphe ; appuyée sur un thyrse et l'*Évohé* aux lèvres, c'était une bacchante. Il n'a emprunté au divin Dionysius que sa panthère; cela suffisait. Du reste, Ariane n'est ici qu'une jolie veuve, nouvellement remariée et s'abandonnant tout entière au charme des secondes amours. S'il y a de l'ivresse dans sa physionomie et dans son attitude, il est permis du moins de l'attribuer à une autre cause qu'au jus de la grappe.

Tel fut le premier jugement que ma charmante compagne porta sur l'œuvre de Danecker. Ce jugement, sachant à qui j'avais affaire, je l'attendais avec impatience, afin d'y conformer le mien. Je laissai alors éclater mon admiration.

Grâce à un mécanisme ingénieux et à certains moyens d'optique, peu en usage dans nos musées, l'Ariane tourne lentement sur son socle, tandis que la masse de lumière tombant d'en haut, et tamisée à travers une étoffe rose, donne au marbre des teintes de chair et des reflets ondoyants ; elle semble vivre et se mouvoir.

J'étais en extase, quand j'entendis Mme X.... murmurer :

« Théâtre ! théâtre ! tableaux vivants !... d'ailleurs exécution faible. »

Je cessai d'admirer, et ne sachant plus que faire de mon enthousiasme pour l'Ariane, je le reportai sur une Vénus de Milo, qui se trouvait là avec ses deux bras tronqués. Voulant faire preuve de mes connaissances anecdotiques en fait d'art :

« On prétend que Danecker a joué près de son Ariane le rôle de Pygmalion, dis-je ; mais on avait dit de même de l'auteur de cette adorable Vénus....

— Oh ! pour celle-là, je doute fort de l'amour qu'elle a pu inspirer, me répliqua Mme de X.... D'abord, la soi-disant Vénus de Milo n'est autre qu'une Diane, et les Dianes, ajouta-t-elle en souriant, savent se faire respecter. »

J'étais resté ébahi devant ce paradoxe sculptural.

« Quoi ! la Vénus de Milo n'est pas une Vénus ?

— Non ! »

Ma belle artiste se rapprocha d'un plâtre représentant le personnage en litige ; elle me fit examiner ses membres inférieurs ; l'accentuation des muscles *grand couturier, fascia lata, droit interne*, etc., attestant des habitudes de marche et de course ; le pied magnifiquement modelé, mais n'accusant en rien les délicatesses *métatarsiennes* d'un pied de Vénus. Dans le moignon des bras qui manquent, certains renflements du *biceps*, du *deltoïde*, du *caraco-brachial*, et d'autres muscles dont il m'a été impossible de retenir les noms barbares, indiquaient que de ces bras l'un tenait encore l'arc, et que l'autre venait de lancer la flèche. Le fléchissement interne du genou droit, qui s'arc-boute en point d'appui ; l'attitude de la tête grave et attentive, suivant de l'œil le vol du trait ou l'élan du gibier ; la vigueur du cou et de ses attaches, l'opulence du buste et de la partie lombaire, qui eût fait éclater l'étroite ceinture de Vénus, tout, selon elle, concourait à prouver que cette merveille de l'art antique, ne s'était jusqu'alors produite dans le monde que sous un pseudonyme, et que les vrais connaisseurs ne devaient y voir qu'une Diane chasseresse.

Pendant cette savante démonstration : « Heureux Brascassin, me disais-je, non seulement il va donner son nom à une femme charmante, mais à une grande artiste, laquelle sait l'anatomie du corps humain sur le bout de son doigt. Il est prédestiné du ciel, celui-là qui peut unir son sort à celui d'une femme à la fois aimable et instructive ! Voilà la compagne qui m'aurait convenu ! Pourquoi faut-il que Brascassin... ! »

Au milieu de ces aspirations matrimoniales, Mme de X.... m'interrompit par cette simple question :

« Quelle heure est-il, monsieur Canaple ? Regardez à votre montre, je vous prie. »

Au lieu de l'heure, je lui dis l'histoire de mon chronomètre ; elle rit, et nous regagnâmes la place de la Parade.

Le moment de la séparation était venu. Après avoir secoué le vieux sac de mes idées galantes sans en pouvoir rien tirer de bon, je saluai Mme de X.... en lui balbutiant quelques paroles de regret de me séparer d'elle si vite; elle me tendit la main, et le cœur un peu remué, répétant en moi-même : « Heureux Brascassin ! » je me dirigeai vers le chemin de fer de Francfort à Heidelberg, tandis qu'elle se disposait à rejoindre celui de Francfort à Mayence.

CINQUIÈME PARTIE

I

Nouveau crochet dans mon itinéraire. — Mayence. — Gutemberg, Guillaume Tell et leurs collaborateurs. — Le camp des filles et le camp des garçons. — Découverte archéologique. — Une bouteille de petit vin. — Bateau à vapeur.

Depuis huit jours j'ai quitté Francfort, depuis huit jours j'ai retrouvé ma vie habituelle ; je vis à la campagne, à huis clos il est vrai, mais j'ai des fleurs sous les yeux, leurs parfums montent jusqu'à moi ; des coteaux chargés de vignes m'entourent, un beau fleuve se promène à distance sous mon regard ; cependant ce beau fleuve, ce n'est pas la Seine ; ces vignobles ne produisent pas l'excellent petit vin dont Louis XII et Henri IV estimaient tant la piquante saveur ; ces fleurs, ces parfums, ne sont pas un produit de mon jardin ; je ne suis pas à Marly, je ne suis pas même en France ! Qui le croirait, depuis toute une semaine je vis dans les États et sous la protection de Sa Majesté le roi de Prusse, banlieue de Coblentz, bords du Rhin !

De ce crochet inattendu qui, de nouveau, vient de fausser mon itinéraire, je ne suis pas responsable cette fois. Une maladresse de Jean en est la cause ; cette maladresse, il a failli la payer de sa vie. Mon pauvre vieux Jean ! quelle peur il m'a faite ! Dieu soit loué, le danger est passé ; le médecin est content. Depuis deux jours, ses hallucinations ont cessé; moi-même, je lui ai fait prendre son premier potage, et il m'a reconnu; il a baisé ma main en m'appelant son jeune maître. Voilà une semaine entière que je remplis auprès de lui mes humbles fonctions de garde-malade ; aujourd'hui encore, c'est au pied de son lit que, voyageur stationnaire, je reprends le cours de ma relation, à partir de Francfort.

Avant de faire mes adieux à la belle et savante Mme de X..., j'avais ordonné à Jean de porter à l'embarcadère du chemin de fer nos bagages, c'est-à-dire sa petite malle, dans laquelle j'avais introduit mon album, des plantes recueillies par moi à Bade et dans la forêt Noire, et quelques-unes de mes nouvelles acquisitions.

Je gagnais donc seul la porte du Taunus pour le rejoindre ; en traversant l'interminable place du Marché, je jette un regard dans une boutique remplie de toute sortes d'objets, de tablettes de chocolat, de peignes, de verres de Bohême ; mais ce que j'y vois de plus curieux, ce que certes je ne m'attendais guère à y rencontrer, c'est Jean. Tranquillement assis au fond du magasin, il examinait avec une grande attention des *rats de cave* dorés dont les longues bougies, habilement repliées sur elles-mêmes, figuraient des sphères, des cubes, même des vases, avec leurs anses et leurs piédouches. C'était là, je n'en doute pas un cadeau destiné à Madeleine.

Son emplette faite, quand il me trouve devant lui sur le seuil du magasin, il s'étonne, lève les bras au ciel selon sa manière accoutumée, et me suit; mais à notre arrivée à l'embarcadère je m'aperçois qu'il m'a suivi les bras ballants :

« Malheureux! et notre malle? Tu l'auras oubliée dans cette boutique!

— Que monsieur reste paisible, me répondit-il, en accompagnant ses paroles d'un geste et d'un sourire des plus rassurants; sur ma route, j'ai rencontré le garçon de l'hôtel ; il transportait commodément, dans une bonne brouette, les bagages de madame, et puisque monsieur voyage avec madame... »

Il n'acheva pas. O mon vieux Jean, ô mon bon et fidèle serviteur, qu'avec plaisir je t'aurais étranglé ! Voilà probablement ce qu'il lut dans mon regard ; car interrompant tout à coup sa phrase, il retomba dans une de ces attitudes ébahies, plus grotesques qu'académiques. Sans lui donner le temps de s'y fixer, je lui ordonnai de courir sur-le-champ à l'embarcadère de Mayence, et d'en rapporter la malle.

Le train de Francfort pour Heidelberg se mettait en route lorsqu'il revint, les bras toujours ballants. Il n'avait rien pu trouver, ni la malle, ni le garçon de l'hôtel. Je retournai avec lui à l'autre embarcadère. Enfin pour être bref, je revis là Mme de X... Se rappelant que j'étais venu de Paris par la route de Strasbourg, de Carlsruhe et d'Heidelberg, elle s'étonna que je n'eusse pas songé à y retourner par Mayence et les bords du Rhin. En la regardant, je me laissai facilement convaincre ; une fois encore, je voyageai près d'elle, causant beaux-arts, littérature, et un peu anatomie. Au bout d'une heure, nous arrivions à Castel, qu'un pont jeté sur le Rhin sépare seul de Mayence et où elle devait s'arrêter quelques jours chez des amis.

En la quittant, je repétai de nouveau : « Heureux Brascassin ! »

Voilà comment, par suite de la maladresse de mon vieux Jean, je pris la route de Prusse au lieu de celle de France. Je dirai bientôt par où il en fut puni.. Arrêtons-nous d'abord à Mayence, où je débutai par dîner à table d'hôte, et où il me fallut forcément achever ma journée, le bateau à vapeur ne devant se mettre en route que le lendemain, à onze heures du matin.

Pour ceux qui ont horreur de la ligne droite, Mayence est un séjour incomparable. Après mon dîner, j'y entrepris une petite promenade au hasard ; les rues à travers lesquelles je m'engageai, étroites, tortueuses, tronquées, sont décorées, à leurs encoignures, d'images de vierges et de saints ; on dirait d'une ville du moyen âge ; l'aspect triste et sombre des habitations, le grand nombre d'églises et de chapelles qu'on y rencontre, et les immondices entassées le long des murs aident encore à l'illusion. Par droit légitime et reconnu, la ville appartient au duc de Hesse-Darmstadt ; mais en sa qualité de place forte, par droit confédératif, elle est occupée par les Autrichiens et les Prussiens, qui s'y font quotidiennement la guerre entre eux, en choisissant des cabarets pour champ de bataille. Aussi le duc s'est-il bien gardé d'y établir sa résidence. Je suis porté à le croire homme de bon sens et de bon goût.

Mayence ayant été sous le premier empire chef-lieu du département du Mont-Tonnerre, il n'est pas rare d'y rencontrer, même parmi le peuple, des gens parlant français. Je traversais une de ses ruelles; un charbonnier, courbé sous son sac, et devant lequel je m'effaçai contre le mur pour lui livrer passage, me salua par un : *Merci, monsieur.* Je mis à profit ce commencement de conversation pour lui demander ce qu'il y avait à voir à Mayence.

Il fit un quart de conversion, s'arrêta et me répondit : « Il y a à voir les casernes, la fabrique d'armes, la forteresse, la poudrière, l'arsenal, le parc d'artillerie, l'hôpital militaire et la prison militaire; mais on ne voit rien de tout ça sans une permission du gouverneur, qui ne l'accorde jamais. »

A mon tour, je le remerciai par un : *Merci, monsieur,* très-accentué.

Sous ce sac de charbon il devait y avoir un homme d'esprit, un homme déclassé, comme nous disons à Paris.

Néanmoins, toujours marchant au hasard, la lumière se aisant sur ma droite, j'eus la chance de me trouver face à face avec la statue de Gutenberg, l'illustre associé de Faust et de Schœffer dans la découverte de l'imprimerie. C'est de toute justice que Gutenberg soit honoré dans sa ville natale; mais j'avais déjà rencontré sa statue à Strasbourg, même à Francfort. Nulle part je n'ai entendu parler d'un monument élevé à Schœffer ou à Faust.

C'est à dégoûter de la collaboration.

Je me rappelle une autre iniquité de ce genre, plus criante encore. Au Rutli, trois hommes de cette même grande race allemande, Walter Furst, Melchthal et Stauffacher, collaborent ensemble en faveur de la liberté de la Suisse. Consultez l'histoire, la légende, les musées, les enseignes de cabaret et le grand Opéra; qui a bénéficié de leur triomphe? Guillaume Tell, personnage plus qu'hyberbolique.

Cependant, je me trompe sur un point, le Faust, créateur de l'imprimerie, eut sa récompense, son monument. Après qu'il eut figuré sur tous les théâtres de marionnettes d'Allemagne et d'Angleterre, en compagnie de Satanas, Gœthe en fit le héros de son célèbre drame, plus fastidieux encore que philosophique. Il nous le représenta comme un favori de la science, reniant Dieu, la vertu, l'humanité, et vendant son âme au diable, au prix de quelques années de jouissances matérielles.

De quoi vous plaindriez-vous maintenant, maître Faust? Persécuté de votre vivant, vous voilà après votre mort déclaré vassal de l'enfer, et cela par Wolfgang, qui ne devint grand et célèbre que grâce à votre ingénieuse invention!

Tout en rêvassant, après avoir tourné encore sur ma droite, j'aperçus un haut clocher héxagone, surmontant une église, puis deux églises, puis trois églises, lesquelles, réunies, forment la cathédrale de Mayence.

J'y entrai.

Sa principale décoration consiste en tombeaux d'archevêques. Ils tapissent les murs des chapelles, les piliers de la nef; les abords du maître autel en sont pavés. Au milieu des tombeaux de ces hauts et puissants seigneurs ecclésiastiques, dont autrefois le pays reconnaissait l'autorité temporelle, pourquoi ma pensée, au lieu de s'assombrir, s'arrêta-t-elle exclusivement sur la coiffure de quelques femmes agenouillées, çà et là, ou se tenant par groupes à l'entrée du chœur? Un léger mouchoir de fil ou de soie, jeté flottant sur leur tête et dont les extrémités retombent aux quatre points cardinaux de leur personne, voilà de quoi se composent ces coiffures qui, certes, ne présentent d'extraordinaire que leur simplicité même. Cette simplicité, contrastant avec le luxe de toutes ces tombes archiépiscopales, me rappela une petite historiette assez curieuse, contée devant moi, une heure auparavant, à la table d'hôte.

Vers 1780, un archevêque de Mayence, usant de son droit de souveraineté pour prévenir l'invasion des mauvaises mœurs, avait décrété que tout séducteur serait légalement forcé d'épouser sa victime. Quoi de plus sage, quoi de plus juste qu'une pareille loi? Notre bon archevêque cependant en prévoyait peu les conséquences.

Un mois plus tard, invoquant l'arrêt précité, une servante d'auberge devenait la femme légitime d'un galant magistrat, lequel l'avait fait tomber en faute.

Peut-être n'avait il pas encore eu le temps de bien étudier la loi nouvelle.

A partir de ce moment, toutes les filles de Mayence, les filles sans dot, les filles majeures et montant en graine, les filles déjà compromises, les laiderons, les petites ouvrières ambitieuses, se mirent sous les armes. Le luxe envahit toute la population féminine de la cité; pas une bourgeoise de troisième ordre, pas une servante qui ne portât dentelles et broderies, avec fleurs, paillon, velours, broches et flèches d'or ou d'argent sur leur chignon. Une chasse générale était organisée contre les fils de famille, contre tout possesseur d'une rente, d'une boutique, d'une maison, ou même d'un mince emploi passablement rétribué. Plusieurs honnêtes citoyens donnèrent dans le piége; les demoiselles à marier couraient les yeux fermés au-devant d'une défaite que la législation transformait en victoire. La panique prit aux hommes. Par un revirement bizarre, la pudeur, le sentiment de la résistance, passèrent du camp des filles dans celui des garçons. Parmi ceux-ci quelques-uns s'imaginèrent de diriger leurs batteries du côté des femmes mariées; de là bruit et scandales publics.

O philanthropes irréfléchis, songez à ce bon archevêque de Mayence!

Monseigneur, reconnaissant combien cette loi, si équitable, si morale en apparence, entraînait de désordres à sa suite, la supprima, laissant aux filles le soin de se défendre elles-mêmes. Il la remplaça par un édit somptuaire, interdisant, excepté aux grandes dames et aux bonnes bourgeoises, les excès de toilette.

C'est depuis cet édit somptuaire que les femmes du peuple à Mayence portent sur la tête ces mouchoirs flottants, devenus de mode aujourd'hui.

J'avais inspecté tout ce que la ville renferme de curieux, à l'exception de la forteresse et de la poudrière; mais comme la poudrière avait fait sauter la forteresse je crus devoir me dispenser de cette double visite. D'ailleurs, tous ces engins de guerre, les parcs d'artillerie, les arsenaux, même la vue des casernes, des prisons et des hôpitaux militaires ne me charment que médiocrement.

Pliant déjà sous le poids de mes courses opérées dans la matinée à Francfort, je rentrai à l'hôtel; dans la rue du Rhin, sur le mur même formant rempart, une inscription en lettres romaines, en style lapidaire, me sauta aux yeux. Je n'aurais pas été fâché d'égayer la relation de mon voyage par un peu d archéologie ; je la recueillis bien précieusement, projetant de consulter sur sa date et sur l'importance de la signification le savant M. Beulé. Cette inscription, la voici avec son texte exact :

PRO
CeLeRI MeRCaTURÆ
eXPeDITIoNE

Quant à moi, je serais disposé à lui donner cette interprétation vulgaire : ROULAGE A GRANDE VITESSE ; j'espère que M. Beulé saura y trouver une version plus romaine, plus digne de la haute antiquité que je lui présume. En tout cas, il aura à me rendre compte de la valeur mystérieuse de ces lettres majuscules intercalées dans le phrase latine. J'y ai vainement cherché un sens ou une date; mais c'est son métier de trouver et non le mien; il a bien trouvé l'acropole d'Athènes, et peut-être aujourd hui celle de Carthage.

Sur cette même place, je devais recueillir autre chose qu'une inscription, un béotisme de Jean. Je le vis passer une lettre à la main, se dirigeant vers la poste.

« A qui viens-tu d'écrire? lui demandai-je.

— A Madeleine, me répondit-il; elle présente ses respects à monsieur. »

Il y a vraiment une curieuse étude métaphysique à faire sur mon vieux Jean, sur le vagabondage de sa pensée, sur cette solution de continuité entre son idée première et celle qui la suit. Jean n'est pas plus sot qu'un autre; il est plus distrait, il se transporte, il possède le don d'ubiquité plus facilement qu'un autre, voilà tout. Une demi-heure n'était pas écoulée qu'il me régalait d'un nouveau béotisme du même genre.

Je me disposais à me coucher, quoiqu'il fît grand jour encore.

De retour de la poste : « Si monsieur n'a plus besoin de mes services, me dit Jean, je serais bien aise d'aller faire un tour au prêche.

— Comment, au prêche? m'écriai-je ; es-tu donc devenu protestant?

— Oh! je ne suis point un *idolâtre*, monsieur le sait bien ; mais je désire pouvoir raconter à Madeleine comment ces gens-là prient le bon Dieu.

— Va pour le prêche, lui dis-je ; je serais désolé de priver Madelaine d'un pareil récit. »

— Il commença par tourner dix fois dans ma chambre, en répétant à voix basse :

« Je vais au prêche! je vais au prêche! » Puis, au moment de sortir, il reprit : « Si monsieur a des ordres à me donner, monsieur me sonnera. »

Et il ferma la porte sur lui.

Évidemment, en prononçant ces derniers mots, Jean n'était plus à Mayence, dans une chambre d'auberge ; il était à Paris, dans ma chambre à coucher ; il n'allait plus au prêche, il allait rejoindre Madeleine dans sa cuisine.

A quoi employai-je ma matinée du lendemain? Ah? je me rappelle.... Je pris une voiture et me fis d'abord conduire à Castel, que je n'avais pas eu le temps de bien voir la veille ; je traversai de nouveau cet immense pont, en partie mobile, jeté sur le fleuve. En cet endroit, le Rhin n'a pas moins de quatre cent soixante-quinze mètres de largeur. Je parcourus toutes les rues du village, le nez en l'air. C'était folie à moi. Les belles dames ne se mettent pas à leur fenêtre de si bon matin.... Oui, pourquoi ne l'avouerais-je pas? Dans l'espérance de la revoir, ma savante compagne de voyage, ma gracieuse apparition de l'observatoire de Gespell, j'étais retourné là, où je l'avais laissée à notre descente du chemin de fer. En étais-je donc sérieusement épris? Un pareil mot ne convient ni à mon âge ni à mon caractère ; mais les plaisirs de la vue, l'admiration que nous cause un charmant visage, sont-ils des jouissances à dédaigner. On retourne voir un tableau, une vierge gracieuse de Raphaël, une des beautés robustes de Rubens; les femmes en peinture posséderaient-elles seules le privilége de nous rappeler à elles? On entend deux fois, dix fois, avec un charme de plus en plus vif une partition de Mozart ou de Rossini; pourquoi une conversation tour à tour grave et enjouée nous plairait-elle moins? La parole n'a-t-elle pas son harmonie aussi bien que le chant? D'ailleurs, ma pensée, teintée de noir par le contact de cette Mayence guerrière et ténébreuse, avait besoin de secouer ses ailes au soleil de la France, et pour moi, Mme de X.... résumait en elle la splendide image de la patrie absente. Jamais, depuis ma sortie de France, voix plus française n'avait vibré à mon oreille; Thérèse possédait une voix expressive, mais non une voix de Paris; la sienne se trouvait quelque peu faussée par des intonations de province, ou plutôt belges.... Allons, vieux fou, tu commences à devenir aussi bête que Jean; laisse là Thérèse et Mme de X..., qui ne songent plus guère à toi, et achève ta promenade solitaire du matin.

Ignorant complétement le pays et ne pouvant me renseigner auprès du cocher, qui ne savait pas un mot de français, je dus me laisser aller à sa guise. Nous suivîmes une route ouverte entre des coteaux chargés de vignes; à notre droite, se montrait le bourg de Kostheim, avec ses riches cultures, ses vallées ravissantes, traversées par un ruisseau. Mon cocher, après m'avoir fait signe de le suivre, se mit à gravir une colline, du sommet de laquelle je pus jouir de la vue du confluent du Rhin et du Mein. Je remontai ensuite en voiture pour arriver vingt minutes après à Hocheim, village situé en plein vignoble, et où le cheval, cette fois, s'arrêta de lui-même devant une petite auberge de médiocre apparence. Dans des circonstances identiques, il avait, je le suppose, pour habitude de se reposer là et même d'y déjeuner : car, au léger hennissement qu'il fit entendre, un garçon accourut et lui servit sur place un demi-picotin d'avoine; le cocher tira de sa voiture un morceau de pain et de fromage. Pourquoi n'aurais-je pas suivi leur exemple? Le pays me plaisait, l'air vif du matin me mettait en appétit; c'était un moyen comme un autre d'utiliser le temps de la halte. Je demandai des œufs et une bouteille de vin du pays.

« Vin vieux? me dit la fille de service en bon français.
— De votre meilleur, parbleu! »

Les œufs étaient frais, et le petit vin me parut vraiment fort agréable. Après en avoir bu un verre, j'en offris au cocher; j'en aurais offert au cheval s'il avait été d'humeur à l'accepter; puis, lorsque tous trois nous eûmes achevé notre déjeuner, tirant un florin de ma poche, je le présentai à la fille qui de son côté me présenta la carte à payer. Le total se montait à 5 florins (10 francs 75 centimes de notre monnaie)! En voilà le détail appréciable :

Trois œufs à la coque	» fr.	30 c.
Vin Dom Déchan, année 1842, une bouteille. . .	10	45
Total. . . .	10 fr.	75 c.

Et on ne m'avait compté ni le pain ni le sel, d'après les usages de la vieille hospitalité allemande!

Devant ce total j'étais resté frappé d'immobilité, dans un de ces étonnements cataleptiques que je semblais avoir emprunté à mon vieux Jean. Enfin, je payai, en ajoutant au total le pourboire de la fille. Avis aux voyageurs qui s'aventurent à goûter les petits vins du pays. Le vin de Hocheim rivalise avec le Steinberg-Cabinet, même avec le Johannisberg, et se vend communément mille florins la pièce.

Plus riche de cette connaissance nouvelle, acquise au prix de dix francs soixantes-quinze centimes, je rentrai à Mayence. Un heure après, je montais sur le bateau à vapeur.

Loin, bien loin de moi la pensée de redire après MM. Victor Hugo et Alexandre Dumas, ces grands navigateurs du Rhin, les légendes historiques ou traditionnelles dont ses bords sont parsemés; de ce côté, garder un silence respectueux est tout à la fois de mon devoir et de mon intérêt. Cependant, peut-être ai-je trouvé une autre piste non moins curieuse à suivre. Mais nous ne sommes pas encore arrivés à Coblentz, en Prusse, malgré ces uniformes prussiens qui, penchés sur les parapets du quai, assistent à notre départ. De ce quai, un homme en paletot du matin m'envoya, de la tête et de la main, des signes de bon voyage, signes affectueux que je m'empressai de lui rendre avec usure, jusqu'à ce qu'il portât la main à ses lèvres. Je m'aperçus seulement alors que toute cette affectueuse télégraphie n'était adressée à nul autre qu'à une jeune dame placée derrière moi.... Rouge de honte, je m'esquivai derrière le tambour des roues. Tout à coup, la machine s'ébranle, le pont frémit sous mes pieds, le rivage mayençais recule devant nous, le bateau gagne le large, mes yeux se troublent, ma poitrine se gonfle, je chancelle.... Pour la première fois de ma vie j'entreprends un voyage à grandes eaux !... Gare au mal de mer !

II

Notes prises sur le bateau a vapeur. — Bingen, Oberwesel, etc. — Lorelei. — Histoire de l'Anglais phénoménal et de ses vingt femmes. — Origine d'un conte de Perrault. — Grave accident. — La maison du docteur Rosahl. — Une apparition inattendue. — Comme quoi le mariage est un tourment plus encore pour les garçons que pour les gens mariés.

A ma gauche, des rivages aplatis se perdent dans des plaines souvent masquées par une multitude d'îles marécageuses. J'ignore si ces îles appartiennent au grand-duc de Hess, au prince de Nassau ou au roi de Prusse. Pour le moment, des hérons en sont les seuls occupants. Ceux-ci, quoique doués de la vie, à ce qu'on assure, debout sur une patte, immobiles, imitent avec une exactitude presque servile les allures engourdies, l'air digne et circonspect de leurs confrères empaillés, les seuls de ces grands échassiers que j'eusse été à même d'observer jusqu'alors.

La rive droite est plus accidentée. Des chaînes de collines, parsemées de villages, s'étagent le long du fleuve ;

on dirait ces villages copiés tous sur un modèle unique ; il semble que c'est toujours le même, qui, plus alerte que les hérons, se déplace et se retrouve sans cesse devant vous. Les collines y sont presque nues ; une terre avare en recouvre à peine le fond rocheux. C'est là cependant que se trouvent ces glorieux vignobles du Rudesheim ; du Markobrunner, du Steinberg, du Johannisberg ; au mois de mai, Bacchus sommeille encore ; pour le moment, le pampre apparaît moins que la roche ; sous la surveillance des propriétaires et des maîtres vignerons, qui ne les aident guère que du regard, de pauvres femmes sont en train d'échalasser ce tuf rebelle à leurs efforts. Dans certains villages, du côté d'Ingelheim, rive gauche, les femmes seules cultivent la vigne et fabriquent le vin ; les hommes le boivent. C'est ce qu'on appelle la division du travail.

Depuis deux heures déjà, nous voguons, non à pleines voiles mais à pleine vapeur ; le trouble de ma tête s'est dissipé ; je commence à avoir le pied marin, j'examine avec calme, sans parti pris d'enthousiasme ou de dénigrement, et, je le déclare, ce voyage, tant vanté, sur le Rhin, dans le Rheingau, me paraît d'une monotonie désespérante. J'ai entendu parler des bords de la Seine, d'Yvetot à Honfleur, de ceux de la Loire, des Ponts-de-Cé à Nantes : était-ce la peine de venir en Prusse, de changer, d'allonger ma route ?... Silence, profane ! Le soleil, jusqu'alors voilé et comme enveloppé dans ses courtines, vient de se réveiller en sursaut ; il s'élance de son lit, il éclate, il embrase ; quelque chose de grand se prépare ; le soleil sait ce qu'il fait.

Nous venons de tourner Bingen, où le Rhin forme un coude, comme refoulé par la Nahe, qui y débouche. A partir de là, les collines se transforment en montagnes, les montagnes se couronnent de ruines, castels et châteaux forts démantelés, tanières vides de ces hommes de proie, de ces anciens graffs, margraves, rheingraves, burgraves, seigneur-brigands, dont chacun étendait sa longue épée en travers du Rhin pour prélever son droit de passage. Tout s'anime, grandit et prend des proportions sublimes. Les villages de la côte sont eux-mêmes plus variés, plus pittoresques ; le fleuve, resserré entre ses rives, entravé par les rocs saillis du fond de ses eaux, lutte contre eux, se débat, se gonfle, mugit ; il cesse de paraître une immense lagune à la surface endormie, au fond vaseux pour revêtir tout à coup un aspect torrentueux et redoutable.

J'étais tombé dans l'extase. Immobile comme un héron, me tenant sur mes deux jambes cependant, et m'appuyant même d'une main à la balustrade du bateau, je vis ainsi, tour à tour, passer sous mes yeux Bacharach, avec ses roches volcaniques, ses ruines celtiques et ses ruines romaines ; le château de Pfaltz, insolemment planté au milieu du fleuve. C'était là qu'autrefois venaient faire leurs couches les princesses palatines, bien assurées alors contre toute visite importune ou inattendue. Le château de Pfaltz était le plus clairvoyant en fait de contrebande, le plus difficile à franchir sans droit de passe, des trente-deux bureaux de péage bastionnés qui s'imposaient aux bateaux de commerce, aux trains de bois de la forêt Noire, comme aux simples barques de pêche.

Plus loin, dominés par le vieux château de Schœnberg, s'élèvent les tours et les clochers d'Oberwesel, petite ville aux merveilleux alentours, auxquels rien ne manque sous le rapport du pittoresque, les eaux, les bois, les ruines, les rochers, les cascades, ni les paysages joyeux, ni les sites âpres et sauvages. Aussi, là, m'a-t-on dit, accourent à la recherche de l'inspiration tous les rapins de l'Allemagne ; c'est le Barbison germanique.

Pourquoi les élèves peintres de Vienne, de Munich et de Berlin ne vont-ils pas étudier la nature à Barbison, et les nôtres à Oberwesel ? Les Allemands y gagneraient de connaître un peu mieux les beaux arbres et le beaux grès de notre forêt de Fontainebleau, dont nous commençons à nous lasser ; et nous autres, Parisiens sédentaires, nous pourrions faire à domicile (Dumas, Hugo et Texier, le charmant conteur, aidant) un délicieux voyage sur les bords du Rhin. On m'a dit aussi que messieurs les artistes allemands, en quittant la ville, leurs cartons chargés d'esquisses, ne manquent pas de la saluer, à voix retentissante, de cette question : « Quel est le bourgmestre d'Oberwesel ? — Esel (un âne), répond l'écho, devenu forcément complice de ce calembour semi-acoustique.

Mais le son du cor se fait entendre ; l'écho le répète, comme il a répété le jeu de mots peu révérencieux envers l'autorité municipale de messieurs les étudiants en peinture, comme tout à l'heure il répétera de ses mille voix hurlantes le coup de carabine tiré, pour le divertissement des passagers, par un homme embusqué sur le rivage.

Quand on revient de Francfort, on soupçonne facilement ce coup de carabine de demander l'aumône, il n'en est rien. L'administration des bateaux à vapeur se charge des frais de la mousquetade comme de ceux de la sérénade. De la cabane du chasseur de Lorelei, le cor a retenti pour dire aux passagers : « Quittez les entreponts, interrompez votre repas, votre sieste ou votre lecture, debout ! Voici Lorelei, le rocher de Lore, de Lore, la grande magicienne, dont la beauté, inaltérable pendant des siècles, fit tourner la tête à dix générations d'imprudents, jeunes ou vieux, qui osèrent la contempler en face. »

Mille versions contradictoires ont circulé sur le compte de cette belle fée du Rhin ; on en remplirait des volumes. Les unes la représentent comme une fille maudite, une sirène sans queue de poisson, qui entraînait au fond du gouffre tous ses adorateurs; les autres, comme un génie bienfaisant venant au secours des naufragés et redoutable seulement aux pervers. Sans manquer à ma promesse de m'abstenir de légendes pendant ma traversée du fleuve, je crois pouvoir risquer celle-ci, qui m'a été autrefois racontée par mon ami Sébastien Albin, l'auteur des *Chants populaires* de l'Allemagne.

LORELEI

De son propre mouvement, Lore se présente devant le bourgmestre :

« Sire bourgmestre, j'ai causé la perte de tous ceux qui m'ont aimée, et le nombre en est grand ; faites-moi mourir ; la vie m'est un fardeau. »

Le bourgmestre était un vieillard rigide, au front chenu, à la tête branlante ; il la regarde et s'attendrit :

« Mon enfant, le droit de justice ne m'appartient pas. Quant à moi, dussé-je encourir les tourments du purgatoire, je refuserais de t'infliger une heure de prison : mais on t'accuse de magie, va trouver l'évêque ; puisse-t-il t'absoudre ! »

Seigneur évêque, je suis une sorcière, on le dit, je commence à le croire ; j'ai mérité la mort.

— Ma fille, nul n'est son propre juge ; en quoi consiste ta science magique ?

— Le sais-je ? Elle est dans mes yeux, dans le son de ma voix, et cependant ni ma voix ni mes yeux n'ont pu retenir celui que j'aime ; il m'a trahie, il m'a délaissée ; j'ai trop de la vie.

— Lore ! Lore ! oui, tu es sorcière, car, je le sens déjà, si je te faisais mourir, je mourrais moi-même de regret ! »

L'évêque appela à lui trois chevaliers :

« Conduisez Lore au couvent de Sainte-Berthe. Confesse-toi à Dieu, ma fille, lui seul sait le remède à ta folie. »

En route, les chevaliers s'arrêtèrent, et, se croisant les bras, levant les yeux au ciel d'un air de pitié :

« Toi renoncer au monde, pauvre Lore ! Le mariage te vaudra mieux que le cloître ; choisis de nous trois. »

Lore détourna la tête et frappa à la porte du cloître, qui refusa de s'ouvrir devant une sorcière maudite.

A défaut de la mort, à défaut du cloître, où pourra-t-elle enfouir cette beauté fatale aux autres et à elle-même ? Elle va droit à la prison.

« Sire gouverneur, faites-moi descendre dans le plus profond de vos cachots ; que j'y sois enchaînée et oubliée !

— Si tu es innocente, Lore, je ne puis te recevoir ; si tu es coupable, c'est au juge de te condamner à la prison ; reviens avec un ordre de lui, et je serai ton esclave, non ton geôlier. »

Un homme farouche, au poil roux, au regard sinistre, un coutelas sur la hanche, se charge de la conduire devant le juge.

« Il n'y a plus de justice sur la terre ? se dit la pauvre fille à mi-chemin ; le juge lui-même refusera de me condamner. » Et, se tournant vers son guide : « Consentez-vous, lui dit-elle d'une voix suppliante, que je monte sur ce rocher pour contempler une fois encore, les campagnes d'Oberwesel et de Bacharach ?

— Faites selon votre vouloir, noble demoiselle, » lui répond l'homme farouche, en courbant la tête et tremblant de tous ses membres.

Lore escalada le promontoire de granit, s'arrêta sur sa cime, suivant de l'œil une barque où se tenaient deux fiancés ; puis, au lieu de rejoindre son guide sur la route, elle redescendit la roche du côté du fleuve en faisant entendre un chant plein de douceur ; elle se courba ensuite vers l'abime, articula un nom qui s'évanouit dans l'air, et le Rhin s'ouvrit de lui-même pour la recevoir.

Ce rocher d'où elle s'élança se nomme aujourd'hui *Lorelei*.

A partir d'Oberwesel, les grands spectacles du Rhin se succèdent les uns aux autres, plus pressés, plus merveilleux. J'étouffais dans mon admiration ; mais admirer seul est souffrance. Je cherchais autour de moi quelqu'un à qui je pusse faire part de mes impressions de voyage ; autour de moi, en toilette ébouriffante, assises sur leurs pliants, se tenaient des dames anglaises, occupées à combattre l'excessive chaleur en absorbant à petits coups, des sorbets au citron ou des vins généreux ; je n'avais rien à faire de ce côté. Les hommes, le nez enfoncé dans leur *Joanne* ou dans leur *Traveller on the Rhine*, à demi somnolents, occupés à chercher la description dans le texte, négligeaient de lever les yeux vers l'objet décrit ; les uns se croyaient encore à Bacharach, les autres déjà à Coblentz, et tous maugréaient contre l'inexactitude des itinéraires. Ah ! si seulement mon vieux Jean eût été près de moi ?... Cependant j'avais payé deux premières places au gaillard d'arrière, de Mayence à Bonn ; il pouvait faire la traversée en excellente compagnie et à l'ombre, sous une tente de coutil ; mais on connaît la modestie de mon brave serviteur ; il n'avait pas manqué de se réfugier aux secondes.

Résolu de l'y rejoindre et de le forcer à user de ses droits dans toute leur plénitude, je passe d'une extrémité à l'autre du paquebot ; je trouve Jean endormi, en plein soleil, sur la banquette du gaillard d'avant ; je l'éveille. Certes, il jouissait alors de son bon sens ordinaire, car il me fit cette observation sagace que, bien sûr, ce n'était pas là le chemin qu'il avait pris en venant dans le pays de Charabias avec M. Antoine Minorel. Je lui dis de se lever, de me suivre. Il se lève.

———

Au même instant, avec des cris et des rires, un essaim de femmes, toutes jeunes, toutes blondes, sorties de la cabine, envahissent le pont, au nombre d'une vingtaine. Je m'interrogeais sur la cause de cette invasion subite de jupes et de bonnets, quand, à mon profond ébahissement, cet Anglais galant que j'avais rencontré à Carlsruhe, et retrouvé à Gernsbach, mon Anglais phénoménal, paraît au milieu d'elles, le sourire aux lèvres, glorieux, triomphant, semblable au divin Apollon au milieu d'un chœur de nymphes rustiques.

Je n'en pouvais douter, ces femmes l'avaient suivi ; elles composaient son escorte : que d'Elvires, que d'Haïdées, que de Clarisses ! Pour le coup, Lovelace et don Juan étaient dépassés ! O belle Lore étiez-vous plus sorcière que n'était sorcier ce Grand-Breton ? Vos conquêtes ont-elles été plus nombreuses que les siennes? Quel singulier petit Anglais !... J'oubliai Jean, et même les deux rives du Rhin ; coûte que coûte ma curiosité demandait satisfaction. Prenant mon courage à deux mains, j'allai droit à lui. Autrefois j'avais traduit Shakspeare, Biron, surtout le *Vicaire de Wakefield* ; je composai tant bien que mal en langue anglaise ma phrase d'introduction ; il n'en comprit pas un mot ; mais mon bonheur voulut qu'il parlât français couramment. Cet homme parlait toutes les langues. La conversation une fois engagée entre nous, sans trop se faire prier, il me conta son histoire et celle de ses vingt femmes.

Il se nommait John Grant et était né à Londres d'une mère française, ancienne actrice d'un des petits théâtres de Paris. Il se piquait du reste d'une grande moralité. Chose incroyable, toutes ces filles blondes l'accompagnaient pour le bon motif, comme on dit vulgairement ; toutes avaient en vue le mariage et comptaient sur lui pour y arriver. Cependant, il ne se rendait pas avec elles en Turquie, mais simplement en Angleterre, pour de là faire voile vers le cap de Bonne-Espérance. Le prétendu Lovelace n'était autre qu'un agent matrimonial.

Durant la campagne de Crimée, le gouvernement anglais avait formé une légion allemande. La paix venue, ne sachant à quoi l'utiliser, il l'avait envoyée en Cafrerie fonder la ville de *Last London* (Londres de l'Est). Cette nouvelle colonie possédait déjà un chemin de fer qui la reliait au Cap, et des journaux qui la mettaient en communication avec l'Europe ; mais elle n'était pas encore satisfaite; le besoin de la vie de famille s'y faisait sentir impérieusement, et comme ce qui convient le mieux à des Allemands ce sont des Allemandes, M. John Grant avait été chargé de la fourniture. Voilà tout simplement pourquoi je l'avais rencontré courant après toutes les filles.

Tentation de l'inconnu, curieux désir de savoir, vous n'aboutissez le plus souvent qu'à la désillusion ! Au lieu du roman que j'espérais, j'avais une froide histoire, plus commerciale encore que matrimoniale ; mon Anglais perdait à mes yeux son caractère phénoménal ; don Juan n'était plus qu'un courtier recruteur de femmes.... pour les autres!

Du moins, j'avais trouvé à qui parler. Après avoir fait descendre Jean dans la cabine, où je le laissai en compagnie de quelques-unes de ces demoiselles émigrantes, je rejoignis mon Anglais ; j'épanchai tout à l'aise devant lui mon admiration, qu'il ne partageait peut-être pas complétement, mais comme il était dans ses habitudes de beaucoup gesticuler, je pouvais m'y méprendre.

Sur la rive gauche, j'admirai donc d'abord Saint-Goar, surtout sa magnifique forteresse de Rheinfels, visitée naguère par l'armée de Sambre-et-Meuse, « ce sont les ruines les plus modernes des bords du Rhin, » dit l'indicateur.

M. Grant ne fut pas de cet avis. Il soupçonnait fort quelques hautes collines, déshéritées de cet ornement, de s'être donné des ruines toutes récentes pour prendre part à la décoration générale. Il n'en pouvait être de même de celles du *Chat* et de la *Souris*, ruines tellement grandioses, tellement imposantes, qu'elles semblent encore protéger les villages assis à leurs pieds.

Ces deux constructions remarquables, autant par leur importance que par la singularité de leur nom, datent du quatorzième siècle. Le Chat, le premier, vint s'établir à mi-côte de la montagne ; prenant d'abord des airs de bon apôtre, de *chattemite*, comme dit la Fontaine, il s'élevait à peine de terre ; n'ayant d'autres remparts qu'une palissade de bois, paraissait plutôt songer à la défense qu'à l'attaque.

Cependant, guettant sourdement sa proie, tombant sur elle à l'improviste, usant tour à tour de la force et de la ruse, à l'instar de son illustre confrère le Chat botté, il faisait si bonne chasse au bénéfice de son maître, que celui-ci était devenu un vrai marquis de Carabas.

Mais ne serait-ce pas même là l'origine première de notre Chat botté ?

Bod, bot, bouté sont des mots de notre vieux français

qui s'appliquaient à tout contenu ayant pour contenant une matière ligneuse ; on appelait *bouta*, du mot latin *bota*, une futaille, c'est-à-dire le vin sous sa douve ; d'où, ensuite, *boteil*, *bouteille*, les premières bouteilles n'ayant été d'abord que de petits barils. Ne peut-on supposer que nos soldats, guerroyant sur les bords du Rhin pour le compte de nos rois, ou, comme, mercenaires, au service des burgraves, n'aient eu connaissance de ce Chat *bouté*, ou *boté*, puisqu'il était encerclé de palissades de bois, et qu'apprenant comment il avait si bien fait les affaires de son maître, ils nous en aient rapporté le récit joyeux, dont, plus tard, Charles Perrault fit son profit ?

Certes, on s'instruit en voyageant, mais en voyageant on fait mieux encore ; on tire parti de ses connaissances acquises, on en trouve l'emploi. Si j'étais resté au coin de mon feu ou dans mon jardin, la France peut-être n'aurait jamais connu l'origine du Chat botté.

Pour compléter l'histoire du Chat, je dirai celle de la Souris, mais en trois mots.

Jean de Katzenelbogen, le maître du Chat, à force de déprédations, finit par se brouiller avec son puissant voisin, Kuno de Falkenstein ; celui-ci fit construire un château fort, non entouré de palis, mais de bons remparts de pierres, non à mi-côte de sa montagne, mais au sommet, et il la nomma : *la Souris*, déclarant que, cette fois, par exception à la règle, la Souris mangerait le Chat. C'est ce qui eut lieu en effet.

Nous longions la rive gauche devant Braubach, admirant le solide château de Mark'sburg, posé sur son piédestal de roches et sur lequel flottent les couleurs de Nassau. J'entendis au-dessous de nous du remue-ménage dans la cabine ; j'allais y descendre : un front pâle, des joues pâles, des yeux brillants et hagards m'apparurent dans la pénombre de l'escalier. C'était Jean. Il fit un pas encore pour franchir la dernière marche, en me criant : « Monsieur ! monsieur ! mon grain de beauté ! » et il tomba dans mes bras, évanoui. Je le crus mort. Après l'avoir déposé sur la banquette, je me mis à crier, à courir de droite et de gauche, sans lui être utile à rien ; les émigrantes criaient aussi fort que moi, sans faire plus de besogne. Heureusement, M. John Grant, en digne Anglais qu'il est, portait sur lui des flacons de toutes sortes ; il lui fit respirer des sels qui le ranimèrent.

Dès qu'il put se tenir debout, j'emmenai Jean au gaillard d'arrière. De livide, son teint était devenu écarlate, depuis les tempes jusqu'au col ; malgré la chaleur, à peine supportable, il se plaignait du froid et grelottait en claquant des dents. Un médecin se trouvait à bord ; il me déclara que le malade était sous l'influence d'un *ictus solis*, d'un coup de soleil, lequel ne pouvant manquer de produire bientôt une méningite aiguë ; il me conconseillait de lui faire prendre terre le plus tôt possible.

Nous avoisinions Coblentz ; donc, au lieu de poursuivre ma route jusqu'à Bonn, je m'arrêtai à Coblentz, ce qui ne fut pas l'incident le moins émouvant de mon voyage.

J'ai à me reprocher d'avoir quitté le bateau, de m'être séparé de M. John Grant, absolument comme La Fléchelle, Baldaboche, l'orphéoniste et les deux Épernay se sont séparés de moi à Bade, sans même lui adresser un geste d'adieu.

Est-ce que je ne vaudrais pas mieux qu'un autre?

Nous traversions le port de Coblentz, moi prêtant à mon vieux Jean l'assistance de mon bras, tous deux nous dirigeant vers le premier hôtel venu, lorsque je l'entendis murmurer de confuses paroles. Il ressentait de vifs élancements dans son grain de beauté, dont le volume, en hauteur et en largeur, lui sembla bientôt prendre des dimensions effroyables. Il s'inquiétait de le voir se déraciner sous son propre poids ; c'était comme un rocher couvert de broussailles, qui lui interceptait la lumière du jour.

A ces propos, mêlés à d'autres divagations non moins étranges, je n'en doutai plus, la méningite se déclarait. Je ne savais quel parti prendre. Le calme et le repos étaient indispensables avant tout à mon cher malade; les trouverait-il dans une ville de guerre, sans cesse troublée par le bruit des tambours, la musique des régiments, le galop des chevaux et les exercices à feu ? On m'indiqua, aux environs de Coblentz, la maison d'hydrothérapie du docteur Rosahl. Nous y sommes. Les souffrances de mon vieux Jean, ses hallucinations ont cessé. En revenant à la raison, son premier soin a été de s'assurer s'il était toujours en possession de son grain de beauté.

« Je ne sais si monsieur est comme moi ? me dit-il, mais quand le temps va changer, quand je suis près de faire une maladie, ou qu'il va m'arriver une fâcheuse nouvelle, j'en suis averti par mon grain de beauté.

— Je ne puis être comme toi, mon garçon, puisque la nature ne m'a pas favorisé de cet ornement.

— C'est juste.... c'est très-juste; monsieur m'excusera ; chacun a ses avantages. »

Aujourd'hui, je l'ai dit, il en est aux potages ; ce matin, il a manifesté le désir de retourner à son café au lait. Le voilà en pleine convalescence.

La maison du docteur Rosahl, située à une lieue de la ville, sur une des pentes du Stolzenfels, est au milieu d'un site charmant, avec vue sur le Rhin et sur la Moselle. Mes fonctions de garde-malade allant en s'amoindrissant, je m'y plais ; le calme que j'y suis venu chercher pour Jean, je l'ai trouvé pour moi ; je m'y sens heureux. Tout le monde ici parle français, et sans raisonner grammaire, comme à la maison Lebel. Ses pensionnaires de l'établissement, tous jouissant d'une parfaite santé, arrivent de Bruxelles ou de Paris ; M. Rosahl et ses deux charmantes filles n'ont d'allemand que le cœur ; les domestiques, par une circonstance assez singulière, doivent même s'exprimer en meilleur français que leurs maîtres. Ils ont été choisis dans un de ces deux villages des environs de Hombourg où, à la suite de la révocation de l'édit de Nantes, est venu s'établir une colonie de nos compatriotes. M. Gérard de Nerval affirme qu'à

Dornholzhausen, un de ces villages français de la Hesse, dont le nom cependant est terriblement germanique, la belle langue du grand siècle s'est conservée dant toute sa pureté. Il en cite un exemple :

Il avait acheté des gâteaux pour les distribuer à des enfants du pays; la marchande le salua de cette phrase à la Saint-Simon : « Vous leur avez fait *tant de joye* que les voilà qui courent *présentement* comme des *harlequins*.

M. Gérard ajoute judicieusement que le nom d'arlequin s'écrivait ainsi du temps de Louis XIV, avec un *h* aspiré. Combien je suis désolé de n'avoir point songé, tandis que j'étais à Francfort, à pousser jusqu'à Hombourg. Hombourg est si près de Francfort, et Dornholzhausen, si près de Hombourg ! il vrai qu'en allant ainsi de proche en proche, on risquerait de faire le tour du monde.

Mon aide garde-malade près de Jean, la bonne Dorothée Dupont (un nom français celui-là !) est de Dornholzhausen ; je ne me suis guère aperçu cependant qu'elle parlât correctement la langue de Pascal et de Bossuet.

Mais la parenthèse m'a tiré à elle en dérive. Où voulais-je en venir ? A prouver que sur ce petit coin de terre prussien j'aurais pu me croire en France. Outre la conversation, dans mes heures de promenade, j'ai la botanique ; la Flore de Stolzenfels, fluviatile par le bas, les pieds dans le Rhin, appuie sur le sommet de la montagne son front un tantinet alpestre, et ma boîte de fer-blanc a repris son service. Je cultive aussi l'hydrothérapie, par passe-temps, par occasion, comme remède préventif ; je m'en trouve parfaitement bien. Parfois, le soir, je descends au salon commun, où Mlles Gretel et Julie Rosahl, deux anges de grâce et de simplicité, exécutent sur le piano des valses et des mélodies de Schubert ; rien de prétentieux, pas de grande musique. J'y fait mon whist. Qu'ai-je à désirer de plus ?

M. Rosahl m'a pris en amitié. C'est un homme aimable, instruit, qui, malgré les soins à donner à ses malades, dirige lui-même l'éducation de ses filles. Il m'a admis dans son *home*, comme disent les anglais ; j'ai déjeuné chez lui, avec lui, mais non avec ses filles ; cependant elles étaient présentes ; selon l'usage allemand elles nous servaient à table. C'est d'une hospitalité délicieuse, patriarcale, mais un peu gênante quand on n'y est pas fait. Je n'osais demander une assiette.

Je le répète, oui, je me sens heureux ici ; je ne sais quand j'en sortirai ; j'y reviendrai à coup sûr, ne fût-ce que pour déjeuner encore avec M. Rosahl. La vie de famille est la seule vie réelle, la seule honorable, la seule douce à l'âme.... Pourquoi suis-je encore garçon ?.... Le bonheur de Brascassin commence à m'irriter.

A tous mes autres plaisirs, j'oublie d'ajouter la lecture, ingrat ! Le docteur m'a ouvert sa bibliothèque, renfermant toute une série d'ouvrages sur les superstitions de ce bon peuple allemand au moyen âge, superstitions poétiquement étranges, qui se sont même perpétuées jusqu'au dix-neuvième siècle, surtout parmi les campagnards des bords du Rhin. J'ai là sous la main, traduits en français, les Esprits élémentaires de Kormann, le traité de Paracelse sur le même sujet, les traditions de Jung Stilling, de Merbitz, des frères Grymm, de Henri Heyne et de tant d'autres ! Pourquoi aurais-je renoncé à mon droit de chasse sur cette partie des légendes du Rhin, à peine exploitée par mes illustres devanciers? je résolus d'en user. M. Rosahl, par l'emprunt que je lui faisais de ses livres, mis au courant de mes recherches, a chargé sa charmante Gretel (Marguerite) de traduire pour moi de l'allemand certains passages qu'il jugea devoir m'être profitables ; Mlle Julie la plus jeune des deux sœurs, évertue à mon bénéfice sa mémoire plantureusement meublée d'histoires contemporaines sur les Ondins et sur les Nixes ; mon aide garde-malade elle-même, la vieille Dorothée de Dornholzhausen, sans que j'aie besoin de l'y exciter m'entretient sans cesse de ce prestigieux Olympe germanique, dans lequel elle n'a *nulle créance*, à ce qu'elle prétend, mais dont on l'a bercée enfant.

J'ai résolu, les loisirs ne me manquant pas, de mettre à profit mes lectures et mes renseignements pour rassembler les matériaux d'un ouvrage sur la Mythologie du Rhin.... LA MYTHOLOGIE DU RHIN ! quel beau titre ! Que le lecteur se rassure cependant, je n'en ferai point une annexe à la relation de mon voyage, déjà assez ample ; mais je le regrette, elle l'eût complétée.

Pendant le cours de ce travail, à mesure que mes notes s'amoncelaient devant moi, sentant palpiter sous ma main toutes ces superstitions obstinées, greffées les unes sur les autres, je me demandais si j'étais déjà si loin de l'Université d'Heidelberg ; si j'habitais encore dans le voisinage de cette contrée glaciale où l'athéisme a son code, ses législateurs, ses sectateurs, ses enthousiastes ?.... Mais pourquoi l'athéisme ne serait-il pas lui-même une superstition, la plus malsaine de toutes ? Qu'est-il autre chose que la glorification de la nature à l'exclusion de Dieu ; la création matérielle agissant par ses propres forces sans l'aide d'un créateur ? *Natura naturans* est le mot de l'école, m'a dit Junius. Alors, l'athéisme allemand, l'athéisme de Fichte, de Schelling, d'Hegel, n'est autre chose que la rénovation du paganisme romain ou scandinave, un retour aux anciennes erreurs avec des noms barbares empruntés à la chimie, à la physique, à la métaphysique, en remplacement des beaux symboles personnifiés de la Théogonie d'Hésiode et d'Homère....

Cette idée me semble ingénieuse ; elle me plaît et m'étonne à la fois. Est-ce une découverte ?... En serais-je l'inventeur ? J'en écrirai à Junius.... à Antoine aussi....

Ces graves réflexions me préoccupaient quand un bruit de pas retentit le long du corridor conduisant à la chambre que j'occupais, en compagnie de mon vieux Jean, alors étendu dans un fauteuil, et humant à petits coups un excellent consommé.

« C'est Dorothée, me dit-il ; elle a ses souliers neufs.

— C'est le pas d'Antoine ! » lui répliquai-je en me levant tout ému, tout troublé !

A peine m'étais-je tourné vers la porte qu'elle s'ouvrit brusquement, et Antoine parut.

En arrivant à Stolzenfels, j'avais écrit à mon ami pour l'informer de notre changement de route et de l'accident malencontreux qui nous contraignait de mettre pied à terre à Coblentz. Jean et moi, ou plutôt moi et Jean (car, enfin je trouve étrange que, de par la grammaire, mon domestique doive prendre le pas sur moi). N'ayant plus entendu parler d'Antoine, je le croyais déjà à Paris, au milieu de ses fourneaux :

« Pristi ! sais-tu que c'est beau le Rhin ? me dit-il en entrant, comme s'il venait de me quitter pour aller fumer une cigarette. Que de ruines ! que de rivages déchirés ! que de rochers mis à nu ! Parmi les fleuves, comme parmi les hommes, il n'y a de grand et de sublime que les ravageurs ; n'est-il pas vrai, poëte ? »

Puis, tout à coup, changeant de ton en se tournant vers Jean : « Eh bien, le vieux, comment va notre grain de beauté ? Nous avons donc fait des sottises et voulu narguer le soleil ? »

Tandis que Jean essayait de se lever pour lui répondre, Antoine, faisant de nouveau volte-face de mon côté tirait avec gravité deux lettres de son portefeuille et me les présentait. A chacune d'elles apercevant le cachet rompu, j'examinai la suscription. Les deux lettres étaient à son adresse, non à la mienne : « Lis, me dit-il ; elles te regardent plus que moi. »

Dans la première, signée *Brascassin*, celui-ci s'informait auprès d'Antoine si j'habitais présentement Paris, Marly-le-Roi, ou si je poursuivais le cours de mes pérégrinations en Allemagne ; sa future, « *qui avait conservé de moi le plus doux souvenir,* » voulait m'écrire pour me prier de lui servir de témoin à leur prochain mariage.

« Et quelle est cette noble fiancée qui a conservé de toi un si doux souvenir ? me demanda Antoine.

— Mais, lui répondis-je avec un peu d'embarras, la fiancée est Mme de X..., une artiste distinguée, une femme charmante....

— Ah ! bah ! fit Antoine en me regardant d'une façon toute singulière.... Mme de X....? tu en es bien sûr ? C'est Mme de X.... que ton ami Brascassin va épouser !... Ne fais-tu pas confusion ?

— Je le tiens d'elle-même.

— De Mme de X...?

— De Mme de X.... J'ai eu l'honneur d'être son compagnon de voyage de Schwetzingen à Francfort, et même de Francfort à Castel, près Mayence. »

Fixant toujours sur moi son regard, qui tantôt semblait sourire, tantôt se hérisser, Antoine resta quelques instants silencieux, puis, prenant tout à coup une attitude de juge d'instruction :

« Malheureux ! et si ce mariage avait manqué par votre faute !.... si cette grande artiste, si cette femme charmante, au moment de s'engager à un autre, follement éprise de vous.... (Je poussai une exclamation, de joie peut-être, de surprise, à coup sûr.) Ne niez pas, monsieur ; j'en ai la preuve, la preuve écrite !... Cette preuve elle est entre vos mains. Lisez la seconde lettre ! »

La seconde lettre était de Madeleine.

Madeleine écrivait à Antoine que, depuis un siècle, elle n'avait plus reçu de mes nouvelles qu'indirectement ; mais elle savait, de science certaine, que j'étais en train de courir la pretantaine avec une aventurière, une soi-disant veuve, Mme de X..., qui m'avait fait tourner la tête, et que j'allais l'épouser. Madeleine ne se sentait pas d'humeur à servir sous les ordres d'*une pareille femme* ; puis, récriminations, doléances nouvelles au sujet de sa main qui se paralysait dans l'inactivité, menace de mettre la clef sous la porte, etc., etc.

Je connais ma Picarde, ses emportements, qui ne sont que feux de paille, et ses *fausses sorties*, ainsi qu'on dit dans les pièces de théâtre ; mais comment Madeleine était-elle si bien renseignée sur ma rencontre fortuite avec Mme de X...? Qui avait pu l'en instruire?...

En me posant cette question, mes yeux rencontrèrent ceux de Jean, qui détourna aussitôt la tête ; je le vis s'agiter dans son fauteuil en tordant les broussailles poilues de son grain de beauté. Je savais à quoi m'en tenir.

« Augustin, Augustin, reprit Antoine de sa voix vibrante (après m'avoir toutefois laissé achever la lecture de la lettre), tu es devenu difficile à garder, sais-tu ? Je te croyais déjà à Strasbourg ; une lettre de toi m'arrive de Coblentz ; quelques jours après, Madeleine m'informe de ton mariage projeté avec une aventurière. Ne plaisantons pas ; j'ai eu peur. Tu as beau n'être ni un jeune homme ni un joli homme, tu es riche, tu es garçon, et les coureuses de mariages pullulent tout aussi bien sur les routes d'Allemagne que sur celles de France. J'interromps mes travaux sur la lumière, dans lesquels je finissais par n'y voir goutte, je me mets sur ta piste, j'arrive à Coblentz, puis à Stolzenfels, pensant rencontrer ici Mme de X.... et lui disputer sa proie. Dieu soit loué ! je viens d'apprendre par le docteur Rosahl lui-même, que pas un jupon ne marchait à ta suite lors de ton entrée dans cette maison. La cause est donc entendue; tous les accusés sont déclarés innocents; mais, pour plus de sûreté, je ne te quitte plus; prépare tes paquets, et en route!

— Y penses-tu? m'écriai-je; Jean est encore incapable de supporter le voyage.

— J'ai le consentement du docteur; nous voyagerons à petites journées....

— Impossible!

— Pourquoi?

— Mais....

— Mais.... mais.... en route ! »

Tout ce que je pus obtenir d'Antoine, c'est que nous achèverions la journée à Stolzenfels, et ne mettrions le cap sur Bruxelles que le lendemain.

Le lendemain je prenais congé de mes aimables compagnons d'hydrothérapie, de la bonne Dorothée Dupont, de l'excellent, du savant docteur Rosahl, de ses charmantes filles, du vieux concierge de la maison, des gens de service, qui, tous, plus ou moins, m'avaient aidé dans mon grand travail sur la Mythologie du Rhin, et s'étaient mutuellement montrés si bienveillants pour moi. Il me semblait quitter ma famille après l'avoir retrouvée; j'avais le cœur en défaillance; je disais adieu aux arbres, aux fleurs, au chien de la maison, qui cependant avait failli me mordre le jour de mon arrivée.

Stolzenfels, tu vivras longtemps, tu vivras toujours dans mon souvenir! Quand on est ainsi fait qu'on ne puisse séjourner quarante-huit-heures dans un même lieu sans que les habitudes et les affections vous poussent soudainement au cœur, on ne devrait jamais sortir de chez soi. Mais y a-t-il deux Stolzenfels au monde!

Le docteur et ses filles, Mlles Julie et Gretel (Gretel, quel nom charmant!) nous ont reconduits jusqu'à la voiture qui devait nous transporter à Coblentz. En pressant la main que M. Rosahl me tendait, j'ai essayé, par quelques mots bien sentis, de lui témoigner de ma reconnaissance pour son accueil si cordial ; mais j'avais la gorge serrée, et mes quelques mots bien sentis n'ont pu se frayer passage. Alors, les larmes me sont venues aux yeux ; par un effet sympathique, les paupières roses de Mlle Julie, de Mlle Marguerite, celles même de M Rosahl, se sont gonflées et humectées.

« Cher monsieur, me dit celui-ci après une dernière et chaleureuse pression de main, croyez-moi votre ami, et.... embrassez mes filles ! »

Je les embrassai.

Ah ! si je n'avais eu que vingt-cinq ans !... trente ans même !... peut-être n'aurais-je pas quitté Stolzenfels !

A vrai dire, comme femme, Mme de X.... m'aurait mieux convenu sous certains rapports ; d'abord, son âge, son expérience du monde, ses connaissances.... Mais à quoi vais-je songer ? Mme de X..., pas plus que Mlle Gretel, pas plus que Mlle Julie, ne peut devenir ma compagne ; Brascassin s'y oppose ; à cause de Brascassin, je mourrai garçon, et en puissance de cuisinière, avec menace de divorce en perspective !

Combien ils se trompent ceux-là qui croient le mariage, un tourment seulement pour les gens mariés ! il en est bien plus un pour les célibataires ; pour les vieux célibataires, surtout ! Le mariage est tour à tour leur épouvante et leur aspiration, tour à tour leur pôle positif et leur pôle négatif ; il les attire, il les repousse ; c'est leur rêve du matin, leur cauchemar du soir, leur doute, leur regret, leur vision incessante. A trente ans, lorsque l'idée du *conjungo* me passait par la tête, je me disais : « Il est trop tard ! » à quarante ans : « Ah ! si je n'avais que trente ans ! A la bonne heure ! c'est l'âge voulu pour devenir chef de famille. » Aujourd'hui, j'essaye parfois de me prouver qu'un homme de quarante ans est un jeune homme, qu'il peut voir sa fille mariée, et faire sauter un jour ses petits-enfants sur ses genoux ; mais j'en ai cinquante ! je ne les avoue pas, mais je les ai !... Quand je serai sexagénaire, peut-être regretterai-je de n'avoir pas profité du moment où je n'avais encore que cinquante ans pour me créer un intérieur, un entourage, un nid. Ainsi, d'étage en étage, le mariage poursuit le célibataire, toujours insaisissable en apparence, et toujours....

Nous montions sur le bateau à vapeur que ces mêmes idées continuaient de me préoccuper. Pour m'en distraire, je repris mes notes de voyage.

III

Nouvelles notes prises sur le bateau a vapeur. — Tombeau de Hoche. — Les gardiens du Rhin. — Andernach. — Bougival en Prusse. — Rolandseck et Nonnen-Werth. — Les sept Montagnes. — Les funérailles de la Poésie. — Arrivée à Bonn.

A partir de Coblentz, le Rhin, en descendant, achève d'étaler devant nous ses merveilles. On le dit plus merveilleux encore quand on le remonte de Cologne à Bingen. J'espère le remonter un jour, bientôt, pour retourner à Stolzenfels. Tant que j'ai pu te voir au loin, chère montagne, te dessinant dans le lointain avec ta route tournante, avec la maison Rosahl à mi-côte, et même tant que le château de Sa Majesté prussienne qui couronne ton sommet, a frappé mon regard, je ne me suis guère, des yeux et du cœur, orienté que vers toi! Le vapeur en soufflant traversait les eaux réunies du Rhin et de la Moselle, laissant derrière lui et les lignes fortifiées d'Ehrenbreitstein, et Nauendorf, où viennent s'accoupler les radeaux descendus de la Mourg et du Necker, pour former ces immenses trains de bois qui se rendent en Hollande; il haletait plus fort en passant devant Urbar et Bendorf, l'un renommé pour ses vins, l'autre pour sa fonderie de canons, et, malgré le bruit de la machine, malgré les canons de Bendorf, malgré le terrible aspect des lignes d'Ehrenbreitstein, j'étais encore tranquillement attablé avec l'excellent docteur; ses filles s'occupaient du service. Après avoir rempli mon verre, que je n'avais osé lui présenter, Gretel tirait de sa poche un long fragment de Merbitz, qu'elle avait traduit pour moi ; Julie, déjà au piano, égayait notre dessert par une valse de Strauss, qu'elle interrompait pour nous raconter comment, si l'on en croyait le bruit public, les pilotis du nouveau pont du Rhin, entre Kehl et Strasbourg, venaient d'être arrachés par des Ondins.

Je me perdais dans ces récents et délicieux souvenirs, quand je vis Antoine porter la main à son chapeau et l'agiter vivement en se tournant vers la rive gauche. Machinalement, je dirigeai mes yeux du même côté ; n'y voyant personne :

« Qui donc salues-tu là ? lui dis-je.

— Je salue le général Hoche! y trouves-tu à redire ? me répondit-il. D'ordinaire, je fais peu de cas des grands tireurs de sabre ; celui-là, je l'excepte de la proscription ; c'est mon homme. Mais toi, qui ne passerais pas devant un torchon sans lui faire la révérence, tu restes coi comme un Anglais devant une des gloires les plus pures de ton pays. »

Étourdi sous cette rude apostrophe, je demeurai d'abord quelques instants sans pouvoir me rendre compte comment je me l'étais attirée. Enfin, à quelque distance du rivage, au delà du bourg de Weissenthurm, sur un tertre circulaire, se dressa devant moi un tombeau, ou plutôt un cénotaphe, surmonté d'une pyramide tronquée, que le nom de Hoche grandissait de cent coudées.

Mon grondeur en service ordinaire et extraordinaire avait eu raison de me gourmander de ma distraction. Hoche, Marceau, Desaix, Kléber, voilà en effet les gloires militaires les plus pures de la France républicaine. Par une coïncidence singulière, tous quatre, par leurs tombeaux, gardent aujourd'hui les bords du Rhin : Desaix et Kléber, ces deux glorieux frères d'armes, morts le même jour, l'un en Égypte, l'autre en Italie, ont été inhumés, celui-ci à Strasbourg, celui-là près de Strasbourg, dans l'île des Épis, à la tête même du fleuve ; Hoche et Marceau, ces illustres généraux en chef, dont le plus âgé avait vingt-neuf ans, dorment, encore réunis sous la même pierre, non sous le mausolée de Weissenthurm, mais dans leur ancienne conquête, les fortifica tions de Coblentz. Ah! si tous quatre devaient se réveiller au jour donné!...

Comme un coup de mistral balaye, au loin les élégantes gondoles glissant au bord du lac tranquille, ce beau mouvement d'enthousiasme militaire, rare chez moi, acheva de faire disparaître de devant mes yeux et les demoiselles Rosahl, et tous les doux mirages de Stolzenfels.

Le bateau venait s'arrêter devant Andernach.

ANDERNACH, ancienne ville romaine, ancienne ville austrasienne, ancienne ville libre impériale, ne présente plus guère de curieux que des ruines, aujourd'hui hantées par des Prussiens.

Antoine semblait me bouder encore de mon manque de courtoisie envers le général Hoche. Désireux de rentrer dans ses bonnes grâces, j'essayai de me lancer dans l'archéologie. Cette science, se rattachant à la numismatique, le rend facilement causeur. Pour entrer en conversation, lui montrant la tour élevée sur le bord du fleuve, ainsi que la porte tournée du côté de Coblentz, et flanquée des restes d'une vieille forteresse, je déclarai l'une et l'autre l'œuvre des Romains.

Antoine me regarda d'un air farouche.

« Si c'est ainsi que tu es capable d'apprécier la date des monuments, la relation de ton voyage sera chose instructive, me dit-il de sa voix rude et agressive. La tour est ronde, surmontée d'un donjon héxagone, par conséquent du quatorzième ou du quinzième siècle; quant à la porte, elle est ogivale, c'est tout dire! Ne parle pas des choses que tu ne peux comprendre! »

Je rougissais de ma bévue, puis aussi de la semonce; mais, on le sait, comme le juge-mage de Jean-Jacques, Antoine a deux voix toutes différentes à son service. Tout à coup, au lieu de la trompe marine, j'entendis des sons de flûte : « Mon Augustin, me disait Antoine de sa voix douce, de sa voix de rechange, en me frappant amicalement sur le genou, tu t'es trop hâté dans ton appréciation; pourquoi? parce que tu me supposes irrité contre toi. Il n'en est rien. Si depuis un quart d'heure je suis maussade, c'est que depuis un quart d'heure mes cigarettes sont détestables. Rien ne me trouble dans mon admiration de voyageur comme de mauvaises cigarettes. »

Et il jeta par-dessus le bord celle qu'il tenait à ses lèvres ; c'était la dixième offerte ainsi par lui en sacrifice au dieu *Rhenus* depuis le tombeau de Hoche.

Nous échangions ces quelques mots en examinant les débris du calvaire d'Andernach, qui, s'il n'a pas été bâti par les Romains, est du moins une tradition de l'art romain, quand Antoine se retourna brusquement, et, comme s'il venait d'entendre crier : Un homme à la mer!

« Eh bien, Jean!... Jean!... qu'est donc devenu le vieux Jean? »

Cette fois et malgré lui, j'avais installé notre convalescent aux premières places, près de nous, sous la tente, à l'abri des rayons du soleil ; et il n'était plus sous la tente, il n'était plus au gaillard d'arrière. Connaissant ses instincts modestes, nous courûmes au gaillard d'avant et l'y cherchâmes en vain. Témoin de notre inquiétude, le capitaine nous affirma avoir vu le bonhomme descendre dans le salon des dames. Dans le salon des dames!... Jean?... Bon Dieu!... Qui avait pu le pousser à pareille témérité! Nous y descendîmes ; il n'y était pas.

Je commençais à croire à une nouvelle catastrophe, quand dans la petite cabine pratiquée sous l'escalier, et où le provendier du bateau prépare sa cuisine et ses rafraîchissements, en compagnie de celui-ci, je trouve maître Jean occupé à rincer des verres ou à récurer des casseroles.

Il n'avait pu rester sur le pont à rien faire ; il n'y était pas habitué, disait-il.

A partir d'Andernach, le Rhin se resserre dans une étroite et tortueuse vallée, et à chacun de ses détours prend un aspect différent. Tantôt sur l'une et l'autre rive couronnées de sombre tourelles, surgissent de hauts rochers à pic, qui, en se rapprochant, semblent vouloir fermer le passage au bateau; tantôt, comme à Unkel, le paysage vous rit tout à coup. Les noirs donjons ont disparu; une maison moderne, carrément alignée, bourgeoisement coiffée d'ardoises, vous apparaît sur un léger monticule, au milieu de jardins et de vergers; c'est propre, c'est coquet. Si les montagnes, qui forment le fond du tableau, voulaient bien tant soit peu s'aplanir, on se croirait à Bougival-sur-Seine.

Nous avançons; le Rhin s'est élargi, il reprend ses allures majestueuses; c'est encore le grand fleuve, le père des eaux, appelant à lui ses nombreux affluents, pour en composer des lacs, des torrents, des cataractes... Un souvenir mythologique me revient; mon œil essaye de plonger au fond du gouffre; « nul bon génie ne règne dans ces abîmes; les nixes méchantes et les séduisantes ondines parcourent seules ce ténébreux empire. »

Ainsi parle le docteur Schleiden, un professeur de l'Université d'Iéna, un homme positif. Moins heureux que lui, moi, poëte, moi, l'auteur de la Mythologie du Rhin, je n'y ai rien vu.

Mais, au-dessus de sa rive gauche, voici la Rolandseck, la montagne où le neveu de Charlemagne, après avoir été tué à Roncevaux, vint se faire ermite par désespoir d'amour. Les choses de la vie se passaient ainsi autrefois dans ce pays des merveilles.

Près de la Rolandseck, l'île de Nonnen-Werth verdoie au milieu du fleuve comme une fraîche corbeille jetée là par quelque ancien artiste magicien pour compléter la décoration. Du fond de la corbeille s'élève un couvent de femmes, dont la fondation remonte au douzième siècle.

Nous avançons encore; la Rolandseck et le Nonnen-Werth ont disparu pour faire place à de nouveaux enchantements de verdure, de tourelles ou de rochers. On nous signale les *Sept Montagnes*. Elles sont au nombre de onze. C'est le Drachenfels qui représente les véritables *Sept Montagnes*. Il est vrai que, cette fois, on n'en aperçoit que deux, lesquelles masquent les cinq autres.

Certes, à la vue de tous ces tableaux si variés, si splendides, je me serais senti saisi d'un grand enthousiasme, si je n'avais entendu Antoine n'interrompre de temps en temps, son silence contemplatif que par des exclamations semblables à celle-ci : « Ah! les marchands de tabac !... fournissez-vous donc à la Civette !... Évidemment c'est le papier qui est détestable !... chiennes de cigarettes ! » Et, de nouveau, comme une étoile filante détachée des voûtes du firmament, une cigarette décrivait une courbe enflammée et plongeait dans le Rhin.

Ne fût-ce que comme protestation contre ces paroles affreusement prosaïques, intempestives, attentatoires au respect dû à Sa Majesté le Rhin, notre hôte alors, et qui nous prodiguait avec tant de largesse les trésors de sa splendide hospitalité, je fis un effort pour témoigner à voix haute de mon ravissement avorté, mis en déroute : « Ah! quelle âme d'artiste resterait insensible devant tant de sublimités! m'écriai-je.... Ah! si un poëte, un un vrai poëte, venait se fixer sur ces bords, pour lui quelle source d'inspirations !

— Il y est venu ! » me dit une voix, qui n'était pas celle d'Antoine.

Un passager long et maigre, haut cravaté, haut botté, coiffé d'une mince casquette, et serrant entre ses dents une large pipe turque, se tenait près de nous sur le bateau. Je l'aurais pris pour un étudiant, si son âge n'en avait plutôt fait un professeur.

« Oui, monsieur, reprit-il en continuant de s'adresser à moi, ce poëte que vous invoquez, il existe. Né à Bonn, sur cette rive même du fleuve où nous allons jeter l'ancre tout à l'heure, il a fait toutes les stations du Rhin en chantant tour à tour chacune de ses beautés visibles, et son nom est gravé sur la roche du Drachenfels à côté de celui de Byron. Ce poëte, c'est Karl Simrock. N'en avez-vous donc jamais entendu parler?

— Bien au contraire! beaucoup! lui répondis-je, et même j'ai eu l'honneur de lui serrer la main lors de son voyage en France. »

Antoine me lança un regard qui, par sa force de projection, équivalait à un coup de poing, et l'étranger, professeur ou non, étant aussitôt rentré dans son nuage de fumée et dans son mutisme germanique : « Tu connais, tu as jamais connu un Karl Simrock, toi!

— Certainement! Je l'ai rencontré diverses fois à Paris,

chez notre ami Sébastien Albin, à qui il avait été présenté par Henri Heine. J'ai même failli mettre en vers un petit poëme de sa composition sur les funérailles de la poésie.

— Ah! ah! dit Antoine, se radoucissant tout à coup et se frottant les mains. Les funérailles de la Poésie! voilà un titre qui me plaît. Ainsi la bonne dame est enfin morte et enterrée! Que la terre lui soit lourde. Et de quoi est-elle morte? Raconte-moi donc cela pour charmer *les ennuis de la route.* »

Évidemment, mon cher compagnon, mis en méchante humeur par la non-réussite de ses cigarettes, essayait de me pousser à bout. Je crus ne pouvoir mieux me venger de lui qu'en satisfaisant à son désir.

LES FUNÉRAILLES DE LA POÉSIE.

« La Poésie était morte, frappée au cœur d'un coup de compas.

« Quoiqu'on ne la regrettât guère, on voulut, vu le grand rôle joué par elle autrefois, traiter la défunte en impératrice douairière, et lui faire des obsèques convenables.

« On songea à l'exposer sur un lit de parade, dans des voiles de pourpre et avec une couronne de fleurs sur le front.

« Mais chez les marchands d'étoffes on ne trouva plus de pourpre, et dans pas un jardin on ne rencontra de fleurs. Une gelée inattendue les avait toutes anéanties.

« On convint, pour le cérémonial, de remplacer les voiles de pourpre par des draperies habilement peintes, et les fleurs par un peu de musique.

« Mais il n'y avait plus aux alentours ni un peintre ni un musicien.

« La Poésie était morte.

« On pensa à faire du moins accompagner le corps par une théorie de jeunes filles vêtues de blanc. Il n'y avait plus de jeunes filles. Toutes les femmes avaient le teint hâve et la peau ridée.

« La Poésie était morte.

« Ses meurtriers, en sortant du cimetière, voulurent achever de se réjouir en se réunissant pour le repas du deuil; mais ils s'égarèrent en chemin, le soleil ne projetant plus sur la terre que des rayons ternes et sombres.

« La Poésie était morte.

« Pour dissiper les ténèbres, ils essayèrent d'un feu de joie alimenté avec tous les livres de vers publiés depuis un demi siècle.

« Mais de ce brasier sortaient des plaintes et des gémissements, et ses lueurs en se réfléchissant sur eux, les faisaient ressembler à des cadavres.

« Essayant de faire bonne contenance, ils voulurent entonner un chant de triomphe, et des cris lamentables s'échapèrent seuls de leur poitrine, et ils sentirent leurs âmes se débattre en eux comme pour se séparer de leurs corps.

« La Poésie était morte; les hommes et la nature entière se sentaient mourir. »

« Amen! dit Antoine; et ces meurtriers de la bonne dame, qui étaient-ils?

— Tu le demandes? m'écriai-je; qui pouvaient-ils être sinon des chimistes, des économistes, des réalistes, des algébristes? N'était-elle pas morte d'un coup de compas au cœur?

Il sourit, de ce sourire grave et radieux à la fois qui lui va si bien : « Mon Augustin, quoique tu aies un peu arrangé pour les besoins de ta cause le poëme de ce Karl Simrock, quoique tu aies tenté de t'en faire une arme contre moi, je reconnais que l'idée n'en manque pas de grandeur ni même de raison. Tu le vois, je repousse toute complicité dans le meurtre. Mais rassure-toi, mon Augustin, la bonne dame n'était qu'en léthargie; ce sont les poëtes qui sont morts, et non la poésie; elle peut se passer d'eux; elle est partout, elle est grande, elle est forte, et saura très-bien faire ses affaires elle-même. Les poëtes, usés jusqu'à la corde, ne pouvaient plus que la compromettre.

— Il faut des initiateurs cependant, lui objectai-je.

— Eh! eh! fit-il avec son même sourire placide, qui sait? Désormais, les initiateurs à la poésie ne seront peut-être autres que les hommes de la science eux-mêmes, ses prétendus meurtriers. Aujourd'hui, que la science enfante merveilles sur merveilles, qu'elle étonne, qu'elle transfigure le monde, la vérité peut suffire au sens admiratif. Tiens-toi pour averti, monsieur du conte bleu! »

J'allais me récrier, mais un grand mouvement se manifestait à bord; on courait aux bagages : comme un brave Teuton après sa dernière pipe, le vapeur lâchait sa fumée par saccades et avec de profonds soupirs. Nous arrivions à Bonn. En suprême adieu au fleuve, Antoine jeta tout un paquet de cigarettes dans le Rhin; le vieux Jean venait de remonter de la cabine; il prodiguait les poignées de main à son ami le provendier. Jean était ragaillardi et enchanté de son voyage. Jamais il n'avait rincé autant de verres que durant cette bienheureuse traversée.

IV

Bonn. — L'*Étoile d'or*. — Le livre d'or. — Ce que peut contenir un registre d'auberge. — S. P. Q. B. — Exigences de mon vieux Jean. — Je retrouve mon pharmacien mystérieux. — La statue et la maison de Beethoven. — Les moines de Kreutzberg. — La Lune prisonnière.

Nous devions séjourner à Bonn une partie de la journée, pour ménager les forces de Jean. Descendus à l'hôtel de l'*Étoile d'or*, quand l'hôtelier, M. Joseph Schmitz, vint à notre rencontre, Antoine, à qui la terre ferme avait tout à fait rendu sa belle humeur, me désignant du geste, et de son air le plus noble, lui dit : « Monsieur, je vous présente M. Augustin Canapale, une sorte de littérateur français, qui, en ce moment, prend des notes pour un voyage à travers la Prusse rhénane. Traitez-nous consciencieusement, qu'il ait bon compte à rendre de vous, je vous prie. »

Cette mauvaise plaisanterie de mon sérieux ami me valut d'abord un profond salut de M. Schmitz, qui me prit aussitôt à partie pour se plaindre à moi de M. Alexandre Dumas. M. Dumas, dans une de ses nombreuses et charmantes relations de touriste, par une impardonnable légèreté, a nommé comme propriétaire de l'*Étoile d'or* à Bonn, un autre hôtelier de la même ville, Heer Simrock, le frère du poëte, le frère de ce même Karl Simrock dont justement il venait d'être question entre nous.

Certes, si M. Joseph Schmitz avait un frère dans la poésie, il est assez riche pour l'en retirer et lui donner un emploi convenable, dût-il le prendre avec lui comme teneur de livres, ou comme premier keller.

M. Schmitz me fit visiter en détail tout son magnifique établissement. Je doute que la salle à manger de l'hôtel du *Louvre*, à Paris, surpasse en grandeur, en somptuosité, celle de l'*Étoile d'or*, à Bonn.

Je ne m'expliquais guère la raison d'un pareil luxe dans l'auberge d'une ville prussienne de second ordre ; mais M. Schmitz déposa entre mes mains un grand registre relié de maroquin rouge, et me laissa le méditer à mon aise. C'était son livre d'or.

En voici le titre :

Princes et princesses descendus à l'hôtel de l'Étoile d'or depuis l'année 1818.

J'y trouvai, à la date du 5 juillet 1839, Son Altesse Impériale le prince Jérôme-Napoléon Bonaparte, ex-roi de Westphalie ; — à la date du 29 novembre 1852, Sa Majesté la reine Marie-Amélie, *comtesse de Neuilly* ; — Son Altesse Royale le prince de Joinville ; — puis encore, en octobre 1852 et 1853, la reine Amélie, le prince et la princesse de Joinville, la princesse Marie-Amélie d'Orléans, les ducs de Penthièvre et d'Aumale, toute cette bonne et grande famille ; — en octobre 1855, en juin 1856, 1857, de nouveau la reine Amélie, avec *sa suite de Claremont*.

Que de réflexions à faire devant ce régistre d'auberge !

Au milieu de ces constellations de premier ordre s'y

groupe une quantité d'étoiles de seconde et de troisième grandeur ; les ducs de Hesse, de Nassau, de Brunswick ; ceux de Saxe-Cobourg, de Mecklembourg, d'Oldenbourg, de Lauenbourg, de Schauenbourg, de Schwartzbourg, de Bernbourg ; puis, après les ducs en *bourg*, les ducs en *berg* ; c'est à n'en pas finir.

Mais parmi toutes ces Altesses, je n'y trouvai point M. Alexandre Dumas, une Altesse littéraire cependant !

Le registre m'expliquait la salle à manger. Dans celle-ci, au besoin, il peut se tenir un congrès de princes et principicules de la confédération allemande.

Tandis que dans un petit salon du rez-de-chaussée, je recueillais ces notes précieuses, j'aperçus du coin de l'œil, sur la place du Marché, mon excellent Antoine Minorel se promenant, par un soleil légèrement voilé, avec mon vieux Jean. Jean s'appuyait sans façon sur le bras d'Antoine. Tous deux, comme de bons amis, cheminaient doucement, à la volonté, à la commodité du malade. Jean ayant laissé tomber son mouchoir, je vis Antoine s'empresser de le ramasser. Les larmes m'en vinrent aux yeux. O le meilleur des ours !

Quand j'allai les rejoindre, Jean me rendit un très bon compte de son compagnon :

« Il a été aux petits soins, me dit-il, et complaisant pour moi, ni plus ni moins que s'il était mon maître. »

Jean, comme son homonyme Jean de La Fontaine, produit de ces mots sublimes sans calcul, sans efforts, sans conscience aucune de leur valeur.

Au milieu de la place où nous nous trouvions, s'implante un obélisque de marbre où rayonne le nom de Maximilien. Antoine affectionnait ce grand batailleur, d'abord poëte, puis roi des Romains, puis empereur d'Allemagne, et qui avait eu un instant l'idée de se faire pape. Non-seulement il avait la collection des monnaies et des médailles frappées sous son règne, en Allemagne et dans les Flandres, mais dans la cathédrale d'Inspruck, en Tyrol, il avait vu son tombeau, entouré d'un cortège d'hommes bardés de fer. C'était un des vifs souvenirs de sa première jeunesse.

Nous nous rapprochâmes de l'obélisque. Au vaillant empereur ce monument avait été élevé par le sénat et le peuple de Bonn. s. p. q. b. (*Senatus populusque Bonnensis*). Bonn a donc été ville libre, capitale d'un État démocratique , comme Andernach, comme tant d'autres localités, rapetissées, amoindries de nos jours jusqu'à l'état de petite ville, de bourgade, ou même disparues complétement? De combien de guerres, de révolutions, de quels remaniements de peuples les bords du Rhin n'ont-ils pas été témoins?

Cette réflexion profonde appartient à Antoine. Il la développait avec quelque complaisance, quand nous vîmes Jean porter la main à son grain de beauté, et l'effleurer légèrement de l'ongle. Craignant pour lui quelque rechute, nous nous hâtâmes de rentrer à l'hôtel.

Dès qu'il y fut installé dans une bonne chambre, devant un bon feu, je lui demandai comment il se sentait. Il se sentait un grand appétit.

Sur mon ordre, on lui apporta un potage et un œuf à la coque. Il déclara préférer une aile de poulet, sans renoncer ni à l'œuf ni au potage; il émit aussi cette opinion qu'un verre de vin de Bordeaux lui serait bon, le bordeaux lui réussissant toujours pour ses faiblesses de jambes ou d'estomac.

Je me demandai où il avait été à même d'en faire l'expérience.

Quoique je n'accomplisse pas ma longue et laborieuse tournée en Allemagne, rien que pour y faire un recueil des mots heureux de maître Jean, ce même jour, il en eut encore un que je ne puis passer sous silence, tant il me semble compléter le caractère de ce rare serviteur.

Son potage pris, après s'être humecté les lèvres d'un demi-verre de léoville, il demanda au keller de service auprès de lui, un journal, un journal français.

Je lui fis observer que la lecture, surtout en mangeant, ne pouvait que le fatiguer.

« Aussi, me répondit-il, je comptais que monsieur lirait à mon intention, tout haut; j'aime beaucoup à entendre lire monsieur; monsieur prononce bien. »

Décidément, Jean m'avait pris à son service.

Il était une heure; la cloche du dîner sonnait à l'hôtel; je recommandai Jean au keller et, Antoine et moi, nous abordâmes le chemin de la magnifique salle à manger.

Sauf quelques Anglais et Anglaises, nos compagnons de bord, nous n'y vîmes que de tout jeunes gens, des étudiants de l'Université sans doute.

La ville de Bonn est célèbre par son Université, la mieux famée de l'Allemagne. Le prince Albert, le mari de la reine Victoria, avait été étudiant à Bonn, Henri Heine de même ; mais ici les poëtes ne comptent pas.

Une immense corbeille de fleurs s'élevant au milieu de la table me dérobait une partie des convives. Au rôti, la corbeille enlevée, j'aperçus devant moi une figure de connaissance ; c'était l'homme aux pluies d'argent, l'homme à l'*anagallis arvensis*, mon pharmacien mystérieux! A Heidelberg, en effet, on me l'avait signalé comme un étudiant de Bonn. Je demandai à M. Joseph Schmitz, qui m'avait fait l'honneur d'une place près de lui, quel était ce jeune homme habillé de noir, cravaté de blanc.

« Son Altesse le duc de ***, me répondit-il, fils de Son Altesse le duc défunt de ***, et le neveu, l'héritier de Son Altesse le prince régnant. »

Il me désigna ensuite, non sans un certain air de fierté, plusieurs autres jeunes Altesses qui garnissaient la table, sablant le vin de Champagne comme vin d'ordinaire ; du vin Brascassin peut-être !

Je comprenais maintenant comment le soi-disant élève en pharmacie jetait l'or et l'argent à poignées, et la considération toute particulière dont les autres étudiants l'entouraient ; je comprenais aussi, sur le fameux registre rouge de M. Schmitz, au milieu de quelques noms illustres et respectés, cette multitude de comtes, de ducs, presque tous étudiants sans doute, les nobles commensaux ou locataires de l'*Étoile d'or*.

Quand on se leva de table, M. Schmitz me proposa de me présenter au jeune duc de ***, qui justement alors avait les yeux tournés vers moi, tout en parlant bas à un de ses voisins ; et il me sembla voir voltiger sur ses lèvres le mot : *Mouron*.

J'accueillis modestement la proposition par un refus formel.

« Pourquoi donc? pourquoi donc? me dit l'hôtelier en insistant ; Son Altesse se laisse facilement aborder, et un littérateur aussi distingué que vous, connu en Allemagne comme en France.... »

Heureusement, une voix fortement timbrée vint l'interrompre au milieu de sa phrase :

« Mon ami, lui objecta Antoine, quoique littérateur très-distingué, n'est connu en France que de moi. Il ne travaille que pour moi seul. »

Et il disait vrai, ou peu s'en faut.

M. Schmitz, croyant avoir affaire à mon collaborateur en chef, lui adressa un salut non moins profond que celui qu'il m'avait adressé à moi-même à notre entrée à l'hôtel.

Ne devant prendre le chemin de fer qu'à six heures, nous avions le temps de visiter la ville et ses environs, si Jean voulait bien nous le permettre. Jean dormait, dormait profondément. Après avoir chargé son même keller de veiller sur son sommeil, nous fîmes appeler le guide attaché à l'établissement pour nous renseigner auprès de lui.

En homme habile, qui entend ses intérêts et ceux de l'hôtel, le guide nous cita dans la ville et ses environs des lieux célèbres, des monuments, des jardins, des châteaux, des curiosités, de quoi nous retenir à Bonn pendant huit jours. Si nous l'en avions cru, sous prétexte d'environs de Bonn, il nous aurait volontiers fait rebrousser chemin jusqu'à Coblentz.... peut-être jusqu'à Stolzenfels !

« Pour aujourd'hui, messieurs, nous avons à visiter le Munster, la cathédrale....

— Qu'y verrons-nous ?

— D'abord, la statue de sa fondatrice, l'impératrice Hélène, la femme du grand Constantin....

— Sa mère, il me semble, dit Antoine.

— Non, sa femme.

— Depuis peu alors ! murmura mon ami avec sa gravité habituelle. Ensuite ?

— Des tombes d'archevêques....

— Passons.

— Sur la place, devant le Munster, se trouve le monument élevé au célèbre compositeur Louis Van Beethoven, qui était sourd, et n'en composa pas moins des symphonies admirables.

— Est-ce que tu comprends qu'un sourd soit musicien? me dit Antoine.

— Pourquoi pas? lui répliquai-je; la statue de Memnon rendait des sons harmonieux que, certes, elle était incapable d'apprécier.

— C'est ce que j'allais dire, reprit le guide; et il continua son programme. A l'Université, musée de peinture, musée romain, salle des statues, salle des médailles.... »

Antoine ouvrit de grands yeux.

« Y verrai-je des médailles à la marque S. P. Q. B. ?

— La salle des statues et celle des médailles sont fermées aujourd'hui, mais demain....

— Passons !

— A l'observatoire....

— Qu'y verrons-nous ?

— Une magnifique allée de marronniers d'Inde....

— Passons !

— Au château de Clemensruhe, au village de Poppelsdorf....

— Qu'y verrons-nous ?

— D'abord, une magnifique allée de sapins....

— Passons !

— Au Kreutzberg....

— Qu'y verrons-nous ?

— Les corps de vingt-cinq moines, parfaitement conservés. »

A mon tour, j'avais les paupières béantes. Je songeais à prendre ma revanche du vieux cimetière de Francfort, où je n'avais vu qu'une jolie fillette rose et un gardien bon vivant tressant des couronnes funèbres. Je votai pour le Kreutzberg. Antoine opina du bonnet.

Il s'agissait de se procurer une voiture; M. Schmitz mit galamment la sienne à notre disposition. Je commence à croire que la mauvaise plaisanterie d'Antoine était excellente.

Tandis qu'on attelle, nous allons visiter la statue de Beethoven, et la maison où il est né, rue du Rhin. Elle porte le numéro 934; après quoi, prenant congé de notre cicerone, que le cocher pouvait remplacer facilement, nous nous mettons en route.

Seul avec Antoine, je ne manquai pas de lui raconter

l'histoire de Son Altesse ducale, mon élève apothicaire, comment je l'avais rencontré d'abord aux ruines d'Aller-Heiligen, où j'étais à la recherche de mon chapeau et de Brascassin....

Je le croyais très-attentif à mon récit :

« A propos de ce Brascassin, dit-il en m'interrompant, c'est un fort aimable garçon, et un peu chimiste, sais-tu ? ce qui ne peut pas nuire à un fabricant de vins de Campagne. As-tu répondu à son invitation pour ce mariage ?

— Tu sais bien que non ; où aurais-je adressé ma réponse ?

— Mais à Épernay, à tout hasard.

— Je lui écrirai aussi bien de Marly-le-Roi. On a toujours le temps de répondre quant il s'agit d'un refus.

— Ainsi tu refuses ?

— Je refuse net! je ne retarderais pas mon retour à Marly de deux heures, même pour assister à tes propres noces, à toi !

— Tu as peut-être raison, me dit Antoine ; à ton âge, il est sage de ne plus assister aux mariages ni aux enterrements ; on peut se laisser entraîner par l'exemple.

— Quoi! à mon âge ? J'ai quarante-cinq ans ?

— Au moins ? »

Et nous parlâmes d'autre chose.

En arrivant devant la petite église de Kreutzberg, nous trouvâmes le sacristain occupé à rattacher la vigne qui en décorait le fronton. Il descendit de son échelle, mit sa botte de joncs sous son bras, sa serpette dans sa poche, et, sans quitter même son tablier de travailleur, nous introduisit dans l'église. Là, il alluma une chandelle, une simple chandelle de suif (j'aurais préféré une torche), et souleva une dalle en avant du maître autel ; j'entrevis des marches de pierre, en petit nombre, mais inégales et glissantes, une voûte sombre, et quelque chose de blanc, de vague, de rigide, qui s'espaçait sur le sol de chaque côté du caveau. Je frissonnai, la sueur me monta au front; cette fois du moins j'avais l'émotion que j'étais venu sottement chercher.

Nous autres bougeois de Paris, après avoir pris tant de soin afin de nous clôturer dans notre bien-être prudent, même quelque peu égoïste, dans le but d'éloigner de nous toute sensation pénible, tout spectacle capable de troubler nos joies ou notre digestion, pourquoi courons-nous ensuite de nous-mêmes, et avec une sorte d'instinct féroce, au devant des spectacles les plus épouvantables ? Moi, du moins, j'ai à me rendre cette justice que contre les langueurs de ma vie calme et les affadissements de mes joies champêtres, je n'ai jamais eu recours à ces violents réactifs d'une visite à la morgue, ou d'une exécution publique.

Mais alors qu'étais-je venu chercher dans ce caveau du Kreutzberg ?

J'hésitais donc à descendre :

« Pristi! quel diable de plaisir as-tu pu espérer de cette exhibition ? te voilà tout pâle. Allons ! remonte en voiture, » me dit Antoine.

A sa voix, le courage me revint; je franchis la première marche, puis la seconde; je n'avais pas encore touché le sol funèbre que déjà mon émotion s'était complétement évanouie.

On nous avait beaucoup venté la propriété de la terre du caveau pour la parfaite conservation des corps, et Antoine, qui complotait d'en dérober quelques poignées pour en faire l'analyse chimique, m'avait entretenu à ce sujet de ces fameuses momies d'Auvergne, conservant après des siècles non-seulement la forme de leurs muscles, mais jusqu'à la souplesse synoviale de leurs articulations.

Nous avions sous les yeux, non vingt-cinq cadavres, mais bien vingt-cinq squelettes, ou à peu près, couchés, les uns dans leurs bières, les autres sur une planche, revêtus de leurs uniformes de moines, tombés en poussière sous l'action du temps tout aussi bien que leur vêtement charnel. Tel moine n'avait de parfaitement conservé que ses souliers ; tel autre son capuchon, lequel ne recouvrait plus qu'un front dénudé et des orbites vides. Le troisième, sur la rangée de gauche, la bouche ouverte (je le vois encore !), garde seul une physionomie à peu près humaine, une espèce de cartonnage, un masque, voilà tout. Le caveau de Kreutzberg est un ossuaire, non un hypogée.

Antoine négligea de recueillir un échantillon de cette terre conservatrice.

Et voilà ce que nous étions venus voir de deux lieues de distance (quatre lieues, aller et retour)! Être mystifié par des vivants, passe encore, c'est dans l'ordre, mais par des morts!...

L'humble église de Kreutzberg possède un *escalier sacré* de vingt-huit marches, en beau marbre de Carrare, fidèlement calqué sur la fameuse *Scala sancta* où s'imprimèrent les pas de Jésus-Christ se rendant chez Pilate pour y être jugé.

On découvre de là un panorama admirable.

Dans toutes les églises d'Allemagne, à Mayence comme à Francfort, quand on a visité les curiosités apparentes, et réglé son compte avec l'homme qui vous a accompagné, un autre individu, sous forme de cicerone-adjoint, se présente pour vous initier à la connaissance d'une merveille, d'un chef-d'œuvre de peinture. Il fait briller à vos yeux un trousseau de chef, ouvre trois portes devant vous, et vous arrivez à la sacristie. Là, sur un simulacre d'autel est un tableau recouvert d'un voile épais. On tire le rideau; c'est une sainte Famille ou une Adoration des mages, un Holbein ou un Rubens; une copie ou un original; vous avez vu, content ou non, vous payez derechef et le cicerone-adjoint vous reconduit jusqu'à la porte extérieure.

Il en fut à peu près ainsi pour nous avec l'humble sacristain de la petite église de Kreutzberg. N'ayant point de suppléant, il se contenta d'ôter son tablier de vigneron; et après nous avoir fait des sommités de la *Scala sancta* descendre dans une modeste chambre que je soupçonne fort être moins la sacristie que le logement du sacristain, il nous indiqua du doigt, appendu à un mur blanchi à la chaux, et dont il était l'unique ornement, un petit tableau d'une assez bonne composition et dont le sujet, qu'il nous expliqua, me parut curieux.

« Dans les temps anciens, un curé de Kreutzberg homme fort pieux et savant magicien (on sait qu'alors ces deux titres pouvaient s'accoler), pour punir ses paroissiens de leurs déportements, avec l'assentiment de Dieu, avait fait la lune prisonnière. Il l'avait enfermée chez lui, dans une cage de fer, et depuis ce moment elle cessait de se montrer à l'horizon. La nuit avait perdu son flambeau naturel. Certes, les paroissiens de Kreutzberg, qui avaient mérité ce châtiment, s'ils souffraient beaucoup de son absence, n'avaient que ce qu'ils méritaient; mais comme déjà dans ce temps il n'y avait qu'une lune pour tous les habitants de la terre, le reste du monde gémissait autant qu'eux de ces ténèbres continues qui se prolongeaient quotidiennement depuis le coucher du soleil jusqu'à son lever.

« Dieu comprit que les choses ne pouvaient durer ainsi. Il autorisa un séraphin à entreprendre la délivrance de la lune, en lui imposant pour la condition toutefois de ne point toucher à la cage de la captive, cette cage étant protégée par la croix.

« Pour le séraphin, avec une semblable restriction, l'entreprise était difficile. Mais les séraphins sont des intelligences supérieures. A travers les barreaux rapprochés et contournés de la cage ne pouvant faire sortir la captive d'un seul bloc, celui-ci trouva moyen de la découper par tranches, par fragments ; ces fragments, au nombre de quatre, passèrent facilement et au besoin pouvaient se rajuster. Du superflu il fit des étoiles.

« C'est depuis ce temps, nous dit le sacristain, que la lune, tantôt de gauche, tantôt de droite, nous apparaît par quartiers. »

L'historiette m'amusa, je la recueillis ; le petit tableau même me tenta. J'en pris une esquisse.

Comme nous retournions à Bonn, nous rencontrâmes, sans l'avoir cherchée cette fois, la magnifique allée de sapins de Poppelsdorf, dont nous avons parlé le guide, et même son cimetière, où nous fîmes une station. Dans ce cimetière, sont enterrés la femme et le fils de Schiller. Quant à lui, les honneurs de la tombe l'ont séparé de sa famille. Il repose, ainsi que Gœthe, dans le caveau grand-ducal de Saxe-Weimar, près de ce noble Charles-Auguste, qui fut leur protecteur à tous deux. N'importe ! fi de la gloire qui de notre vivant, et même après notre mort, nous sépare ainsi de ceux que nous aimons, ou que nous avons aimés !

A six heures moins un quart nous faisions notre rentrée à l'*Étoile d'or* ; à sept heures, grâce au chemin de fer, nous étions à Cologne.

V

Cologne. — Rêverie. — Système d'Antoine touchant la littérature et les orgues de Barbarie. — Publierai-je ou ne publierai-je pas mon voyage ? — La tribu des Farina. — Rubens et Marie de Médicis. — Vision sous le tunnel de Kœnigsdorf.

La nuit est venue. De Cologne, je n'ai vu encore que la salle à manger du grand hôtel royal. Elle ne vaut pas celle de l'*Étoile d'or*. Maintenant, tandis qu'Antoine est allé visiter le pont de bateau, assis devant une table, près d'une fenêtre ouverte sur le Rhin, j'achève de mettre en ordre mes notes de voyage. Des sons joyeux de flûtes et de violons arrivent jusqu'à moi. Ce sont les casinos de Deutz qui, de l'autre côté du fleuve, m'envoient des symphonies de bal et de noce, juste au moment où j'essaye de fixer sur le papier mes impressions à ma descente dans le caveau funèbre de Kreutzberg.... Ces airs vifs et sautillants changent le cours de mes idées. On danse donc là-bas? On y danse, on s'y marie peut-être.... Je laisse-là mes vingt-cinq squelettes de moines. Je songe à Brascassin et à Mme de X...! Mme de X.... Oui, c'était bien la femme qui me convenait.... De l'observatoire de Gespell, quand je l'ai aperçue pour la première fois, à deux lieues de distance, une voix secrète et sympathique ne s'était-elle pas élevée en moi?... Et j'aurais consenti à être témoin de son mariage avec Brascassin?... Jamais!

Les orchestres de Deutz cessent de se faire entendre; j'interromps mes rêves pour reprendre mon travail. Une nouvelle symphonie, plus rapprochée, moins mélodique, raisonne chromatiquement derrière moi, et vient de nouveau me distraire. C'est Jean qui dort à grand orchestre. Travaillez donc au milieu de toutes ces musiques!... Enfin Jean cesse de ronfler; les casinos de Deutz se taisent; mais à peine ai-je repris la plume, je m'entends apostropher par une voix de basse-taille; c'est Antoine qui rentre : « Tu te tueras, Augustin! Encore au travail! Voyons, sérieusement, nourrirais-tu donc quelque fatal projet de publicité au sujet de ton voyage?

— Pourquoi pas? Ne puis-je espérer le succès aussi bien que tant d'autres?

— Dieu me garde de le dire et même de le penser, mon Augustin; de par le monde des cabinets de lecture il circule beaucoup d'ouvrages en renom, dont, certes, les auteurs n'ont pas plus de talent que toi, j'en suis convaincu. »

Tout surpris, je l'écoutais avec plaisir, avec surprise; il m'avait jusqu'alors si peu habitué à la flatterie!

« Vois-tu, ami, poursuivit Antoine en prenant un siège et posant son chapeau sur ma table même, au milieu de mes papiers; sans être ni artiste ni poëte, j'ai mon éprouvette, ma pierre de touche qui me met à même de prédire à coup sûr un succès littéraire, et, là, franchement, entre nous, je te crois largement doué de tout ce qu'il faut pour réussir. »

Le cœur de plus en plus chatouillé : « Voyons ta pierre de touche, lui dis-je en raprochant ma chaise de la sienne.

— Il en est, vois-tu, de la littérature comme de la musique; ainsi, par exemple, l'instrument le plus simple, le plus rudimentaire, c'est bien certainement le tambour, n'est-ce pas? Eh bien, le soir, sur ton boulevard du Temple, vois quelle foule emboîte le pas à la suite de l'artiste militaire! c'est toute une armée de titis et de faubouriens. Si des cris d'enthousiasme n'éclatent point, c'est que ces fanatiques de la peau d'âne craignent de perdre un roulement ou un tic tac de baguettes. Quel que soit le charme du tambour, cependant nos boutiquiers, plus raffinés dans leurs goûts, dilettanti d'un ordre supérieur, lui préfèrent, et de beaucoup, l'orgue de Barbarie, instrument plus compliqué, plus harmonieux. Toutefois, déjà l'enthousiasme est moindre; les bons petits bourgeois ne s'aviseront pas de faire escorte à l'orgue comme les gamins au tambour; c'est encore un succès néanmoins, un grand succès! Dès que l'orgue stationne sur un point quelconque de la voie publique, la fruitière, la confiseuse, les jeunes demoiselles de boutique, les commis en bonneterie et en épicerie, sont sur leur porte, l'oreille tendue; du haut en bas des maisons, les fenêtres s'ouvrent et les sous pleuvent; mais sache-le, Augustin, le divin Apollon en personne, la lyre en main, viendrait à traverser ces mêmes rues, ces mêmes boulevards, à peine quelques honnêtes gens le salueraient-ils, sans l'acclamer; les autres lui feraient la grimace et l'enverraient demander sa rémunération, c'est-à-dire un succès, à la postérité.

— Je ne vois pas trop où tu veux en venir, dis-je à Antoine, avec un certain malaise d'esprit.

— J'en veux venir à la démonstration de cette vérité incontestable, la base de mon système : à chaque auteur son public; plus l'auteur est médiocre, plus le public fait nombre autour de lui, car, grâce à la vulgarité de sa forme, au peu d'élévation de son vol de basse-cour, il jouit alors de l'heureux privilége de se faire comprendre de tous ces liseurs ignares et crétins, aussi multipliés aujourd'hui que les étoiles du ciel, les sables de la mer et les guêpes dans les années à fruits; de ces liseurs sortis de terre, et comme les vers de terre, avalant tout sans mâcher et sans digérer; tout-puissants par leur nombre, ce sont ceux-là qui imposent aujourd'hui à la littérature sa marche boiteuse et rétrograde; ce sont ceux-là qui distribuent les couronnes! foin ou laurier, peu importe!

— Merci, Antoine; ainsi, selon toi, je ne suis bon qu'à amuser messieurs des faubourgs.

— Oh! non, non, mon Augustin; sont-ils capables de t'apprécier? Tes succès seront moins bruyants mais plus honorables; c'est à la bourgeoisie marchande, même à ces dames de la finance et à leurs femmes de chambre que tu les devras; en littérature, tu joues de l'orgue. »

Je fis faire un mouvement de recul à ma chaise.

« Quelle mouche te pique, ce soir? Tes cigarettes sont-elles devenues venimeuses?

— Eh quoi? tes aspirations allaient donc plus haut? Ainsi, tu n'as écrit tes petites notes de voyage que pour charmer les loisirs des savants et des hommes d'État?

— Dieu m'en garde!

— Alors, contentez-vous de votre lot, monsieur!... Par malheur, mon pauvre Augustin, si les joueurs d'orgue ont plus que d'autres des chances de réussite, la réussite peut leur échapper cependant. Le gros public de la boutique et de l'antichambre, avant de se soucier de l'ouvrage, s'avise parfois de se soucier de l'auteur : est-il jeune? est-il joli homme? ressemble-t-il à l'un de ses héros? a-t-il eu des aventures galantes avec des princesses russes, ou des dames choristes de nos petits théâtres? combien de fois s'est-il déjà battu en duel?... a-t-il tué son homme? Il faut que le malheureux paye d'abord de sa personne. De cette nécessité fatale d'attirer sur soi l'attention du public, pour l'attirer ensuite sur son livre, résultent des conséquences fâcheuses. Une foule de bons et honnêtes garçons, qui n'auraient pas demandé mieux que de vivre calmes et retirés, tout entiers à leur labeur machinal et quotidien, se sont vus forcés à mille extravagances pour ne pas se laisser oublier. On ne peut pas toujours couper la queue à son chien; aujourd'hui, c'est au maître d'entrer en scène. L'un se fait remarquer par l'excentricité de son costume et de ses manières, l'autre par ses querelles incessantes avec toutes les autorités de la terre, afin de contraindre les échos de la publicité à répéter son nom et ses bons mots; à l'instar du comte de Mirabeau, qui s'était fait marchand de draps, un troisième, se fait marchand de poisson; celui-ci arme en guerre, comme M. de Marlborough; celui-là se fait trappiste, ou même se fait mort! quitte à ressusciter pour recevoir son ovation. Jongleries sur jongleries! Voyons, Augustin, un succès te sourirait-il, à de semblables conditions? D'ailleurs, te sens-tu assez solide pour te lancer dans ces exercices de haute voltige?

— Mille fois plutôt briser ma plume! m'écriai-je.

— Très-bien! tu n'as pas dit : *ma lyre*; je t'en remercie.

— Mais, repris-je, ces exigences du succès, ne les as-tu pas rêvées, pour le plaisir de gourmander et de donner un coup de boutoir à notre littérature contemporaine, honorable, et honorée quoi que tu en dises!

— Pouah!.... la vilaine! Je ne parle que de celle des joueurs d'orgue, bien entendu! ajouta-t-il, en forme de parenthèse; au surplus, libre à toi d'affronter ton gros public sans les préliminaires indispensables; mais tu n'es encore qu'un débutant, et un débutant.... pas jeune! avec toi il se croira en droit de faire le connaisseur, le puriste, la bête féroce. Va porter des vivres à cette ménagerie; ils n'y toucheront que pour y chercher cette saveur d'impureté qui leur plaît tant. Alors tu es un homme noyé! Et les journaux, grand Dieu! tu n'appartiens ni à une école, ni à une coterie; s'ils s'occupent de toi, ils t'éreinteront. Ce ne sera sans doute que bonne justice; c'est égal! ton nom brocardé, conspué, le nom de mon ami, ce nom que j'aime, traîné sur la claie de leurs chroniques, de leurs feuilletons, tiens, vois-tu, cette idée me fait mal! »

Je lui tendis la main :

« Je le savais bien, cher Antoine, tu n'es aussi méchant ce soir que dans les meilleures intentions du monde. Tu voulais m'effrayer?

— Non pas! Je suis effrayé moi-même !

— Eh bien, rassure-toi. Mon nom, le nom de ton ami, ne figurera point sur mon livre, qui vaudra peut-être mieux que tu ne penses.... Je compte m'adjoindre un collaborateur.

— Et il signera pour toi?

— Oui.

— Quel est cet audacieux?

— Un de mes voisins de campagne, un brave garçon, sans trop de vanité littéraire; il n'a pas le droit d'en avoir peut-être; mais il a déjà publié divers volumes; il a plus que moi l'habitude...

— Tu le nommes?

— M. Saintine.

— Connais pas.

— Il est cependant très-connu.... à Marly-le-Roi.

— Et il acceptera la collaboration?

— Il ne peut guère me refuser; nous demeurons porte à porte.

— Ah!

— Je veux dire par là que nous sommes en bons rapports. Je suis souvent son partenaire au whist.... un autre genre de collaboration, et la chance nous est heureuse.

— Tu m'en diras tant!... Et qui fera les frais de l'impression?

— Moi!

— Seul moyen de bien t'entendre avec ton éditeur.

— C'est ce que j'ai pensé, puis, comme cela se fait à Londres, je veux débuter par une édition de luxe, une édition illustrée...

— De tes dessins?

— Justement!

— Brrrou! fit Antoine, avec un frémissement d'épaules; la nuit se fait froide. Allons, poëte, ferme la fenêtre et couche-toi. Tu as plus besoin de sommeil que le monde n'a besoin de tes divagations de voyageur. Bonsoir!

Il prit son chapeau et rentra dans sa chambre. Je suivis son conseil et me couchai; mais le sommeil eut de la peine à venir : « Publierai-je ou ne publierai-je pas mon voyage? »

Cette idée controversée dans ma tête me tint longtemps les yeux ouverts. Le reste de la nuit, il me sembla entendre un orgue de Barbarie jouer sous ma fenêtre.

... Ce matin, 27 mai, nous avons visité tout Cologne, la cathédrale, l'hôtel de ville, les églises des Saints-Apôtres, de Saint-Géréon, de Sainte-Ursule, l'entrepôt, et cette longue rue dans laquelle chaque boutique inscrit sur son fronton le nom d'un FARINA! nom prestigieux, nom dynastique, et qu'il suffit de porter légitimement pour arriver à la fortune.

La liqueur cosmétique dite : eau de Cologne, par droit de conquête et par droit de naissance appartient aux Farina; il faut un Farina pour la composer et la débiter, quoique le secret de sa composition soit connu de tout le monde et qu'aucun brevet, aucun privilége exclusif ne protégent cette grande usurpation. Mais pour la fabrication de cette eau, le Farina est tout aussi indispensable que le *néroli*; aussi, quoique les Farina pullulent prodigieusement à Cologne, on n'en a jamais assez. Ceux qui ne peuvent trouver place dans leur ville natale, on les envoie dans les autres villes de l'Allemagne, ou en France, en Italie, en Amérique, en Australie, dans les archipels des îles Sandwich. Un Farina qui ne vendrait pas de l'eau de Cologne serait déchu de sa caste et renié par les autres Farina; une eau de Cologne qui ne porterait pas le nom de Farina, serait estimée plus bas que de l'eau de fontaine, non filtrée.

Voilà ce qui m'a été affirmé à Cologne même, par un indigène du lieu, qui regrettait fort de ne point se nommer Farina, autant que j'en ai pu juger à sa mine piteuse et à son habit percé au coude.

J'ai eu l'honneur de voir plusieurs membres de cette glorieuse famille des Farina; ils n'ont ostensiblement rien qui les distingue des autres hommes.

Quant à la cathédrale, il faudrait plus de temps pour la décrire qu'il n'en a fallu pour la construire, et elle date du treizième siècle, quoique inachevée encore.

Me trouvant à Cologne, je ne pouvais manquer de m'apitoyer sur le sort de l'infortunée Marie de Médicis, veuve de Henri IV, mère de Louis XIII, qui y est morte de misère *dans un galetas*, ainsi que me l'ont répété tous mes historiens classiques.

Antoine n'aimait point Marie de Médicis; sur ses médailles, il lui trouvait la lèvre pincée et l'air faux; d'ailleurs il prétendait avoir sur elle les plus fâcheux renseignements. Il lui refusait même, comme expiation de ses fautes, sa fin malheureuse.

Selon lui, le galetas de Marie de Médicis était une figure de rhétorique, un mythe impossible, un de ces canards comme il en barbote tout le long des rivages de la grande histoire. Moi, je tenais à mon galetas; il m'avait été affirmé par tous mes professeurs, solidement appuyés eux-mêmes par nos annalistes les plus recommandables, Anquetil, le président Hénault, gens dignes de foi.

Comme son cousin Junius, Antoine aurait eu honte de reculer d'une semelle dans la discussion. En dépit de ces graves témoignages, il tenait bon, s'obstinant à nier le galetas.

Mais nous étions à Cologne sur le lieu même de la scène.

Nous nous dirigeâmes tous deux vers la maison Jabach, où Marie de Médicis avait fini ses jours. J'y entrai seul, Antoine s'étant arrêté en route devant une boutique de bric-à-brac, décorée sur sa devanture d'une sébile pleine de vieux sous.

Dans la maison Jabach, j'essayai d'abord de recueillir quelques renseignements du concierge; il était absent; je m'adressai au rez-de-chaussée, occupé par un marchand de tabatières; j'y vis des tabatières en bois, en carton, en métal, en cuir, en corne, et même en fécule de pomme de terre; mais je n'y vis pas le marchand. Cependant je tenais à trouver mon galetas. Vainement je frappai à toutes les portes, je n'en pus faire sortir que des cuisinières blondes qui m'écoutaient d'un air effaré, ouvraient la bouche et restaient muettes.

Découragé, je regagnai la rue. La première personne que j'y vis, ce fut Antoine; il m'appelait à lui et paraissait en extase devant la façade de la maison Jabach. « J'avais donc raison, mille fois raison, me dit-il; tiens, lis, voici mes preuves; elles me suffisent. » Et il m'indiqua du doigt l'un des pilastres latéraux de la porte cochère.

J'y lus ces mots, inscrits en français : « En cette maison, le 29 juin 1597, est né Pierre-Paul Rubens, le septième enfant de son père. Il est mort à Anvers le 30 mai 1640. »

Cette première preuve me semblait peu convaincante; je passai à l'autre inscription :

« Dans cette même maison, en 1642, est morte Marie de Médicis, en cette même chambre où était né Pierre-Paul Rubens. »

« Pèse bien cette phrase, me dit Antoine en m'interrompant dans ma lecture. Marie de Médicis est morte dans cette même chambre où Rubens est né; Rubens, nécessairement, n'a pu naître que dans la chambre où sa mère est accouchée de lui, n'est-ce pas? C'est là un fait assez probable. Or, M. Rubens le père, ancien magistrat fort riche, était propriétaire de cette maison; il l'habitait seul avec sa famille; sa femme donc devait en occuper le principal appartement. Est-il présumable qu'elle ait grimpé dans un *galetas* pour mettre au monde son dernier enfant?

— Très-bien ! dis-je ; mais *galetas* ne signifie pas absolument grenier, et l'appartement de la mère de Rubens, confortable en 1597, je l'admets, a fort bien pu, par la suite du temps, se transformer en un séjour à peine habitable.

— Cela serait possible, reprit Antoine, mais cette maison où il était né, Rubens, plus riche encore que n'avait été son père, la posséda après celui-ci jusqu'à la fin de ses jours, comme vient de me l'apprendre mon marchand de bric-à-brac. Maintenant, rappelle-le-toi, si tu l'as jamais su, sache-le si tu l'ignores, Rubens avait été le protégé, l'obligé de Marie de Médicis ; il lui avait dû son chef-d'œuvre ; est-il probable que dans sa position de fortune, naturellement généreux et reconnaissant, comme tout grand artiste, il ait été installer sa locataire, sa bienfaitrice, une reine ! dans un taudis ? Non ! raye donc de ta mémoire le galetas de Marie de Médicis ; la veuve de Henri IV n'est pas morte dans la misère ; M. Anquetil et M. le président Hénault, qui te l'ont dit, t'en ont grossièrement imposé. Si tu en doutes encore, jette les yeux au bas de cette inscription, tracée sur place par des contemporains. »

Au bas de la seconde inscription, je lus : ELLE A FAIT BEAUCOUP DE BIEN AUX PAUVRES. Je me déclarai convaincu ; Antoine a toujours raison.

Deux heures sonnent, nous courons au *grand hôtel Royal* chercher le vieux Jean ; nous le trouvons en train d'achever son second déjeuner, et nous nous dirigeons vers l'embarcadère.

En quittant Cologne pour gagner Aix-la-Chapelle, on tourne le dos au Rhin, la voie ferrée traçant un angle aigu avec la rive du fleuve. L'Allemagne elle-même semble s'effacer devant nous. Noble Allemagne, accroupi dans l'encoignure de mon wagon, je songeais à toi, à tes bons et loyaux habitants, à ta jeunesse enthousiaste, à tes aspirations vers la liberté, vers l'unité ; je ne t'avais pas quittée encore que je te regrettais déjà ; je me sentais reconnaissant de ton beau soleil, qui avait presque constamment réchauffé ma route, de tes vertes forêts, de ton beau fleuve, et de la courtoisie de tes hôteliers ; pour compléter mon voyage près de s'achever, j'évertuais mon imagination à me montrer de toi ce que je n avais pu voir ; je visitais ta province du Harz et ses vallées ombreuses, noircies de sapins ; j'escaladais les hautes montagnes où ton vieux roi Witikind, où ton vieil empereur Barberousse dorment en attendant le jour du réveil national, ce grand jour où les feuilles doivent reverdir au front des arbres morts. Tout à coup, une obscurité profonde se fit autour de moi : à travers les ténèbres, j'entendis des voix crier sourdement : « Teutonia ! Teutonia !... » Aux lueurs d'une flamme rougeâtre qui semblait courir sur la terre, j'aperçus Barberousse et Witikind, avec leurs longues barbes traînantes et s'apprêtant à s'en dépouiller et à reverdir comme les arbres. A leurs appels répétés ; au milieu d'affreux grincements de fer et de bruits aigus, semblables à des chocs d'armes et aux sifflements du vent, la terre s'entr'ouvrit ; il en sortit une vapeur, une forme blanche, une femme ! C'était Teutonia. A son aspect, les deux héros poussèrent une exclamation de joie, bientôt étouffée sous un cri de surprise désespérée, et ils se voilèrent les yeux.

Teutonia n'était plus la vierge d'autrefois, simplement vêtue de la saye germaine, au membres sains et robustes, harmonieusement reliés entre eux ; c'était une matrone, grande et vigoureuse encore ; mais de mille façons contrastant avec elle-même. Ses vêtements bigarrés appartenaient à tous les temps, à toutes les modes ; sa figure grimaçait convulsivement sous la pression multiple de vingt idées incohérentes ; ses membres disparates, à l'instar de ceux de quelques divinités indiennes, présentaient des anomalies monstrueuses. A ses épaules se rattachaient une multitude de petits bras, plutôt confédérés que reliés les uns aux autres ; tous s'agitaient en sens divers. Sa jambe droite, longue et flexueuse, semblait tâter le sol pour y chercher tour à tour des points d'appui différents ; sa jambe gauche, plus solide, mais rigide, presque ankylosée, était plus courte que l'autre, ce qui forçait la dame de se servir d'une béquille pour ne pas trébucher. Le long de cette béquille flottaient de petites banderoles avec ces mots : — Constitution. — Liberté civile. — Promesses de... ; et sur sa tête se dressaient, en guise de coiffure, des tourelles féodales, et sur sa large poitrine s'étageaient la Bible de Luther, le rituel catholique, et le catéchisme philosophique d'Hegel.

Witikind et Barberousse poussèrent un long gémissement, le cercle magique s'effaça, ainsi que ma vision.

Cependant, quand je rouvris les yeux, l'obscurité n'avait pas cessé, j'entendais encore les sifflements de l'air, le bruit des armures, une lueur ardente continuait de rougir la terre. Ce bruit, cette lueur, ces sifflements, n'avaient d'autre cause que notre locomotive.

Comme je rêvassais, nous traversions le tunnel de Kœnigsdorf, qui n'a pas moins de quatorze à quinze cents mètres de longueur. Enfin la lumière se fit tout à coup, et ma vision s'évanouit.

VI

AIX-LA-CHAPELLE. — Le tombeau. — Le trésor. — Nouveau coup de boutoir d'Antoine à propos de Charlemagne, des dentistes, et des noix de coco. — DE VERVIERS A BRUXELLES. — Jean contrebandier. — Coup de théâtre au débarcadère.

Le Rhin seul donne aux villes de cette partie de l'Allemagne une allure hautaine et fière. Privée de cet accompagnement, Aix-la-Chapelle ne paraît plus être qu'une ville de province, propre et bien ordonnée. Elle n'est grande, elle n'est peuplée, que par le souvenir de Charlemagne.

C'est ici qu'il est né, c'est ici qu'il a été déposé en terre, dans l'église fondée par lui; c'est ici, en 997, que l'empereur Othon III, cédant à un sentiment ardent d'étrange curiosité, le visita, dans son tombeau. Il le trouva assis sur sa chaise de marbre, la couronne au front, le sceptre dans la main, le manteau impérial sur les épaules. Tout cela avait déjà un peu souffert du temps. Le ver du sépulcre non-seulement s'était attaqué au manteau, mais aussi au visage de l'illustre mort; le bout du nez manquait. Othon le fit remplacer au moyen d'un fragment d'or, artistement travaillé; puis, après s'être respectueusement incliné devant le héros, après avoir pris le soin pieux de lui faire les ongles lui-même, il se retira, fermant la porte sur lui, et croyant le sceller de nouveau dans son éternité.

Deux siècles plus tard, le tombeau fut encore visité. En 1165, Frédéric Barberousse (que les Teutons fanatiques me pardonnent de le révéler!), moins par curiosité que par convoitise, fit sauter les portes qu'Othon III avait si bien cru clore à jamais. Il s'empara des richesses de toutes sortes que renfermait le caveau, fit quitter au grand Charles sa position séculaire et le força de se lever devant lui. En se redressant, le cadavre craqua et tomba en pièces; ces débris humains, sous prétexte de canonisation, Barberousse les dispersa de droite et de gauche comme reliques. La Sainte-Chapelle en garda sa part, ainsi que des autres dépouilles. Nous y avons vu la large chaise romaine de marbre blanc sur laquelle Charlemagne s'était tenu assis pendant l'espace de trois cent cinquante et un ans. Peut-être l'empereur d'Allemagne s'était-il vengé du roi de France, qui avait assigné à la France pour limites naturelles les bords du Rhin.

Sur ce tombeau est une pierre noire placée au milieu de l'église, avec ces deux mots : *Carolo Magno*. Et bien! aujourd'hui encore, après dix siècles d'intervalle, ces deux mots si simples, cette pierre, qui ne recouvre rien, ce tombeau vide, suffisent à remplir le cœur d'une profonde émotion.

On nous avait parlé du *Trésor*, des merveilles de ciselure et d'orfèvrerie qu'il renferme, le tout provenant du sépulcre mis à sac par Frédéric Barberousse. Moyennant la bagatelle de cinq francs par tête, nous pûmes jouir de la vue de ces richesses, vraiment extraordinaires, curieuses surtout comme spécimen de l'art au commencement du neuvième siècle.

Ensuite, *par-dessus le marché*, on nous montra quelques restes de celui qui avait été le grand empereur d'Occident; je pus mesurer un os de son bras ou de sa jambe, je ne sais pas au juste. Mme de X... m'aurait tiré de ce doute. Toujours par-dessus le marché, il me fut permis de tenir entre mes mains le crâne puissant de Charlemagne !

Pourquoi cette gratuité exceptionnelle? Je crois en avoir deviné le motif. On ne veut pas qu'il soit dit qu'aujourd'hui, à Aix-la-Chapelle, dans le lieu de sa naissance, dans cette ville illustrée, enrichie par lui, comblée de ses bienfaits, on fait voir Charlemagne pour de l'argent.

Tandis que je causais avec la tête de ce grand homme, comme Hamlet avec celle d'Yorick, Antoine, le sourcil hérissé, se peignait la barbe avec ses dix doigts. Dès que nous fûmes hors de l'église, cessant de se contenir :

« Sapristi ! s'écria-t-il, quel nom donner à ce commerce des morts qui a cours par toute l'Allemagne ? Au Kreutzberg, c'est vingt pauvres moines qu'on tient en magasin, donnant des os pour de la chair, par conséquent trompant les chalands sur la qualité de la marchandise. Ce matin, à Cologne, nous avons visité Sainte-Ursule, un charnier plutôt qu'une église, et où les prétendus ossements des onze mille vierges sont entassés de haut en bas comme dans une catacombe ; ici, impiété ! profanation ! c'est un puissant monarque, un législateur, le créateur du monde moderne, dont, moyennant finance, quoi qu'ils en disent, on livre les fragments à la curiosité de stupides bourgeois, ravis de tenir la tête d'un empereur entre leurs mains ! »

Je me redressai vivement, croyant à une personnalité ; mais Antoine n'avait point songé à faire une allusion ; car, se croisant les bras et m'apostrophant d'un ton radouci :

« Dis-moi, mon Augustin, est-ce que la France ne serait pas en droit de réclamer la tête et le bras de son roi Charles ? Il est vrai qu'en France le respect pour les morts n'est guère mieux observé qu'en Allemagne. A Paris même, dans ce centre de la civilisation, ne vend-on pas publiquement des squelettes, à l'usage de messieurs les élèves en médecine ? D'effrontés dentistes, jusque dans nos quartiers les plus aristocratiques, se gênent-ils pour exhiber dans leur montre d'étalage une moitié de crâne humain, ornée d'un faux râtelier ? et j'ai vu d'honnêtes marchands de bric-à-brac mêler à leurs tessons de saxe ou de vieux sèvres des têtes de chefs indiens, qu'on regarde, qu'on marchande, qu'on achète, que l'on emporte sous son bras, tout ainsi qu'on ferait d'une noix de coco ou d'un singe empaillé. C'est scandaleux, sais-tu? tout simplement une violation du code civil et des lois ecclésiastiques, un outrage à la morale, à l'humanité.... »

Antoine maugréait encore lorsque nous visitâmes en courant l'hôtel de ville, monument assez curieux, orné de deux beffrois, dont le plus important est une vieille tour romaine coiffée d'un turban de plomb, en guise de clocher. Cependant, ce qui attira le plus mon regard, ce fut un brave Teuton, enfoncé dans une niche de pierre, et jouant de l'accordéon en fumant et même en dormant. Je signale ce fait à la gloire de l'Allemagne, le seul pays du monde où le sommeil soit impuissant à interrompre les plaisirs de la pipe, et de la musique.

Toujours continuant son anathème dithyrambique sur Charlemagne, sur les dentistes, les chefs indiens et les noix de coco, Antoine se disposait à allumer sa cigarette à la pipe du dormeur, lorsque, à l'un des deux beffrois, l'heure sonna bruyamment.

C'était l'heure de notre train de départ. Je poussai une exclamation, Antoine son juron habituel; l'homme à l'accordéon ne se réveilla pas et continua tranquillement à fumer et à jouer son air.

Nous prîmes congé de cet artiste somnambule en précipitant le pas.

Quand nous arrivâmes à la gare, Jean, depuis longtemps installé sous le vestibule, nous annonça qu'on n'attendait plus que nous pour se mettre en route.

Nous nous dirigeons sur la Belgique.... Adieu, Allemagne!

A Verviers, visite de la douane belge. Mon vieux Jean faillit s'y attirer bien des humiliations pour fait de contrebande. Il avait rapporté d'Aix-la Chappelle un petit flacon d'anisette, sans doute à l'intention de Madeleine. Uu douanier le lui surprit en poche, et parla de procès-verbal, de saisie, d'amende; Jean, malgré ses observation sur *les mœurs de l'étranger,* encore peu au courant des usages de la douane, crut qu'il allait être appppréhendé au corps et jeté dans un cachot. Heureusement, le flacon destiné à Madeleine était quelque peu entamé par le donateur, qui, sans doute, avait voulu s'assurer de la qualité du contenu, l'affaire s'arrangea.

A partir de Verviers, on croit passer tout à coup de l'Allemagne à la France. Ici, tout le monde parle français; c'est au tour des Allemands de se donner au diable pour se faire comprendre.

De Verviers à Chaudfontaine, de Chaudfontaine à Liége, comme, précédemment, à partir de Dolhain-Limbourg, frontière de la Prusse, les enchantements de la route se succèdent les uns aux autres : c'est une suite non interrompue de vallées charmantes, de paysages délicieux, tableaux ravissants, dont des montagnes agrestes dessinent le fond, dont de petites rivières courantes, aux eaux vives, niellées par le bleu du ciel et les rayons du soleil, tracent la bordure; apparitions d'autant plus séduisantes qu'elles sont séparées l'une de l'autre par les nombreux tunnels dont cette route est semée. C'est la verdure, c'est la vie, la lumière et le mouvement, après les ténèbres et l'aridité. La Belgique, adroite sirène, se montre là avec tous ses charmes pour vous entraîner bientôt dans le piége de ses plaines brabançonnes, une Beauce! Peu à peu, tous ces riants tableaux disparurent; les plaines commençaient; le soleil inclinait vers l'horizon; comme poussé par un vent frais, le crépuscule s'avançait sournoisement de l'autre côté du ciel; les arbres frileux resserraient autour d'eux leur feuillage frissonnant; les oiseaux rasaient brusquement la terre et disparaissaient; dans les prés et dans les luzernes, le murmure des insectes allait en s'éteignant, tandis que des marécages commençait à s'élever la chanson monotone et stridente des grenouilles; l'ombre gagnait de plus en plus; le spectacle était fini, tout le monde dormait déjà dans notre wagon; mes yeux se fermèrent.... Je ne les rouvris qu'en entendant une forte voix, à moi connue, crier : Bruxelles! et à travers les brumes du soir, je vis pointer les clochers de Notre-Dame et de Sainte-Gudule.

Après l'inspection des bagages, comme nous sortions du débarcadère :

« Tu as beau dire, exclama Antoine à brûle-pourpoint, toi qui aimes les noces, tu regrettes maintenant, j'en suis sûr, de ne point être à Épernay pour assister au mariage de ton ami Brascassin !

— Va au diable, toi et ton Brascassin ! » allais-je lui répliquer; mais à peine je venais de formuler la moitié de la phrase, que Brascassin, Brascassin en personne, apparaissait devant moi; sa main s'était déjà emparée de la mienne; il me remerciait avec une grande expansion de cordialité d'avoir bien voulu me détourner de ma route pour venir servir de témoin à sa femme. D'autres figures de connaissance, éclairées vivement par le gaz du débardère, encadraient celle de Brascassin : c'était Athanase, mon ami l'ingénieur, le petit monsieur de la Fléchelle, les deux Épernay, le nid de serpents tout entier ! Encore ahuri par les secousses de la locomotive ou par un reste de sommeil, j'hésitais à répondre à l'appel des mains qui se tendaient à la rencontre de la mienne.

Je regardai Antoine, il était radieux; il paraissait enchanté de lui-même, et, chose incroyable ! il partit d'un grand éclat de rire ; après quoi, se penchant mystérieusement vers Brascassin, il lui murmura quelques mots à l'oreille, comme un conspirateur qui rend ses comptes à son chef.

A Heidelberg, entré en relation avec Brascassin, grâce à l'affaire Van Reben, mon grave ami, comme les autres, comme Thérèse, comme Mme de X..., comme moi-même, subissait son influence fascinatrice. Il avait répondu de mon consentement à l'invitation matrimoniale, et, me trouvant rétif, pour parer à toute objection de ma part, il avait trouvé bon de me mener à la noce à mon insu et presque malgré moi.

Tu quoque? lui dis-je; et remis enfin de mes étonnements, de mes stupéfactions, je rendis à mes ci-devant compagnons de voyage les poignées de main que je venais de recevoir d'eux.

VII

Bruxelles. — Je reçois une visite. — Étonnements successifs et réciproques. — L'hydre à cinq têtes. — Explication, éclaircissements. — Je suis présenté à Mme veuve Van Reben.

Le lendemain, à huit heures du matin, je me réveillais dans une chambre de l'*hôtel de Suède*, retenue exprès pour moi par Brascassin. Antoine était déjà en course. Mon vieux Jean prenait son café au lait avec les domestiques de la maison. Je me levai, je fis ma barbe; tout en me rasant, je songeais avec amertume à cette complication d'incidents qui me forçait d'assister au mariage de Mme de X.... avec un autre!...

Plus que jamais j'étais convaincu que cette femme-là eût fait le bonheur de ma vie.

De l'air le plus mystérieux, marchant à pas de loup, Jean entra dans ma chambre :

« Monsieur est-il visible? me dit-il à voix basse.

— Pourquoi? lui demandai-je, tout en continuant de me raser.

— C'est qu'il y a là un homme qui sachant monsieur arrivé ici d'hier au soir, veut absolument lui parler.

— Le connais-tu?

— Parfaitement! mais je ne sais pas son nom; n'importe! c'est bien lui! monsieur sait, une espèce de mendiant, avec une voiture, et une belle femme qui boitait un peu de la main droite, ou de la main gauche. Dieu! qu'il est changé! il a l'air d'un prince aujourd'hui! Est-ce que monsieur ne sait pas qui je veux dire! Il logeait autrefois dans les environs, de Belleville; même que monsieur a fait avec lui un commerce de volailles....

— Le père Ferrière! » m'écriai-je.

A l'appel de son nom, Ferrière (car c'était bien lui) parut sur le seuil de la porte. Il portait en effet un costume splendide et tout à fait de cérémonie, quoiqu'il fût bien matin encore; habit et pantalon noirs, chapeau de soie, souliers vernis; les gants seuls faisaient défaut.

Encore barbouillé de savon, j'allai au-devant de lui.

« Vous, à Bruxelles! par quel hasard?

— Comment, par quel hasard? dit-il en s'immobilisant dans un geste de surprise; mais puisque c'est demain que je marie ma fille, et que nous comptons bien que vous nous ferez l'honneur d'être à la mairie, à l'église, et au dîner, s'il vous plaît!

— Vous mariez votre fille, mon cher Ferrière! » repris-je avec un nouveau point d'exclamation. Et revenant à mes premières suppositions d'un mystère d'amour entre Thérèse et le Yankee Van Reben : « J'éprouve une vive satisfaction de cette bonne nouvelle, ajoutai-je.

— Quoi! une bonne nouvelle! quoi! par hasard! répéta le bonhomme, dont l'étonnement semblait s'accroître de mes étonnements successifs; vous ne le saviez donc pas?

— Pas le premier mot! je n'en suis pas moins charmé, croyez-le, de voir l'affaire en question aboutir à un dénoûment par-devant notaire. Quant à votre invitation pour la noce, vous vous y prenez un peu tard, mon brave, car demain, justement demain, 29 mai, je dois forcément figurer, comme témoin, au mariage d'un de mes amis, M. Brascassin.

— Ah! la farce est bonne! dit Ferrière, partant d'un éclat de rire, et me frappant familièrement sur l'épaule, ce qui ne laissa pas que de faire froncer le sourcil à mon vieux Jean. Eh bien, vrai, j'y ai été pris, poursuivit mon ex-bohémien; vous vouliez me faire peur et badiner un peu, il n'y a pas de mal; touchez là, ajouta-t-il en me tendant la main, vous serez à la noce de ma fille si vous allez à celle de M. Brascassin, puisqu'ils s'épousent tous deux.

— Pas possible! » m'écriai-je en faisant un pas en arrière.

Ce fut au tour de Ferrière de froncer le sourcil :

« Pourquoi, pas possible? » Puis il courba la tête et secoua le front, comme sous le poids d'une pensée pénible. « Ah! oui, voilà! reprit-il, les yeux toujours fixés au parquet, vous aussi, vous soupçonniez de mal ma pauvre Thérèse, à cause de l'Américain?...

— Plutôt une appréhension qu'un soupçon, lui dis-je.

— Mais la tante le connaît aujourd'hui, votre Van Reben....

— Quelle tante?

— Pardine! la marraine. Il a tout avoué, jusqu'à signer un papier de sa propre main.... Tenez, le jour même où vous deviez vous battre avec lui....

— Pardon, mon cher Ferrière, dis-je en l'interrompant; mais, voyons, entendons-nous bien. Pour ce mariage, n'avait-il pas d'abord été question de Mme de X...?

— Il le fallait, puisqu'elle est la mère de l'enfant.

— Mme de X.... a un enfant? m'écriai-je.

— Elle en a quatre; mais elle n'en est pas moins accourue tout de suite ici avec ses preuves. Mme Van Reben a bien été obligée de se rendre.

— Quoi! Mme Van Reben?... L'américain est donc marié?...

— Eh! non, c'est la marraine.

— Quelle marraine?

— Pardine, la tante, vous comprenez!

Je ne comprenais rien du tout, mais j'avais besoin de comprendre. Des propos incohérents de Ferrière, une seule chose ressortait pour moi, claire, évidente; c'est que depuis un mois je piétinais au milieu d'une histoire mystérieuse; j'avais cru la pouvoir démêler facilement; elle s'était de plus en plus embrouillée sous mon regard; un sphinx, ou plutôt une hydre, dont chaque tête m'avait représenté tour à tour l'image de Ferrière, de Brascassin, de Thérèse, de Van Reben, ou de Mme de X..., m'avait abordé dès le début de mon voyage; je l'avais entrevue à Noisy-le-Sec; elle me suivait à Strasbourg et à Carlsruhe; je courais imprudemment sur ses pas aux ruines et aux cascades d'Aller-Heiligen; elle nous escortait dans la forêt Noire; je la retrouvais à Heidelberg et sur les bords du Necker; puis à Schwetzingen, dans la maison des bains; puis à Francfort, puis à Mayence, où elle avait semblé s'évanouir. Aujourd'hui, à Bruxelles, toutes ses têtes semblent s'être réunies, mais le corps du reptile m'échappe, ou ne se montre que par tronçons séparés et s'agitant confusément. Ces tronçons, grâce à mon vieux bohémien, l'occasion s'offre à moi de les rapprocher, de les juxtaposer, de les recoudre les uns aux autres. Je ne la laisserai certes pas échapper!

Je fis signe à Jean de s'éloigner. Je ne répondrais pas qu'il ait été beaucoup plus loin que la porte.

Resté seul avec Ferrière, procédant avec plus de méthode dans mon interrogatoire, à force de questions bien coordonnées, et auxquelles il satisfit de son mieux, je parvins enfin (Dieu soit loué) à déchiffrer l'énigme, jusqu'alors indéchiffrable.

De cette énigme voici le mot. Je le traduirai en aussi peu de phrases qu'il me sera possible de le faire, sans nuire à la clarté si indispensable après un pareil imbroglio.

Thérèse Ferrière avait été recueillie, élevée à Bruxelles vers sa douzième année, par Mme veuve Van Reben, sa marraine, digne femme, de mœurs un peu graves, un peu rigides, une vraie Flamande, qui n'avait pour toute famille qu'un neveu, Guillaume Van Reben, l'affreux Yankee que l'on connaît.

Son éducation achevée, Thérèse, songeant à s'en créer une ressource pour l'avenir, un état, avait prié sa marraine de la laisser partir pour Londres, où l'occasion s'offrait à elle, tout en donnant des leçons de français, de se perfectionner dans la langue anglaise. Elle avait quitté Bruxelles depuis un mois à peine, lorsque Van Reben arriva d'Amérique, où il avait formé à Bâton-Rouge, dans la Nouvelle-Orléans, un établissement qui déjà menaçait ruine. Intéressé à la perdre dans l'esprit de sa tante, dont elle pouvait lui disputer l'héritage, il donna au départ de Thérèse une tout autre cause que celle de professer et de s'instruire. Il ne le fit point hautement, ouvertement d'abord; c'eut été une maladresse. Il commença par répandre un petit bruit, sourdement, par lettres anonymes, ses calomnies dans le monde puritain que fréquentait la tante, ne manquant pas de prendre la défense de la pauvre fille dès que le mauvais grain semé par lui se montrait hors de terre. Plus tard, il parut ne changer d'attitude que sous la pression de certains faits dont l'évidence flagrante ne lui permettait plus de continuer son rôle de défenseur.

Mme Van Reben avait une grande affection pour son

neveu, le portrait vivant de son mari défunt; elle y ajoutait une grande confiance, prenant ses brusqueries et ses brutalités comme témoignage infaillible d'une extrême franchise. Elle ordonna à Thérèse de revenir sur le champ à Bruxelles. Thérèse ne répondit pas, ne revint pas. La tante chargea son neveu d'aller lui-même la chercher en Angleterre; il partit. Thérèse n'était plus à Londres; il n'avait pu l'y découvrir. On la disait rentrée en Belgique et même cachée dans un des faubourgs de Bruxelles.

Alors le bruit se répandit qu'un enfant avait été mis en terre à Laaken au milieu des circonstances les plus mystérieuses. Le gardien du cimetière, interrogé, déclara que la mère était jeune, jolie, Française, et qu'elle arrivait de Londres. Voilà tout ce qu'il en savait. L'affaire était suffisamment instruite.

En effet, c'était de Londres qu'arrivait Mme de X... lorsque, déjà souffrante, et dans un état de grossesse très-avancée, elle apprenait à Bruxelles même que son mari, dangereusement malade, la rappelait à Paris.

J'aime à croire que le lecteur n'a pas oublié la touchante histoire du petit tombeau de Laaken (pour la lectrice, je ne le mets pas en doute) et des soupçons qui s'élevèrent à ce sujet contre Brascassin. Je me garderai donc bien de la reproduire.

Étonnée de ne plus recevoir de réponse à ses lettres, soigneusement interceptées par Van Reben ou l'un de ses agents, quand Thérèse revint de Londres à son tour, un peu pâle, un peu amaigrie par le climat d'Angleterre, elle trouva la maison de sa bienfaitrice fermée pour elle. Dans tout Bruxelles, la ville puritaine par excellence, un cri d'indignation s'élevait contre la fille coupable.

Elle rentra à Noisy, chez son père, où Brascassin, qui s'attendait à retrouver en elle cette mère éplorée entrevue par lui au cimetière de Laaken, la vit pour la première fois. Il croyait avoir souffert pour elle; il comprit n'avoir souffert qu'avec elle. Sa nature généreuse s'émut devant ce malheur immérité. Avec sa pitié, il donna à Thérèse son affection; une affection de frère, d'abord, mais qui devait s'accroître et se passionner en la connaissant mieux.

La calomnie avait poursuivi Thérèse à Noisy et même

à Paris. La France, aussi bien que la Belgique, repoussait l'innocente accusée. Brascassin, d'accord avec Ferrière, songea à lui créer une nouvelle existence dans le grand-duché de Bade, où il avait de nombreuses relations. Il acheta pour elle la maison Lebel, de Carlsruhe; là, quoique simple hôtelière, elle pouvait trouver l'emploi de ses connaissances grammaticales; puis il retourna en Belgique pour y prendre des informations, non sur Thérèse (il ne doutait plus de ce côté), mais sur ses calomniateurs.

De retour dans cette ville, où la calomnie avait pris naissance, d'où elle avait rayonné, il remonta avec patience, avec ténacité, pas à pas, jusqu'à sa première origine, et sur son berceau il trouva inscrit le nom de Guillaume Van Reben. Mais alors l'affreux Yankee était retourné à Bâton-Rouge.

Brascassin se présenta devant la tante. Celle-ci pleura au souvenir de sa chère filleule, mais elle refusa de croire à la félonie de son bien-aimé neveu, la franchise faite homme. D'ailleurs, l'enfant de Laaken avait une mère; cette mère où était-elle ?

La réponse à cette question, Brascassin l'alla chercher au tombeau de l'enfant. Le petit tombeau était aujourd'hui surmonté d'une tablette de marbre finement sculptée, et l'artiste sculpteur y avait inscrit son nom, Mme de X.... Brascassin connaissait de réputation Mme de X...; il retourna à Paris, pour se renseigner auprès d'elle.

Mais à quoi bon nous arrêter sur les inutiles détails de cette histoire ?

Enfin, au bout de deux ans, le Yankee, après avoir, tant bien que mal, réglé ses mauvaises affaires, rentra en Europe pour prendre à jamais, seul et sans partage, possession de sa précieuse tante. A Strasbourg, il rencontra Brascassin lui barrant la route. Alors eut lieu ce triple duel à l'épée, au pistolet, et aux dominos, qui plaça le Van Reben dans cette fâcheuse alternative de faire la déclaration de son infamie et de la signer, ou de se brûler la cervelle.

Brascassin, jusqu'alors, n'avait pas adressé un mot d'amour à Thérèse; il se savait aimé cependant; sa ferme volonté était d'en faire sa femme; mais il ne voulait l'épouser qu'à Bruxelles même, après entière et complète réhabilitation.

Lorsqu'il se sentit près d'atteindre le but, il écrivit à Thérèse, lui faisant part tout à la fois et de son amour et de ses projets.

Ce fut cette lettre qui la mit en si grande joie lors de mon départ de Carlsruhe.

Le prétendu ravisseur de Thérèse, celui qui lui avait fait si brusquement abandonner la maison Lebel, n'était point un jeune homme, ainsi que l'avaient avancé à tort quelques-uns de messieurs les grammairiens, mais un vieux, comme l'avaient justement soutenu quelques autres. Ce vieux séducteur, c'était le père Ferrière, venant sans bruit enlever sa fille, pour la conduire auprès de sa marraine, dont la porte lui était rouverte à deux battants. A la suite de notre traversée de la forêt Noire, si Brascassin s'était arrêté à Wildbad (le Bain sauvage), c'est qu'à Wildbad se trouvait Mme de X..., dont la présence était indispensable au succès de la cause. Elle n'avait pas hésité a suivre celui-là qui s'était fait l'ange gardien de son enfant mort,

Voilà comment elle s'était mise en route *pour un mariage* et non *pour se marier*, ainsi que je l'avais compris sottement; voilà comment, au bout de mon télescope, j'avais pu l'entrevoir, se promenant dans les environs d'Heidelberg, où Brascassin devait séjourner; comment je la rencontrais ensuite avec lui à Schwetzingen, où il espérait lui trouver une compagne de voyage, qui lui avait fait défaut, et que j'avais remplacée.

Quant à Brascassin, s'il s'était vu impérieusement forcé d'abandonner sa charmante compagne à ma protection, pour retourner le même soir à Heidelberg, c'est que le terme fatal était arrivé où l'Américain devait se suicider ou signer sa honte. Il se décida à prendre ce dernier parti. Je soupçonne fort que si ce jour-là il m'avait obstinément cherché querelle au sujet de ma phrase de portefeuille, c'est qu'il me supposait peut-être assez habile bretteur pour lui épargner la corvée, toujours pénible, de se tuer soi-même. Il me connaissait bien peu !

Quand Ferrière eut fini de débrouiller son écheveau : « Thérèse doit m'attendre à présent sur la place du Théâtre; me dit-il; ça vous va-t-il de la voir? Je vais la chercher. »

Je m'opposai vivement à cette présentation peu convenable, et sortis aussitôt de la chambre avec lui pour courir au devant de la future mariée. Sur l'escalier je rencontrai Jean. La façon toute gracieuse avec laquelle il nous salua, me dit suffisamment que Jean m'avait de nouveau rendu son estime. Donc, il avait écouté à la porte.

La place du Théâtre touche presque à l'hôtel de *Suède*; nous y trouvâmes Thérèse en compagnie de Brascassin et d'Antoine. Mon farouche ami Antoine Minorel présentait alors un spectacle auquel, certes, il ne m'avait jamais fait assister à Paris. Il avait des souliers vernis, comme le père Ferrière, et des gants *paille*, comme son cousin Junius. Il est curieux d'observer combien l'influence d'une noce agit sur les êtres les plus sauvages.

Thérèse m'accueillit avec les plus vives démonstrations de joie. Sa toilette était charmante, et, elle, plus charmante mille fois que sa toilette; le bonheur lui allait à ravir; il lui fleurissait les joues, il lui brillantait les yeux, il donnait à sa physionomie, ainsi qu'à tous ses mouvements, une grâce incomparable.... Heureux Brascassin!

Nous la reconduisîmes chez sa marraine, à laquelle Brascassin me présenta comme un ancien ami de la famille Ferrière : « Ma chère filleule m'a souvent parlé de vous, monsieur, me dit Mme veuve Van Reben; ah! je vous connais bien! moins cependant par votre nom que par votre surnom; vous êtes l'homme aux poules, n'est-ce pas? »

Je ne sais quelle réponse je lui fis, mais ce qu'il lui plaisait d'appeler mon surnom m'était devenu insupportable. Elle m'invita à dîner, ainsi qu'Antoine, le contrat devant se signer le soir de ce même jour. Nous prîmes ensuite congé d'elle pour parcourir la ville; mes fonctions de témoin ne me faisaient pas tout à fait oublier mes devoirs de voyayeur.

VIII

Course rapide à travers la ville. — Jardin zoologique. — La science et la morale par souscription. — Société de la femme qui crache le plus loin. — Le Vomitor et le Mannekenpiss. — Du Xeri-Robler, de sa composition et de ses effets. — Signature du contrat. — Les deux barons. — Départ. — Conclusion.

Je ne dirai de Bruxelles que ce que j'y ai vu, et je le dirai rapidement. Qui ne connaît Bruxelles par cœur? D'ailleurs, je me sens dans la même disposition que ces braves chevaux de fiacre, qui, fatigués d'une longue course, reprennent tout à coup le galop en se rapprochant de l'écurie. A travers les riches monuments de Bruxelles, au milieu des flèches et des tours de ses églises, malgré moi, je ne cherche plus que le clocher de mon village.

C'est donc en courant que j'ai visité la célèbre cathédrale de Sainte-Gudule, et la merveilleuse place de l'Hôtel-de-Ville, et le monument élevé aux patriotes belges de 1830. *Élevé* n'est pas le mot propre, *creusé* conviendrait mieux, car au milieu de la place dite des MARTYRS, d'une grande excavation en parallélogramme régulier sort l'effigie en marbre de la Patrie éplorée. La figure de cette statue ressemble beaucoup, selon moi, à celle de la soi-disant Vénus de Milo, ce qui me paraît devoir confirmer l'opinion de Mme de X.... Quel sculpteur voudrait ravaler la patrie à n'être simplement qu'une jolie femme?

Parmi les constructions du Bruxelles moderne nous comprîmes aussi dans notre tournée d'inspection le passage Saint-Hubert, le palais des Représentants, et surtout le Jardin zoologique.

Le Jardin zoologique de Bruxelles a sur notre Jardin des plantes de Paris, cet avantage de nous montrer des animaux non plus emprisonnés, verrouillés dans d'étroites cellules, mais ayant assez d'air et d'espace autour d'eux pour y jouir d'un semblant de liberté. Les hyènes ont là leur repaire et leur champ de récréation ; les ours blancs de la mer Glaciale, leurs rochers, du haut desquels ils plongent et se poursuivent dans l'eau, à la grande joie des spectateurs; les loutres, de même. Il n'est pas jusqu'aux agoutis et aux coatis, qui ne puissent s'ébattre aux rayons du soleil belge, bien différent, il est vrai, de leur soleil des tropiques. Chez nous, dans notre grand établissement zoologique de Paris, ces libres citoyens des pampas et des savanes de l'Amérique, détenus dans les parties les plus obscures et les plus inabordables du palais des singes, y sont ignominieusement condamnés à la vie de clapier.

« Pourquoi cette différence choquante et tout à l'avantage de la Belgique ? m'écriai-je ; le climat de Bruxelles est-il donc plus tempéré de celui de Paris ?

— C'est le contraire qui a lieu, me dit Bra icassin notre guide dans cette exploration, mais les directeurs du Jardin de Paris se préoccupent plus de la science que des plaisirs du public; il en doit être tout autrement pour le Jardin de Bruxelles, entrepris, dirigé, soutenu par une société particulière, plutôt commerciale que savante. Ici, on paye à l'entrée, et chacun en veut avoir pour son argent; ce n'est point le gouvernement du roi qui soutient l'établissement, c'est le public, et, avant tout, les fondateurs associés ; il en est de même pour le Jardin de botanique. Dans ce pays, la mode (une bonne mode celle-là!) est si bien tournée vers l'association, que les académies, les hôpitaux, les théâtres et les bals publics, ont également leurs actionnaires et leurs abonnés. On y forme des associations mutuelles pour les choses religieuses ou politiques, aussi bien que contre la grêle et l'incendie; pour les concerts, les lectures, les cours publics, aussi bien que pour les actes de charité et même les enterrements. On y chante, on y danse, on y devient savant, on y acquiert des opinions consciencieuses, on y fait son salut, on s'y assure un convoi de première classe, le tout par souscription. Par souscription, depuis les plus riches jusqu'aux plus pauvres, chacun y est enrôlé sous une bannière quelconque, chacun y a son centre d'action, chacun y a son club. Ces clubs portent parfois les dénominations les plus bizarres. Il y a la société des Ennuyés, celle des Ennuyeux, celle des Hannetons, celle des Agathopèdes, celle des Gastrites, enfin celle des Pouilleux. Il y a même la *Société de la femme qui crache le plus loin.*

— Noble émulation! » murmura Antoine de son air le plus sérieux.

En rentrant à Bruxelles (car le Jardin zoologique est situé dans un des faubourgs), nous fûmes à même de juger, d'après l'inspection de quelques fontaines publiques, combien l'*art naïf* du moyen âge a laissé trace dans l'ancien Brabant. Une de ces fontaines représente un homme debout, et qui, pris d'un haut-le-cœur, la tête basse et la bouche ouverte, exgurgite une masse d'eau. L'aspect en est peu gracieux. Pour les personnes délicates, vu la concordance sympathique des sens entre eux, cette eau me semble devoir être purgative.

Plus loin, derrière cette merveilleuse place de l'Hôtel-de-ville, où le quinzième et le seizième siècle ont accumulé leurs chefs-d'œuvre de sculpture et d'architecture, un enfant, complétement nu, à l'angle d'un carrefour, satisfait sans vergogne à un petit besoin de nature, en faisant impudemment face au public. Cet enfant, c'est Mannekenpiss, Mannekenpiss, le premier bourgeois de Bruxelles, et l'idole du peuple, qui, de génération en génération, a glorifié son intarissable inconvenance. Charles-Quint, dit-on, l'a créé gentilhomme; Louis XIV l'a fait chevalier de Saint-Louis; Napoléon, chambellan, et peut-être bien baron de l'Empire; les Bruxellois, enchérissant encore sur tant d'honneurs, l'ont, par un vote unanime, nommé capitaine dans leur garde nationale, ce qui n'a nui en rien cependant à l'accomplissement de ses autres fonctions.

En dépit de son Mannekenpiss, de son *Vomitor*, de ses dames cracheuses, et quoique je n'aie fait qu'entrevoir, en passant, sa vraie physionomie, j'aime Bruxelles; c'est un Paris au petit pied, un Paris sans trop de bruit, non sans mouvement; j'aime son parc, moitié grandiose, moitié pittoresque; j'aime sa population active, industrieuse, comme celle de Paris, et qui témoigne si bien qu'on vient de laisser derrière soi la rêveuse Allemagne, à la marche nonchalante. De toutes les capitales de l'Europe, nulle ne doit ressembler autant à celle de la France que celle de la Belgique; même ardeur, même langage, même facilité à s'émouvoir dans les crises politiques. Ici, m'a-t-on dit, la liberté se montre volontiers plus tapageuse, plus tracassière encore que chez nous. Heureusement, elle y est mitigée par le respect, par l'amour du souverain. Ce souverain, un grand homme à force d'être un honnête homme, constitue le point central où tous les partis viennent se rallier, où tous les dissentiments viennent se fondre.

Par un singulier rapprochement, la rivière qui coule à Bruxelles, sauf la différence d'une lettre, porte le même nom que celle qui coule à Paris ; la *Senne* baigne les murs de la grande cité belge.

Outre son Jardin zoologique, Paris a encore quelque chose à envier à Bruxelles, c'est son XERI-ROBLER.

A Paris, personne peut-être ne connaît le Xeri-Robler, sinon quelques touristes insouciants et oublieux, qui, satisfaits d'une jouissance personnelle et momentanée, ont négligé de l'étudier dans sa composition de pénétrer ses éléments intimes et mystérieux, pour les révéler à la France. Quant à moi, au moment de rentrer dans mon pays, je me sens plus heureux, plus fier de lui faire connaître cette merveille, que si je lui rapportais, encore ignorés, tous les systèmes philosophiques de l'Allemagne.

Le *Xeri-Robler* (prononcez *Cheri*) n'est ni un monument ni une œuvre littéraire ; c'est une délicieuse boisson, tonique et rafraîchissante, qu'on hume lentement, voluptueusement, au moyen d'un tuyau de plume ou d'un chalumeau de paille. D'après les renseignements les plus exacts recueillis par moi, les expériences analytiques consciencieusement répétées par moi, le Xeri-Robler est un mélange de vin de Madère et de rhum, dans lequel on introduit des fraises, de la glace, et une herbe aromatique, menthe, sarriette ou verveine-citronnelle, selon le goût du consommateur. Agitez doucement l'amalgame, laissez fondre la glace aux trois quarts, prenez votre chalumeau, plongez-en l'extrémité inférieure au milieu de la composition, en gardant l'autre entre vos lèvres ; fermez les yeux, aspirez à petits coups, et pendant une demi-heure, vous vous sentirez transporté avec vos rêves dans un lieu de délices, dans un Éden frais et parfumé.

Je ne connais rien de comparable au Xeri-Robler ; le May-Weine, dont on fait tant de cas dans certaines villes des bords du Rhin, n'est qu'une méchante tisane auprès de cette ambroisie.

Ma dette de voyageur acquittée, retournons vers la noce.

A quatre heures, heure du dîner dans la haute bourgeoisie brabançonne, Antoine Minorel, Athanase, La Fléchelle, les deux Épernay, et notre ami l'ingénieur militaire, nous étions tous chez madame Van Reben. Comme au dénoûment d'une pièce de théâtre, les principaux personnages de cette histoire se trouvaient réunis pour la signature d'un contrat de mariage ; il n'y manquait guère que Junius, l'Américain et l'Homœopathe. Mais Junius, après avoir achevé sa cure au petit-lait, se disposait à entreprendre sa cure aux jus d'herbes ; d'ailleurs, il ne connaissait Brascassin que de nom ; Baldaboche avait dû se rendre à Paris, où l'on célébrait la fête anniversaire de la naissance du grand Hahnemann ; quant au terrible Yankee, on comprend facilement les raisons qui le tenaient éloigné.

Chez madame Van Reben, je revis madame de X..., toujours charmante ; mais, franchement, près de Thérèse Ferrière elle perdait beaucoup de son éclat. Je ne sais comment expliquer cette bizarrerie, cette contradiction de mon caractère, depuis que je la savais libre de disposer de sa main, toutes mes idées de mariage s'étaient peu à peu dissipées jusqu'à l'évanouissement complet. Jean aurait-il eu raison ? suis-je en effet d'une nature tellement perverse que je ne ressente de convoitise matrimoniale que pour les femmes des autres ?

En sortant de table, le notaire, un de nos convives, nous lut le projet de contrat. Cette lecture, d'ordinaire assez fastidieuse, devait s'égayer d'incidents curieux.

Mme Van Reben, réparant les torts de sa trop grande crédulité, donnait à sa filleule en cadeau de noces une somme de vingt mille francs, que Brascassin élevait, comme douaire, jusqu'à soixante mille. A la surprise générale, Ferrière y en ajoutait dix mille; c'était le produit de la vente de sa fameuse maison de Trou-Vassou, laquelle lui avait coûté dix francs. Nous n'étions pas au bout des surprises.

Pour la régularisation de l'acte, invité à dire ses noms et prénoms : « Jean-Baptiste, baron de Ferrière, » répondit le vieux bohémien, la tête haute et en jetant au notaire une liasse de papiers témoignant de la validité du titre : après quoi, il ajouta avec non moins de fierté : « Marchand de vins en gros et en détail, au fort de Noisy-le-Sec. »

En effet, son père avait, à bon droit, porté le titre de baron de Ferrière; il avait même été seigneur de Fontenay-Trésigny, cette ville où son héritier, en qualité de petit clerc d'avoué, cirait les bottes de son patron.

La rumeur qu'avait fait naître cette déclaration inattendue n'était pas entièrement calmée, quand le notaire, se tournant vers moi, m'adressa la même question qu'à Ferrière. Excité, entraîné par le désir d'ajouter à l'effet déjà produit : « Vincent-Augustin, baron de Canaple, » dis-je à mon tour ; et j'allai tendre la main à mon ami le baron de Ferrière.

Devant ces deux barons poussés subitement comme des champignons sur couche tiède, l'assemblée resta la bouche béante. J'avais jusqu'alors fait un si discret usage de ce titre honorifique, que mon grand ami Antoine Minorel parut tout aussi surpris que les autres. Quant à mon vieux Jean, il savait à quoi s'en tenir, et plus d'une fois il dut gémir du peu de cas qu'il me voyait faire de ma baronnie. Il avait aidé au service du dîner, et, en ce moment, promenait un plateau vide au milieu des invités. Devant ma déclaration, il s'arrêta brusquement, déposa son plateau sur la table même occupée par le notaire, et, redressant la tête, la main passée dans son gilet, il prit l'attitude superbe d'un valet de chambre de grande maison.

Sous prétexte de m'offrir un verre d'eau sucrée, du thé ou du Xeri-Robler, vingt fois, pendant le reste de la soirée, Jean m'aborda avec cette même formule : « Monsieur le baron veut-il...? Monsieur le baron désire-t-il...? Aurai-je l'honneur d'offrir à monsieur le baron...? » Cette formule, le notaire l'emprunta à Jean, Mme Van Reben au notaire, Mme de X.... à Mme Van Reben. Thérèse et Brascassin s'abstinrent avec un goût parfait : mais en revanche, Athanase, Épernay I, Épernay II, Antoine lui-même et surtout le petit monsieur de La Fléchelle, m'en donnèrent, m'en cinglèrent à travers le visage, à m'étourdir, à m'assourdir. Au bout d'une heure, mon titre de baron m'était devenu plus odieux encore que mon affreux surnom de l'homme aux poules.

Maintenant, du mariage comme du voyage, que me reste-t-il à dire?

Le lendemain, le grand jour! les choses se passèrent à la mairie et par-devant l'autel comme il est d'habitude en pareille circonstance. Tandis que Brascassin promettait protection à Thérèse, Thérèse soumission à Brascassin, tous deux mutuelle fidélité, je regardai Mme de X...; elle paraissait fort émue, et son émotion était on ne peut plus favorable à sa beauté; mais.... quatre enfants!... Grand Dieu! que dirait Madeleine si elle me voyait rentrer au logis avec une femme et quatre enfants!

Après un long déjeuner dinatoire, qui dura toute la journée, même assez avant dans la nuit, et où le vin de Champagne eut nécessairement le pas sur les vins de Bordeaux, de Bourgogne et du Rhin, profitant du moment où l'on rentrait au salon pour prendre le café, je m'esquivai ainsi qu'Antoine. L'heure du départ était venue. A l'hôtel de *Suède*, le vieux Jean nous attendait avec une voiture et nos bagages. Enfin, je montai en wagon, non plus pour suivre le chemin des Écoliers, mais la ligne droite, la bonne ligne, celle qui devait aboutir à Marly-le-Roi!

Nous passions à la hauteur de Mons quand minuit sonna. Le trentième jour de mai venait de naître. Jour pour jour, un mois auparavant, j'étais parti de Paris, de ma rue Vendôme, pour entreprendre ma grande promenade pédestre. Depuis un mois, que de pays j'avais parcourus, quel immense panorama, grâce à ces chemins de fer, que j'avais maudits d'abord, s'était déroulé devant moi ; que d'événements auxquels j'avais pris part! avec combien de gens ne m'étais-je pas trouvé en rapport? et parmi ceux-là, quelques-uns étaient devenus mes amis.

Tout en voyageant, tout en explorant des villes et des contrées qui me seraient à jamais restées inconnues, sans mon escapade non préméditée, combien de faits nouveaux et d'idées nouvelles n'avais-je pas recueillis en route ! mon album était surchargé de dessins ; ma relation, de notes et de légendes ; ma mémoire, de souvenirs ; mon cœur même en rapportait quelques-uns ! Ce mois-là, à lui seul, semblait compter pour une moitié dans ma vie. Ah ! pourquoi n'avais-je pas pris plus tôt l'habitude des voyages ? J'aurais vécu au lieu de végéter. Mais ne puis-je réparer le temps perdu ? Oui je voyagerai, non plus en Allemagne, ni même en Italie, comme tout le monde; j'essayerai des grandes excursions en Orient, dans les Indes, en Amérique, en Chine ? ma fortune me le permet, mon âge ne me le défend pas encore. Je ferai de grandes découvertes ; j'illustrerai mon nom.

En rêvant ainsi, comme de temps à autre je gesticulais un peu plus vivement que d'ordinaire dans mon coin, Antoine, qui me faisait vis-à-vis, s'inquiéta :

« Te sens-tu malade ? me dit-il.

— Bien au contraire, lui répondis-je, je suis content de moi et de la grande résolution que je viens de prendre. Il s'agit cette fois d'un voyage volontaire, d'un voyage scientifique, d'une grande exploration. Tu m'accompagneras, ami..., »

Après avoir longuement stationné le long de la route, à Valenciennes, à Somain, à Douai, à Arras, à Amiens, nous échangions ces quelques mots à la station de Clermont, lorsqu'un individu d'assez mauvaise tournure, le teint basané, l'œil fiévreux, entra dans le wagon, qui nous occupions seuls, Antoine et moi, avec Jean :

« Tiens ! c'est vous, Minorel ? » dit-il à Antoine, et comme celui-ci hésitait à lui répondre : « Ne me reconnaissez-vous pas ? » Et il se nomma.

Antoine poussa une exclamation : « Sapristi ? mais il y a trois ans au moins qu'on ne vous a vu à Paris ?

— Il y en a huit.

— Habitez-vous donc la province ?

— J'ai parcouru la Perse, le Népaul, les Indes ; je reviens des hauts plateaux de l'Asie, de la Mongolie, du Thibet, de Lahassa. Ne vous rappelez-vous pas que j'étudiais les langues orientales et les sciences naturelles, en vue de ces grandes excursions, projetées, préparées à l'avance ? Me rendre utile à l'humanité, me créer une position glorieuse par mes traveaux, par mes découvertes, tel était mon but. Ce but, il a reculé devant moi. Mes labeurs de huit années ont été vains ; de retour en France, je me flattais de l'espoir que mes correspondances, mes collections, mes découvertes, y avaient eu un grand retentissement. Mais tout a été dispersé par les tempêtes, ou pourri dans les oubliettes du Muséum. Ce nom que je croyais avoir rendu illustre, mes amis eux-mêmes se le rappellent à peine ; à Paris, mon pays natal, je suis plus ignoré encore qu'à l'époque de mon départ ; et pour en arriver là, j'ai perdu les plus belles journées de ma vie, j'ai ruiné ma santé et dissipé le patrimoine de mon père. J'avais rêvé une place à l'Académie des sciences, aujourd'hui je n'aspire plus qu'au modeste emploi de receveur des contributions à Creil, et je n'espère même pas l'obtenir ? »

Antoine consola de son mieux le malheureux voyageur, puis, se tournant de mon côté : « Et toi, me dit-il, de quoi me parlais-tu ? Quel voyage comptes-tu entreprendre ?

— Celui de Fontainebleau, » lui répondis-je.

A Creil, nous laissons notre voyageur, et changeant de train nous nous dirigeons sur Pontoise. Là, quittant le chemin de fer, nous prenons une voiture, nous traversons la forêt de Saint-Germain, alors toute riante sous sa parure de printemps. Dans la forêt, il y avait grand bruit, grande chasse aux panneaux ; le son des cors, des fanfares, les hourras des rabatteurs, semblaient un joyeux accueil fait à mon retour. Mon cœur se dilatait sous mille impressions de bien-être. Je commençais à trouver que les taillis d'Herblay, les clairières des Loges, les coteaux de Louveciennes, pouvaient soutenir la comparaison avec toutes les magnificences de Bade et d'Heidelberg. Le château où naquit Louis XIV se dresse tout à coup devant moi. La ville franchie, nous descendons la chaussée, nous tournons, à droite, la route de la Bègue, nous côtoyons la villa de Monte-Cristo, naguère habitée par notre illustre romancier; j'entrevois les hauts peupliers servant de limites à mon petit domaine du côté des grandes terres. Vivat! hurra! hurra! Je sentais mes paupières se gonfler, j'allais céder à l'émotion, lorsque mon vieux Jean, non moins ému que moi, me dit :

« Si monsieur veut faire un vif plaisir à Madeleine, il ne lui parlera pas du nouveau voyage qu'il compte entreprendre.

— Sois tranquille, elle va être bien heureuse, car je ne lui en soufflerai pas un mot. »

Et de droite et de gauche, j'adressais des saluts et des sourires à mes bons voisins, qui, du seuil de leurs portes ou de leurs fenêtres, applaudissaient à mon arrivée. Je ne leur avais pas donné le temps de m'oublier, à ceux-là !

Au bruit de la voiture qui s'arrêtait devant la maison Madeleine accourut, suffoquée et tout en larmes, ce qu ne lui permit pas de me gronder comme je le méritais mon chien me dévorait de caresses ; mon jardin se mettait de la partie en m'envoyant ses parfums. Tuez le veau gras, l'enfant prodigue est de retour.

Et c'est ainsi que j'accomplis mon voyage de Paris à Marly-le-Roi, en passant par Belleville, Noisy-le-Sec Épernay, Strasbourg, Bade, la forêt Noire, Heidelberg Francfort, les bords du Rhin, la Belgique, Amiens, Pon toise et Saint-Germain-en-Laye.

FIN.

TABLE DES MATIÈRES

Préambule 1

PREMIÈRE PARTIE

Chapitres.   Pages.

I.   Belleville. — Une maison qui a changé de propriétaire. — Chassé du Paradis terrestre. — L'huile de sureau. — Le Trou-Vassou. — La maison disparue. — Un ancien ami... 9

II.   Misères et splendeurs d'un bohémien français. — L'orphelin. — Une dame charitable. — Petits métiers. — Un cheval au lieu d'une soupe. — Choléra de 1832. — Les deux mendiants. — Un ménage sur la grande route. — Fin de la vie nomade. — Une maison pour dix francs. — La jolie bouquetière....................................... 16

III.   Les illustrations de Noisy-le-Sec. — La Saint-Athanase. — Des noms de baptême. — Changement de route. — Un Sardanapale en guenilles. — Mystères de la ville d'Épernay. — L'ordre de la *Pure Vérité*. — Deux mystifiés au lieu d'un.. 26

IV.   Strasbourg. — Courses à travers la ville. — Kléber et le maréchal de Saxe. — Conversation entre le nez rouge et l'habit bleu barbeau. — Leçon de haute géographie. — Comment ce sont les Américains qui ont découvert l'Europe. — Question turque, question indienne, question chinoise. — Quatre hommes pour le service d'une pipe. — Encore Brascassin........................... 37

Chapitres.		Pages.
V.	KEHL. — LE PETIT HOMME JAUNE. — L'île des Épis. — Le pont volant. — Passage du Rhin. — Café de *la Cigogne*. — LE CHEVALIER DE CHAMILLY. — Un gendarme badois. — Départ de Kehl...............	46
VI.	CARLSRUHE. — De la difficulé de changer de chemise. — La sentinelle du parc. — Je vais prendre un bain en chaise de poste. — Closerie des Lilas. — L'hôtel de la *Légation* et le Théâtre. — M. Junius Minorel, s'il vous plaît? — Déceptions sur déceptions. — Je couche dans la capitale des États de Bade...............	55
VII.	NOTES DE VOYAGE. — Observations de mœurs. — Des serrures, du poêle et des miroirs obliques. — Pérette, la laitière. — Le vaudeville et la romance. — Un maçon badois. — Bain à domicile. — Table d'hôte académique. — Ma jolie hôtesse. — Suppositions insensées. — La chambre aux sonnettes...............	62
VIII.	NOUVELLES NOTES DE VOYAGE. — Carlsruhe et le Hartwald. — Un pâtre musicien. — Tarif des voitures. — Une brasserie. — Les propos de table. — La grammaire en hors d'œuvre. — Prodigieux effet causé par un nom. — Quadruple consultation. — Les *verlottes*............	72
IX.	WILHEM ET BETTINA. — Fleurs de cimetière. — Un nouveau verbe français. — Explication avec Thérèse.......	81
X.	Souvenir de Châlon-sur-Saône. — Arrivée de Junius Minorel. — L'Anglais phénoménal. — Le chronomètre Poitevin. — Un accident de chemin de fer. — Départ de Carlsruhe...............	89

DEUXIÈME PARTIE

I.	BADE. — Imprécations. — Une visite au vieux château. — Le *Repos de Sophie*. — Le bois des Chênes et le bois de Boulogne — Invitation à dîner............	96
II.	De l'utilité de l'argent de poche à Bade. — Des tables d'hôte. — Ancienne Trinkhalle. — Visite au vieux cimetière. — Un tribunal wehmique. — Comme quoi la cure au petit-lait et la cure au jus d'herbe conviennent fort à messieurs les diplomates...............	101
III.	La galerie des légendes. — L'IMAGE DE KELLER. — UN ARTISTE AU DOUZIÈME SIÈCLE. — LE BALDREIT.......	108
IV.	Promenade du matin. — La Flore badoise. — Le sédum de Siébold. — Vertus des gamins de Bade. — Une lettre de Paris m'arrive. — Nouvelles de Thérèse............	114

TABLE DES MATIÈRES.

Chapitres. Pages.

V. Visite à la cascade de Geroldsau. — LA CROIX AUX BÉQUILLES. — LA CHAIRE DU DIABLE ET LA CHAIRE DE L'ANGE. — Les promenades du clocher de Strasbourg. — Comme quoi les peintres paysagistes ne se connaissent pas en paysages. — Les cordons de sonnettes. — ÉBERNSTEIN 119

VI. LA BALLADE DU CHEVAL. — Quelques mots de préface. — Schiller et Ary Scheffer. — Éberhard le Larmoyeur.... 125

VII. GERNSBACH. — La Venise badoise. — Un gasthaus de mauvais augure. — Les îles flottantes du Rhin. — Écluses et débâcle. — La forêt de Macbeth. — Nouvelle rencontre avec l'Anglais phénoménal. — Festin pantagruélique..... 130

VIII. Le vol au parapluie. — Métamorphose subite. — Le vainqueur des Turcs. — La collégiale de Bade. — Un futur historien. — La Favorite. — LA PRINCESSE SIBYLLE-AUGUSTE. — Grand magasin de bric-à-brac. — Cent quarante-quatre portraits et deux modèles. — Une cénobie. — Le carnaval après le carême................. 136

IX. Les religieuses violonistes. — Des squelettes bien mis. — Un Hercule-Cupidon. — LA MESSE INVISIBLE. — Un baiser rendu. — Départ de Bade.................... 145

X. SASSBACH. — Le tombeau de Turenne. — ACHERN. — Aventures de mon chapeau. — Une chambre à deux lits. — Chemin de fer apocalyptique. — Nouvelles aventures de mon chapeau...................................... 152

TROISIÈME PARTIE.

I. LA FORÊT NOIRE. — Ruines de l'abbaye de Tous-les-Saints. — Un élève en pharmacie. — Pluie d'argent. — Grand festival. — Qui je rencontre au milieu des orphéonistes. — Je rentre en possession de mon chapeau..... 164

II. LE TOMBEAU DE L'ENFANT. — Cascades d'Aller-Heiligen. — Espiègleries de M. de La Fléchelle. — Modes de Paris et modes de la forêt Noire. — Vallées de Kappel et de Seebach. — Réveil en sursaut..................... 177

III. LA PIPE DU DIABLE. — Le titan La Fléchelle. — LAC DES FÉES. — Dissertation sur les cascades et les montagnes. — Je m'éprends de plus en plus de Brascassin. — Des vins de Champagne et de leur influence.............. 184

IV. Du Hirsch à Appenweier. — Le guide-batelier. — FREUDENSTADT. — La vallée de l'Égarement. — Tableaux et paysages. — Études et caractères. — Explication avec Brascassin... 194

Chapitres.		Pages.
V.	La commission du Dictionnaire. — Discours d'ouverture du secrétaire perpétuel. — WURZBACH, son maître d'école et son pasteur. — Vacherie de la Croix. — Coricoco. — HISTOIRE SINGULIÈRE DE MARIA ET DE SON FIANCÉ. — Arrivée imprévue à WILDBAD. — Où je me retrouve. — Départ pour Paris..................................	205

QUATRIÈME PARTIE.

I.	L'airelle-myrtille. — Embarcadère d'Oos. — Rencontre d'un homme effaré. — Grand scandale dans la maison Lebel. — Enlèvement de Thérèse. — Je suis soupçonné. — Traité d'alliance entre l'homme et la cigogne. — Arrivée à Heildeberg. — L'enfant prodigue.........	219
II.	Historique de la ville d'HEIDELBERG. — Historique de mon vieux Jean et de Madeleine, ma cuisinière. — Wolfsbrunnen. — La fontaine de la Louve. — Rencontre avec un écolier. — Molkenkur (la cure au petit-lait). — Une vision............................	228
III.	Aspect des ruines. — Palais d'Othon-Henri. — Grande discussion historique. — Salomon de Caus, ou de Caux. — Les deux Heidelberg, le mort et le vivant. — Le gros tonneau. — PERKÉO LE BOUFFON. — « Francés, pas toujours gentils. ».................	238
IV.	Je parviens enfin à raconter à Antoine mes aventures de voyage. — Un nid de serpents. — Je renonce à écrire l'histoire du grand margrave. — Un accès de somnambulisme. — Retour à la légende. — Comment j'entre en collaboration avec le jeune Hoël-Jagœrn............	249
V.	CLAIRE DE TETTINGEN	256
VI.	L'UNIVERSITÉ D'HEIDELBERG. — Du duel parmi les étudiants. — Les balafrés. — Encore une initiation. — Mort aux Philistins ! — La chaire de Philosophie. — De Kant à Feuerbach. — La bibliothèque. — Le Laboratoire de chimie, et qui j'y trouvai en tablier de cuisine.	269
VII.	Bords du Necker. — Excentricités d'un Yankee. — Voyage à la longue-vue. — Ce qui peut résulter d'une phrase de portefeuille.............................	277
VIII.	Conciliabule. — Autres renseignements sur le Yankee. — Trois duels. — Départ précipité. — SCHWETZINGEN. — Nouveaux incidents inattendus. — J'encours de nouveau les mépris de Jean.............................	288

TABLE DES MATIÈRES.

Chapitres. Pages.

X. FRANCFORT. — Le gué des Francs. — HANS DU SANSONNET. — Les millionnaires. — La Judengasse. — La mère des quatre Rothschild. — La maison de Gœthe. — Rencontre avec Méphistophélès. — Lili et Bettina. — Visite au Rœmer........................... 394

X. Nouvelles d'Heidelberg. — Je sors de la ville avec Mme de X.... — Visite au vieux cimetière. — Chambre des morts. — L'Ariane de Danecker. — Comme quoi la Vénus de Milo n'est pas une Vénus. — Départ de Francfort........................... 307

CINQUIÈME PARTIE.

I. Nouveau crochet dans mon itinéraire. — MAYENCE. — Gutenberg, Guillaume Tell et leurs collaborateurs. — Le camp des filles et le camp des garçons. — Découverte archéologique. — Une bouteille de petit vin. — Bateau à vapeur........................... 317

II. NOTES PRISES SUR LE BATEAU A VAPEUR. — Bingen, Oberwesel, etc. — LORELEI. — Histoire de l'Anglais phénoménal et de ses vingt femmes. — Origine d'un conte de Perrault. — Grave accident. — La maison du docteur Rosahl. — Une apparition inattendue. — Comme quoi le mariage est un tourment plus encore pour les garçons que pour les gens mariés............ 327

III. NOUVELLES NOTES PRISES SUR LE BATEAU A VAPEUR. — Tombeau de Hoche. — Les gardiens du Rhin. — ANDERNACH. — Bougival en Prusse. — Rolandseck et Nonnen-Werth. — Les Sept Montagnes. — LES FUNÉRAILLES DE LA POÉSIE. — Arrivée à Bonn.......... 346

IV. BONN. — L'*Étoile* d'or. — Le livre d'or. — Ce que peut contenir un registre d'auberge. — S. P. Q. B. — Exigences de mon vieux Jean. — Je retrouve mon pharmacien mystérieux. — La statue et la maison de Beethoven. — Les moines de Kreutzberg. — LA LUNE PRISONNIÈRE........................... 354

V. COLOGNE. — Rêverie. — Système d'Antoine touchant la littérature et les orgues de Barbarie. — Publierai-je ou ne publierai-je pas mon voyage? — La tribu des Farina. — Rubens et Marie de Médicis. — Vision sous le tunnel de Kœnigsdorf........................... 363

Chapitres. Pages.

VI. AIX-LA-CHAPELLE. — Le tombeau. — Le trésor. — Nouveau coup de boutoir d'Antoine à propos de Charlemagne, des dentistes, et des noix de coco. — De VERVIERS A BRUXELLES. — Jean contrebandier. — Coup de théâtre au débarcadère.................. 375

VII. BRUXELLES. — Je reçois une visite. — Étonnements successifs et réciproques. — L'hydre à cinq têtes. — Explication, éclaircissements. — Je suis présenté à Mme veuve Van Reben......................... 381

VIII. Course rapide à travers la ville. — Jardin zoologique. — La science et la morale par souscription. — Société de la femme qui crache le plus loin. — Le Vomitor et le Mannekenpiss. — Du Xeri-Robler, de sa composition et de ses effets. — Signature du contrat. — Les deux barons. — Départ. — CONCLUSION............ 389

FIN DE LA TABLE DES MATIÈRES.

2819 — Paris. Imp. LALOUX fils et GUILLOT, 7, rue des Canettes.

www.ingramcontent.com/pod-product-compliance
Lightning Source LLC
Chambersburg PA
CBHW071902230426
43671CB00010B/1447